全国各类高等院校经济管理专业规划教材

组织行为学

主　编　于秀娥

副主编　肖　莉　崔　霞

张祎恺　沈　莹

张　奎

中国商业出版社

图书在版编目(CIP)数据

组织行为学/ 于秀娥主编. —北京:中国商业出版社, 2015.6
ISBN 978 - 7 - 5044 - 8897 - 8

Ⅰ.①组… Ⅱ.①于… Ⅲ.①组织行为学 - 教材 Ⅳ.①C936

中国版本图书馆 CIP 数据核字(2015)第 033828 号

责任编辑:蔡凯

中国商业出版社出版发行
010 - 63180647　www.c - cbook.com
(100053　北京广安门内报国寺 1 号)
新华书店总店北京发行所经销
北京市梨园彩印厂印刷

*　*　*　*　*

开本:787 × 1092 毫米　1/16　17 印张　300 千字
2015 年 6 月第 1 版　2015 年 6 月第 1 次印刷
定价:39.80 元

*　*　*　*

(如有印装质量问题可更换)

编写说明

罗宾斯说过:“上帝不公平，把简单的问题都给了物理学家，而把复杂问题留给了行为管理学家。”小到国民经济的细胞——企业，大到一个民族或国家，都是一个组织。一个组织的高效运行取决于诸多因素，明确的组织目标，建构良好的组织凝聚力与成熟的核心竞争力，审时度势的组织变革行为，丰富多样的组织激励，以及能保证一个组织基业长青的重要基础——组织文化的塑造等都是组织发展的要素。为了传播组织行为管理的理论、方法与技术，适应管理者教育、发展的需要，由山西省委党校教授于秀娥任主编，副教授肖莉任副主编，编写了《组织行为学》这本教材。

教材的编写坚持理论联系实际的科学精神，及时吸收国际上新的有益的学术思想，在我们长期教学与科研的基础上，力求科学而通俗地阐述有关组织行为的基本理论和知识。

本书主编由山西省委党校于秀娥(第1、13章)担任,副主编由山西省委党校肖莉(第2、3章)、山西省委党校崔霞(第8、9、10章)、河北工程大学经济管理学院工商管理系张祎恺(第4、5、7章)、山西省委党校沈莹(第12、14、15章)、中国劳动关系学院教授张奎(第6、11章)。全书由于秀娥、肖莉拟定框架，并统改定稿。

组织行为管理的理论与实践仍在不断地总结、发展之中，许多问题尚在探索，书中如有不当之处，恳请广大教师与读者批评指正，以便进一步修改和完善。在这里，我们谨向本书的读者、学习者和批评者致以敬意。

编者

2015年6月

目 录

■ 第 1 章　组织行为学导论

1.1　组织行为学的概念和研究内容

1.1.1 组织行为学的概念

组织行为学是运用系统分析的方法，研究工作组织中人的心理和行为的规律，从而预测、引导和控制人的行为，以实现组织既定目标的科学。从这个概念中，我们可以体会以下几点：

1. 组织行为学的研究对象是人的心理和行为的规律性

组织行为学既研究人的心理活动的规律性，又研究人的行为活动的规律性，是把这两者作为一个统一体来研究的。人的行为与心理是密不可分的，心理活动是行为的内在表现，行为是心理活动的外在表现，因此，必须把两者作为统一体进研究。

2. 组织行为学的研究范围是工作组织中人的心理与行为规律

组织行为学并不是研究一切人类的心理和行为规律，而是只研究工作组织范围内的人的心理与行为的规律。这种组织的范围包括工厂、商店、学校、机关、军队、医院、农村等所有的工商企业、社会团体、事业单位以及国家机关等组织。研究这种组织中的人的心理和行为规律，不仅是研究单个人的心理和行为，而且还要研究聚集在一起的人的心理和行为规律。因此组织行为学又可以分为：个体心理与行为、群体心理与行为以及整个组织的心理与行为。

3. 组织行为学的研究方法是系统分析的方法

组织行为学不是孤立地研究一个组织中的个体、群体和组织的心理和行为，而是运用系统分析的方法来研究它们。从系统观来看，把个体的人放在群体这个较大的系统中来研究，个体就是群体的子系统，而很多的群体又组成一个组织，因此，群体又是组织这个大系统的子系统。它们均自成系统而又相互密切联系不可分割。又由于它们都处在社会环境这个更大的系统中，相互联系相互作用，因此它们又都是社会环境的子系统。

4. 组织行为学的研究目的是预测、引导、控制人的行为，以达到组织既定的目标

组织行为学在掌握一定组织中人的心理和行为规律性的基础上，提高预测、引导、控制人

的行为的能力，特别是采取相应的措施变消极行为为积极行为，实现组织预期的目标，取得最佳的工作绩效。

1.1.2 组织行为学的研究内容

组织行为学是现代管理科学和行为科学发展过程中派生出来的一门综合性、边缘性学科。它的研究对象主要是人的行为激励、探索人的行为规律、提高激励人的心理和行为的各种途径与技巧，以达到最大限度地提高组织管理效能的目的。组织行为学研究的主要内容有：

1. 个体心理与行为

所谓个体心理，确切地说是个体的社会心理，即个体在特定的社会部门或组织系统中，因其所处的角色地位而表现出的心理现象。个体心理包括个人行为的发展过程、态度、个性、价值观以及自我意识的发展、社会认知的确定、人格特征的形成等。个体行为则是指处于组织环境中的个人的所作所为。组织行为学研究个体行为的共同规律，目的在于对它进行引导和控制，使之符合组织目标。或者说，通过对个体心理与行为的研究，探讨个体内在的能力，激发个体的工作潜能，实现管理科学化。

2. 群体心理与行为

组织中的人们总是处在一定的关系之中，这些关系又表现为亲近或疏远的不同程度，并呈现为不同的群体。要有效地达到管理目标，就必须研究群体心理与行为，包括群体心理的特征、群体的凝聚力、群体的合作与竞争、群体的冲突与沟通以及群体中的人际关系等，使管理者能掌握群体行为形成的原因，并对之进行有效的协调与控制。

3. 领导心理与行为

领导行为是影响组织、群体和个体行为，进而影响组织生产或工作效率的一个关键因素。虽然领导者作为普通个人，领导班子作为一般群体，有其一般性规律，但在管理活动中，由于他们的特殊地位、角色身份、职责与功能，决定了他们的特殊性和重要性，有必要专列课题来研究。领导行为研究的内容主要包括领导功能、权威与影响力、领导者素质与领导者选拔、领导行为等问题。领导行为研究的目的在于为领导者的选拔、培训与考核提供理论依据，为提高领导艺术水平和领导效率服务。

4. 组织行为与组织效率

组织行为直接关系到组织自身的生存和发展。同时，组织又是个体和群体实现某种目标的工具，组织状况直接影响个体或群体的行为效率。因此，对于组织行为的研究具有十分重要的意义。组织行为研究的内容主要包括：组织结构、组织设计、组织决策、组织文化以及组织变革与发展等问题。组织行为研究的目的在于：分析组织结构、管理体制、组织文化对组织成员心理和行为以及组织效率的影响，以期形成良好的组织气氛，促进组织管理效率的提高；探索组织变革、组织发展的原则和模式，促进组织不断完善和发展。

1.1.3 组织行为学的学科性质

组织行为学作为一门学科，具有其自身的特点。

1. 组织行为学的跨学科性

组织行为学是以行为科学（主要指心理学、人类学、社会学）、管理学（主要指人力资源管理学、组织管理学）的概念、理论、模式和方法为主要知识基础，同时吸取了政治学、经济学、历史学、生物学、生理学等社会科学和自然科学中有关论述人类行为、心理的内容，充分体现了这门科学的跨学科性。

2. 组织行为学的层次性

从系统观来分析，组织行为学的研究对象可分三个层次：组织中的个体行为，包括知觉、学习、个性、价值观、态度、动机和挫折等；组织中的群体行为，包括群体的形成、类型、动力、特征、规模、群体建设和群体决策等；从整个组织角度研究成员的行为，包括领导、权力、沟通、冲突、组织结构设计、组织发展与变革以及研究外部环境与组织的相互关系，包括环境的变化、环境对组织的影响、组织对环境的反作用等。

3. 组织行为学的两重性

这是组织行为学最为突出的一个特点。两重性并不意味着缺乏科学性，它的两重性来自下列两个方面：

(1) 多学科性。组织行为学的研究内容既涉及普通心理学、生物学、生理学等不具有阶级性的自然科学，又涉及社会学、社会心理学等明显具有阶级性的社会科学。

组织行为学的研究对象——人是具有两重性的。无论是个体的人还是群体的人，把人作为劳动力和作为人与人的关系是不同性质的两个问题。一方面把个体和群体作为生产力的一个要素，即作为劳动者来研究，是没有阶级性的，也就是说通过劳动者的劳动不断创造出物质产品，发展了社会生产力。另一方面，不管是个体的或群体的人绝不能孤立存在，总是在一定社会环境中相互联系相互影响存在的，因此人不仅具有二种生产力的最活跃的要素——劳动者这种自然属性，而且还具有一种人与人关系中的社会人的属性。调整这种人与人的关系则属于调整和完善生产关系的问题。鉴于不同社会制度下的生产关系的性质不同，所以组织行为学所研究的人又具有社会属性。

(2) 管理的两重性。一方面管理作为对人们共同劳动的协调和指挥，这是其一般性和共性，反映了社会化大生产的共同规律，是人类生产实践中形成的共同文明成果。这种管理的共性方面不受社会制度的制约，不管资本主义的还是社会主义的社会化大生产都需通过协调和指挥来进行管理。另一方面，管理又是一种监督劳动。这种监督劳动是一种社会属性的职能，不同的社会制度是不一样的。这种管理的两重性，也就决定了专门研究管理领域内人的心理和行为规律的组织行为学也具有两重性。

对这种两重性的分析，使我们清楚地看出组织行为学除了不同的社会制度下具有不同的阶级性外，还具有一切社会共同具有的科学性方面，而后者也正是我们可以吸收和借鉴的。

1.1.4 组织行为学的研究方法

1. 交叉学科方法

组织行为学是跨学科的。它综合了社会学以及有助于研究组织行为的其他有关学科。它从各学科中吸取了改善人和组织关系的思想。“行为科学”是系统地研究关于人的行为，以及为什么产生这种行为的系统知识整体。组织行为学尤其需要寻求把行为科学与正式组织结合起来。有人常说，正式组织的观点是把组织看成“没有人的组织”，而行为科学家则把人看成“没有组织的人”。然而，组织必须有人，为实现目标而工作的必须要有组织，所以理想的办法是把二者结合起来。

2. 人力资源方法

人力资源方法注重于使人朝向更加完善、富于创造性和自我实现的成长与发展。因为人是任何组织和社会的各种资源的核心。人力资源的特点是助动性。它帮助人学会自我控制，使人富有责任感，并创造一种气氛，使员工在组织中充分发挥自己的聪明才智。因此，人力资源方法认为，增强人的能力和为人提供机会可以直接导致高效率的工作。当人的才智得到充分运用时，也会产生对工作的满意感。这很接近于麦格雷戈的Y理论。

将人力资源方法运用于企业，对管理人员的职能和作用就有了不同以往的要求。如作为一名经理就要由控制下属转为帮助他们成长和工作，即所谓助动型经理。这种角色可以与农民相比。农民无法告诉庄稼如何生长，但他能提供适宜庄稼生长的环境。同样，助动型经理也应为雇员提供种环境，创设一种气氛，使他们和睦并努力工作。

3. 权变方法

组织行为学的权变方法是指不同的环境需要不同的组织行为。组织存在哪些有重大意义的变动要素，进而决定为取得更有效的成果必须采取哪一种做法。权变方法的优点就在于，它鼓励行动之前要分析情况，同时反对依据关于人的普遍性假设所采取的习惯性做法。权变方法比传统方法更跨越学科，更富于系统性与探索性。因此，它有助于用更恰当的方式来利用关于组织的所有最新知识，因为正确的行动依赖于情势的变化，所以这一方法也称为因势制宜的方法。

4. 系统方法

系统的含义是指在组织中存在着大量的变量，变量间存在着复杂的关系和相互影响。如职能结构、工艺流程、信息交流网络和管理制度等，所有这些要素共同发挥作用，才形成了通常人们所说的组织。系统法强调各部分之间的内在联系，并且以为只有在这个整体的上下关联中对个体部分的解释才有意义。所以这种方法对了解行为至关重要。

为研究组织行为，人们就应用系统法详细探讨影响组织中人们行为的那些个人、群体和结构。对群体内个人的行为、群体本身、工作群体间的关系以及组织中的群体都要进行分析。

5. 组织行为学的具体研究方法

(1)观察法。所谓观察法就是用感觉器官(如视觉、听觉、嗅觉等)有目的地观察被观察者的行为从而分析其心理活动及行为的方法。

采用这种方法时，一般要求观察者在自然条件下进行。观察者作为旁观者或中立者，不改变被观察者的日常生活条件，对其行为也不加人工的干预和控制，而只是等待被观察者的行为“自行发生”。从这个意义上说，观察是被动的“静观”。但这并不意味着是绝对的，因为观察是有目的、有计划、有系统地进行的。观察目的、计划的制定，观察对象及工具的选择，都表现着观察的主动性。因此，从这个意义上讲，观察又是主动的“静观”。

观察法不同于日常生活中那种片断的、随意的观察。它作为一种基本的研究方法，是按一定步骤进行的。首先，观察前，必须明确观察的目的，制定详细的观察计划，选好观察对象，做好各种准备工作；其次，在观察中，必须有选择性和针对性，既要全面了解，又要重点深入，详细记录被观察者的各种行为表现；在观察结束后，必须对所观察到的事实加以认真整理、分析、概括，得出合理的结论。这种方法的最大优点是，使用方便，所得材料真实，因而得到广泛的应用。但由于它只能了解到一些表面现象，很难通过这些表面现象去进一步把握其本质特征。因此，实际使用时，还必须与其他方法结合起来，才能取得更好效果。

(2)实验法。实验法是指在严格控制的环境条件下研究变量间相互关系的方法。其做法是：先假设一个或多个自变量对另一个或另几个因变量的影响，然后设计一个实验，有系统地改变自变量，然后测量这些自变量的改变对因变量的影响。自变量是指能独立变化并引起其他变量改变的变量，如性格、能力、动机、领导风格、报酬分配方式和组织设计等；因变量是指受自变量的影响而发生改变的变量，如工作满意度、工作行为、工作绩效、群体凝聚力和出勤率等。

实验法又可分为实验室实验和现场实验。实验室实验是在人为制造的实验室环境中进行的，通常研究的变量也是有限制的，其特点是能较明确地反映变量之间的因果关系。但因为现实中很少有像实验室那样的环境，所以实验室实验往往会失去一定的真实性和普遍性。现场实验在自然的组织环境中进行，这种方法较为有效，所得的结论也具有普遍性意义。

(3)调查法。调查法是指根据事先拟定的一系列问题，针对某些相关因素，收集资料并加以分析的方法。这种方法主要是为了了解被调查者对某一事物的看法、感情和满意度。譬如，要想了解员工的业余生活情况、员工对工作的满意程度、员工对领导风格的评价以及员工的人际关系状况等，就可以采用调查法。

调查法又分为多种具体的方法，较常用的有面谈法和问卷法等。面谈法是指研究者通过与被调查者的面对面交谈来探索被调查者心理状态的研究方法；问卷法是指通过使用详细周密设计的一套问卷，要求调查对象进行回答的调查方法。这种方法通常由问卷设计和问卷访谈两方面组成。问卷设计主要有选择法、是非法、计分法和等级排列法等形式；问卷访谈主要有通信访问、电话访问和人员访问等。

无论采取何种调查法，都必须遵循调查法的一般程序，包括明确具体的调查目的、制定调查方案和调查计划、收集资料、整理分析资料和提出调查报告等。

调查法的优点是能同时进行大样本的群体调查，快速收集大量资料。但调查法不大适于针对具体行为，而且对涉及态度问题的回答未必完全真实。譬如，面对面谈话往往会给人增加心里负荷，使人产生防御心理。

(4)定量研究法。目前组织行为学的研究已开始由定性分析逐步深入到定量分析，或二者结合起来研究，有时也采用数学手段。国外的组织行为学已广泛采用心理测验法，并采用先进的现代化手段，如用电子计算机分析领导人的个性心理品质，评定群体心理气氛。对微观环境中群体活动分析采用摄像、电视录像等先进技术以备微观分析。此外，系统方法和信息科学也已渗透到组织行为学中，对现象尽量做到质量和数量分析的统一并将发现得到的规律尽量以数量化、程式化的方式表示出来。

当然，组织行为学的研究方法还不够完善，为了使该学科的科学性更强，世界各国的组织行为学家正采取以下三步措施：①开始大量应用实验方法；②用数量分析补充对现象的质量分析；③从对现象的描述转向揭示规律和利用规律。

(5)个案研究法。个案研究法又称案例研究法，它以某一典型个体、群体或单位为研究对象，进行深入、具体的研究，从中找出规律性的东西，再推而广之。这种方法的好处一是能够尽快地进入情境；二是比起大规模的普查来要省时省力；三是把握的信息比较生动、细微、真实，因此是理论联系实际的较好途径。然而这一方法容易陷入局部状况的详细描述而忽略宏观总体，所以人们在运用个案研究法时必须注意三点：(1)案例要选准，选择那些代表性强、对于所研究的问题有针对性的典型，而不要选那些极端的、特殊的对象，这样才能保证研究的结果具有普遍意义；(2)根据对个案的研究结果进行推理时，要实事求是，遇到不同的情况仍需具体问题具体分析，切忌主观武断、以偏概全；(3)要注意个案与全局的关系，尤其要注意把握各种关系的发展变化状况，以便及时调整研究方案。

1.2 组织行为学的产生与发展

任何一门科学都不是某位哲人主观臆造出来的，而是有一个漫长的萌芽、产生与发展的历史过程。组织行为学的产生和发展，也经历了一个漫长的理论准备和实际应用的演变过程，具有丰富的理论基础。

组织行为学作为科学理论经过了“近代管理理论”、“人际关系学说”、“行为科学”时期三个阶段，同时吸取了其他科学理论的内容，使组织行为学更加充实、丰富。

1.2.1 近代管理理论

近代管理理论的发展为行为科学的萌芽奠定了基础。

1. 理论先驱们的贡献

(1)亚当·斯密(1723～1790)的贡献。1776年3月，亚当·斯密的《国民财富的性质原因的研究》(以下简称《国富论》)一书出版。立即震动了国内外学术界。该书不仅建立了资产阶级古典政治经济学的殿堂，而且成为马克思创立政治经济学的主要理论来源，同时为近代管理理论的产生进行了极其重要的理论准备。《国富论》中第一次提出了劳动分工的观点，并系统全面地阐述了劳动分工对提高劳动生产率和增进国民财富的巨大作用。劳动分工理论对于管理实践发挥了十分重要的作用。后来的专业分工、管理职能分工、社会分工等理论，都与斯密的这一学说有着“血缘关系”。斯密有句名言：“请给我以我所要的东西吧，同时，你也可以获得你所要的东西。”斯密认为：人们在经济活动中追求个人利益，正因为每个人都有利己主义，所以，每个人的利己主义又必然被其他人的利己主义所限制，这就迫使每个人必须顾及他人的正当利益，由此而产生了社会利益，社会利益正是以个人利益为立脚点的。这就是所谓“经济人”观点，后来成为整个资本主义管理的理论基础。“胡萝卜加大棒”的管理方式便是在这种理论基础上产生的。

(2)罗伯特·欧文(1771～1858)的贡献。罗伯特·欧文，英国著名的空想社会主义者，是一位被人们遗忘了的管理大师，在以往所有的管理学论著中，他都是名不见经传的。然而最近几年来，他的管理实践和管理理论却得到了越来越多的有识之士的重视。欧文在企业管理实践中，对于影响劳动生产率的人的因素进行了长期的观察研究，提出“人是有生命的机器”的观点。他认为，既然对于没有生命的机器予以保养，能提高生产率，那么，给予有生命的机器以同样的保养，其丰硕成果是可想而知的。欧文嘲笑同行的制造商，说他们不懂工厂管理中人的因素的重要性，指责他们宁愿花大笔钱购买最好的机器，而不愿以稍高一点的代价购买劳动；宁愿把时间用来改进机器，使劳动专业化和开支减少，而不愿意对人力资源进行投资。他说，如果把钱用来改善劳动者的条件的话，那么，它给你带来的收益将不是5%、10%或15%，而是50%，甚至100%。他还说，对人所表示的关心，有助于减轻“人类苦难的积聚”。企业管理中没有对人的关心，长期获取丰厚的利润将是困难重重。因此，欧文在管理企业中能注意运用灵活稳健的人事政策和处事方法。在管理中重视人的作用和地位，欧文可以说是最早的一个。

(3)查尔斯·巴比奇(1792～1871)的贡献。在亚当·斯密对劳动分工进行分析的基础上，他进一步对专业化的有关问题展开研究，1832年发表了《机器与制造业的经济学》一文，指出劳动分工可以缩短学会操作的时间，可以节约变换工序所费的时间，可以促进专用工具和设备的发展等。他根据对制造程序和工作时间的研究成果，提出了以专业技能作为工资与奖金基础的原理，成为后来“科学管理”的理论基础。

(4)汤恩的贡献。美国人汤恩1886年发表的《作为经济学家的工程师》一文直接点燃了“管理运动”的火星。他指出:管理问题同工程技术一样重要。这个重要的论点当时没有得到应有的重视。随着工业大规模的发展，经营管理面临种种复杂问题。以往的管理者——工厂主，凭个人经验实行管理，已远远不能适应生产发展的要求了。管理一个大的企业，一个系统，需要有专门才能的职业管理人员，建立各项负责制，代替资本家的个人管理。汤思认为，管理应当作为一门专门的学问，从工程技术领域中独立出来，有管理才能的人，应该经过生产技术和行政事务两个方面训练，并在具备经验的人员中选拔。

2. 科学管理的诞生

弗雷德里克·泰勒(1856~1915)是整个科学管理运动的灵魂，被誉为“科学管理之父”。通过长期的管理实践，泰勒总结出了侧重研究车间生产活动的管理原理和方法，先后发表了《计件工资制》、《工厂管理》以及《科学管理原理》等论著。1911年《科学管理原理》一书的面世标志着科学管理从此诞生。

什么是“科学管理”? 泰勒说:“科学管理不过是一种节约劳动的手段而已，也就是说，科学管理只是能使工人取得比现在高得多的效率的一种适当的、正确的手段而已，这种手段并不会大量增加比工人现在更重的负担。”具体来说，包括两个方面的内容，一是怎样提高管理人员的工作效率，二是怎样提高工人的劳动生产率。在生产组织方面强调建立各级责任制，企业的管理者应当负起管理职责，而不是企业主。在工资支付方面制定“级差计件工资制”，明确按规定方法工作，超过标准定额，以高工资率计件，以资奖励，否则一概以低工资率计件。这种管理方法不仅大大刺激了工人劳动生产率的提高，而且也大大增加了企业主的利润收入。

同时，泰勒认为一切管理问题都能够而且应该采用科学方法。主张一切工作方法都应该通过考察并由管理人员决定。他把管理的职能概括为四点:①搜集、分析、整理企业所有的经验数据，制定和不断完善科学的工作方法。②对工人进行严格的挑选和培训，充分发挥他们的潜力。⑤在工人和管理人员之间培养合作精神，确保工人按规定方法努力工作。④在管理人员和工人之间进行明确适当的分工，使管理任务的完成有保证。

对泰勒的管理理论与实践，列宁曾深刻地指出:泰勒的科学管理，一方面是为资产阶级服务的，是榨取工人血汗的制度;另一方面，它又是一系列最丰富的科学成就。

3. 古典组织理论的创立

古典组织理论的创始人亨利·法约尔(1841~1925)是第一个明确提出和阐述“一般管理”理论的人，法约尔在泰勒科学管理原理的基础上进一步明确和充实了管理理论。他认为一个企业的经营必须具备技术、营销、财务、会计、安全以及管理六项活动。就管理而言，它有计划、组织、指挥、协调和控制六项职能。他根据自己长期的管理经验，提出了著名的14项管理原则。

(1)分工。劳动专业化是各种机构、团体进步和发展的正常方法，不只适用于工人，而且适用于一切管理人员。

(2)权力和责任，权力和责任是互相联系的，委以责任而不授以相应的权力是组织上的缺陷。

(3)纪律。纪律是管理所必需的，没有纪律，任何机构、团体、事业都难以办好，纪律应该尽可能明确、公正。

(4)统一命令。一个组织中的某一个人只能接受一个上级的命令，否则，权力会受损害，纪律就有危险，秩序要被打乱，稳定将遭破坏。

(5)统一指导。具有同一目的的集体，只能在一个领导和一个计划指导下协同力量，必须统一行动。

(6)个人利益服从整体。领导应公正地协调每个下属同整个集体之间不同方面的利益，并经常地进行监督。

(7)人员报酬。报酬必须公平合理，尽可能地使个人与单位双方满意。特别要注意关心职工的健康、教育、道德以及收入的稳定性，改善他们的生活和工作条件，加强培训和教育。

(8)集中。任何单位集权和分权的程度，不能千篇一律、固定不变，应根据其规模、条件，经理人员的个性、道德、品质，以及从属人员的可靠性等因素来确定。

(9)等级链。从最高级别到最低级别的各级领导，管理人员之间应该建立关系明确的权威等级链结构，确保上下沟通灵敏。

(10)秩序。不仅应该"物皆有位，物在其位"，以保证工作效率，而且必须"人皆有位，人称其职"，使每个职工都处在他能最好地做出贡献的职位上。

(11)公平。管理者必须平等对待每一个职工，以同样的态度来处理问题，才能建立公正和平等的气氛。

(12)工作稳定。人事不断变动，工作将永远不能顺利完成。

(13)首创性。首创性是事业壮大的巨大源泉。

(14)集体精神。强调必须注意保持同一集体中团结、协作、融洽的关系。

法约尔不仅深入研究了组织理论和管理行为，而且进一步把管理理论系统化和普遍化了。法约尔的管理理论，绝大多数被实践证明是正确的，它不仅在当时，而且直到现在，仍对管理理论与实践有着重大的影响。

1.2.2 人际关系学说

人际关系学说的确立为行为科学的产生提供了契机。19 世纪末到 20 世纪初，随着大机器生产规模的扩大和社会化程度的提高，以及资产阶级盘剥工人的加剧，工人运动进一步发展，劳资矛盾日趋尖锐和激化。在这种情况下，西方一些管理学家已察觉到以往的管理理论对"人"的因素重视不够，他们从提高劳动生产率的目的出发，试图寻找新的管理办法。

19 世纪末开始，心理学有了很大的发展，一些心理学家做了把心理学引入管理领域的尝试。美国的心理学家芒斯特伯格在 1912 年出版了《心理学与工业生产率》一书。同年，美国心理学家莉莲·吉尔布雷斯出版了《管理心理学》一书，他们都明确提出了心理学在管理中的应用问题。心理学被引入管理领域，无疑对传统管理理论是一个巨大的冲击，因为研究人的心理，必然要涉及人的需要和动机等问题。可以说，心理学被应用于管理，为行为科学的产生提供了重要条件，但真正促使行为科学产生的是人际关系学说的创立。

人际关系学说形成于 20 世纪 30 ~ 40 年代，它吸收了科学管理中后期出现的以探讨人的因素为主题的许多新成分，它的着眼点是工作周围的社会环境，它对个人行为的种种差异和工作组合对个人的影响给予了充分的注意，人际关系学说的建立过程，大体上就是西方著名的霍桑实验的进行过程。

1. 霍桑实验

20世纪20年代，位于美国芝加哥城郊外的西方电气公司的霍桑工厂，是家制造电话机的专用工厂，它设备完善，福利优越，具有良好的娱乐设施、医疗制度和养老金制度。但是工人仍然愤愤不平，生产效率也很不理想。为此，1924年美国科学院组织了一个包括各方面专家在内的研究小组，对该厂的工作条件和生产效率的关系，进行考察和实验，就此拉开了著名的霍桑实验的序幕。

霍桑实验是指1924年至1932年在美国西方电气公司所属霍桑工厂进行的一连串实验。这次著名的研究活动可以分为两个大的阶段：第一阶段是从1924年11月至1927年5月，主要是在美国国家科学委员会赞助下进行。第二阶段是从1927年至1932年，主要是在美国哈佛大学教授梅奥的主持下进行的。整个实验前后共分四个阶段：照明实验、福利实验、访谈实验、观察研究。

霍桑实验的重大贡献在于，它不同意泰勒把人只看成“会说话的机器”或人的活动只是受金钱的驱使，霍桑实验认为人是“社会人”。霍桑实验的另一个重大贡献在于它发现并证实了“非正式组织”的存在，这种“非正式组织”有其特殊的行为规范、感情倾向，控制着每个成员的行为，甚至影响整个正式组织的活动。霍桑实验所取得的一系列成果，经梅奥归纳、总结、整理，于1933年正式发表，即《工业文明中人的问题》，并由此提出了著名的人际关系学说理论。

2. 人际关系学说的主要内容

人际关系学说的主要内容，包括以下四个方面：

(1) 人是“社会人”。传统管理观念把人看作是仅仅追求经济利益的“经济人”，或者是对工作条件的变化能够作出直接反应的机器的模型。人际关系学说认为，组织中的人不是孤立存在的，而是属于某一集体并受其影响的，人所追求的不单纯是金钱收入，还有显示自己社会重要性的社会承认，来自被接收为一个团体的成员的安全感等。梅奥认为：“人是独特的社会动物，只有把自己完全投入到集体之中才能实现彻底的自由。

(2) 士气是决定生产效率的关键。科学管理理论认为，生产效率与作业方法、工作条件之间存在着必然的因果关系。只要正确地确定工作任务，采用恰当的刺激制度，适当改善工作条件，就可以提高生产效率。人际关系学说认为，生产效率并不是单纯受工作条件和工作方法的制约，而主要是决定于职工的情绪和态度，即所谓的“士气”，而士气主要取决于社会和家庭生活以及企业中人与人之间的关系。

(3) 企业中存在着“非正式组织”。这种无形的组织是通过感情、爱好、倾向等把人们联系在一起的，并且有自然的领袖人物。其内部有特殊的不成文的准则和倾向，左右着每一个成员的行为。在感情和逻辑之间，人们的行为往往会更多地受感情支配。

(4) 领导不仅要处理人的合乎逻辑的行为，还要理解人们不合乎逻辑的行为。要善于倾听和沟通职工意见，使正式群体的经济需要与非正式群体的社会需要保持平衡，使职工认识到自己的工作价值和对企业的贡献。

人际关系学说的中心思想是强调重视“人性”，即要把工人当作人而不是当作机器对待，主张对工人进行“友善的监督”，使工人保持很高的“士气”。人际关系学说的出现，使西方许多管理学家开始重视企业中对人的因素的研究，为管理工作和管理理论的发展开辟了新的途径，同时为行为科学的产生提供了契机。

1.2.3 行为科学时期

1. 行为科学的诞生

在“人际关系学说”的基础上，20 世纪的 40 年代末 50 年代初，行为科学作为一门学科正式诞生了。

1949 年在美国芝加哥大学一次跨学科的会议上讨论了有否可能利用现有的科学知识寻找出人的行为规律的问题。会议肯定了这种可能性。当讨论这门综合性学科的名称时有人主张沿用“社会科学”的名称，由于担心美国国会中的保守派议员和基金会人士可能将“社会科学”联想为“社会主义”，最后决定采用“行为科学”这个名称。1953 年，美国福特基金会召集一些大学的科学家开会，正式将研究人的行为规律的综合性学科定名为“行为科学”。1956 年在美国出版了第一本行为科学杂志,从此，行为科学的研究及应用迅猛发展起来。

2. 行为科学的发展

第二次世界大战结束后，科学技术迅猛发展，劳动性质和劳动结构发生了深刻的变化，工人的文化素质、知识水平普遍得到了提高。在企业里，“知识性劳动”、“知识性劳动者”所占的比重越来越大。工人们除了生理和安全的需要外，有了更高的文化和精神方面的需要，这必然给管理工作带来新的要求。这样，仅凭棍棒、皮鞭和纪律监督的控制式管理失去了效力，这些因素再与心理学、社会学、文化人类在理论实践上的发展结合起来，行为科学就自然而然地诞生了，其研究与应用随之风起云涌。

1949 年在芝加哥会议上首次确立行为科学之后，美国福特基金会成立了“行为科学部”，1952 年又成立了“行为科学高级研究中心”。每年选拔 40 位美国行为科学家和 10 位其他国家的行为科学家进行研究讨论。1953 年拨款给哈佛大学、斯坦福大学、芝加哥大学、密执安大学及北卡罗来纳等大学，委托他们从事行为科学的研究。此外，美国联邦政府和另一些基金会也先后拨款支持行为科学的研究。到 20 世纪 50 年代末，行为科学出现了“工业人本主义”的理论概念，其主要内容是在工业组织中消除独裁倾向，实行民主管理，促使个人目标和组织目标趋向一致。进入 20 世纪 60 年代中期，又一个重要动向即组织行为概念的出现，它主要论述企业中人的行为管理，同时，行为科学在企业中的应用已普及于美国、西欧、日本等众多国家，并创造了多种应用形式，如目标管理、零缺陷管理、职工参与管理、工作扩大化与丰富化、企业流程再造、职工教育与训练等。

据世界著名的管理学家德鲁克估计，第二次世界大战以后，介绍行为科学的书籍刊物，在所有管理方面的出版物中，超过 50%。美国哥伦比亚大学教授贝雷尔森说：“行为科学是 20 世纪的一项重要的文化科学发明之一。”美国道奈兰公司的董事长约翰 · 道奈兰讲：“我们在行为科学的咨询和训练上花了大量投资，因为我们觉得投资于行为科学比投资于机器合算,因为投资的回收，行为科学比机器更保险。”日本早稻田大学行为科学研究所所长说：“现在是原子时代，自动化时代，同时也可以说是行为科学的时代。”

1.2.4 其他科学理论

上述三个阶段为组织行为学的产生与发展奠定了坚实的理论基础，同时它又逐步吸取心理学、政治学、经济学、历史学、生物学、生理学等社会科学、自然科学中有关论述人类行为、人类心理的内容，最终形成了一门独立的学科。

1. 心理学

心理学是研究人类心理现象规律的科学。所谓心理现象的规律性包括心理活动的规律和心理特征的规律两部分。人们一般认为，心理活动是内省的，行为是外显的。研究组织中人的外显行为的规律性，必须以心理学作为理论基础，因为心理活动和心理特征是人们产生行为的重要原因和内动力。

心理学又分为个体心理学与社会心理学。个体心理学集中于个人的心理活动和特征的分析，这是一切心理学研究的基础，所以也可称为理论心理学。社会心理学是把个人作为社会的人来研究其心理过程的学科。

其实，把心理学分为个体心理学和社会心理学，只是研究上的一种方便。因为任何一个人是绝不能离开社会而生存的，他的心理活动必然是与群体、组织和整个社会生活连结起来而难于分开的。组织行为学是以个体的一般心理过程规律为基础的，进而研究群体的行为，以及个人与群体之间的相互关系。正如我国著名的社会学家孙本文所说，社会心理学研究社会中个人的行为，一方面研究社会对于个人行为的影响，另一方面研究社会所受个人行为的影响。由此可知，要研究组织行为学，必先研究普通心理学的实验资料及关于基本的心理活动和心理特征的基础知识，以及研究社会对于个人的影响及相互关系。

2. 社会学

社会学是一门综合性较强的学科，它把社会作为一个整体，综合研究社会现象各方面的关系及其发展变化的规律性。这里首先需要了解“社会”这个词的含义。从广义上说，社会是人类关系的体系，包括人类所有直接和间接的关系。从狭义上说，所谓社会就是某种特殊的和比较具体的人类结合体。凡是一群有某些共同的观念、态度和行为习惯的人，或是在一起共同生活的人，都构成社会。任何社会或群体都是有组织的，而社会的组织又是由各种制度维系的。所以一般地说，社会学是研究社会关系的科学。社会关系又可分为动态的和静态的两种。动态的社会关系是指社会中人们的互动，如合作与冲突等。静态的社会关系是指社会现象的关系模式，如家庭结构、群体、组织、阶级等。

研究组织行为学就是要运用社会学的知识，来探索人在社会关系中表现出来的行为。组织是由很多群体组合而成的，所以组织行为学把组织看作一个开放的有机的社会组织。组织、群体和个人之间是彼此互相依存的关系。他们与环境构成互动的复杂的社会体系。组织中人的行为是离不开社会关系的，因此研究组织中人的行为必须从其所处的整个社会关系中着手，这样才能全面认识人的行为规律。如研究组织中个人的行为受组织内外社会环境的影响，个人在社会中所担任的角色和社会地位，群体的动力、结构、交往、权力和冲突，非正式组织、群体之间的协作配合和人与人之间相互关系等，都需要社会学的知识。

3. 人类学

人类学是组织行为学的重要的理论基础之一。人类学分为体质人类学、文化人类学（又称社会人类学）和考古学。而其中与研究组织行为学关系最密切的是文化人类学。它过去集中在对原始社会及文化的研究上，但是近几十年来，已逐步扩展到对现代文明社会的研究。文化人类学对组织行为学的贡献，主要是组织中人的行为与人类社会的起源理论、人类社会行为以及人类和文化的关系等知识。

人类的行为，并不是完全按照本能产生的。人的行为中文化性的行为多于生物性的行为。人类通过不断社会化的学习过程，使社会性行为超越了本能性行为。在文化环境中逐步形成价值观念、规范、风俗、习惯以及民族性等。由于各国文化背景的差异性，其所熏陶出来的民族性格也不同。在一个组织中，其成员（职工）的教育程度、家庭背景、社会环境也有差异性，这些都会影响他们的态度与行为。因此，任何组织的管理者和领导者必须根据不同的文化背景和现实环境，选择相适应的有效的组织形式和领导方式。

文化对个人、群体、组织以及整个国家和社会的行为影响作用极大。社会是由文化形成的，文化与社会的关系是紧密相连的。生活在社会中的人离不开文化的影响，一个组织的有效管理者和领导者，对组织中人员和群体的个性和共性要有深刻的了解。在管理方式和领导方式上，不仅要针对不同个体的特点，而且要针对文化背景不同的群体和组织，采取相应的领导方式和管理方式。如西方有西方人的文化，从而有西式的管理；日本有日本人的文化，从而有日本式的管理。管理方式必须结合国情、社会习俗等文化背景，才能收到明显的成效。因此，有效的管理，就应该对社会文化环境、国民性格等进行分析研究，从而采取相应的管理方式和领导方式。近年来，我国的理论工作者和实际工作者都提出要研究中国式的管理。所谓中国式的管理，也就是在管理方法和措施上要符合我国的文化环境和国民性格，并且又能有效地解决我国实际问题的管理方式。

4. 政治学、伦理学、生物学、生理学等学科

政治学中的权力与冲突问题，伦理学的道德规范，都会影响组织中人的行为。人体犹如一个生物钟，有它自己的生物节奏的规律性，有体力、智力、情绪的低潮与高潮，这都会影响人的行为。20 世纪 80 年代，组织行为学开始研究工作压力对个体、群体、组织的行为和工作绩效的影响，主要分析当人们承受工作压力时，身体所做出的生理反应，以及引起身体生物结构的变化和如何防治等。

1.3 组织行为学研究的意义与面临的挑战

组织行为学之所以在西方和欧洲各国受到普遍重视，并在东方各国广为传播，主要是因为它是管理学的新发展，对提高管理水平，实现以人为中心的管理,具有重要意义和作用。

1.3.1 组织行为学研究的意义

1. 重视人的因素，发挥人的主动精神，挖掘人的潜能

组织行为学认为，在人、财、物诸生产要素中，人是最重要的因素，在科学技术高度发展的今天更是如此。在这方面组织行为学有三个基本观点：

(1) 人是企业的主体。机器虽然可以代替人工，计算机也可以代替一部分人脑的功能，但设计和使用机器及计算机的仍是人。现代化的管理中，最主要的管理是对人的管理。企业最终要靠人（个人及群体）来达到企业的目标。

(2) 科学技术越发展，就越要重视人的因素。现代化生产，不仅在经营管理中，而且在生产操作中，脑力劳动的比重将越来越大。据统计，体力劳动和脑力劳动耗费的对比，在机械化水平低的情况下，一般为 90∶10；在中等的机械化水平下，是 60∶40；在全盘自动化的情

况下，为10：90。特别是进入使用电子计算机、信息化管理的时代，要求员工进行更高级的脑力劳动。可是，目前对脑力劳动是难以用计量的方法来监督的，主要应靠发挥脑力劳动者的主动精神和自觉的积极性来实现。

(3)主张实行合乎人性的管理。建立以人为中心而不是以生产任务为中心的管理制度，从而更好地发挥人的积极性、主动性和创造性。

2. 重视研究个人需要，并把满足个人的需要与达到组织的目标相统一

社会主义制度下的个人需要和资本主义制度下的个人需要在内容上有不同的一面，但也有其共同的一面。无论是社会主义还是资本主义企业的员工，都既有生理需要或物质需要，又有心理需要或精神需要。如果我们吸取组织行为学中分析人的需要的理论中某些合理成分和调查了解员工需要的方法，对我们企业员工的个人需要做一番调查，找出他们在个人需要上的差别，并给予不同的满足，一定会收到良好的效果。组织行为学的核心内容之一是讲个人需要、个人利益和个人兴趣，并且介绍了许多满足这些个人需要的方式和方法。

3. 重视把正式组织和非正式组织的作用结合起来，为实现组织目标服务

组织行为学主张把企业正式组织的作用与非正式组织的作用结合起来，以进一步改善企业经营管理工作，提高经营效果。事实也正是这样。承认并利用正式组织和非正式组织，把正式和非正式两种组织的作用结合起来，并把非正式组织的作用纳入正式组织的管理范围之内，是一种行之有效的企业管理方式和方法。

4. 重视组织设计、组织变革和组织发展的研究

有效的组织设计在提高组织活动的成效方面起着重大作用。它能为组织活动提供明确的指令，有助于组织内部人员之间的合作，使组织活动更具有秩序性和预见性；有助于及时总结组织活动的成功经验和失败教训，从而形成合理的组织结构；有助于保持组织活动的连续性；有助于正确确定组织活动的范围及劳动的合理分工与协作，提高工作绩效。因此组织行为学十分重视组织设计问题的研究，并且提出了如何根据组织所处的环境、组织的战略目标、组织所采用的技术以及组织中人员素质的改变，而作相应的组织变革和组织发展，设计出更为合理的组织结构。

1.3.2 组织行为学面临的挑战与机遇

组织行为学可以对管理者所面临的一些关键问题提供答案，提供有意义的启示。在迅速而剧烈的变革时代，组织行为学也面临着新的机遇与挑战。

1. 改善质量和提高生产率

越来越多的管理者正在面临着来自美国、欧洲、日本制造商的激烈竞争。为了生存，不得不削减开支、提高组织的生产率、提高产品质量、改善服务。为了提高质量和生产率，企业管理者推行全面质量管理和企业重组，而这些方案都要求员工广泛地参与。

全面质量管理是一种管理哲学，这种思想是通过不断改善所有的组织过程来永久保持顾客满意的。全面质量管理对于组织行为学意义重大，因为它要求员工重新思考他们所做的工作，更多地参与工作决策。

在迅速而剧烈的变革时代，人们必须不断改善质量和提高生产率。它要求管理者重新思考这样一些问题：如果是重新开始，工作应该如何做？组织应该如何设计？任何提高质量和生产率的努力要想成功，都离不开员工的参与。员工将不再只是执行变革的主要力量，而且会越来越主动地

参与变革计划的制定过程。组织行为学将为管理者处理这些变革提供重要的启示。

2. 改善人际技能

企业的管理者如何做一个有效的倾听者，如何提供及时有效的反馈方式，如何精于授权，如何创建有效的团队，越来越受到现在的管理者和将来的管理者的关注。提高和开发人际技能，将有助于他们深入认识自己的行为和别人的行为，并改善自己的人际技能。

3. 管理劳动力多元化

劳动力多元化是指组织的构成在性别、种族、国籍方面正变得越来越多样化。组织所面临的挑战是通过澄清不同的生活方式、家庭需要和工作风格来使自己适应各种各样的人群。

劳动力多元化对管理实践意义重大。管理人员需要改变他们的经营哲学，从把员工作为相同的人来对待，转变为承认差异，并以能够保证员工稳定和提高生产率的方式对差异作出反应。同时，不要有任何歧视。如果管理得当，多元化会提高组织的创造性和革新精神，通过鼓励不同的观点来改善决策质量。如果管理不当，就有可能出现流动率高，沟通困难和更多的人际冲突。

4. 管理全球化

管理已不再受国家边界的限制，管理者必须能够与来自不同文化的人一起工作。

全球化至少在两个方面影响管理者的人际技能。首先，如果你是一名管理者，就越来越有可能要承担国外的工作任务。你可能要到你雇主在国外的分公司或合资公司去工作。一旦到了那里，你不得不管理一群新的员工，他们在需要、爱好和态度方面与你在国内管理的员工完全不同。其次，即使在你自己的国家，你也可能发现与你共事的上司、同事和下属是在不同年代中出生和成长起来的人。能够调动你的积极性的因素对他们来说可能就不灵了。你的沟通风格可能是直截了当和开放的，他们可能觉得这种风格不舒服，甚至是一种威胁。这就告诉我们，如果你想与这些人有效地共事，就必须理解他们的文化，弄清文化如何塑造了这些人，学会使你的管理风格适应这些差异。

5. 授权

当今管理者被称为教练、导师、发起人、支持者。在许多组织中，员工变成了副手或助理。管理者与工人的角色界限变得模糊不清。决策制定被推到了操作层，在这里，工人可以自由选择工作日程、程序，解决与工作有关的问题。20 世纪 80 年代，管理者鼓励员工参与工作决策过程。

今天，管理者允许员工完全控制自己的工作，没有上司，基本上由工人操作的自我管理团队成为 20 世纪 90 年代的时尚。以上所发生的一切表明，管理者在给员工授权。他们把员工完成工作的责任交给员工自己承担。这样做，管理者需要学会如何放松控制，员工需要学会如何对自己所做的工作承担责任及如何恰当地决策。

6. 激发革新和变革

当今成功的组织必须鼓励革新，掌握变革的艺术，否则，它们将成为破产的候选人。胜利将属于这样的组织，维持它们的灵活性，不断改善它们的质量，通过持续不断地革新产品和服务来赢得市场上的竞争。

一个组织的员工可以是革新和变革的推动力，也可能成为主要的绊脚石。管理的任务是刺激员工的创造性和对变革的容忍性。组织行为学可以为人们提供丰富的观点和技术，帮助人们实现这些目标。

7. 处理“临时性”

管理者一直关注着变革,所不同的是实施变革的时间间隔。过去的做法是每十年引进一两次主要的变革项目就可以了,现在不同了,变革成为管理者经常的活动。持续改善的概念意味着不断地变革。

以前的管理特点是长期的稳定伴随着偶尔的短期的变革,今天的情形正好反过来了,长期的不断变革伴随着短期的稳定。管理者和员工今天所面对的世界是个永久的“临时性”。工人所从事的实际工作处在永久的变化中。所以,工人需要不断更新自己的知识和技能以满足新的工作要求。

今天的管理者和员工都必须学会应付临时性。他们必须学会在充满灵活性、自发性和不可预测性的环境中生活。组织行为学研究能够为我们提供重要的真知灼见,帮助我们更好地适应不断变革中的工作环境,如何克服变革的阻力,如何更好地创造一种组织文化,在变革中求得繁荣。

8. 员工忠诚性减弱

过去,公司员工相信他们的雇主会通过工作的保障、丰厚的福利和薪水的提高来报答他们对组织的忠诚。但是,从20世纪80年代中期开始,为了适应全球性的竞争、不友好的接管、收购和兼并等,公司开始摒弃传统的工作稳定性、资历和报酬政策。他们通过关闭工厂、把生产转移到劳动力成本低廉的国家、卖掉或关闭不盈利的企业、减少管理层次、用临时工代替长期工来适应竞争的环境,从而变得“刻薄而吝啬”。这些变化导致了员工忠诚性的急速下降。组织行为学所面临的一个重要挑战就是为管理者设计出能够调动忠诚性不高的员工积极性的方法,同时又能维持组织在全球竞争中的实力。

9. 改善道德行为

今天,组织成员越来越发现自己面临着“道德困境”。所谓道德困境是指这样的情境,他们需要决定什么是正确的和错误的行动。例如,如果他们发现组织中出现了违法活动时是否应该揭发?他们是否应该遵从个人不同意的命令?如果他们知道绩效评估的结果能够保障同事的工作的话,他们是否应该凭空吹捧自己喜欢的员工?对于什么是符合道德的行为,以前并没有给出明确的定义,近年来,区分正确的和错误的界限变得模糊不清了。

管理者和他们的组织正在从几个方面对此作出回应。他们制定道德行为法规,以指导员工处理道德困境。他们提供研讨会、培训班和类似的培训项目,以改善道德行为。他们也在设计保护机制,防止员工暴露组织内部的不道德活动。

今天的管理者需要为员工创造道德而健康的气氛,在这样的气氛中,员工可以全力从事自己的工作,尽量减少碰到涉及对错行为的模棱两可的机会。

【思考题】

1. 组织行为学的概念、研究对象和研究内容是什么?
2. 组织行为学有哪些特点?组织行为学是如何产生和发展的?
3. 霍桑实验有哪些有益的启示?人际关系学说有哪些基本观点?
4. 组织行为学面临哪些机遇与挑战?

【案例分析】

问题的症结在哪里

华胜公司是一家制造公司，一年前，该公司被一个大企业集团兼并。这个大企业集团的主要业务在金融和房地产领域，对于制造业的情况并不十分熟悉。根据此企业集团的惯例，他们派自己的人担任华胜公司的高层管理职务，这些人精通金融交易业务，懂得如何降低成本，他们的目标就是压缩成本，创造最高劳动生产率。集团公司对他们寄予厚望。然而，事情的发展并不像想象的那样好。在他们上任的头几个月里，销售成本率由原来的72%上升到80%，企业集团领导人非常纳闷，很想尽快找出其中的原因。

华胜公司过去的管理者认为，新管理者采取的削减开支的做法适得其反，因为这些做法影响了工作的情绪，工人中普遍存在不满情绪。华胜公司的工人都希望企业集团能撤换这些新管理者，让原来的公司管理者官复原职，按原来的方法管理企业。

另一方面，这些新管理者认为，他们是在非常时期到任的，他们采取的措施提高了劳动生产率，降低了成本。如果不是由于他们的努力，恐怕公司现在早就倒闭了。他们中有人这样辩解："你们怎么能认为我们是劳动生产率下降的祸首呢？我们疏通了销售渠道、改革了公司体系、为公司签订了长期优惠贷款协议，这些工作不是那么容易的。我真想知道，如果不是我们来了，如果我们没有采取这些措施，公司现在会是什么样子。"同时，他们还认为过去的管理者之所以形成这样看法，是因为他们自己对新管理者的到来不满意，新管理者的到来，取代了他们原来在公司中的管理地位。

华胜公司的总裁认为，新管理者夸大了他们的贡献，公司目前存在的问题确实是他们导致的，他认为，华胜公司的工人们担心企业集团正在利用这些财务管理专家来判断安装部门的人员和费用可以削减，因而害怕自己成为公司裁员的对象。这种担心导致了劳动生产率的下降。总裁所面临的问题是怎样才能验证他自己的看法。他认为能够找出成本上升的真实原因的唯一办法是聘请外部专家做调查，他特别想请组织行为学专家来调查华胜公司工人的满意度状况，确定工人的行为态度与成本上升的关系，如果能够做到这一点，而且能够证明新的管理者是产生以上问题的原因和责任者，总裁相信他能够说服企业集团领导撤换这些人，让原来的管理者按照原来的方法管理公司。如果调查结果表明问题是由原来的管理者所导致的，那么这些人可能被解雇，新的管理者将继续留任。总裁认为后一种情况发生的可能性很小。

华胜公司内部也有人不同意从外部聘请专家，他们认为这样的问题不需要专家来回答，公司完全可以自己解决。外部专家不了解公司的运作情况，未必能找到真正的原因。如果只做工人满意度调查，他们自己就可以完成，因为这是一项很简单的工作，不需要专家来做。满意度调查不就是出几个问题，让工人填写答案吗？

但总裁认为这是一项很复杂的工作，满意度调查并不像人们想象的那样简单。而且，由外部专家来调查，可以避免许多偏见和不必要的麻烦。

总之，总裁信心十足，正如那天他对助手说的，"不管发生什么问题，我的根本目的就是找出问题的症结所在，只要能找到真正的原因，不管是什么问题，我都能解决。"

面对这种情况，你将建议组织行为学专家采取哪种研究方法？为什么？

【拓展训练】

比较组织行为学与管理心理学的区别。

虽说组织行为学与管理心理学在诸多方面是相同或一致的，都是边缘学科和应用学科，很多学者也容易将两者混同起来，但它们还是存在一些差别的。下表对这些差别作出了比较。组织行为学与管理心理学的主要区别在于研究对象是不同的，前者的研究对象是指组织中人的外在、可观测、可变的行为，而后者的研究对象是指组织中人的心理(包括外在、可观测、可变的行为，也包括内在的、甚至是不可观测、不可变的行为，如思维、本能)。由此决定了组织行为学的研究成果更为具体、直观、实用，而管理心理学的研究成果则比较抽象、隐晦和理论化。

表1-1　组织行为学与管理心理学的比较

	组织行为学	管理心理学
研究对象	一定组织中人的行为(指外观的活动、动作、运动、反应或行动)	管理过程中各层次人员的心理(包括感觉、知觉、记忆、思维、情绪、意志、气质、性格等心理现象的总称)
理论基础	社会科学、行为科学、管理科学、自然科学等	心理学、社会学、经济学、教育学、管理学、生理学等
学科性质	行为科学	心理科学
形成背景	1949年"行为科学"一词出现，1953年正式命名 20世纪60年代末开始形成组织行为学 20世纪80年代组织行为学分为宏观组织行为学和微观组织行为学	莉莲·吉尔布雷斯《管理心理学》(1914)首次使用"管理心理学"一词 20世纪20年代和30年代工业心理学与人际关系学说的发展 莱维特(1958)正式使用"管理心理学"，管理心理学成为独立学科

■ 第2章 个体行为基础

2.1 知觉与归因

2.1.1 知觉

1. 知觉及其特征

所谓知觉，是客观事物直接作用于人的感官时，人脑产生的对事物整体的反应。知觉同感觉一样，也是对作用于感官的客观事物的直接反映，但它不是对事物个别属性的反映，而是对事物各种属性及各个部分的整体反映。人们在认识客观事物过程中，首先是获得对客观事物个别属性的感觉，当感觉积累多了并有机地融为一体，形成对事物整体的反映，便达到了知觉。一般来说，感觉到的事物的属性越丰富，知觉就越完整。因此，感觉是知觉的基础，知觉是感觉的深入。

但是，知觉并不是感觉的简单集合，它们之间既有量的差别，也有质的不同。感觉是单个分析器的作用，知觉则是多种分析器协同活动的结果。在知觉的映象中，不仅包含作为感觉的个别属性，而且反映了个别属性或部分之间的关系，通过知觉人们可以认识到事物的名称、性能、作用、因果关系等意义。可见，知觉已不是对事物外部形象的简单反映，其中已包含了思维和理解的成分。知觉具有以下基本特征。

(1)知觉的整体性。在人们形成知觉时，尽管知觉对象是由若干部分构成的复合刺激物，但人们仍将其作为一个统一的整体来知觉，而不是分割成孤立的部分。而且，当认识一个熟悉的对象时，只要感觉了它的个别属性或主要特征，就可以根据以前的经验而知道它的其他属性和特征，从而整个地知觉它。例如，对于一块大理石，人们只需看一眼，就可以形成它是光亮的、坚硬的、冰冷的、沉重的这样一种整体反映，实际人们并没有进行触摸和搬动，但坚硬、冰冷、沉重的属性却包含在整体映象中了。

(2)知觉的选择性。在日常生活中，作用于人们感官的客观事物是多种多样的，但在一定时间内，人们不能感受所有的刺激，而是仅仅感受引起注意的少数刺激。此时，被知觉的对象好像从其他事物中突出出来，出现在“前面”，而其他事物就退到“后面”去。前者成为知觉的对象，后者则成为知觉的背景；对前者知觉清晰，对后者则感知模糊。例如，当在站台上寻找要迎接的客人时，整个人流是知觉的对象，站台、火车则成为背景。当看到要迎接的人，这个人就成为知觉的对象，熙熙攘攘的人流又变成了背景。

⑶知觉的理解性。知觉不仅能反映客体的整体形象，而且能反映客体的作用、意义，这说明知觉过程包含着理解。一般来说，人们对任何事物的知觉都是根据已有知识和过去的经验来理解和领会的，一旦对事物整体形象形成知觉，同时也就理解了它的作用和意义，并常常会在内心说出它的名称，将其归入一定范畴之内。例如，当看到一辆卡车时，人们并不仅仅反映它的大小、形状、颜色、造型，而且可以理解这是卡车，属于运输工具，可以运送货物等等。

⑷知觉的恒常性。在知觉过程中，由于知识和经验的参与，使知觉往往并不随知觉条件的变化而变化，而表现为相对的稳定性，这就是知觉的恒常性。人们对事物的知觉是在不同条件下进行的，知觉的恒常性保证了人们持续地反映客观事物，使人们很好地适应不断变化的环境。

例如，距离我们1米远和50米远的人，在视网膜上成像的大小并不相同，距离远的视像小，距离近的视像大。可人们知觉却是一样，不会把距离近的知觉为大人，把距离远的知觉为孩子。否则，条件一变人就无法辨认以前知道的东西了。

2. 影响知觉的因素

人的知觉受多种因素影响，概括起来有主观因素和客观因素两个方面。

⑴影响知觉的主观因素

①兴趣。人们的兴趣是各不相同的，兴趣的个别差异往往影响着人们的知觉。一般来说，人们在形成知觉时，总是集中注意感兴趣的事物，而把不感兴趣的事物排除到知觉的背景中去，由于人们的兴趣不同，因而形成的知觉也往往各不相同。例如，对体育感兴趣的人对报刊、杂志、电视中有关体育活动、体育竞赛的消息格外注意，使之成为知觉对象，而对体育不感兴趣的人则可能根本没有注意这些消息。

②需要和动机。需要和动机对人的心理活动和行为表现有很大影响，人的需要和动机不同，其知觉也往往不同。凡是能够满足人的需要、符合于人的动机的事物，往往会成为知觉的对象、注意的中心；而与人的需要和动机无关的事物则往往不被人注意。例如，一个饥饿难忍的人会集中注意于摆在面前的食物，格外清晰地知觉它，而对周围的其他事物则视而不见。

③个性特征。个性特征对知觉也有明显的影响。有些人自尊心强，对他人的态度非常敏感，极易成为知觉的对象；有些人情绪较易波动，知觉对象随情绪而变化，使知觉带有一定情绪色彩。气质对知觉的影响主要体现在知觉的速度和数量上。多血质的人知觉速度快、数量多，但不细致；黏液质的人知觉速度慢、数量少，但比较深入细致。

④知识和经验。知识和经验在知觉中有很大作用，知识经验不同的人，对同一事物的知觉会有明显差别，所谓“仁者见仁，智者见智”正是这个道理。一位新徒工和一位工程师看同一架机器，他们获得的知觉会很不相同。新徒工可能只看到机器的外观和主要部件，而工程

师所观察到的则细致、具体得多，其原因不在于工程师眼睛好，而是由于是工程师比新徒工知识经验更丰富的缘故。

⑵影响知觉的客观因素

①知觉对象本身的特点。心理学研究表明，外界新异事物的强烈刺激容易引起人们的定向反应和无意注意。因此，在一般情况下，响亮的声音、鲜艳的色彩、醒目突出的标记、异乎寻常的形状外观等等，都容易吸引人们的注意，使人们清晰地知觉这些事物。例如，在日常生活中，那些有特殊身材和相貌的人，或有突出优点和缺点的人，都比较容易引起人们的注意，并形成清晰的知觉。

②对象和背景的差别。在一定时间内，被人们清晰知觉到的东西就是知觉的对象，而那些知觉模糊的东西就成为对象的前景。对象与背景之间的差异越大，人们就越容易从背景中把对象区分出来，形成清晰的知觉；反之，则区分困难，不易形成清晰知觉。例如，用车床加工零件时，零件是知觉对象，车床是背景。实验证明，扩大车床与零件颜色的差别，可以使工人将注意集中于所加工的零件上，从而提高加工质量。

③对象的组合方式。知觉所反映的事物整体，往往并非单个的事物，而是由若干事物所组成的。在这种情况之下，被反映事物的整体中，各对象的组合方式及特点对知觉也有明显的影响。一般来说，对感受到的对象知觉时存在着以下几条原则：一是接近原则，即对象在空间位置上越接近，就越容易被知觉为一个整体；二是相似原则，即对象在形状和性质上越相似，越容易被知觉为一个整体；三是闭锁原则，即当几个对象共同包围着一个空间时，人们往往容易把它们组合成一个整体来知觉；四是连续原则，即当几个对象在空间或时间上存在某种连续性时，则较容易被感知为一个整体。

2.1.2 社会知觉

1. 社会知觉的概念

在心里学的研究中，对知觉有着不同的分类。根据知觉中起主导作用的分析器来划分，可把知觉分为视知觉、听知觉、触知觉；按照被知觉客体的特性来划分，可把知觉分为空间知觉、时间知觉、运动知觉。此外，还可根据知觉的对象来进行分类，把知觉划分为对物的知觉和对人的知觉。一般来说，对人的知觉即是社会知觉。

“社会知觉”的概念最初是由美国心理学家布鲁纳(J. S. Bruner)在1947年提出的，用以表示他对知觉的一种新观点，其主要含义是指知觉过程受社会因素的制约。但后来，这个概念在社会心理学中有了新的含义，把社会知觉规定为是对社会对象的知觉。社会对象包括个人、社会群体以及大型的社会组织，从这个意义上来说，社会知觉包含广泛的内容。它不仅包括一个对另一个人的知觉，而且包括个人对群体、群体对个人、群体对群体的知觉，以及个人间和群体间关系的知觉。因此，可以简言之，社会知觉是对人和社会群体的知觉。

对人的知觉与对物的知觉虽然都服从普通心理学所揭示的知觉的一般规律，但对人的知觉有其不同于对物的知觉的特殊规律。对物的知觉尽管包含着客体的意义，可是这种知觉所反映的主要还是客体的外表形象。但当对人知觉时，人们并不是停留于被知觉者的面部表情、身体姿态、行为举止这些外在表现上，而是要根据这些外部特征了解他的内部心理状态和心理活动，包括需要、动机、兴趣、信念、观点、个性特点等等。可见，社会知觉有其特性，它比对物的知觉更为复杂。社会知觉是社会心理学研究的对象，也与管理心理学有密切关系。

2. 社会知觉的分类

如前所述，社会知觉是对人和社会群体的知觉，如果分析，社会知觉可以分为以下三种类型。

⑴对个人的知觉。对个人的知觉，主要是指通过对别人外部特征的知觉，进而取得对他们的动机、感情、意图、性格等的认识。俗话说，“听其言观其行而知其人”。这就是说，我们要了解、认识一个人，主要是根据他的言论和行动。当然这里所讲的行动，从心理学上看，不仅指人的行为举止，而且包括人的面部表情、身体姿态以及眼神等。

对他人的知觉依赖于许多因素，但概括起来，这些因素可分为两个方面。一是知觉对象的外部特征，包括一个人的仪表、风度、谈吐和举止等。一个面貌端正、举止文明、谈吐文雅的人，在初次见面时总会给人留下良好的印象；而一个其貌不扬、举止失当、谈吐粗俗的人，初一接触，也总会给人留下不良的印象。当然，我们并非主张以貌取人，但一个人的外部特征，特别是在初次与人接触时，总会影响人们对他的印象，这是一个客观存在的事实。二是知觉的组织结构。所谓知觉的组织结构，是指一个人在知觉他人时并非像镜子一样机械地反映，知觉者总是具有一定观点和态度的具体人，因此，他的态度必然会影响他对别人的知觉。例如，有的人在看待别人时首先注意的是道德品质，按道德品质的优劣把人们进行分类；有的人则首先注意人的智力特征，按聪明程度把人们加以区分，等等。总之，一个人对他人的知觉既受对象外部特征的影响，又受主体知觉组织结构的影响。

⑵人际知觉。人际知觉是指对人与人之间关系的知觉。这种知觉主要是在人际交往中发生的，以各种交际行为为知觉对象。交际行为指人们在交往中相互接触和交换的言语、态度与动作，包括礼节、交谈、表情、援助、侵犯等行为。人际知觉的主要特点是有明显的情感因素参与知觉过程。即人们不仅相互感知，而且彼此间会形成一定的态度，在这种态度基础上又会导致产生各种各样的情感。如对某些人喜爱，对某些人同情，而对另一些人反感等等。

人际知觉过程中产生的情感决定于多种因素，如人们彼此间的接近程度、交往频繁程度以及彼此间相似程度等，都会对人际知觉过程中的情感产生很大影响。一般来说，人们彼此越接近，交往越频繁，相似之处越多，就越容易产生友谊、同情和好感。

⑶自我知觉。自我知觉是指一个人通过对自己行为的观察而对自己心理状态的认识。人们不仅在知觉他人时要通过其外部特征来认识其内部的心理状态，同样也要这样来认识自己的行为动机、思想意图等。当然，一个人观察别人与观察自己是不同的，其区别在于：第一，人们观察自己时所掌握的信息要比观察别人时更多，如一个人虽然工作成绩并不显著，但却做了最大的努力，这在自己心中是有数的，但如果别人观察他的行为就不一定能够了解。第二，观察自己和观察别人有熟悉和陌生的区别。俗话说“路是自己走过来的”，一个人对自己行为的知觉当然会比别人更熟悉，因为自己对自己的知识、经验和过去的经历要比对别人知道的更多。第三，观察者与被观察者的区别。在知觉别人时自己是观察者，别人是被观察者，而在自我知觉时，自己既是观察者又是被观察者。尽管自我知觉与对别人的知觉存在上述区别，但这并不是说自我知觉一定比对别人的知觉更正确。有人曾做过一个实验，设计了四种情境，让工人解释在每种情境下积极工作或能坚持工作的动机：第一种情境是给予很高

的报酬，但工作比较单调乏味；第二种情境是报酬不高，但工作很有趣味；第三种情境是报酬不高，工作也很乏味；第四种情境是报酬很高，工作也很有趣。在第一种和第二种情境中，绝大多数工人都能解释自己积极工作的原因，指出是因为有很高的报酬或因为工作很引人入胜。但在第三种和第四种情境中，工人对自己仍能坚持或积极工作的原因往往不能作出正确的解释。虽然这一研究的主要目的在于分析内在奖励和外在奖励对工人积极性的作用，但也表明，自我知觉不是在任何情况下总是正确的。古语道："人贵有自知之明"，可见形成正确的自我知觉，真正做到"有自知之明"并不是一件很容易的事情。

2.1.3 社会知觉与归因

归因理论也称认知理论，是指说明和分析人们活动因果关系的理论，人们用它来解释、控制和预测相关的环境，以及随这种环境而出现的行为，即通过改变人们的自我感觉、自我认识来改变和调整人的行为的理论。归因理论是在美国心理学家海德的社会认知理论和人际关系理论的基础上，经过美国斯坦福大学教授罗斯和澳大利亚心理学家安德鲁斯等人的推动而发展壮大起来的。

归因理论研究的基本问题主要有：人们心理活动发生的因果关系，包括内部原因与外部原因、直接原因和间接原因的分析；社会推论问题，根据人们的行为及其结果，来对行为者稳定的心理特征和素质、个性差异做出合理的推论；行为的期望与预测，根据过去的典型行为及其结果，来推断在某种条件下将会产生什么样的可能行为。

在人的知觉过程中，尤其是对人的社会知觉过程中，往往由于各种主客观条件的影响，使人不能全面、客观看待问题。在对人的社会知觉过程中，更容易产生知觉偏见，它在社会心理学中被称为社会知觉偏见。

1. 基本归因错误

基本归因错误指人们在评估他人的行为时，即使有充分的证据支持，但仍总是倾向于低估外部因素的影响，而高估内部或个人内在因素的影响。犯这个错误的原因主要有两个：一是人们总是有一种对自己活动结果负责的信念，所以更多地从内因去评价结果，而忽略外因对行为的影响；二是情境中的行动者比其他因素更突出，所以人们把原因归于行动者，而忽略背景。

2. 自我服务偏见

自我服务偏见是指个体倾向于把成功归因于内部因素（如能力或努力），而把失败归因于外部因素（如运气）。这就是常说的"我很优秀，你只是运气好"。这与人的印象管理有关。人们总是试图创造一个特殊的、良好的印象，以使他人对自己有一个良好的评价。当别人问原因时，人们会尽量让对方给你较高的评价。比如，一名国企的老总认为企业的繁荣是因为自己能力强，而企业倒闭则是体制原因。这也与人维护自尊的需要有关，可增强自信和提高对自己的评价，从心理上得到满足；而把失败归因于外在环境可减少挫折感，保护自尊心。这也与人的认识有关，因为人们一般对成功的体验多，而对失败的体验少。

3. 行动者和观察者的差别

所谓行动者和观察者差别是指，人们作为一个评价者对他人的行为进行归因时，往往倾向于做稳定的内部归因；而当人们作为自我评价者对自己的行为进行归因时，却倾向于做外部归因。即观察者高估个人特质因素，行动者高估情境因素。这就是常说的"你看，我是被迫的”。这主要是由于行动者与观察者认识的角度不同，由此而导致认识的倾向性不同。行动者强调周围的环境，观察者则强调行动者本身。但如果行动者和观察者相互换位，从对方立场看问题，情况就迥然不同了。斯特姆斯(Storms，1973)做过实验，要求对被试者进行简短交谈，另外两个被试者在旁观察。然后询问这些人，个人素质和情境特点对交谈行为有什么影响。被试者表现出观察者与行动者的差别:观察者强调内在素质，行动者强调情境。接着又让一些行动者和观察者看谈话录像，这时每个行动者变成了观察者的角色，而每个观察者则从行动者角度看这个情境。这样的互换使行动者和观察者的差别大大减少，更多的行动者对自己的行为做出了内部归因。采用这种换位方法，对解决各种矛盾冲突，增强人与人之间的了解等具有重要意义。

4. 判断他人时常走的捷径

⑴晕轮效应。又称为“光环效应”，它是指知觉主体对知觉客体某方面有较清晰鲜明的印象后，影响到他们对知觉客体其他方面的理解和评价;或者知觉主体对知觉客体形成总体印象后，影响到对知觉客体具体方面的评价。这就像一个发光物体的周围物体有照明作用一样。

⑵投射作用。这是指假设他人与自己相同，以此进行归因，对他人的行为进行解释。如一个喜欢挑战性工作的领导，无形中把别人也当作和自己一样喜欢挑战，因此给别人加任务或鼓励他人冒险。正是由于投射作用，人们常常可以从一个人对别人的看法中来推测这个人的真正意图或心理特征。中国有句古话叫“以小人之心，度君子之腹”，也就是说投射作用在日常生活中是很常见的。

⑶对比效应。是指对一个人或一件事的评价并不是孤立进行的，它常常受到最近接触到的其他人或事的影响，导致对这个人或这件事的评价发生歪曲，作出不客观的评价。如，在面试时，如果排在一位平庸者后面，一般来讲个体是相对比较幸运的;但如果排在一位出色者之后，一般来讲是相对不幸运的，面试结果很可能稍低一些。

⑷刻板印象。是指人在评价一个人或一件事时，基于这个人或这件事情归属的群体或类型，来进行判断，认为这个人或事物具有其所属群体或类型的特点。在传统社会，如人们对女性的一个偏见是“头发长见识短”;对男女性别的看法是“男耕女织”，“男主外、女主内”。正是这些对性别的刻板印象，导致中国很多组织的女性员工在个人职业生涯中存在一个非常严重的问题——工作和家庭的失衡。

2.2 态度与价值观

2.2.1 态度概述

态度是人在社会生活中所形成的对某种对象的相对稳定的心理反应倾向。这个定义反映了态度具有以下特性。

1. 态度的特征

⑴态度的后天性和社会性。人对世界上万事万物的态度都不是从先天遗传中得来的，这是它与本能反应的一个本质区别。本能反应的倾向性来自先天遗传，而态度反应的倾向性则

是在后天环境中，尤其是在后天的社会生活环境中形成和发展起来的。例如，人对公共财物的态度，以及对劳动、荣誉的态度，没有一种是从先天得来的。

(2)态度的对象性。人的态度总是针对一定对象而言的。态度的对象相当广泛，它可能是具体的人或物，也可能是不具体的思想、概念、历史事件等。态度对象的广泛性决定了人的态度的多样性，一个人的十分纷繁多样的态度形成了他的态度体系。态度的对象性决定了态度都有主体和客体的对应关系，如领导干部对下级干部的态度，干部对提升的态度，等等。

(3)态度的相对稳定性。态度是在长期的社会生活中逐渐形成的，态度一旦形成就具有相对的稳定性。一些稳定程度高的态度作为性格的重要成分而进入人的个性，从而对人的行为产生更广泛、更持久的影响。态度的相对稳定性，在含义上还包括态度也是可以改变的；但是改变已形成的稳定态度需要创造较充分的条件，且需要一个较长的过程。另外，各种态度在稳定性方面的差异也比较大，对意义比较重大的、社会性较强的事物的看法比较稳定，对日常生活一般问题的态度较易改变。成人的态度稳定性高，儿童的态度稳定性较低，可塑性较大。

(4)态度的内隐性。态度既然是一种心理反应倾向，它就不同于人的外显的行为。态度虽然与行为的联系非常紧密，但它却是内隐的，是人直接看不到、听不到的，因而对人的态度只能从人的言行及表情中进行间接的认识和了解。

2. 态度的构成因素

人的态度是由认知、情感、意向三种因素构成的。认知因素是人对态度对象的理解与评价。例如，人们对厂长风险抵押承包制、股份制，首先要尽可能地理解它的含义，了解它的各方面内容，然后才能作出自己的评价，是好还是坏，是有利于发展生产力，还是不利于发展生产力，在这个基础上才能形成赞成的态度或反对的态度。情感与人的态度的联系是多方面的。有些心理学家把情感定义为：人对客观事物的态度的体验。即态度是情感产生的基础，而人对事物的态度中，也包含着一定的情感因素。例如，欢迎或拒绝、尊重或轻蔑等态度中，情感因素就很明显。态度中的意向因素指态度中的行为反应趋向。在对某个对象形成一定的认识和情感的同时，对这个对象的相应的反应趋向就产生了。例如，亲近它还是疏远它，接受它还是拒绝它。在态度形成中还有一个特殊情况，就是某些态度并不是在对这个事物有了一定的认识和理解以后才形成的，而主要是因为这个事物与人实现行为目标有密切关系。例如，一个立志要掌握管理科学的人，他开始可能对管理心理学的内容知之甚少，但他也会对管理心理学持接受和喜爱的态度。

态度的上述三种成分一般是相互协调一致的。但是，有时候态度的三种成分之间也会发生不一致的情况，例如，人们可能在认识上确知某人并不坏，而且有不少优点，但是仍然不喜欢对方。据某些社会心理学家的研究，发现态度的认知、情感、意向三种成分之间相互关联程度并不完全相同。一般来说，情感与意向的相关高于意向与认知或情感与认知的相关，因此，很多社会心理学家认为，情感成分是态度的核心所在。

2.2.2 影响态度形成的因素

人的态度对人的行为、认知、情感等都有直接的影响，人对劳动、工作的态度，与人的生产、工作积极性密切相关。因而，要做好管理工作，掌握人的态度形成的规律性知识，培养被管理者对本职工作、对组织、对管理者等的积极态度，对提高管理效能将是有益的。

影响态度形成的因素很多，主要有社会认知、知识与信息、个性心理、人的活动范围和交往对象、所属团体的影响等。下面从两个方面叙述这些因素对人的态度形成的影响。

1. 个体主观方面的因素

⑴社会认知对态度形成的影响。社会认知是指人对社会对象的了解、判断和分析。社会对象是人或由人组成的群体及组织，所以社会认知还可分为对人的认知、对人际关系的认知、对群体特性的认知以及对社会事件因果关系的认知等等。社会认知是人的各种社会态度形成的最重要的基础。对人、对组织、对社会事件等的社会认知是深刻还是肤浅，是全面还是片面，直接影响着人形成什么样的态度。因而，要掌握态度形成的一般规律，系统了解获得社会认知的途径、社会认知的特点，以及如何获得正确的社会认知是很必要的。

我国心理学学者周后良对人的社会认知曾作过很好的系统阐述。他认为，获得对人和人际关系的社会认知主要有三条途径。

①对他人表情的认知和判断。人的表情是其身心状态的一种客观显示，因而是了解人的一种相当重要的社会信息。对表情的认知与判断又可以分为对面部表情的判断、对姿态表情的判断和对言语表情的判断。但不论哪一种判断，都只能作为了解人的思想和情感的线索，不能作为惟一的依据，因为情感表现要受个体的个性特征和客观条件的制约。即使是青少年学生的表情，也不一定能赤裸裸地表现其内心世界，何况成人的表情有时带有伪装的成分。其次，人的喜、怒、忧、惧表现只是形态，只有与特定的情绪背景相联系，才能了解其内容，如喜什么？怒什么？从判断者方面说，判断能力受如下条件的制约：本人社会经验的积累，社会文化因素的影响。

②对人的性格的认知。对他人性格的认知是很不容易的，一般需通过长期的共同生活。但共事的需要，又迫使人必须尽可能快的对他人性格作出判断。因此，人们往往采取如下途径：从相貌推测性格——如眉清目秀者善良、面目丑陋者阴险等，这常常发生认知偏差。从第三者的介绍了解性格——这比前一种好一些，可吸取第三者的长期观察所得，但评价受评价人主观因素影响很大。根据不同人的评价而取其共同因素，则较为接近实际。与对象谈话听取本人对性格的自我介绍——如能排除其自述时的情势的因素，又结合第三者的介绍，则此法也有相当价值。最后是评价者依据自己的社会认知能力（经验、心理学知识等）进行观察、判断——如依据说话的强弱快慢、脾气的躁静、做事的持久性、经历的逆顺、家庭的冷暖等，可能推知一个人的气质、意志力和性格。

③对人际关系的认知。这包括认识自己与他人的关系、他人之间的关系。这种认识比对个人的认识更加困难，因为影响人际关系的因素极为复杂。这种认知一般需依赖三个条件：敏锐的观察力；谙熟人情世故；客观的科学态度。社会心理学用“社交测量法”研究群体中人与人相互选择和排斥的情况，有一定的科学性。实际上，从被调查者选择合作者、选举领导人的工作中，如以科学方法统计，也可以得出近似“社交测量法”的效果。

社会认知主要有以下四个特点。

一是认知的选择性。人们是根据刺激物的性质、社会意义及其价值的大小来进行认知的。人们以已有认知结构为基础，从自己生活经验出发，对刺激物作出估计和判断。

二是认知的深刻性。认知不仅反映人的外部特征和人际交往行为，而且反映人的内心世界和人与人之间的各种心理联系。

三是认知的主观意义。认知的结果，特别是对人的内心世界的反映和人际关系的判断，要受认知者的主观状态的影响。

四是情感的参与。情感因素参与认知过程，特别是对人际关系的认知常有很大的影响。因此，社会认知经常同人的态度和情感联系着。

根据社会认知的上述特点，人们在管理工作中要获得正确的社会认知，必须注意如下几点。

第一，要全面观察人和人际关系的外部特征与交往行为，以期获得准确而丰富的认知素材。可观察到的外部特征包括人的仪表、风度、言谈、举止、情绪和种种交往情绪等。观察时，既要防止一叶障目，又要避免浮光掠影。

第二，有正确的思维判断。就是透过现象看本质，对认知材料进行必要的加工处理，反映人的内心世界和心理联系。这是一个去粗取精，去伪存真，由此及彼，由表及里的过程。不完成这个过程，就会以貌取人或表面看人；这个过程完成得不好，也会抓住一点不及其余，犯片面看人的错误。

第三，要注意剖析自己的主观状态。社会认知在揭示人的心理本质和心理关系时，既要受思维过程的影响，又要受认知者个性品质的影响。如人的思想、观念、信念、动机、兴趣和已有经验等都是形成定势心理的重要因素。这里，既要避免主观臆测，又要防止有意歪曲和戴有色眼镜看人。

第四，要特别注意端正态度和控制情绪冲动，以免先入为主，固守成见；或者凭借感情，亲疏有别。

(2)个体的知识与所获得的信息对态度形成的影响。人的态度的形成是以人的认识方面的心理活动为基础的。人对社会中的人、组织和其他社会现象的态度直接受社会认知的影响，人对自然界万物的态度也受人对自然认识活动的影响。而人对自然界和人类社会万物的认识过程，又是在已有的知识经验的参与下进行的。所以，人们已有的知识经验，必然影响着人的态度的形成。比如，对于改革开放政策，具有深厚的马克思主义理论知识和社会发展史知识的人，就会从这个政策对社会生产力发展的作用来认识和评价，比较快地形成赞成和拥护的态度。人对某一事物态度的形成还与人在认识这个事物时所获得的信息有关。例如，一个干部对推行干部管理目标责任制并不持赞成态度，但当他听到一些同志介绍其他地方运用这种管理方法取得了良好的效果后，他对推行干部管理目标责任制的肯定、赞成态度就很快地形成了。

根据人的知识和所获得的信息对态度形成具有直接影响这一规律，在管理工作中，重视提高被管理者的文化、业务素养，通过政治学习使层次较高的被管理者如干部、科技人员、教师等，系统地学习辩证唯物主义、历史唯物主义、政治经济学以及其他方面的知识，对其积极态度的形成是有益的。此外，要让被管理者对某一事物形成正确态度，还要重视宣传、舆论的作用，为被管理者提供关于该事物的信息。

(3)个性心理对态度形成的影响。人的个性心理包括两方面的内容：一是个性倾向性，如需要、动机、兴趣、信念、世界观等；一是个性心理特征，如能力、气质、性格等。个性心理是人在后天的环境影响下,在长期的社会实践中形成的比较稳定的具有一定倾向性的心理特征的总和。它对人的态度形成的影响是比较广泛的。

①需要对态度形成的影响。人的行为反应是在外界刺激的作用下由需要引起的，是为了满足需要而发动的。态度是人对事物的比较稳定的心理反应倾向，所以它的形成必然在很大程度上受人的需要的影响。一般情况下，人们对能满足自己需要，对自己达成行为目标有利

的事物，都会持肯定性的态度，如赞同、拥护、喜爱等；而对违背自己的愿望，对与自己实现目标、满足需要的行为不利的事物，人们都持否定性态度，如反对、憎恶等。因而，如果对被管理者的需要结构及其特点有一个比较准确而全面的了解，那么就可以较好地预测被管理者对管理措施、改革措施的基本态度。

②兴趣、信念、世界观以及人的价值观等对态度形成的影响。个性倾向中的兴趣、信念、世界观以及价值观对人的态度的形成具有明显的影响，尤其是其中的信念、世界观、价值观等，被认为是态度的深层因素，是态度形成的重要基础。

人对有兴趣的事物很容易形成肯定的态度。如一个爱看古装戏剧的人，对厂俱乐部邀请剧团来演出古装戏，就会产生肯定性的态度，如赞成、支持。一些希望在周末看看歌舞的青年人，则对此往往持否定性的态度。

③个性心理特征对态度形成的影响。人的气质类型影响着人对客观刺激的反应的强弱和变化的快慢等。人的气质方面的一些特征对人的态度的形成也会发生影响。如一般情况下，抑郁质的人比胆汁质的人更容易形成对某些有伤害危险的事物的惧怕态度，多血质的人比黏液质的人某种态度的形成和转变都相对地快些。人的能力特点、能力水平及性格特征是影响态度形成的重要的个性心理因素。例如，分析水平高的人，善于把握新信息、新动态，容易形成某方面的新态度，改变旧态度；而分析能力差的人则容易固执己见，墨守成规；独立性很强的人不容易接受他人劝告，也不易受其他人行为的影响，形成新态度一般地要难些、慢些；而依赖性强的人态度稳定性差，态度既容易形成，也容易改变。由上可见，在培养积极态度改变消极态度的工作中，应注意人的个性差异。

2. 客观环境方面的因素

(1)人的活动范围和交往对象对态度形成的影响。一个人的态度总是在一定活动之中形成和发展变化的。人在游戏活动、家务劳动、学习活动、社会活动等活动范围中所接受的家庭环境影响、学校教育影响和社会环境影响，是人的态度形成的基本的客观因素。在人的各种各样的活动中，有利于活动进行并被环境所认同的态度会不断地得到强化，变得越来越稳固。人们对集体、本职工作，和组织的方针、政策、管理措施的态度，往往与他的交往对象有直接关系。如，有一个青年教师本来是安心本职工作的，但他后来常与一些不安心本职工作的同学、同事交往、聚谈，后来他对自己的工作也产生了轻视的态度，希望改行离开教育战线。

(2)团体对态度形成的影响。人总是生活在各种团体之中，如家庭、学校、工厂、机关等。团体能够满足人的多方面需要，使个体产生一种归属感和认同感，这种归属感或认同感使个体愿意遵循团体的规范，自然地形成与团体一致的态度。例如，在一个良好的团体中，人们的集体主义观念很强，对损害团体荣誉的行为，人人都持反对、蔑视的态度，一个刚进入这个团体集体主义精神很差的人，进入这个团体也很容易形成与团体一致的态度。

(3)偶发性经验对态度形成的影响。在人的生活历程中，对人影响深刻的偶发性经验，也会影响人们对某一类事物的态度的形成。例如，小时曾被恶狗咬伤的人，很可能长时期对狗、马等产生避而远之的态度。

2.2.3 价值观与态度的形成

1. 价值观的概念

价值观是指一个人或群体、组织对客观事物重要性和有用性的评价和看法。它是人们对客观事物的是非、善恶和重要性的看法和评价。价值观不是与生俱来的，而是社会影响的产物，是在后天生活、工作与学习环境中逐渐形成的，一旦形成，就具有相对稳定和持久的特征。人的价值观直接受人的优势需要及需要结构的制约。一个人某种需要特别强烈的时候，能满足这种需要的事物，即使平时显得无关紧要，此时在人的主观上也会具有很高的价值，能引起人的肯定性态度。例如，一个干部为实现工作目标，辛辛苦苦大胆工作，但却不被人理解，甚至引起许多人误解的时候，上级领导或同事，讲的一番表示理解并支持的话，在他主观上的价值就一定是很高的，他对这个领导或同事就很容易形成肯定性的态度。

价值观包括内容和强度两个属性。内容属性是指某种行为方式或存在的终极状态是重要的，强度属性表明其重要程度。当个体根据强度即根据重要程度来评价一个人的价值观时，就形成了一个人的价值体系。每个人的价值观都是一个体系，由于每个人对各个观念的判断和选择的相对重要性存在差异，因此，每个人的价值观都是一个等级系列。如一个人的价值体系是“身体健康、自尊、金钱、友谊”；另一个人价值体系则可能是“友谊、自尊、身体健康、金钱”。

2. 价值观的形成

人的价值观是伴随着人的成长逐步积累形成的。一个人的价值观从出生开始，在交流和社会的影响下，逐渐形成和稳定下来的。遗传、社会文化、父母、老师、朋友、书刊、影视等因素都是形成价值观的重要来源。遗传是价值观的重要来源，尊重父母的价值观在解释一个人的价值观方面起着重要作用。有人对分开抚养的双胞胎进行的研究表明，大约40%的价值观是通过遗传获得的。不过，价值观的形成和改变大部分是因为环境因素的作用。人们所持有的价值观中的很大一部分是在早年形成的，是从父母、老师、亲戚、朋友等那里获得的。一个关于对错的价值判断是受父母、老师抽表达出的观点影响而形成的，当人们还是孩子的时候就被告知某种行为或结果是好的或者是不好的，父母会告诉孩子“撒谎是不对的”、“谦虚使人进步，骄傲使人落后”等，随着一个人的成长，在学校和工作单位中接触到许多其他价值体系后，可能会导致价值观的变化。而且，随着经济地位的变动、生活条件的改善，人们的世界观和人生观会发生变化，价值观念体系也会随之改变。

需要强调的是，个体的价值观念体系会随生活的变迁而发生变化，但有些基本的观念一旦形成，却具有相对的持久性和稳定性，对个体的行为长期起着指导作用。价值观之所以具有这种相对稳定性和持久性，是由于价值观是在长期的家庭、社会生活中逐步形成的，也是由它自身遗传成分和获得方式决定的。这一点对于企业组织的管理而言十分重要。因为员工在进入企业之前有着各自不同的经历和体验，形成了不同的价值观，并带着这些价值加入组织，由此，员工的价值观与企业组织的价值观是否一致或相适应，就会直接影响到员工的行为和绩效，并最终影响组织的绩效。

3. 价值观与态度

人们对世界的总的根本的看法，特别是人们对人生诸种问题的看法，如人的幸福观、苦乐观、生死观、荣辱观、爱情观等，制约着人对事物的认知因素，从而对人的态度形成产生影响。

当人们的某种认识、某种观念达到坚信其正确性，并自觉地用来支配自己的行为时，这种成为信念的东西对态度形成的影响是深刻的，建立在信念基础上的态度具有更强的稳定性。如果一个人坚信社会历史总是向前发展的，进步的、新生的东西总会战胜落后的腐朽的东西，那么，他对黎明前的黑暗，对奋斗中的困难、挫折总会持积极乐观的态度。

2.3 学习与行为塑造

2.3.1 学习的内涵

所有的复杂行为都是习得的。如果我们想解释和预测行为，就需要了解人们是如何学习的。学习是人类生活中的永恒主题。每个人从出生以后都在不断地学习，从咿呀学语到掌握各门深奥的科学知识；从蹒跚学步到掌握各种复杂的运动技能，学习贯穿于人类生活的始终。

人和动物的行为有两类：一类是本能行为，一类是习得行为。本能行为是通过遗传而获得的种族经验，是生来就有的，如鸭子游泳、婴儿吸奶等，是不学就会的，称之为本能行为。本能行为是人和动物生存所必需的，但它的适应性非常有限。例如，把蜂房弄漏，蜜蜂仍会在里面酿蜜；把鸡蛋换成鸭蛋，母鸡仍然照孵不误。可见，本能行为是十分刻板的。当外界环境变化时，仅靠本能行为就难以适应了。习得行为是在后天环境中而获得的个体经验，如熊猫骑自行车、小狗认字。而人类的习得行为更加常见，如语言、知识、技能，生活习惯、宗教信仰，甚至人的情感、态度和个性，无一不受后天学习的影响。习得行为既然是通过学习得到的，它同样也可以通过学习而加以改变。因此，习得行为比本能行为更灵活，具有更大的适应性，它能使人类摆脱遗传基因的限制，适应复杂多变的客观环境。

对于学习，不同的研究者有不同的理解，有人认为学习是行为的改变，是刺激与反应之间建立联系；有人则认为学习是对客观事物间关系的认知，是在刺激与刺激之间建立联系。我们认为所谓学习是指由于经验造成的个体相对持久的行为改变。也就是说，行为改变是学习的结果。当行为已改变，学习即完成，我们看到的是行为改变，而无法看到学习本身。

关于学习的定义，需要从几个方面去理解。①学习是一种中间变量，它介于经验与行为之间，学习者必须凭借反复的体验，积累经验，才能产生行为或行为潜能的持久性变化。②学习所引起的行为或行为潜能的相对持久。如游泳、跳舞、开车这些技能，几乎终生难忘。而药物、疲劳和疾病等因素，虽能引起行为或行为潜能的变化，但这些变化都是短暂的。知识、观念的学习，有时也会发生遗忘或被以后学习的内容所取代，但相对于那些暂时性的变化而言，还是相对持久的。③学习由反复经验产生。经验产生有两种类型：一是有计划的练习或训练而产生的学习；一则是因偶然的生活而产生的学习，如遇交通事故而体会到遵守交通法规的重要性。学习虽由经验而产生，但也离不开个体的成熟，只有当个体具有一定的成熟准备时，经验才会发生作用。④人类的学习是有目的、自觉、积极主动的过程，是在生活和生产实践中，在与他人交往中，通过语言、文字的中介作用进行的。如学生的学习不但是有目的、有计划、有规律地进行，掌握知识经验和技能，还要发展智能、修养品德，以及促进健康人格的发展。

2.3.2 行为主义学习理论

一切学习理论都把人的行为作为研究的基本元素。管理者对行为的理论或对行为来源的认识存在不同的观点。行为主义学习理论诞生于20世纪初，主要以桑代克的试误说、斯金纳的操作性条件作用理论为代表，在20世纪70年代以前，一直在美国心理学界占有统治地位。

1. 经理条件反射学习理论

行为主义心理学家把俄国巴甫洛夫(Pavlov，1849～1936)学说称为经典条件反射学习理论。巴甫洛夫的研究开端于他对狗听到铃声后发生分泌唾液的反应的思考。他注意到，没有喂食时，狗看见喂养者或者听到喂养者的声音，就会分泌胃液和唾液。巴甫洛夫设计了实验来验证。当他给狗一片肉时，狗的唾液分泌量明显增加;当他藏起这片肉而只摇铃时，狗不会分泌唾液。然后，在喂食之前先出现"铃声"的刺激，铃声结束后，过几秒再向喂食桶倒食，观察狗的反应。真实，铃声只会引起一般的反射，或称自然反射，狗竖起耳朵来，但不会出现分泌唾液的反射。可是经过铃声与食物伴随的多次实验后，仅仅出现铃声，狗就会分泌唾液。研究结论认为，设置一定的刺激条件可引起生物体一定的反应。这一反应过程通常称为S－R(刺激—反应)联结。

在经典条件反射的过程中，无条件刺激是指无须学习就可引起反应的刺激，如食物等。无条件刺激可引发无条件反射，如唾液分泌。而如果将无关刺激与无条件反射反复结合出现，则无关刺激就会成为无条件信号并引起无条件反射，这种反应就叫做条件反射，这种引起条件反射的刺激就叫条件刺激。

这个心理实验是动物的，我们也可以用这一理论对人类社会中的一些现象进行解释。俗话说"一朝被蛇咬，十年怕井绳"，成语"望梅止渴"都是由于条件刺激和非条件刺激物紧密结合，产生了条件反射。如果某人非常严厉，习惯穿黑色西服，那么经常和他在一起的人们看到穿黑色西服，体态相似的人就会发生紧张害怕的情绪反应。

2. 桑代克的试误说

美国心理学家桑代克(Edward Lee Thorndike，1874～1949)曾经做过"迷笼实验"。他将饥饿的猫置于特制的迷笼里，笼外放有食物，但猫可望而不可即。猫刚入笼内时表现出乱冲、乱抓、乱咬等盲目行为，直至碰巧抓到开门设施，打开笼子并吃到笼子外的食物。经过多次反复实验，桑代克发现，猫的那些盲目行为逐渐减少，猫从笼子内逃出所需要的时间越来越短，最后，猫显然"学会"了如何打开开关从笼子里跑出来。桑代克认为，人和动物的学习在本质上都是刺激—反应联结。其学习过程都是尝试错误的过程:先是错误反应多，正确反应少;而后正确反应多，错误反应少;直到最后全部正确。这一过程被称作试误学习。

3. 斯金纳的操作性条件反射理论

斯金纳(Burrhus Frederic Skinner，1904～1990)以桑代克的迷笼为基础创设了斯金纳箱。他把饥饿的白鼠关在箱内，白鼠不安地乱转;活动中偶然压到了杠杆，一粒食丸滚到食物盘内供其食用。以后白鼠再次按压杠杆，又可得到食物。由于食物强化了白鼠按压杠杆的行为，因此白鼠后来按压杠杆的频率迅速上升。这就是操作性条件反射的基本过程，其中也存在某些基本规律。

斯金纳通过研究发现有机体作出反应与其后出现的刺激条件之间的关系，对行为起着控制作用，它能影响以后发生的概率，并得出以下结论:第一，学习是一种反应概率上的变化，而强化是增强反应概率的手段;第二，若一个自发反应出现以后，有强化刺激，则该操作的概率就增加，已经通过条件作用强化了的操作，若出现后不再有强化刺激尾随，则该操作概率就减弱，甚至消失;第三，人和动物的行为有两类:应答性行为和操作性行为，前者由特定的刺激情景所引发，是不随意的反射性反应，称为引发反应，后者不与任何特定刺激情景相联系，是有机体发出的随意反应，称为自发反应；第四，强化也是一种操作，强化的作用在于改变同类反应在将来发生的概率。

斯金纳认为个人是根据所处的环境来学习的。环境对于个人来说是一种需要获得或者避免的正的或负的强化的来源，因此，人们可以有意识地发出一些行为以便从环境中得到预期的结果。

2.3.3 认知学习理论

认知学习理论自20世纪20年代从德国传入美国，但一直发展缓慢，直到60年代才随着信息论、计算机科学和心理语言学的发展而迅速发展起来。认知学习理论与行为主义学习理论的最大区别是，将学习者看作是信息加工的主体，而非知识灌输的对象。

1. 格式塔派的理论

苛勒的顿悟学习说是格式塔派学习理论的重要代表。他曾于1913年到1917年在西班牙的特纳利夫群岛上对黑猩猩的学习行为进行了大量研究，给黑猩猩设置了诸多问题情境。把香蕉挂在黑猩猩跳起来也够不着的笼子顶上，笼子里有两只木箱，站在任何一只木箱上都够不着。只有把木箱移过来叠在一起，站在上面才能够得着。再如，把香蕉放在笼子外面，只有把笼子边上的两根竹竿接起来才能够得着香蕉。苛勒发现，黑猩猩并不是像桑代克说的那样用试误的方法学会如何拿到香蕉，而往往是学会了解决问题的办法。有时候它蹲在那里观察情境，然后表现出对问题情境的突然领悟，把两个箱子叠在一起，站在上面拿香蕉，或者把两根竹竿接在一起得到香蕉。苛勒把黑猩猩的这种表现称为"顿悟"。

格式塔派的学习理论具有辨别的合理因素。主要表现在它揭示了有机体与环境的相互作用，肯定了意识的能动作用，强调目的和认知，特别是创造性思维在学习中的作用；人的行为不仅受环境的影响，而且受到人的主观因素的影响。

2. 托尔曼的学习理论

认知心理学的先驱托尔曼（Ed ward chase Tdman，1886～1959）在认知学习理论的形成和发展中起头承前启后的作用，特别是他的符号学习说和潜伏学习说具有较大影响。

托尔曼认为，人和动物的学习都是有目的的，动物学习的目的在于获得食物，保存自己。而人的学习是对情境的认知。学习者认清达到目的的途径和手段，就在头脑中形成了认知结构。这样，认知和目的就成为他的学习理论中两个重要的中介变量。所以，把他的学习理论称为"认知目的说"。他认为学习的实质就是认知符号所代表的意义，形成认知结构，而不是由刺激引起的运动反应，因此又把他的学习理论叫做"符号学习理论"。

托尔曼等人设计了一个实验，其目的是研究强化对学习的影响。他们把白鼠分为甲乙丙三组。甲组为无食物奖励组。乙组每天给食物，即食物奖励组。甲乙均为控制组，丙为实验组。对于丙组，在开头十天不给食物强化，从第十一天给予食物奖励。实验开始后乙组与甲组相比，犯错误的次数明显下降。在前十天中，丙组与甲组一样，犯错误的次数下降缓慢，从第十一天起，丙组得到了与乙组同样的食物奖励，学习成绩突飞猛进，犯错误的次数急剧下降，几乎赶上并超过乙组的成绩。托尔曼认为，丙组尽管在前十天无食物强化，但白鼠仍然在学习，形成了"认知地图"。当白鼠在第十一天受到食物强化，便加强了动物对迷津的认知，因而突然减少错误。就是说，动物在没有强化物的条件下也能学习，不过没有在行为上表现出来而已，所以托尔曼把这种现象叫做“潜伏学习”。托尔曼认为，潜伏学习的效果正是有机体追求目标时运用已有“认知结构”的结果。

3. 认知学派理论的新发展

随着心理家对人类学习过程认知规律的不断深入，近年来认知学习理论的一个重要分支——构建主义学习理论逐渐流行。构建评论理论的一个重要概念是图式。图式是个体有组织、可重复的行为或思维模式，也可以被看作是心理活动的框架或组织结构。图式是认知结构发展的实质，认知发展受三个过程的影响：同化、顺应、平衡。同化是学习个体对刺激输入的过滤或改变过程。也就是说个体在感受刺激时，把它们纳入头脑中原有的图式之中，使其成为自身的一部分。顺应是指学习者调节自己的内部图式结构以适应特定刺激情境的过程。当学习者遇到原有的图式来同化新的刺激时，便要对原有图式加以修改或重建，以适应环境。同化使客体结构不断转化为主体的认知结构；顺应使主体认知结构不断超越客体结构，而得以发展。平衡是指学习者个体通过自我调节机制使认知发展从一个平衡状态向另一个平衡状态过渡的过程。

行为主义强调事物及其意义独立于人而存在，学习是把外在、客观的内容转移到学习者身上；而认知主义强调已有知识在新知识获得中的作用，行为主义则强调知识是主体构建的，离开了主体，知识就失去了意义。

2.3.4 社会学习理论

美国心理学家和教育学家班杜拉（Albert Bandura，1925 ~）认为，斯金纳学派强调行为结果的影响，这在很大程度上忽略了模仿和替代性经验。模仿是对他人行为的仿效，替代性经验则是从他人的成败中进行学习。班杜位认为，人类的大部分学习不是行为结果的塑造过程，而是更有效的直接学习榜样的过程。

1. 模仿和观察学习

班杜拉称之为非尝试学习，因为学生无须通过逐渐的塑造过程就可以立即再现出正确的反应。班杜拉把观察学习分为四个阶段：注意阶段、保持阶段、再现阶段和动机阶段。

注意阶段是注意榜样，是观察学习的第一阶段。一般而言，个体更为关注那些具有魅力的、成功的、有趣的和有名的榜样。教师可以呈现出清晰、有趣、及引起学生新异感和新奇感的材料，通过激励等方式，来引起他们的注意力。保持阶段则在引起个体关注后，教师就可以示范行为，并给学生机会进行练习或复述。再现阶段则是学生尽力使自己的行为与榜样的行为保持一致。在培训中，对学生的评价也主要在该阶段。动机阶段是观察学习过程的最后阶段。学生之所以模仿榜样的行为，是因为他们相信这样做能增加被强化的机会。要经常表扬学生恰当的模仿行为，并给予成绩上的认可。

2. 替代性学习

尽管大多数观察学习受到预期结果的激励，即正确地模仿榜样将可以获得强化。但是，通过观察他人的行为受到强化或惩罚，人们也可以进行学习，这就是替代性学习。

班杜拉曾经做过一个实验。他把儿童分为三组，分别观看不同的影片，每部影片中都有一个成年人在攻击充气玩偶。第一部影片中的成年人因其攻击性行为而受到严厉的惩罚；第二部影片中的成年人因其攻击性行为而受到表扬和善待；第三部影片中的成年人没有受到任何处理。在儿童观看完其中的一部影片后，让他们玩玩具，并观察他们的行为表现。结果发现，看到榜样被惩罚的儿童，自己单独玩玩具时表现出的攻击性行为显著地少于那些看到榜样被奖励或者没有受到任何处理的儿童。

在日常生活和工作中，人们对待替代性学习非常重视。即刮型彩票现场，会不断将获奖人和获奖物品进行宣传。人们心理清楚，自己获奖的机会只是几百万分之一，但是看到别人得到如此可观的强化，促使人们也想模仿类似的行为。在一些公司的年终表彰会上，会对表现杰出的员工当众给予很多物质和精神奖励，这会促使其他员工更多表现出杰出员工的行为。直接指出员工的不当行为，在我们文化背景中很多管理者难以做到。他们经常通过对良好行为的大力表扬使员工认识到错误行为，同时也让员工通过替代性学习知道了自己的努力方向。

2.3.5 行为塑造

所谓行为塑造是指管理者采用有规律、循序渐进的方式指导个体的学习，塑造个体的行为。行为塑造是实现管理目标的重要手段，因为这时员工要作出合乎理想的行为很难：如果只有满足标准才给予奖励，则奖励很难奏效，这时就要进行行为塑造，即主动、积极、循序渐进地引导所需要的行为。行为塑有四种方法：积极强化、消极强化、惩罚和忽视。当一种反应之后伴随着愉快事件时，称为积极强化。当一种反应之后人们做出的是中止或逃离不愉快的行为时，称为消极强化。惩罚是指设置了令人不愉快的条件，其目的是减少不良行为。取消维持某一行为的所有强化物的办法，称为忽视。当行为不被强化时，它就会慢慢消失。

1. 强化程序

强化程序主要有两种类型：连续的、间断的。连续强化程序是指每一次理想行为出现时，都给予强化。比如，对于一个长期以来很少准点上班的员工，每次准时上班，主管都会表扬他这种好的行为。不过，在间断强化程序中，并不是每次行为都给予强化。当然，为了保证理想行为能够重复，强化的次数也应该是足够和充分的。间断强化的付出只要能够维持理想行为继续重复就足够了。研究结果表明，与连续方式相比，个体在间断强化中倾向于更不愿意放弃活动。

间断强化又分为比率强化和间距强化两种。比率强化程序取决于被试者作出反应的数量，当某一具体行为重复了一定数量后个体才可得到强化。间距强化则取决于上次强化后所用的时间，个体在第一次恰当的行为之后要再经历一段时间才会得到强化。强化还可以分为固定强化和可变强化两种类型。如果每隔一段固定的时间就给予一次强化，这种方式称为固定时距类型。在这里，关键变量是时间，而且必须持续进行。如工薪阶层员工每周或每半个月或每月就拿到工资，这种方式就是基于固定时距的程序。如果根据时间分配奖励，但强化物却是不可预测的，这种方式为可变时距类型。如，老师在开学时就告诉学生会有随堂考试，但时间不确定。公司的审计部门也会不定时地进行检查审计等。在固定比率强化中，当个体的反应积累到一个固定数目后，便给予奖励。当奖励根据个体行为的差异而发生变化时，这种方式称为可变比率强化类型。如拿佣金的销售人员就是这种强化的例子。

连续强化容易导致过早的饱足感，这种程序下强化物一旦消失，行为就会倾向于迅速衰减。不过，连续强化方式适合于新出现的、不稳定的或低频率的反应。与之对照，间断强化程序不容易产生过早的饱足感，因为它并不是每一次反应后都给予强化，这种强化适合于稳定的或高频率的反应。

总之，可变程序倾向于比固定程序导致更高的绩效水平。在组织中，大多数员工以固定时距的强化方式得到报酬。但是这种方式并未表明绩效和奖励之间的清晰联系。奖励是根据工作中所花费的时间而不是具体的反应提供的。相反，可变时距方式会产生更高的反应几率和更稳定一致的行为，因为这种方式下，绩效与奖励之间的相关性更高。而且由于其中包括了不确定因素，因而员工倾向于更为警觉，而且不敢怠慢。

2. 强化原则

为了使强化有效，管理者可以遵循以下原则来有效地控制员工的行为。

(1)偶然强化原则。只有当被追求的行为在表现中才能实施强化；如果没有表现行为，强化必须中止。拒绝对非表现行为给予奖励，这种刺激作用和对表现行为给予一种奖励的刺激是一样的。事实上，没有拒绝对非表现行为的奖励也是一种强化，它强化 了员工做出不工作的决定。

(2)即时强化原则。为了使强化有效，必须在表现出所追求的行为时就给予及时奖励，否则它就无效。强化的效用性与表现和强化两者之间的时间间隔成反比，由于这个原因，一些公司以周工资形式而不是月工资形式对员工付酬。

(3)规模强化原则。强化的规模越大，它对行为产生的影响越大。可是，这是相对而论的，因不同的人而不同。强化规模太小，将不产生什么刺激，甚至造成消极的冲击。对于连续不断地增加产出的人来说，微不足道的奖金可能是一种侮辱，并且导致生产率的下降。类似地，规模过分地强化，会导致对将来奖励的不切合实际的期望。

(4)丧失强化原则。一个人丧失强化越多，强化对今后的行为产生越多的影响。另一方面，对强化产生厌恶，将减少强化的效率。这样，管理人员必须学会在强化的数量和时间上的选择。

【思考题】

1. 知觉有哪些特性？日常生活工作中，我们经常会发生哪些方面的错误知觉？
2. 价值观是如何影响一个人的态度的？
3. 环境和行为之间有什么关系？

【案例分析】

志愿者不能受到惩罚

杰克逊是大城市里一家志愿者机构的负责人，管理超过 15 名志愿人员。每周她都会与他们开会通报情况，并告诉他们也许会对他们有所影响的州或联邦政策和程序的改变，或者某新颁布的法律细则，她还会讨论这个群体的工作重点和任务。这个会议也为成员交流他们自身和整个机构所面对的问题提供了机会。这个会议每星期一早上九点准时开始。而最近，几乎每五分钟就进来一个人，一直到十点才会到齐。杰克逊不得不延迟会议，直到所有的人来齐了。最后几个星期，会议都在早上十点才开始。实际上，上午九点根本没有人来，杰克逊不知道究竟是怎么回事。她认为早上九点开会是非常重要的，这样才能在上午结束会议。

然而，她又感到她受到很大的束缚，因为他们毕竟都是志愿者，她不能迫使他们或者让他们准时来开会。

问题：

1. 你会给杰克逊什么建议？依据强化理论，要让会议按时开始，杰克逊应该怎么做？

2. 了解和学习州或联邦政策和程序的改变，或者某新颁布的法律细则的过程中，哪些学习理论可以得到应用？

【拓展训练】

试对我们日常行为中的知觉进行归类，并找出相应减少或避免的方式。

■ 第 3 章　个性与情绪

3.1 个　性

3.1.1 个性及其特征

1. 个性的概念

个性一词来源于拉丁文 person，其本意是指一个人在生命舞台上扮演的角色。在西方心理学中，个性被称为人格。关于个性概念的含义，至今仍是众说纷纭，各执己见，没有一个公认的定义。从我国心理学界的观点看，一般认为个性是一个人所具有的意识倾向性和稳定的心理特征的总和。

个性的心理结构是多侧面、多层次的复杂体系，它主要是由个性倾向性和个性心理特征所组成。个性倾向性是指决定一个人对现实态度和积极行为的动力系统，它主要包括需要、动机、兴趣、信念、理想和世界观。个性倾向性是人们进行活动的基本倾向和动力，是个性结构中最活跃的因素。个性心理特征是指一个人在心理方面比较稳定的、经常出现的特征的综合，它主要包括气质、性格和能力。个性倾向性和个性心理特征二者是相互渗透、相互影响的。个性心理特征受个性倾向性，特别是世界观的制约和调节；反之，个性心理特征的变化也会在一定程度上影响个性倾向性的变化。

人的个性是在社会交往过程中形成的，脱离了人群就没有个性。所谓交往就是由人与人之间的相互联系达到心理上的接触，产生信息的交流。因此，个性不是与生俱来的，也不是客观条件的消极产物，而是客观现实与人的心理活动相互作用的产物，是在一定的社会关系中形成发展起来，又在一定的社会关系中表现出来的。也就是说，一个人只有积极投入到适应或改造世界观的活动中去，才能形成和发展自己的个性。况且人的个性是随着社会生活条件的变化而变化的，所以，个性是一个社会范畴，它是许多学科研究的对象。社会科学研究社会政治、经济关系对个性形成的影响；普通心理学研究人的心理活动中个体心理特征的实质及形成的规律性；管理心理学研究个性，则是把心理学中关于个性的理论应用于实际管理之中，即应用于职工的选拔、职工的安置、职工的教育和管理等方面，以利于更有效地开发人力资源。

2. 个性的特征

每个人都有自己的个性，个性表现着一个人怎样影响别人，怎样对待自己，以及他的可被认识的内在和外在的品质全貌。作为个性，有以下几个基本特征。

(1)稳定性。个性是指个体身上比较固定的心理特征，只有这些特征经常地、稳定地在一个人身上表现出来，并影响着他的一切举止言行，才能成为这个人的个性。因此，个性具有稳定性。而在一个人身上偶然出现的、暂时的心理现象不能称为个性。例如，一个人偶然忘记了一件事，并不能说他有健忘的性格特征；一个人偶尔发一次脾气，也不能说此人有性情暴躁的个性。当然，个性具有稳定性，并不意味个性是一成不变的。稳定性仅仅是指一个人在一定环境、教育条件影响下所表现出来的那种比较稳定的心理特征；环境和实践条件的变化，可以使人的个性改变。

(2)独特性。众所周知，自然界里没有两片完全相同的树叶；同样，世界上也不存在两个绝对相同的人。人与人之间在心理面貌上总会存在或大或小的差别，每个人都与别人有所不同，都具有独特的风格。作为个性，它所反映的不是所有人的共同点，而是具体人的特点。因此，个性具有独特性的特征。在现实中，由于社会环境和社会经历不同，每个人都会形成与他人不同的个性倾向和心理特征。这些倾向和特征，无论在内容还是在结构上都存在着个体差异，正是这些独特的个性倾向和心理特征构成了一个人特有的心理面貌。

(3)整体性。人的个性并非由单个的心理特征所构成，而是由相互联系的许多心理特征共同构成的。也就是说，仅仅一个心理特征很难说明一个人的个性，只有用一组心理特征才能反映出一个人的个性。例如，在现实中，人们只有了解到一个人精力旺盛，脾气急躁，情绪兴奋性高，直率、易冲动，反应迅速，心境变换剧烈，具有明显外倾性等一系列心理特征，才能确定这个人的气质属于胆汁质。因此，个性是由许多心理特征所组成的有机统一整体。个体中的每一心理特征，只有在整体中才具有它们特定的意义，才能发挥各自的作用。

(4)社会倾向性。个性是人类高级的心理现象，它既受生物性的影响，又受社会因素的制约。个性是在一定的社会生活和教育条件下，在个体身上逐渐形成起来的。所以，一个人的个性品质依赖于一定的社会环境、社会经济制度、文化教育条件等等，总会由于社会状况的影响而带有该社会的痕迹。个性中的需要、动机、信念、理想和世界观等，受社会因素影响较为明显，集中表现着社会倾向性。在不同的社会制度下，不同阶级和集团的精神面貌、生活方式、思想感情和理想信念是不一样的。在不同的社会经济条件下，人们需要的内容和结构、兴趣的范围和指向，以及价值标准和取向等也是不同的。

3.1.2 个性结构

从构成方式上讲，个性其实是一个系统，其由三个子系统组成：

1. 个性倾向性

个性倾向性指人对社会环境的态度和行为的积极特征，包括需要、动机、兴趣、理想、信念、世界观等。个性倾向性是人的个性结构中最活跃的因素，它是一个人进行活动的基本动力，决定着人对现实的态度，决定着人对认识活动的对象的趋向和选择。个性倾向性是个性系统的动力结构。它较少受生理、遗传等先天因素的影响，主要是在后天的培养和社会化过程中形成的。个性倾向性中的各个成分并非孤立存在的，而是互相联系、互相影响和互相制约的。其中，需要又是个性倾向性乃至整个个性积极性的源泉，只有在需要的推动下，个性才能形成和发展。动机、兴趣和信念等都是需要的表现形式。而世界观属于最高指导地位，它指引着和制约着人的思想倾向和整个心理面貌，它是人的言行的总动力和总动机。由此可见，个性倾向性是以人的需要为基础、以世界观为指导的动力系统。

2. 个性心理特征

个性心理特征指人的多种心理特点的一种独特结合。其中包括心理活动的动力特征，即气质；对现实环境和完成活动的态度上的特征，即性格；完成某种活动的潜在可能性的特征，即能力。个性心理特征是个性系统的特征结构。

(1)气质。气质是指一个人心理活动动力特点的总和。所谓心理活动的动力，是指这样一些心理特点：一是心理过程的速度和稳定性，如知觉的速度、思维的灵活程度、注意集中时间的长短等；二是心理过程的强度，如情绪的强弱、意志努力的程度等；三是心理过程的指向性，包括外倾性和内倾性。有的人心理过程倾向于外部事物和人，从而获得心理需求的满足。有的人心理过程倾向于内心世界，经常体验自己的情绪，分析自己的思想。

气质是个性心理特征之一，在现实生活中人们所说的“脾气”是气质的通俗说法。由于人们心理活动的动力特点不同，因而反映出人的不同个性。例如，一个人的情绪和活动发生的快而强，表现非常明显；另一个人的情绪和活动发生的慢而弱，表现很不明显；第三个人的情绪和活动发生的快而弱，表现非常明显；第四个人的情绪与活动发生的慢而强，表现却不明显。这四个人就各有不同的气质，气质会使一个人的全部心理活动的表现都染上一种独特的色彩，从而体现出这个人的个性。

气质具有先天性的特征。气质的生理基础是神经系统类型，它体现了人的高级神经活动类型的特征，气质类型就是高级神经活动类型在人的活动中的表现。因此，气质同遗传因素有关，具有先天性的特点。在现实中，我们在人的身上可以看到与生俱来的秉性。孩子在很小的时候，就可以表现出差别，有的文静安稳；有的生性好动；有的则十分倔强等等。儿童的这些特点反映出人的气质天生的一面。

气质是典型的稳定的个性特征。每个人的气质总是表现出一定的类型特点，这些特点在人的身上是典型和稳定的。有的人总是那么聪明、伶俐、乐观、活泼，受大家喜欢；有的人总是那么威严、傲慢、厉害、暴躁，令人敬而远之；有的人总是四平八稳、反应缓慢，火烧眉毛不着急；还有的人总是马马虎虎、毛手毛脚，不能稳当办事。而且，人们常在内容很不相同的活动中显示出同样的气质类型特点，这说明人的气质具有相当的典型性和稳定性。

气质随人的年龄和环境条件的变化而变化。气质虽然具有先天的稳定的特点，但不是固定不变的。人的年龄、生活环境、文化教育及主观努力都是影响气质变化的因素。在人的一生中，不同的年龄常会有不同的气质表现。青少年时，血气方刚，表现出活泼、好动、敏捷、热情、积极、急躁或轻浮；壮年时，阅历渐深，表现出坚毅、机智、沉着、踏实；老年时，表现出老成持重、安详、沉稳。同时，环境变化也会引起气质的改变，热情活泼的孩子常会因家庭变故而变得冷漠孤僻。这说明人的气质是可以改变的。

(2)性格。性格是个人对现实的稳定的态度和习惯化的行为方式。在现实中，人们通过认知和实践活动，会对集体、他人、学习、工作以及自己等方面产生特定的态度，并且，在态度的支配下，会逐渐形成特有的行为方式，这就是人的性格。例如，一个人对他人抱友好的态度，在人际交往中表现出亲善的行为方式；对工作持认真负责的态度，在工作中表现出积极肯干的行为方式；对自己具有谦虚的态度，在处理问题时表现出尊重他人、谨慎从事的行为方式等等。所有这些特征的总和就是这个人的性格。

性格是个性心理特征的核心部分，气质是心理活动的动力特点，能力则是完成某项活动所必备的心理特征。一般来说，它们对现实是中性的。但是，在主体特定性格的表现中，气质和能力便具有了倾向性，并以特定的方式作用于客观现实。可见，性格对气质和能力影响很大，正是在性格基础上使主体的个性心理特征成为一个整体。

性格不是天生的，它是在个体发展的历程中，在主客观的相互作用下，使外界影响在内部反映机制中保存和固定下来，构成一定的态度体系，并以一定的形式表现在个体的外部行为之中，从而形成个体特有的稳固的行为方式的结果。因此，人的性格要受到社会历史条件的制约，受到一个人所处社会地位的影响。一般来说，在同样社会环境中生活和成长的人，在性格上会具有一些共同特点，这就是人们性格上的典型性和共同性。但是，人并不是消极被动地接受外界环境的影响，在大体相同的环境中生活和成长的人，由于实践活动的不同，主观努力的差别，会形成不同的性格，这就是人们性格的个性和特殊性。人的性格正是特殊性与典型性，个性与共性的统一。人的性格是十分复杂的。

人对现实态度体系的个别特点是性格的重要组成部分。这方面性格特征表现在一个人对社会、集体、他人的态度；对劳动、工作、学习的态度；对待自己的态度等多方面。例如，对社会、集体、他人，是爱祖国、爱集体、为人正直、热情诚实，还是个人主义、自私自利、孤僻、虚伪；对劳动、工作，是勤劳、认真、细致、有创新精神，还懒惰、马虎、粗心、墨守成规；对自己，是谦虚还是傲慢，是自信还是自卑等等。

性格的意志特征是人们对自己行为的自觉调节方式和水平方面的特征。性格的意志特征表现为四个方面：一是一个人是否具有明确的行为目的并使行为受社会规范约束的意志特征，如独立性、目的性、纪律性或冲动性、盲目性、散漫性等；二是一个人对行为自觉控制水平的意志特征，如主动或被动、自制与任性等；三是一个人能否长期坚持工作的意志特征，如有无恒心、坚韧性等；四是在紧急或困难条件下表现出来的意志特征，如镇定、勇敢、果断，或慌乱、怯懦、优柔寡断等。

性格的情绪特征是指在情绪活动的强度、稳定性、持久性和主导心境方面表现出的个人特点。情绪的强度表现为一个人受情绪的感染和支配的程度，以及情绪受意志控制的程度；情绪的稳定性表现为一个人情绪的起伏和波动的程度；情绪的持久性表现为一个人情绪保持时间的长短；主导心境是指不同心境在一个人身上稳定表现的程度，如有的人经常欢乐愉快，有的人经常抑郁低沉。

人在认识活动中会表现出个别差异，这些个别差异即性格的理智特征。如在感知方面有主动观察型和被动感知型，前者在知觉中不易被周围刺激物所干扰，后者则容易受环境左右。在记忆、想象、思维方面，不同的人也具有不同的特点。一般认为，性格的理智特征主要有主观性和客观性、主动性和被动性、精细性和粗略性、严谨性和轻率性、独立性和易受暗示性等等。

(3)能力。能力是人们顺利完成某种活动所必备的个性心理特征。任何一种活动都要求参与者具备一定的能力，而且能力直接影响着活动的效率。例如，搞外交工作，要具有灵活而敏捷的思维、较好的语言表达、较强的记忆等能力；从事管理工作，要具备一定的组织、交际、宣传说服等能力。只有在能力上足以胜任工作，才能取得良好的工作绩效。否则，工作就不能顺利进行。

能力和知识既有区别又有密切联系。知识是人类经验的总结和概括；而能力是一个人比较稳定的个性心理特征，它表现在人们掌握知识和技能的难易、快慢、深浅、巩固程度以及应用知识解决实际问题等方面。一般来说，能力的形成和发展远较知识的获得要慢。

一方面，能力是在掌握知识的过程中形成和发展的，离开了学习和训练，任何能力都不可能发展；另一方面，掌握知识又必须以一定的能力为前提，能力是掌握知识的内在条件和可能性。但是，能力与知识的发展并不是完全一致的。在不同的人身上可能具有相等的知识，但他们的能力不一定是相等水平的；而具有同样水平能力的人也不一定有同等水平的知识。

能力是个性心理特征之一，不同的人在能力方面是存在差异的，主要包括能力类型和能力水平的差异。每个人所具有的能力都不仅仅是一种，而是多方面的。对于一个人来说，在他所具有的多种能力中，总有相对来说较强的能力，也有一般的能力和较差的能力，即每个人的能力都是多种能力以特定的结构结合在一起的。由于不同人的能力结构不同，因而能力在类型上便形成差异。如果进一步分析，每一种能力也有类型的差别。如记忆能力，有的人属于视觉型，即视觉识记效果较好；有的人属于听觉型，即听觉识记效果较好；有的人则属于运动型，即有动作参加时识记效果较好等等。由于能力类型的差异，因而人们在实践活动中处理和解决问题的方式方法常常各不相同，虽然完成的是相同的任务，但往往是通过不同能力的综合来实现的。例如，两个管理者都很好地完成了管理工作，都表现出了良好的组织能力，但甲可能是通过综合个人的技术能力、人际交往能力和演说能力从而较好地实施了管理；乙可能是通过综合调查的能力、分析的能力和正确决策的能力，从而圆满地完成了管理任务。

能力水平的差异，是指人与人之间各种能力的发展程度不同，所具有的水平不同。例如，正常的人均具有记忆能力，但人与人之间的记忆力强度不同；正常的人也都有思维能力，但思维的广度和深度也不同。

人们的能力表现在时间上是存在差异的。有些人在童年时期就表现出某些方面的优异能力，即所谓的“早熟”。例如，我国唐初的王勃，10 岁能赋，少年时写了著名的《滕王阁序》。但也有些人的才能一直到很晚才表现出来，这就是所谓的“大器晚成”。例如，我国画家齐白石 40 岁才表现出他的绘画才能；达尔文在 50 多岁时才开始有研究成果，写出名著《物种起源》一书。造成这种现象的原因是多方面的，可能是由于这些人在早期没有学习或表现自己能力的机会；也可能是早期智力平常，但经过长期的勤奋努力，能力有了明显的提高。

另外，人们能力表现的方式也存在着差异。有些人所具有的某方面能力很容易表现出来，很容易为别人所了解；相反，有些人虽然具有某方面能力，但在他们从事这类活动之前，人们较难发现。造成这种情况的原因主要是人的气质和性格，一般来说，外向型的人所具有的能力较易被人发现；内向型的人所具有的能力则较难被人发现。

3. 自我意识

自我意识指自己对所有属于自己身心状况的意识，包括自我认识、自我体验、自我监控等方面，如自尊心、自信心等。自我意识是个性系统的自动调节结构。

个性结构的这些成分或要素，又因人、时间、地点、环境的不同而互相排列组合，结果就产生了在个性特征上千差万别的人和一个人在不同的时间、地点环境中的个性特征的变化。而心理过程是个性产生的基础。

3.2 情　绪

3.2.1 情绪概念

情绪是一个非常古老的问题，它常常伴随着人的认识活动和意志行动而出现，对人的生活有着非常重要的意义。自古以来，很多人对它进行了研究，试图揭示其活动规律，掌握它、运用它，提高人的活动效率。但时至今日，它还没有一个确切的定义。在西方心理学界，学者们根据自己的研究，各自给情绪以定义：有的提出情绪为身体变化的知觉；有的看作是一种激发，认为情绪是动机连续线的一端，另一端是睡眠中的迟钝状态；有的定义由于知觉或想象到对事物的评估所引起的反应模式；还有的用信息论述语表达，认为情绪(E)是必要信息(IN)与可得的信息(IA)之差，即$E = N(IN - IA)$等。在西方心理学中，情绪和情感一般不作严格区分。

苏联心理学中，认为情绪是与机体生理需要相联系的体验，情感是与社会性需要相联系的体验；他们把情感体验的心理活动的具体形式称为情绪，把爱国主义情感、责任感、义务感、美感和理智感等称为情感。可见，他们也并没有给情绪进行确切的定义。

如何为情绪定义？我们认为，所谓情绪，是人对客体是否和自身需求相一致而产生的体验。这里包含有两层含义：一层是情绪的产生，是由自身对外在事物是否需要所引起的，当外界事物作用于人，人自身又需要它时，就产生一种趋向反应，喜欢它、接近它、获得它；当外界事物作用于人，人自身并不需要它时，就产生一种排斥反应，厌恶它、驱赶它、远离它。而当人产生诸如喜欢或厌恶心理时，也就是情绪的出现。另一层，情绪是否产生，主观体验起着非常重要的作用。人之所以喜欢某事物或厌恶某事物，都是通过主观体验所产生的。当人需要某事物时，人的主观体验是趋近的、喜爱的、快乐的；当人不需要某事物时，人的体验则是排斥的、厌恶的、压抑的。所以说，凡能符合需要的事物，就引起愉快的情绪，凡不符合需要的事物，则引起不愉快的情绪。因此，人对客观事物采取怎样的态度，是以某事物是否满足人的需要为中介。客观事物对人的意义，也往往与它是否满足人的需要有关。同人的需要毫无关系的事物，人对它是无所谓的。只有那种与人的需要有关的事物，才能使人产生主观的体验，也才有情绪的产生。而且，依人的需要是否获得满足，情绪具有肯定或否定的性质。凡能满足人的需要的事物会引起肯定性质的体验，如快乐、满意等；凡不能满足人的需要的事物，或与人的意向相违背的事物，则会引起否定性质的体验，如厌恶、愤怒、哀怨等。可见，需要在情绪的产生中起着重要的作用。

3.2.2. 情绪和需要

需要是机体对延续和发展它的生命所必需的客观条件的需求的反映。对于人来说，它在主观上通常以愿望、意向的形式而为人所体验。

人的需要是多种多样的，从不同的角度可有不同的划分。从需要的起源角度，可以把需要分为生物性需要和社会性需要。生物性的需要包括人的生理需要和安全需要两种。生物性需要的满足是通过利用一定的对象(如获取衣、食、住等)或获取一定的生活状态(如安全感、安定感等)而达到的。

在人类的社会历史发展进程中，在生物性需要基础上，形成了人的社会性需要，它主要包括：人的归属的需要、尊重或爱的需要、渴求知识的需要、求美的需要和自我实现的需要。这些需要是在人们维持社会生活、进行社会生产和社会交际进程中形成的。在不同的历史时期，不同的文化条件，不同的政治制度、阶级、民族和风俗习惯下，人们的社会性需要也有很大的不同。

生物性需要为人和动物所共有，它是在种族发展过程中形成的，社会性需要则为人类所独有。但就生物性需要而言，人和动物也有所不同，人的生物性需要的对象和满足方式，主要也是人类社会历史发展的产物。就拿吃食物来说，用爪子抓生肉吃和用刀叉吃熟肉，也完全是不同的。动物只能依靠自然环境中现成的天然物质来满足需要，而人是在社会生产劳动中自己生产满足需要的对象。

需要按其对象，还可以分为物质需要和精神需要。所谓物质需要，是指人为了自身的生存而对自然界产物和社会文化物品的需求的反映。因此，在物质需要中，既包括天然需要，也包括社会性需要。随着社会生产的发展，人们日益广泛地扩展着对物质文化用品的需要。所谓精神需要，是指人对自身的智力、道德、审美等方面发展条件的需求的反映。这是属于对观念性对象的要求。在人类社会，精神需要的内容也是丰富多样的，既有对劳动和交往的需要，也有学习和参加社会活动的需要等。这种精神需要，随着社会生产力的发展，也在不断地更新。在我们社会主义国家，人们形成了早日使我国强盛的强烈愿望和迫切需要。

从需要的范围分，有社会需要和个人需要。人的需要受社会历史条件的制约，需要不仅是个人需要的反映，同时也是社会需求的反映。人能认识和反映各式各样的整个社会的需要。例如，社会活动的正常进行，需求每个社会成员遵守公共道德规范，从事社会生产，维护群体利益等。当这种社会需要反映到个人头脑中，并为他们理解和接受时，就成为个人的需要，社会需要与个人需要处于对立统一之中，作为一个社会成员，个人的需要必须和社会需要相一致，这样才能使个人的活动和社会活动相协调，否则，个人的行动就可能违反社会准则而同社会发生冲突。

因此，情绪因需要的满足与否而具有肯定或否定的性质，它成为人的需要是否得到满足的一个指标，也成为衡量一个人在他们所处的社会关系中，个人需要与社会需要的矛盾与统一的关系的一个明显指标。

3.2.3 情绪和情感的关系

情绪和情感是有着区分而又难以割裂开来的主观体验。首先，二者是紧密相联的。这表现在，一方面人具有稳定的社会内容的高级情感，也可能以鲜明的暴发形式表现出来，表现为一种情绪。例如，保卫祖国边疆，看守祖国大门的战士，在敌人入侵面前，爱国主义的感情会爆发为杀敌的怒火；另一方面，那些与人的生物需要相联系的情绪，都能由赋予的社会内容而改变它的原始表现形式。上甘岭战役中，在极度缺水，干渴难忍的情况下，一杯浑浊的水在战士手中辗转传递，还是没有人沾一下自己的嘴唇。这个著名的事例之所以感动人，就是人们高度的道德和觉悟，战胜了那些基本的生物性需要，表现出真正的高尚的情操。

其次，二者也是有所区别的，表现在以下几个方面。其一，情绪一开始就与需要（生理的）及机体的活动的感知觉关联着，而且始终是跟发展着的需要相联系；而情感，则更多地跟社会性需要、社会认识、理性观念及观点等相关联。其二，情绪乃人和动物共有，而情感则为人所特有，而且，情感带有明显的社会历史制约性，它是个体社会化进程中的重要组成部分。其三，情绪具有情境性和表层性，它随情境的变化而变化；而情感则建立在对主客观关系的概括和深入的认识及一贯的态度之上。因而，情感不仅具有情境性，且具有稳定性和深刻性。其四，情绪带有更多的冲动性和外显性，比如，欣喜若狂、手舞足蹈、怒不可遏、暴跳如雷、怒发冲冠等等；而情感则显得更加深沉，且常以内隐的形式存在，或以微妙的方式流露出来。情绪一旦发生，人往往一时难以冷静或加以控制；而情感一般不存在这种情况，它始终处在意识支配的范围内。

3.2.4. 情绪的维度

对于情绪的表现形式，通常用以下五个维度。

1. 情绪的强度

情绪的强度是指情绪出现时的强弱等级的变化，如从微弱的不安到强烈的激动，从愉快到狂喜，从微愠到暴怒，从担心到恐惧等。情绪的强度越大，整个自我情绪卷入的趋向越大。情绪强度的高低，决定于引起情绪的事件对人的意义以及个人的既定目的和动机是否实现、达到。

2. 情绪的紧张度

情绪的紧张度是指在人活动的紧要关头或所处的情景的最有意义的关键时刻表现出来的维度的变化。例如大考前的高度紧张情绪和考试之后紧张状态解除所出现的轻松、愉快的体验。情绪的紧张度的高低，决定于个人活动任务的性质及所处情绪的性质，如客观情绪所赋予的对人的需要的急迫性、重要性等；也决定于人的心理状态，如活动的准备状态、注意的集中、脑力活动的紧张性等。

3. 情绪的快感度

情绪的快感度是情绪活动进行时所表现出来的愉快程度的变化，情绪的快感度在程度上有广阔的差异范围。悲伤、羞耻、恐惧和恼恨是明显的不愉快情绪，而高兴、满意则明显是愉快情绪。这些程度上不同的变化，也就直接影响着人的行为，对于能引起愉快的活动，人就积极参与，对于使人产生不愉快的活动，人就想法避免。

4. 情绪的激动度

情绪的激动度是指人的情绪活动进行时所表现出来的动静变化。激动的情绪表现为强烈的、短暂的，然而是爆发式的体现，如狂喜、绝望、激愤；而平静的情绪则表现为缓和的、持久的，然而却是深沉的体验，如轻松愉快、自信等。人在活动时，情绪的激动度是随着人的活动环境和活动任务性质的变化而变化的，而这种变化反过来又影响人的活动。

5. 情绪的复杂度

情绪的复杂度包括两方面的内容。一是情绪构成的复杂度，我们常常会处于无法描述的情绪状态下，它的因素非常复杂，以致我们不可能说它究竟是一种什么样的情绪体验。另一种是情绪作用的复杂度，我们通常遇到这样的情况，在不同的情况下或不同的人，同一些情绪可能既具有积极的性质又具有消极的性质。一般说来，积极的情绪可以提高人的活动效率，使人积极地行动；而消极的情绪则会降低人的活动能力。但也应注意，中国有句古话，叫做“乐极生悲”，有些情绪本来是积极的，使人愉快的，但由于过了度，则起了消极作用。例如，《岳飞传》中的牛皋，本来抓住金兀术值得高兴，但由于太高兴了，竟在哈哈大笑中死去。

所以说，有时情绪对人的作用是复杂的，我们必须学会控制情绪，运用情绪，以此来提高活动效率。

3.2.5 情绪的类型

对于情绪问题，在我国古代哲学家、思想家们的著作中早有论述，虽然各执己见，没有统一的观点，但从他们的论述中，我们可把它归纳为“喜、怒、哀、欲、爱、恶、惧”七种基本形式，基本概括了情绪的各种表现。后来，学者们对情绪的表现进行进一步概括，把情绪分为快乐、悲哀、愤怒、恐惧等。前苏联心理学界在对情绪进行研究时，把情绪划分为心境、激情、应激三种类型。

1. 心境

心境是一种在一段时间内使人的一切其他体验和活动都感染上情绪色彩的，比较持久的情绪状态。心境不是对某一事物的特定体验，它具有弥散性的特点。当一个人处于某种心境中，他往往以同样的情绪看待一切事物。良好的心境使人在待人接物中兴趣盎然，易于相处，看见什么都顺心；不良的心境使人感到心情苦闷，容易生气，遇到困难也难以克服。《红楼梦》中的林黛玉，就始终被一种多愁善感的心境所笼罩，见了落花就伤心，见了月缺也流泪。

心境是对人具有比较重要意义的各种不同情况所引起。如工作的顺逆、事业的成败、人际关系的情况、健康情况，甚至自然环境等，都可以成为引起某种心境的原因。

心境对人的生活有很大影响。积极良好的心境有助于工作积极性的发挥，能提高工作效率，克服困难，创造性地工作；而消极、不良的心境，则使人厌烦、消沉。因此，我们应找出克服不良心境的方法，化消极因素为积极因素，提高活动效率。

2. 激情

激情是强烈的暴风雨般的激动而短促的情绪状态。它是偏重于从激动到平静这一情绪的度量的表现。激情通常是由生活中对人具有重要意义的事件所引起。对立意向的冲突或过度的抑制都容易引起激情。激情的产生也与机体状态有关。

激情对人的活动有两种不同性质的作用。一是对人的活动的消极作用，这表现在处于激情状态的人，认识活动的范围往往会缩小，人被引起激情体验的认识对象所局限，理智分析能力受到抑制，控制自己的能力减弱，往往不能约束自己的行为，不能正确地评价自己的行动的意义及后果。因此，对于不良的情绪，就需要动员意志力，有意识地控制自己，转移注意目标以冲淡激情爆发的强度。二是对活动的积极性作用，这表现在，当激情产生后，可以成为动员人积极地投入活动的巨大动力，使人进行创造性地工作，提高活动效率。

3. 应激

应激是出乎意料的紧张情况所引起的情绪状态。它是偏重于从紧张到轻松这一情绪维度的表现。在突如其来的或十分危险的条件下，必须迅速地、几乎没有选择余地采取决定的时刻，容易出现应激状态。但是，紧急的情绪惊动了整个有机体，它能很快地改变有机体的激动水平，心率、血压、肌肉紧张度都发生显著变化，引起情绪的高度应激化和行动的积极化。但如果一个人经常处于应激状态，就容易产生疾病。加拿大生理学家谢尔耶(G. Selye)认为，应激状态的延续能击溃一个人的生物化学保护机制，使人降低抵抗力，以致为疾病所侵袭。这叫做一般适应综合症。他认为，应激进程可分为三个阶段：第一阶段叫惊觉阶段，表现为肾上腺分泌增加，心率上升，体温和肌肉弹性下降，血糖和胃酸度暂时性增加，严重时，能导致休克。第二阶段称为阻抗阶段，这时，第一阶段的症状消失，身体动员许多保护系统去抵抗这种应激状态，这些系统促进抗体的增加和代谢水平的提高，这些可以给有关物质结构的物理特性带来损伤，如出现胃溃疡和胸腺退化等。第三阶段称为衰竭阶段，在这个阶段有机体的适应储存被消耗尽而可能导致严重的疾病和死亡。因此，应激即可以消除某些危害，但也可能给机体带来损害。所以，在生活中，我们要合理安排活动，尽量减少应激状态的发生。

3.3 工作情绪管理

3.3.1 情绪管理概念

情绪管理(Emotion Management)就是善于掌握自我，善于调制合体调节情绪，对生活中矛盾和事件引起的反应能适可而止的排解，能以乐观的态度、幽默的情趣及时地缓解紧张的心理状态。

情绪管理，最先由因《情绪智商》(Emotional Intelligence) 一书而成名的丹尼·高曼(Daniel . Goleman) 提出。他认为透过控制情绪，管理人可以成为卓越的领导人。

情绪作为个体对本身需要和客观事物之间关系的短暂而强烈的反应。是一种主观感受、生理的反应、认知的互动，并表达出一些特定行为。情绪管理是将这些感受、反应、评估和特定行为挖掘并驾驭的一种手段。情绪管理通过研究个体和群体对自身情绪和他人情绪的认识、协调、引导、互动和控制，充分挖掘和培植个体和群体的情绪智商、培养驾驭情绪的能力，从而确保个体和群体保持良好的情绪状态，并由此产生良好管理效果的一种管理手段。简单说，情绪管理是对个体和群体的情绪感知、控制、调节的过程。包括两个方面:正面情绪是指以开心、乐观、满足、热情等为特征的情绪;负面情绪是指以难过、委屈、伤心、害怕等为特征的情绪。种种的负面工作情绪无论是对个人还是组织而言，危害都是很大的。长期的情绪困扰得不到解决，除了会降低个人的生活质量，还会使个人丧失工作热情，影响个人与同事的人际关系，并且影响个人的绩效水平。

3.3.2 情绪与活动效率

情绪对活动的效率有着重要作用，这是已被公认的事实。但究竟情绪对活动起什么作用，却是不易解决的问题。情绪的表现各种各样，对活动所起的作用也不尽相同。首先情绪对活动的进行起着促进作用，在这种情绪状况下，活动效率会大大提高;但有些情绪对人的活动却起着妨碍作用，在这种情绪状态下，不但不能使活动顺利进行，反而会带来负作用。因此我们从情绪和活动的关系角度，可以把情绪对活动的作用分为积极的和消极的两个方面。

1. 对活动起消极作用的情绪

对人的活动起消极作用的情绪有许多表现方式，但对人的活动有重大意义的，主要有:紧张情绪、焦虑情绪、郁闷情绪和急躁情绪，现分述如下。

(1)紧张情绪与活动。所谓紧张情绪，是指因某种强大刺激引起的，高度调动人体内部潜力以对付强烈刺激而产生的一种生理和心理上的显著变化。当人处于强烈刺激作用下的时候，就容易产生这种情绪。这种情绪产生后使人的整个身心都处于紧张状态，并迫使人在这种情绪的支配下去进行一系列的活动。

产生紧张情绪既有客观原因，也有主观原因。引起紧张情绪产生的客观原因很多，主要是所处环境条件的突然变化、意料不到事件的发生、强大的外界压力，以及一些重要事件摆在一个人的面前时，也能引起人的情绪紧张。

产生情绪紧张的主观原因有，人们活动前自己把目标定得过高、在活动过程中缺乏对事物全面的正确的认识，在活动中缺乏多方面的锻炼，尚未摸索出一套活动技巧，自己给自己设置活动障碍，使自己在活动时有自我挫败感，情绪处于高度紧张状态。

当人处于情绪紧张状态时，比较明显的也是较常见的主要表现形式有：疾病；四肢颤抖、面色苍白、身冒冷汗；动作不协调，言语不连贯；无效应付行为模式；多余活动增加；浑身无力。

紧张情绪虽被划归对活动起消极作用之列，但却不是对活动绝对没一点好处。实际上，适度紧张情绪，对活动也有促进作用：一方面，它可以使我们的思想高度集中，使我们的思维和全身力量充分调动起来，产生一种增力作用，从而使活动更加顺利进行；另一方面，情绪适度的紧张，能更好地调动人的智慧，加速思维的进行，更充分地提高思维效能，使人创造性地解决问题，所谓"急中生智"，就是这个道理。

但是，过度的情绪紧张，却给人的活动带来许多不利：其一，情绪过度的紧张，会使身体失去平衡而处于不正常的状态，并带来一系列的行为紊乱。记忆、思维、动作的准确性都会随着紧张程度的增加而降低，从而造成"晕场"或"怯场"现象。如初次登台的演员和歌手会忘掉台词、歌词，甚至还会变调、倒嗓子，初次操作机床的人次品率高等等。其二，情绪的过度紧张，造成事故率上升。在交通部门和企业部门，驾驶员和操作人员之所以出事故，在很大程度上是由于情绪的过度紧张造成的。例如，一个汽车驾驶员，当两辆车快要相撞时，由于情绪紧张程度突然上升最高程度，所以，一时手忙脚乱，连平时最基本的刹车动作都忘记了，本来可以避免的事故，却不幸发生。在工厂里，机器操作人员事故的发生，也与过度的情绪紧张有关系。其三，情绪的过度紧张，使人的智力水平出现回归，不能进行创造性的活动。人处在过度紧张的情绪状态下，记忆力下降，思路易堵塞，想象力贫乏，在处理问题时，显得水平很低，和自己所处的地位不相称。当遇到难度较大的问题时，束手无策，不能创造性地解决问题。其四，当情绪过度紧张时，也严重妨碍了人与人之间的正常交往。交往是一种双边活动，只有交往的双方处在适度的情绪状态下，交往才能顺利进行。如若交往的一方在另一方作用下产生过度紧张的情绪，那么，交往往往会被阻断，使正常的人际关系无法建立。

(2)焦虑情绪与活动。焦虑，是人们在社会生活环境中对于可能造成心理上的冲突或挫折的某种特殊事物或情境进行反应时的一种带有不愉快情绪体验的反应状态。这些事物或情境还包括一些即将来临的可能会造成危险或灾难，或需要付出特殊努力的东西，对此无法预计其结果，不能采取有效措施加以防止或予以解决。这时，心理的紧张和期待就会促发焦虑反应。

焦虑情绪产生的原因来自两个方面，一个是客观外界环境，另一个是主体自身。客观原因主要有：噪声(指85dB以上的声音)、过度拥挤、消极的个人交互作用，以及不利的工作条件等，都会使人处于焦虑状态。

产生焦虑情绪的主体自身原因，主要包括两个方面：一方面是机体的生理状况。当一个人的生理状况一切正常时，他的心情是愉快的；而当一个人的机体状况出现异常，也就是发生病变时，他就会产生焦虑情绪。另一方面，是来自于主体的心理活动。当人对自己的活动充满信心，并有十分把握达到自己的活动目的时，他的情绪是欢快的；若人们感到对自己命运的掌握失去了主宰的能力，同时又不能有把握地从别人那里取得援助，即感到自己处在“孤立无援”的处境时，人就会出现焦虑。

持续的焦虑情绪，导致身体衰弱，引起机体病变，使活动终止。这是焦虑情绪对活动的最不良的影响。此外，当焦虑情绪出现时，人的自我控制能力水平急剧下降，思路堵塞，思维混乱，做起事来杂乱无章，使正常的活动难以继续开展；工作效率明显下降，错误率显著上升。有这样一个调查，一个熟练打字员在正常情绪条件下，打字的准确率在98.7%。但有焦虑情绪下，准确率不到80%。因此，焦虑情绪是一种不良的情绪表现，它对我们的活动起着消极的作用。

对人的活动起消极作用的情绪，除了紧张、焦虑以外，还有诸如郁闷、急躁、苦恼、忧愁等。这些情绪的出现，都不同程度地对我们的活动起着消极的阻碍作用。

2. 对活动起积极作用的情绪

对活动起积极、推动作用的情绪多种多样，但概括起来，主要有三种大的类型：一种是轻松、愉快、悠然自在的情绪；另一种是有挑战特性的情绪；还有一种是富有合作精神的情绪。三种情绪虽然都对活动起着积极的推动作用，但具体作用的形式却各有差异。

(1)轻松、愉快、悠然自在的情绪。这种类型的情绪是平缓的、安静的，没有过大起伏，它的出现，使人的心理活动和行为活动被一种愉悦的气氛所笼罩，使人觉得似乎有一种潜在的、快乐的东西在对自己发生作用，所以，活动起来特别有滋味。在这种情绪支配下的活动，主要有以下表现。

①在人际交往上，对人温和、轻柔、谦让、欢快，觉得每一个和他(她)接触的人都是那么可亲、可爱。在这种情况下，人和人之间就能和睦相处，大家互帮互助，互敬互爱，在活动中配合默契，使活动效率大大提高。

②在工作上，由于情绪很稳定，又有愉快因素的作用，所以干起活来不觉得疲劳，倒感到轻松愉快，不视繁忙的工作为负担，而是把它作为一项很有趣味的活动。因此，越干越顺手，一顺百顺，大大提高了工作效率。

③在智力活动方面，愉快、平静的情绪，最能够使智力活动处于最佳状态。人在进行记忆、思维、想象等活动时，需要自己的情绪保持在稳定状态。而轻松的、愉快的情绪，不但符合了这一需要，而且又使这一状态带上愉悦的成分，从而给人的智力活动提供非常有利的条件。在这种条件下，人的记忆力大幅度提高，观察更加敏锐，思维更加深邃，想象异常丰富，使智力活动的质量大大提高。

(2)带有挑战特性的情绪。如果说轻松、愉快、悠然自得的情绪是以缓和、平静的方式对活动发生作用的话，那么，带有挑战性的情绪，则以其活跃、高昂的方式对活动发生作用。处在这种情绪支配下的人，精力特别充沛，活动的主动性和积极性能够达到前所未有的水平，这主要体现在如下几方面。

①人际交往中主动积极。在带有挑战性情绪支配下的人，和别人交往时，总是主动、积极地和别人攀谈，并极力使交往按照自己的设想进行，使交往的对方为自己的活动提供便利条件。例如，在工作中，管理人员为了激发工作人员的积极性，有时用“压力式”的谈话方式与下级交谈，有时采用“激将”的方式来鼓动人等，这都是管理人员在带有挑战特征的情绪支

配下进行管理活动的具体体现。这样一来，使管理活动收到很好的效果。

②工作中主动承担任务。处在这种情绪状态下的人，活动的主动性、积极性非常强，他不但乐于接受交给他的工作，而且，还主动要求承担更多的任务，承担的任务质量越高，其情绪越高涨，活动效率也就越高。在这种状态下，由于人们是在主动进行活动，其内在的所有潜力都得到了最充分的发挥，所以，不仅能够顺利完成难度不太高的任务，而且，就连平时被人们看作难度很高，不好做的工作，也能获得出人意料的满意结果。

③事业上追求高成就。人的活动结果如何，是以其所获得成就的大小来衡定的，成绩越大，说明工作水平越高，否则相反。而处在带有挑战性情绪状态下的人，不以所取得的一点成就为满足，而是追求高成就，乐于进行那些富有挑战性的工作，这就好比摘桃吃，伸手可摘到的桃子，感到味道平淡，而通过一番跳跃所摘到的桃子,吃起来才津津有味。因此，他们不乐意从事难度不大，水平不高的工作，而愿意接受难度大，水平高，效果显著的工作，并视这样的工作为有滋有味的享受，以此来满足高成就的心理需要。

④精神上追求高层次的享受。在这种情绪支配下的人，其追求的不是庸俗享受，如吃喝玩乐等。对那些低级的精神满足物也丝毫不感兴趣，如淫秽的影视片、报刊杂志等。而是向往那些健康的、超俗的、高层次的精神内容，如对人生具有指导作用的文艺作品，对自身发展具有促进作用的范式，对人类社会的发展具有推动作用的一切较好的东西等。当这种精神需要被满足后，精神就会化作力量，驱使他更有效地进行活动，使活动达到前所未有的水平。

(3)富有合作精神的情绪。这是一种对人类社会的发展起着极大作用的情绪，人类社会是由许许多多社会成员相互联系、相互作用、相互配合所组成的。当人们能够相互合作，共同配合进行活动时，社会就能得以维持和发展，一旦人们之间相互孤立，互相敌视时，人类社会就会逐渐走向衰亡。而富有合作精神的情绪，就支配着人们在活动中进行合作和配合，使活动得以顺利进行。处在这种情绪状态下的人，能够与人和睦相处，密切配合，当别人与他交往时，感到他热情、诚恳，易于结交。因此，如果人们在这种情绪状态下工作，就会协同活动，充分显示集体的力量，使活动效率成几倍乃至数十倍的增长。

3.3.2 个人情绪管理的方法

1. 体察自己的情绪

也就是要时时提醒自己注意:“我现在的情绪是什么?”例如:当你因为朋友约会迟到而对他冷言冷语，问问自己:“我为什么这么做？我现在有什么感觉?”如果你察觉你已对朋友三番两次的迟到感到生气，你就可以对自己的生气做更好的处理。有许多人认为:“人不应该有情绪”，所以不肯承认自己有负面的情绪，要知道，人一定会有情绪的，压抑情绪反而带来更不好的结果，学着体察自己的情绪，是情绪管理的第一步。

2. 适当表达自己的情绪

再以朋友约会迟到的例子来看，你之所以生气可能是因为他让你担心，在这种情况下，你可以婉转地告诉他:.“你过了约定的时间还没到，我好担心你在路上发生意外。”试着把“我好担心”的感觉传达给他，让他了解他的迟到会带给你什么感受。什么是不适当的表达呢？例如:你指责他:“每次约会都迟到，你为什么都不考虑我的感觉?”当你指责对方时，也会引起他负面的情绪，他会变成一只刺猬，忙着防御外来的攻击，没有办法站在你的立场为你着想，他的反应可能是:“路上塞车嘛！有什么办法，你以为我不想准时吗?”如此一来，两人开始吵架，别提什么愉快的约会了。如何“适当表达”情绪，是一门艺术，需要用心的体会、揣摩，更重要的是，要确实用在生活中。

3. 以合宜的方式纾解情绪

纾解情绪的方法很多，有些人会痛哭一场、有些人找三五好友诉苦一番，有些人会逛街、听音乐、散步或逼自己做别的事情以免老想起不愉快的事，比较糟糕的方式是喝酒、飙车，甚至自杀。要提醒各位的是，纾解情绪的目的在于给自己一个厘清想法的机会，让自己好过一点，也让自己更有能量去面对未来。如果纾解情绪的方式只是暂时逃避痛苦，尔后需承受更多的痛苦，这便不是一个合宜的方式。有了不舒服的感觉，要勇敢的面对。仔细想想，为什么这么难过、生气？我可以怎么做，将来才不会再重蹈覆辙？怎么做可以降低我的不愉快？这么做会不会带来更大的伤害？根据这几个角度去选择适合自己且能有效纾解情绪的方式，你就能够控制情绪，而不是让情绪来控制你！

3.3.3 影响员工情绪的因素

人的行为经历了从刺激到需求和动机，再到行为的产生和最终的结果，包括目标的实现（成就）和未实现（挫折），行为结果会对下一次的刺激进行反馈从而使得行为具有连续性。我们将这个过程分为三个过程变量，分别叫做：环境因素、个体因素和反应与结果。人的各种行为正是在这三个过程之间的交互作用中产生的，其中有以下五个方面因素会影响到员工的情绪。

1. 工作物理环境

影响员工情绪的一个最基础的层面是工作的物理条件。员工工作首先要考虑生理和安全的需要，使自己免于情绪受到伤害。工作的物理条件或者环境包括灯光、温度、湿度、噪音、工作场所的大小、颜色的变化、工作工具和机器的适用性、办公设备的空间位置等等因素。舒适的工作物理条件对员工的正面情绪有积极的刺激作用，无论是在工作满意度上还是生产率上都会有很积极的反应。工作工具和机器的适用性、工作场所以及办公设备布局的合理性会对作业层员工的情绪有重要的影响。如果工具设计合理，会大大提高工作效率，员工就会轻松完成工作，出现异常情绪的概率就减小。如果各种设备布局不合理，员工负荷增加，则抱怨不满情绪就会随之而来，相应的产出和管理水平就会下降。

2. 工作本身的性质和行业特点

除了工作的物理条件外还有一个很重要的方面，就是工作本身的性质和行业特点。工作的物理条件是可以进行人为的改进的，但是行业的特点、工作的属性是没办法人为改变的。人的行为源于人有内在需要。第一层需要即存在需要，首先要实现自身生理和安全需要的满足。由于各工作和行业属性不同，员工在实现自己的存在需要时也会遇到刺激反面情绪出现的因素。有的工作如车间工人，他们的工作性质是高重复率和高体力活动等，有的工作如科研人员，他们的工作性质包括脑力劳动强度大、科研结果的不确定性等，这些行业和工作的本身属性对员工的情绪也有很重要的影响。

3. 工作心理环境

我们这里所讲的工作心理环境是指员工在工作中产生关系需求时需要的一种人际环境，这种工作软环境主要包括企业或者团队文化氛围、同事间关系、与上级的关系、与下级的关系、组织赋予的权利地位等等因素。员工处在一个工作环境中，时时刻刻会受到这种心理环境的影响。员工在产生需求和动机会发出一些行为时，同时，行为的发生也会影响到员工的动机改变，在这种需求动机和行为的交互作用中，无疑工作的心理环境发挥着十分重要的作用。当员工的行为因工作的心理环境而受到强化时，产生的是正面情绪；反之，当行为与工作心理环境的冲突时，反面情绪也就表现得更为强烈。

4. 生活因素

上面提到员工在工作中产生关系需求时组织的软环境，而当员工在个人生活中产生关系需求时也会有很多因素影响员工的情绪。由于情绪具有传递性和扩散性，这些情绪不仅会表现在其个人的生活中，还会进一步传递到其工作当中，并且会扩散到同事之间，影响员工的绩效水平，因此关注影响员工情绪的生活因素也是很有必要的。一些生活因素如夫妻关系、子女问题、生病等会严重影响员工的情绪。问题是员工在一天工作之前就具备了某些反面情绪的话，对绩效水平的影响就会更持久和具有破坏性。来自美国俄亥俄州立大学费希尔商学院教授斯蒂芬妮·维尔克在对一家大型保险公司呼叫中心的员工的研究中发现，员工刚上班时的情绪比其他任何变量和因素都将会对员工一天的工作绩效产生更加激烈与持久的影响。

5. 个人因素

当员工产生行为后会产生两种结果，一种是实现了预期目标，产生成就感，另一种是未实现预期目标，产生挫折感。情绪是因人而异的，因此当产生这两种结果时，每个人的情绪变化也不一样，每个人的情绪波动与其个人因素有关。情绪相关的个人因素包括个人的健康状况、心理成熟度、思维状况、性格特质等。夸大或缩小事实、追求绝对化、偏执、合理思维都将导致负面情绪。情绪又是行为的基础，这些因素最后将以个人的特定行为作为结果表现出来。应该说明的是个人因素与成长需要是密切相关的。尤其是当员工未能实现预期愿望时产生的挫折感，按照“挫折—回归”思想，员工会积极强化回归到其他需求，这中间的行为和动机的转变与个人的情绪管理能力等相关素质是密切相关的。如果员工的个人情绪管理能力不足，显然对其个人的晋升等成长是十分不利的，对于企业来说也就是人力资源的损失。所以针对员工的成长需求，个人的情绪管理能力对于员工的成长、成熟是十分重要的。

3.3.4 员工情绪管理对策

在具体的管理工作中，面对员工的情绪，应从下面几个方面入手：

1. 招聘、录用环节注重应聘者的情绪管理能力

在现在的人力资源管理中，招聘和录用是很重要的一环，决定了未来企业的人力资源质量。在情绪管理越来越受到重视的今天，在招聘和录用环节对应聘者进行情绪管理能力考察显得很有必要，同时现在人事测评技术的发展，比如情商测试，也使之成为可能。虽然相对于智商、空间机械能力、运动能力等测试，情商测试在企业人力资源管理中的信度和效度尚缺乏实证，但是情商测试的理论依据是可靠的，而且情商对于个人成就的关联性已被各种实验研究所证实，因此某些情绪方面的能力在企业人力资源管理中可以进行尝试性的测评。如让被测试者身处所设定的环境里，面对一些现实性的冲突和问题，从情绪变化、语言表情等方面的情绪反应中评估其情绪管理能力等。但这种测试必须在被测试者处于无测试意识的状态中进行，不然被测试者的情绪状态真实性就会下降。

2. 把行业特点、工作的物理条件和员工个人能力相匹配

前面已经提到，行业的特点和工作的物理条件对员工的情绪会产生很大影响，在实际的

环境中，因为行业的性质特点是无法改变的，所以要做的就是把工作的物理条件和行业特点、工作性质匹配起来，使物理条件尽力地符合行业的特点，工作的性质。比如说，IT行业是高脑力劳动，工作性质是不确定性和挑战性，强调员工的个人能力发挥和团队，因此在IT行业中，工作的物理条件应该设置成开放式的，在办公用具的摆放、员工工作物理空间、墙体颜色等方面就设置的相对宽松，个人空间大，利于团队交流等；又如广告业中，工作的特点就是创新和个性化，因此墙体的颜色应刷成利于激发灵感的颜色。但是仅仅做好物理条件还是不够的，因为个人之间的差别，工作还应该因人而异，使员工在一个舒适的环境中发挥自己的最大潜能。

3. 把提高员工的情绪管理能力列入人力资源管理的培训内容

目前的人力资源管理培训多是关于技能或者知识的培训，情绪管理能力的培训较少。但是因为情绪管理能力具有后天可培养性、可塑造性，在人力资源规划中应该将员工情绪管理能力的培训作为一项重要内容。例如，怎样观察自己和他人的情绪、怎样对待情感波动、如何战胜压力和焦虑、如何积极交往、如何跟同事共享成功喜悦、如何培养相互的信任感、如何激励自己与他人等。

4. 加强对员工的人文关怀

对员工的人文关怀应包括两方面，一是工作当中的关怀，二是日常生活中的关怀。首先，工作的软环境中，企业应该尽力制定完善的规章制度，公平的对待每一位员工，应建立透明、合理、公平、健全的管理制度，选择符合大多数员工情感特点和需要的管理方式，以此规避由于不良管理产生的负面情绪。此外，还要给员工创造一个宽松的情感交流环境，如经常举办员工聚会和定期的娱乐活动以增进情感交流等；提供咨询服务，如聘请情绪指导专家或心理医生，以便帮助员工放松工作中积累的紧张情绪等。第二，正如前面提到的，员工刚上班时的情绪比其他任何变量和因素都会对员工一天的工作绩效产生更加激烈与持久的影响。员工在日常的生活之中所产生的负面情绪会对其个人，甚至团队产生很大的消极影响，因此，企业应该为员工建立良好的福利条件或者通过其他方式来关怀员工个人生活。

5. 加强企业文化建设和管理者的情绪处理能力

企业中每个员工遇到的情绪问题和情绪管理能力是不同的，如果企业有一个能激励员工为之奋斗的目标愿景，一种被员工认同的价值观和追求的精神，也就是说企业文化是和谐的话，那么这个企业就有可能激励员工超越个人情感，营造属于企业的精神力量，激励他们以高度一致的情绪去达成企业的愿景，相反，如果企业文化是冲突的，那么负面情绪就会大量产生。另一方面，员工的工作是在管理者的领导下进行的，如果管理者的情绪处理能力较差，那么当员工情绪出现问题时，管理者就很难帮助员工解决问题。所以，员工的情绪管理能力与企业文化和管理者的情绪处理能力是密切相关的。

总而言之，情绪管理作为人力资源管理的一个重要方面，在企业管理中越来越受到普遍关注。企业应该多管齐下，不仅要在看得见的“硬件”方面改进，还要在看不见的“软件”方面下功夫，不断提高管理员工情绪的能力。这样，一方面可以降低员工绩效的波动幅度，另一方面可以不断地吸引优秀的人才，同时可以为企业培养卓越的管理者，实现企业持续发展的战略目标。

【思考题】

1. 简述气质与性格的区别和联系。
2. 简述个性在人类生活中的意义。
3. 分析说明性格的形成和发展，怎样培养良好的性格。
4. 情绪对活动有哪些积极和消极的影响？

【案例分析】

放下包袱　化解情绪

1. 案例缘由：王竟鸣，32 岁，某外资企业软件开发部职员，婚姻美满，儿子刚满 3 岁。虽然这份工作强度很大，但是工薪待遇也相应比周围的人好。每次拖着疲惫的身体回到家，看到咿呀说话的儿子，他觉得再多的辛苦都是值得的。

新一个季度的公司员工考核，因为一些偶然的缘故，王竟鸣的成绩很不如人意，所以工资相应被下调。对此王竟鸣很是不满，但又无可奈何。更为严重的是，如果下季度的考核再不过关，他将面临失业的危机。他不想失去这份工作，也不敢想自己再次奔波于一次次的面试场景。他比以往更加努力地工作，但是对于上次考核带来的失败感和不满情绪却难以释怀。

回到家中，他满怀愧疚，但是出于男人的尊严，他没有告诉家人，却把这种不满情绪转化成了一腔怒气。有次小儿子调皮，把他的手机给摔坏了，这在以前，他会说男孩子就是调皮，吓唬吓唬孩子就完了，可是这次他却气不打一处来，竟动手狠狠地打了孩子，孩子的哭声都没有让他内疚。细心的妻子从王竟鸣打孩子这件事上看出了些许端倪，找了个机会跟他长谈了一下午，问清楚了事情的来龙去脉。

当王竟鸣把整个事情以及自己所想的都和盘托出后，竟然发现尽管没有人给自己指明方向，自己却也没有之前那么抑郁了。毕竟上次考核失利的原因在于自己的一时疏忽，只要总结失败的原因，不让错误重演，就可以在考核中顺利过关，而且以他的实力，一次考核并不能阻挡他以后事业上前进的脚步。想想体贴的妻子和可爱的儿子，王竟鸣觉得自己拥有的不仅是事业。

放下情绪包袱的王竟鸣，重振旗鼓，在新一代软件开发上做出了令人瞩目的成绩，他不仅走出了情绪上的低谷，还被公司派往海外总部做了高级策划经理。

2. 心理分析：情绪是一种生理应激反应，是人在受到外界事物刺激后的复杂心理变化。中国宋代苏轼有诗歌这样描述："人有悲欢离合，月有阴晴圆缺，此事古难全！"就是说自然界事物有变化，人们的内心世界也有起伏，月亮不会一直圆满，我们的情绪也不会一直良好。

人的情绪变化通常是自动的，比如受到误解，你会感到委屈；无端地被人指责，你会愤怒等，但是这种情绪会不会表现出来，或者是不是能让周围的人感受到，就要看你是否能控制情绪。

人们的情绪很复杂，每时每刻都在发生着变化，快乐、激动、悲伤、恐惧、愤怒、忌妒等都可能随时影响人们的心境。这些情绪都是正常的人应该有的，不会有所谓的不好的情绪，只是看你从什么角度去分析它，转换为你自己需要的能量。控制情绪不是说没有情绪，而是如何去了解情绪背后的原因，了解你内心中真实的想法，进而转化情绪为你自己所需。

例如，王竟鸣遭遇希望落空后，表现出的失望和担心，都是再正常不过的情绪。因为他内心深处不愿意面对自己的情绪，压制了这种失望和不满。所以只有通过表现出对家人的反常，来获得内心的一种平衡，转嫁了情绪，这个时候我们说，他把自己的情绪变成了一把双刃利器，伤害了自己，也伤害了周围的人。

有的人从潜意识里会排斥自己认为不对的情绪，因为种种原因不想表达出来，或者从自我的角度上根本不认同这种情绪，压制它或转化为外在的其他原因来自我欺骗。这种人一般都有完美主义倾向和克己的意识。

王竟鸣因为好强的性格和本身具有家庭责任感，他不表现出自己的愤怒情绪，但是这种情绪确实在他心里蓄势待发，一旦遇到一个突破口，就会如洪水决堤般倾泻而出，所以当孩子犯了个小错误后他会有反常的举动。

庆幸的是王竟鸣的妻子及时发现了这个情绪信号，帮他疏导了情绪，当他把他心中真正的不满和想法说出来以后，也就正面审视了自己的情绪，带着客观的眼光去分析失败背后的原因，那么情绪不再能主宰他，他就可以放下这种消极情绪了。

建议这类人应该正视自己的情绪，客观地分析情绪背后的自我，当有让自己不舒服的情绪出现时，克制的同时也要勇敢面对，不能完全压制。找信任的朋友或者家人表达出这种情绪，或者自己找一种适合自己的途径将情绪释放出去，你才能轻装上阵，继续精彩的生活。

【拓展训练】

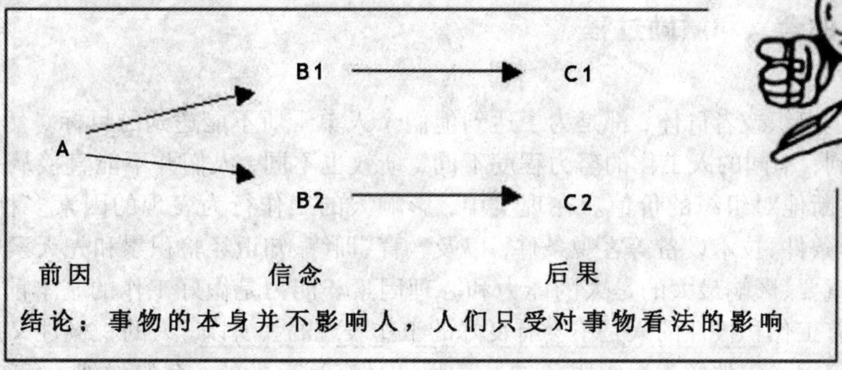

美国心理学家艾利斯(A. Ellis)于20世纪50年代创建的ABC理论，认为激发事件A(activating event的第一个英文字母)只是引发情绪和行为后果C(consequence的第一个英文字母)的间接原因，而引起C的直接原因则是个体对激发事件A的认知和评价而产生的信念B(belief的第一个英文字母)，即人的消极情绪和行为障碍结果(C)，不是由于某一激发事件(A)直接引发的，而是由于经受这一事件的个体对它不正确的认知和评价所产生的错误信念(B)所直接引起。错误信念也称为非理性信念。

■ 第4章 工作环境中的激励

4.1 激励概述

4.1.1 激励的含义和激励过程

1. 激励的含义

人们加入一个组织或者群体，都是为了达到他们个人单干所不能达到的目标。然而，在组织中总可以看到，不同的人工作的努力程度不同，绩效也不同，人们并不能直接从一个人的能力、天赋来判断他对组织的价值。在现实中，影响人的工作行为表现的因素多种多样，如社会环境、工作条件、技术设备等客观条件，以及教育、训练、知识经验积累和先天素质的影响等。而其中最重要、影响最大的是人的能力和心理因素。能力是做好工作的基本前提，但一个有能力而没有工作积极性的人是不会有良好的工作表现的。所以，人的积极性又成为人的工作行为的决定因素。他们为组织服务的愿意程度是有高有低的，有的强烈，有的一般，也有的是消极的。如何使组织中的各类成员，为实现组织的目标热情高涨地工作，尽可能有效地贡献出他们的智慧和才能，这正是管理者要研究的激励问题。

激励这个词源于拉丁语，它的意思是“移动、采取行动”，是一个心理学概念。心理学家们认为，人的一切行动都是由某种动机引起的。动机是人们从事某种活动，为某一目标付出努力的意愿，这种意愿取决于目标能否满足或在多大程度上满足他的需要。中国汉朝司马迁所著的《史记》中就有“欲以激励应侯”之语。意思是通过激发动机，鼓励行为，形成动力，即通过某种内部和外部刺激，使其振作，促使人奋发向上努力去实现目标。美国管理学家雷尔森和斯坦尼认为：“一切内心要争取的条件、希望、愿望、动力等构成了对人的激励。——它是人类活动的一种内心状态。”可见，激励是指激发人的行为动机的心理过程，即通过各种客观因素的刺激，引发和增强人的行为的内驱力，使人达到一种兴奋的状态，从而把外部的刺激内化为个人自觉的行动，最大限度地发挥人的潜力，去实现组织的目标。员工激励就是通过各种有效的激励手段，激发员工的需要、动机、欲望，形成某一特定目标并在追求这一目标的过程中保持高昂的情绪和持续的积极状态，发挥潜力，达到预期的目标。

在管理过程中，对人的行为的激励，就是通过对心理因素的研究，采取各种手段，制造各种诱因，诱发人们贡献出他们的时间、精力和智力。激励的目标是使组织中的成员充分发挥出他们潜在的能力。激励是决定行为如何开始，如何被注入能量，如何得以维持，如何被导向确定的目标等行为发生的整个过程的重要因素。概括地讲，人力资源激励就是通过创造外部条件来满足人的需要，诱导人们按照预期要求进行活动的行为过程。

2. 激励的过程

有效的激励必然符合人的心理和行为活动的客观规律，而不符合人的心理活动规律模式的激励就不可能满足人的期望，也就达不到调动人的积极性的目的。根据心理学观点，激励是对人的一种刺激，使人有一股内在的动力，朝着所期望的目标前进的心理活动和行为过程。

从感觉需要出发，在人的心理上引起不平衡状态，产生不安和紧张，导致欲望动机，有了动机就要选择和寻找目标，激起实现目标的行动。动机的欲望支配着人们的行为，而动机又产生于人的需要，需要是人的一种主观体验，是对客观要求的必然反映。人在社会生活实践中形成的对某种目标的渴求和欲望，构成了人需要的支持和驱使，需要一旦被意识到，它就以行为动机的形式表现出来，驱使人的行为朝一定的方向努力，以达到自身的满足。需要越强烈，由它引起的行为也就越有力、越迅速。当需要得到满足，行为结束。心理紧张消除后，人们又会产生新的需要，形成新的欲望，引起新的行为。这样周而复始，循环往复。激励就是利用人的需要、欲望和行为之间的关系，激发人的欲望，满足人的需要，挖掘人的内在潜力，促使人的行为向组织目标努力。这个连锁反应的过程如图 4－1 所示：

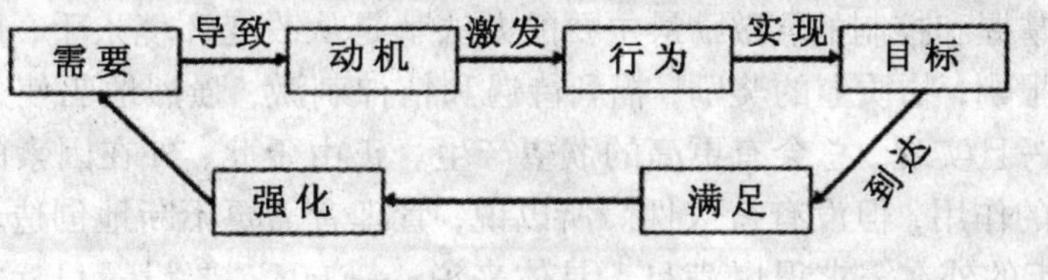

图 4－1　激励的过程

这一激励过程经过 7 个阶段：①需要产生，引起个人内心的不平衡，出现紧张的心理状态；②个人寻求和选择满足需要的对象（目标）和方法；③个人采取一定的行为，为实现目标而努力；④组织对个人在实现目标方面绩效的评价；⑤根据绩效评价予以奖惩；⑥按照奖惩重新评价需要；⑦如果这一激励过程满足了需要，个人就会产生满足感；如果需要没有得到满足，激励过程会有重复，可以选择另一种不同的行为。

一个组织的管理者，要善于根据激励的基本原理，利用员工的内心渴求，激发其动机，调动其积极性。一个精明的高水平的管理者，往往能敏锐地观察员工的需要，并设置一定的目标和条件，激发他们向前努力。最后，组织者在他们达到了目标和条件后通过一定的形式满足他们的需要。通过这种激励使员工个人努力的方向与组织目标相一致，从而收到最佳的管理效果。

4.1.2 影响激励效果的基本因素

人的行为总是被一些因素所影响。人们在受到激励后总会产生某种行为，而这些行为的产生及效果还要受到个人内在因素和外部环境的影响。因此，影响激励效果的最基本的因素是个体因素和环境因素。

1. 个体因素

个体因素是一种内在动力，虽然不能直接控制，但可以通过教育、培养，提高人的涵养、素质，使人们提高对世界的认识高度，产生强烈的责任感，因而个体因素是觉悟的内在驱动力。激发人的行为，只有这种内在动力才能促使人们自觉地、持久地保持积极性，因而是最重要、最根本、最终起作用的因素。

人不管如何理智，在思想、分析、推理、判断、行为以及沟通等过程中，都免不了受个体情绪影响，个人情绪的反应直接影响行为的引发和进行，即使情绪被压抑时，其作用也不会消失，情绪总会不断影响人们的思考、推理和决策。同时，情绪还具有两极性，即情绪助长和情绪消减。当一个员工在工作中因失误而自责，这时管理者仍来责备他，可使他更加烦恼；如果其他员工也进行嘲讽，则可能使他非常愤怒，这就是情绪助长。相反，一个平时较为涣散的员工，如因偶然事件得到表扬，就可能在内心激起强烈的情绪冲突，而使他改变不良行为，使原有的涣散情绪得以消除。这属于情绪消减。因而，在管理工作中，管理者必须注重情绪对行为的影响，多体谅职工，针对不同职工的不同需求，进行积极引导，从而把职工的个体目标导向企业目标的行为轨道。

2. 环境因素

由于客观环境条件的变化，外界因素的刺激形成强大的推动力，可以引发人的行为。外在因素总是易于掌握和控制的，激励最主要的办法就是从改变环境入手，使外因通过内因起作用。经济上的报酬，物质上的奖励，福利待遇和精神刺激，强烈地驱使人们为实现这些欲望而努力。需求一旦实现，总会有更高的欲望产生。正由于此，外在因素的激励在一定时间内能发挥强有力的作用，但没有持久性。所以说，管理者需要不断地创造环境或者引导职工适应环境，使职工的外在需求得以满足。具体来说，一方面，要设置目标，使职工明确所要求的工作内容。在设置目标时，一定要注意目标的合理性，使目标与总目标一致，并且该目标的实现对职工并不显得渺茫，以激发职工的积极性；其次，要规定一定的标准。在设置目标后，要有一定完成程度及效果的考核，这一标准不可过低，亦不可过高。过低使职工不需努力就可完成，起不到激励的作用；过高则会使职工失去信心，产生挫折感，而放弃努力。所以说，规定的标准应恰如其分，是通过努力，“跳一跳”可以够得着的；再次，应给予职工一定的压力。通过公开的授权，使职工对自己的行为有自理能力，并对此承担一定的责任，防止职工在受激励后的行为过程中，没有责任感而放弃冒风险完成目标的行动。

4.1.3 激励的功能

1. 发掘人的潜能

人的潜能是蕴藏于人体内的潜在能力，不仅在人的行为活动中尚未显露出来，甚至是潜能的拥有者本人也未必能意识到。但这种潜能的确是存在的，而且一经发掘便会释放出很大的能量。平常所说的“超越自我”、“挑战极限”，也就是发掘人的潜能的问题。美国哈佛大学教授威廉·詹姆士(William James,1842~1910)研究发现，在缺乏激励的环境中，人的潜力只发挥出一小部分，即20%～30%。如果受到充分的激励，他们的能力可以发挥80%～90%。这就是说，一个人平常的工作能力与激发后可达到的工作能力之间存在着约60%的差距。可见，人的潜能是一个储量的“人力资源库”。挖掘人的潜力，在生产过程和管理过程中具有极为重要的作用，而激励正是发掘人的潜力的重要途径。

2. 提高工作效率

工作效率的高低和工作绩效的大小，通常取决于两个基本因素：一是能不能；二是为不为，也即干不干。前者指胜任还是不胜任某项工作，是否具有承担某项工作的能力和资格；后者是指从事某项工作的意愿、干劲，也即工作积极性的问题。“挟泰山以超北海”（《孟子·梁惠王下》）的能力，这是不能也，但“为长者折枝”也办不到，这是不为也，非不能也。人力资源开发和管理不仅要培养和发掘“挟泰山以超北海”的能力，更要解决“为长者折枝”的工作意愿和工作积极性问题。在人力资源开发和管理过程中，经常的、大量的而且是艰巨的工作就是解决干不干和以多大积极性去干的问题。

根据管理的基本原理，人的工作效率和工作绩效是其能力和积极性的乘积。用公式表示：

绩效:f(能力×积极性)

而激励正是充分调动人的积极性，发挥人的主动性、创造性的主要手段。在给定的工作环境和工作条件下，两个能力相仿的人，其工作绩效的高低取决于积极性的高低，而积极性的高低又取决于激励手段运用的好坏。诚然，人们并不认为，人能否胜任工作的能力总是已经解决了，但是，人们应该承认，在当前条件下，一个较为突出的问题，往往不是不会做，而是不愿做，或不积极做，对工作不负责的问题。所以，强化激励手段，以充分调动人的积极性，这对人力资源开发和管理具有非常迫切的意义。

3. 提高人力资源的质量

提高人力资源质量的途径主要是教育和培训。而保证教育和培训取得积极效果的一个关键条件和重要前提就是提高教育和培训对象的学习积极性和刻苦钻研精神。在这方面，激励水平的提高和激励手段的巧妙运用，就具有特别重要的意义。

在教育和培训方面的激励主要是对才能优异、成绩卓著、刻苦顽强、勇攀科学高峰的优秀人才给予优裕的物质待遇、崇高的荣誉以及令人羡慕的社会地位并大力进行表彰和奖励。这样，不仅会激励受奖者以更大的积极性继续努力，使自身的才能提高到新的高峰，而且会产生巨大的激励效应，形成勤奋学习的社会风气。这样，其他社会成员受到榜样的鼓舞，也会提高教育和培训的积极性，努力学习和刻苦钻研科学文化知识和技能。许多地区的经验证明，这种激励方式是提高人力资源质量的有效途径。

4. 弥补物质管理资源的不足

人力资源管理需要一定的资金和必要的物质条件，如衣、食、住、行等生活资料，学校、工厂等物质设施，生产工具以及知识、信息等人力资源的物质载体等，没有这些，人力资源管理就不可能取得积极成果。但与人力资源管理发展的规模和速度相比，这些物质资源总存在某种不足。目前，我国处于社会主义初级阶段，这方面的不足相当明显，即使将来经济发达了，也不能完全满足要求。克服这一矛盾，固然需要国家、社会、家庭乃至个人增加物质投入，但提高激励水平、调动人的积极性，则可以弥补物质条件的不足和困难，而达到提高人力资源质量的预期效果。在发展中国家出现许多世界一流的科学家、技术专家，创造出许多令发达国家瞩目的高新科技成果，便是明证。许多出身贫寒、家境困难的人往往比家境富裕的人更能刻苦学习，更能攀登到科学的高峰，也是明证。

4.2 激励理论与应用

4.2.1 需要层次论及其应用

1. 需要层次论的基本内容

需要是人们行为的内在原因。在实际管理中，要想有效地调动人们的生产积极性，就必须研究人的需要，了解人的需要，并满足人们正当的物质与精神需要，只有这样才能充分发掘人的潜力，保证组织目标的实现。因此，世界上许多心理学家对人的需要作了大量的研究和探讨，总结出了许多关于需要的理论。其中具有代表性的、影响最广的是美国心理学家马斯洛(A. Maslow,1908～1970)所提出的“需要层次论”。

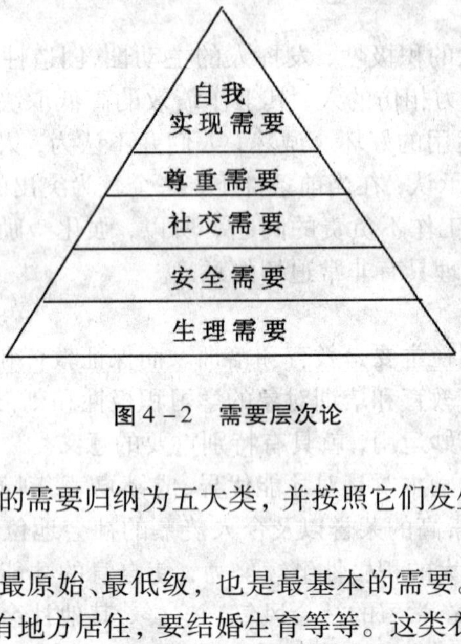

图4－2 需要层次论

马斯洛把人类多种多样的需要归纳为五大类，并按照它们发生的先后顺序将其排列成五个层次(见图4－2)。

(1)生理需要。这是人类最原始、最低级，也是最基本的需要。如冷了要穿衣，饿了要吃饭，病了要有药物治疗，要有地方居住，要结婚生育等等。这类衣、食、住、行等方面的需要是人类赖以生存的基本生理需要，如果这些需要不能满足，人类就难以生存下去。从这个意义上讲，它是推动人们行动的强大动力。

(2)安全需要。当一个人的生理需要得到基本满足以后，就会希望满足安全需要。人的安全需要也是多方面的，如劳动安全，不出工伤事故；职业安全，希望工作稳定；环境安全，希望免于各种灾害；生命安全，希望人身不受侵害；财产安全，希望个人财产得到保障；心理安全，希望避免不公正的待遇，等等。

(3)社交需要。即社会交往的需要，其中包含两方面内容：一是爱的需要即人都希望伙伴之间、同事之间的关系融洽，保持友谊与忠诚，能够相互信任和互爱；二是归属的需要，即人有一种归属感，都希望归属于一个集团或群体，希望成为其中的一员并得到相互关心和照顾。

⑷尊重需要。即自尊和受人尊重的需要。如人们都希望自己有稳定的地位，对名誉、成就等都有一种欲望感，并希望个人能力、地位及成就得到社会和他人的承认。尊重需要可分为两类：一是内部尊重，即人们希望在各种不同的情境中，自己有实力，能胜任，充满自信，能独立自主，有自尊心；二是外部尊重，即人们希望有地位，有威望，受到别人尊重、信赖以及高度评价。

⑸自我实现的需要。即最充分发挥自己的潜力，实现个人理想、报负的需要。这是一种高级的精神需要。人总是希望最大限度发挥自己的能力，能够从事称职的工作，并在工作中做出成绩，在事业上有所作为，从而实现自身的价值。

马斯洛认为，上述五种需要是按次序逐渐上升的。当下一级的需要获得基本满足后，追求上一级的需要就成了驱动行为的动力。但是，这种需要层次的逐级上升并不是遵照“全”或“无”的规律，即并不是下一级的需要100%的满足后，上一级的需要才会出现，而是在一定程度上得到满足就会产生上一级的需要。因此，在一定时间内，人们往往是同时具有这五种需要，不过各种需要的强度是不同的，其中必有一种需要是最主要、最强烈的，这就是优势需要。例如，当一个人所有的需要都相对未满足时，则其中的生理需要就是支配人行为的优势需要，而其他四类需要只是作为陪衬而存在。一旦生理需要获得适度满足后，较高一级的安全需要就会显得相对突出，并成为支配人行为的新的优势需要。当安全需要得到一定满足后，较高一级的社交需要又成为优势需要，以此类推，直至自我实现的需要成为优势需要。

马斯洛把五种基本需要分为高、低两级，其中生理需要、安全需要、社交需要属于低级需要，这些需要是通过外部条件使人得到满足的。如借助工资收入满足生理需要，借助于法律制度满足安全需要等。尊重需要和自我实现的需要属于高级需要，这两种需要是从内部使人得到满足的，一个人只有通过自己的努力，才能获得名誉和地位，也才能实现个人的理想和报负。而且，人们对于尊重和自我实现的需要是永远不会感到完全满足的。因此，如果通过满足职工的高级需要来调动工作积极性，会具有更稳定、更持久的力量。

2. 对需要层次论的评价

马斯洛的需要层次论尽管流传甚广，但对它的科学性和有效性却一直存在争议。对于需要层次论所概括的需要类型和层次排列是否符合实际，是否反映了人类心理活动的规律，无论是国外还是我们国内，都存在着不同看法。但是，如果客观地评价，应该说马斯洛的需要层次论既有合理之处，又有其局限性。

⑴需要层次论有合理性的一面

①分类比较全面、细致。需要层次论对于人类需要的分类比较细致。在人的需要分类问题上，许多心理学家曾提出过自己的观点。如美国心理学家阿德弗提出ERG理论，把人的需要分为“存在需要”、“关系需要”、“成长需要”三大类；麦克利兰提出把人的需要分成“成就需要”、“合群需要”和“权力需要”三类等等。与这些需要分类相比，马斯洛对需要的分类比较全面、细致。

②符合人类需要的发展规律。马斯洛提出人的需要有一个从低级向高级发展的过程，这种发展趋势在某种程度上是符合人类需要发展规律的。虽然能否把自我实现视为人的最高需要是值得商榷的，但认为人的需要是由低级向高级发展的观点是有道理的。

③符合人类心理发展实际。马斯洛的需要层次论指出在不同时期，均有一种占主导地位的优势需要，而其他需要则处于从属地位，这是符合人类心理发展实际的，对实际管理工作

也是具有启发意义的。

⑵需要层次论也有其局限性

①需要层次论的理论基础是错误的。马斯洛是美国人本主义心理学派的主要代表，他的人本主义思想的核心是要使人都成为自我实现的人，而这种自我实现完全是一个自然成熟的过程，社会影响往往束缚了人的自我实现。这就完全否定了人的社会存在对人的成长有决定性的影响。

②需要层次论具有一定的机械主义色彩。它在一定程度上把人类需要的层次看成是一种固定的序列，看成是一种机械上升运动，而忽视了人的主观能动性，忽视了通过思想教育在一定条件下改变人的需要主次顺序的可能性。

⑶需要层次论的应用。管理中的一个重要问题，就是激励的问题，即调动积极性的问题。人的行为积极性是以需要为心理基础的。人的需要是人有意识行为的内部原动力，人总是从其内在需要出发，树立主观上的行为目标，进而产生动机并发动行为去实现其目标。因此，要激励职工的生产、工作积极性，就必须以职工的需要为基础。马斯洛的需要层次论尽管有其局限性，但为人们实现管理科学化提供了重要的参考和借鉴，它在某种程度上为我们认识、了解职工的需要，实现有效的激励，从而提高管理效率提供了理论根据，并指明了途径。具体来说，在管理中应注意以下问题。

第一，要准确了解职工的需要。在实际管理中，要真正调动起职工的工作积极性，就必须从职工的需要出发。因此，能否准确地了解职工的需要种类和层次结构，就成为能否实现有效激励的关键。在这个问题上，一方面要提高认识程度，不能把这项工作看得可有可无，更不能认为这是得不偿失。事实证明，我国有许多企业正是通过了解、关心、满足了职工需要，从而充分调动起了职工积极性，大大提高了企业经济效益。另一方面，也不能认为这项工作轻而易举。了解职工的需要，表面看来似乎很容易，但实际并非如此。在美国有人曾做过一个实验，实验者让工长分析工人都有什么需要，并按照需要的强弱进行排列。同时，也让工人根据自己的需要情况进行排列。结果，工长的排列是：①高工资；②工作稳定；③升级；④工作环境改善。而工人自己的排列是：①工作受到公正评价；②与工友相处融洽；③工作稳定；④提高工资。可见，工长虽然经常与工人接触，但并不完全真正了解工人的需要。在我国，上海水产学院李小云同志也曾对这一问题进行过对比研究，根据他的调查，管理人员对职工各种需要的排列是：①金钱需要；②人际关系需要；③尊重的需要；④安全需要；⑤发挥才能的需要。而职工的自我认识是：①金钱需要；②人际关系需要；③发挥才能的需要；④尊重需要；⑤安全需要。这说明，我国管理人员对职工的需要情况有一定了解，但还缺乏准确化，管理人员对职工“发挥才能需要”的强度有认识不足的倾向。

因此，管理者要想准确了解职工的需要，必须下一番功夫：一要深入实际，深入职工之中；二要做周密细致的调查研究；三要注意调查方法的科学性，使用问卷法时，问卷设计要有科学性、针对性，还要使问卷的发放、回收、统计处理每一个环节都能保证调查结果的客观性；四要综合运用多种方法，在问卷调查的基础上，还要运用个别谈话调查、日常观察等方法检验问卷调查的结果。只有这样，才能真正了解职工的需要，为调动职工积极性奠定可靠的基础。

第二，要从优势需要出发调动职工积极性。人的需要是多种多样的，但各种需要的强度不同。在激励过程中，只有从优势需要出发，才能最大限度地调动起职工的积极性。否则，虽然也是把需要作为激励的基础，但却难以取得良好的激励效果，甚至在有些情况下会适得其反。例如，某厂领导看到厂区环境太差，而工人需要有一个良好的工作环境，于是就对厂区进行了美化，栽种了一些树木花草。原想环境的改善会使职工心情舒畅，进而提高工作的积极性。可没想到这样做却引起职工很大不满，甚至有些人故意损坏花草树木和美化设施。后来经了解得知，职工们反映居住条件长期没有改善，很多住房年久失修，他们说，为什么厂里把钱花在美化厂区上而不花在改善住房上。经厂领导分析，觉得职工最迫切的需要是改善居住条件，调动积极性首先应该满足最迫切的需要。于是，厂里又拨了一笔钱专用于修缮住房，结果职工很满意，工作积极性有了明显提高，有些过去破坏厂区美化的人，还主动把自己家的花拿到厂里。可见，激励能否从优势需要出发，效果会大不一样。

在现实中，人的需要是很复杂的，不同人的优势需要往往各不相同。因此，管理者应对职工的需要进行具体分析，并根据情况区别对待，这样才能把职工的积极性普遍调动起来。在这方面有的企业总结出了一些成功经验。例如，九江动力机厂把职工分成三类，对于老工人，考虑他们子女正处在婚嫁年龄，对钱的需要是优势需要，因而工作有成绩发给奖金；对中年女工，考虑她们上有老、下有小，家务缠身，时间对她们最宝贵，因而工作有成绩给她们假期；对于青工，考虑他们爱玩爱交际，好奇心强，因而工作有成绩组织他们到外地旅游。由于该厂管理者考虑了各层次人优势需要的差别，并加以区别对待，因此，普遍调动起了全厂职工的积极性。

第三，要注意理论和实际相结合。马斯洛的需要层次论有其合理之处，对于提高管理效率也确有启发和借鉴意义。但是，在应用时绝不能机械地搬用，而应该结合我国实际，创造性地加以运用。在这方面，我国有成功的经验，也有失败的教训。例如，某地某企业领导受到需要层次论的启发，在厂内采取问卷调查的方法了解职工的需要。经统计，全厂职工提出了近千种需要，他们对这些需要进行了分类。首先划分出正当的需要和不正当的需要，对于不正当的需要，通过思想教育来解决。在正当的需要中再划分为合理的和不合理的需要，对于不合理的需要，也通过教育加以解决。在合理的需要中又划分为现在能够解决的和暂时不能解决的需要，对暂时不能解决的需要，做了解释工作。在能够解决的需要中再划分为靠组织解决的和在组织帮助下自力更生解决的。经过这样的划分之后帮助解决了职工的200余种需要，在很大程度上调动了职工积极性。而在另一个单位，领导者根据马斯洛的需要层次论对本单位的青年进行了分类，把一些青年归为生理需要占主导地位，把另一些青年归为社交需要占主导地位，把第三类青年归为尊重需要占主导地位，如此等等。当这种做法被本单位的青年知道后，引起了思想上的很大混乱。这两个对比鲜明的例子，说明即使是具有合理性的国外理论，也应该结合我国实际加以灵活地运用，只有把理论和实际结合起来，才会收到良好的应用效果。

4.2.2 双因素论及其应用

1. 双因素论的基本内容

双因素论是美国心理学家赫茨伯格(Frederick Herzberg,1923～2000)于20世纪50年代后期提出的。赫茨伯格对九个企业中的203名工程师、会计师进行了调查，他设计了许多问题，如“什么时候你对工作特别满意”、“什么时候你对工作特别不满意”、“满意和不满意的原因是什么”等等。根据对调查所得大量资料的分析，他发现使职工感到不满意的因素与使职工感到满意的因素是不同的，前者往往是因外界的工作环境引起的，后者通常是由工作本身产生的。

赫茨伯格从 1 844 人次的调查中发现，造成职工非常不满意的原因，主要是由于公司的政策与行政管理、监督、与主管的关系、与同级的关系、与下级的关系、工资、工作安全性、工作条件、个人生活、地位等十个方面的因素处理不当。赫茨伯格把这一类因素称为“保健因素”，含义是只能防止疾病，不能医治疾病。即改善这些因素，只能排除职工的不满，而不能使职工变得非常满意，也不能调动职工的积极性，促进生产率的提高。另外，赫茨伯格又从1 753人次的调查中发现，使职工感到非常满意的因素主要有六个方面，即工作富有成就感，工作成绩能得到社会承认，工作本身具有挑战性，负有重大责任，在工作上有发展前途，以及个人有成长晋升的机会等。这些因素都是工作本身的因素，赫茨伯格把这类因素称为“激励因素”。即这类因素的改善能够激励职工的积极性和热情，从而提高工作效率。这些因素如果处理不好，也会引起职工的不满，但影响不是很大。基于以上发现，赫茨伯格认为传统的满意、不满意的观点是不正确的。他认为满意的对立面应该是没有满意，不满意的对立面应该是没有不满意（如图 4－3 所示）。

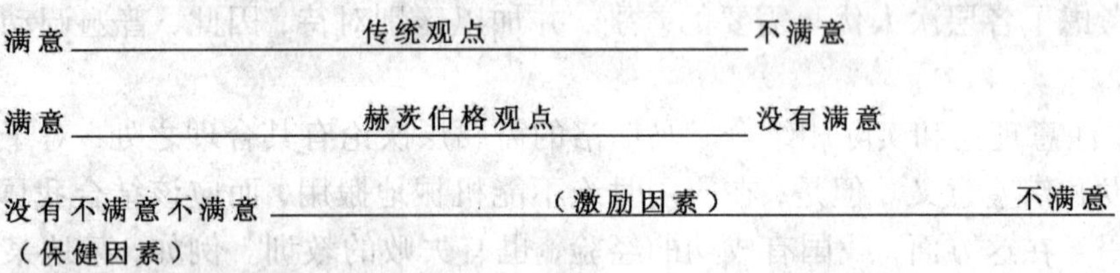

图4－3

2. 对双因素论的评价

赫茨伯格提出双因素论后，引起了学术界的争论，也受到了许多非议。对这一理论的否定性的意见主要有两个方面：一是对赫茨伯格的研究方法的有效性表示怀疑。认为他在调查中是以满意、不满意为根据的，而被调查者在回答问题时有一种“心理防卫反应”，往往把满意的结果归功于自己的努力和取得的成就，而把不满意的结果推到客观方面，如人际关系和工作环境等。二是对赫茨伯格研究结论的普遍性表示怀疑。因为他所调查的对象都是工程师、会计师等专业人员，这些人只是职工中的一部分，而且是较小的部分，因此认为其结论很难代表其他类型的职工。

尽管对赫茨伯格的双因素论有这种或那种意见，但 20 世纪 60 年代以来，双因素论越来越受到人们的注意。据 1973 ~ 1974 年美国全国民意研究中心的调查，白人男工中有 50% 以上的人认为，工作的首要条件是能提供成就感，把有意义的工作列为首位，比把缩短工作时间列为首位的人要多七倍。在企业管理中，许多人尝试着把双因素论应用于实际，也收到了较好的效果。他们采用扩大工人的工作范围，使工人在工作计划和工作管理中负有更大的责任等方法，来调动职工的生产积极性，从而提高劳动生产率。如有些工厂开展的工作丰富化、工作扩大化，实行了弹性工作制等，都在一定程度上使工人对工作本身产生了兴趣，获得了责任感和成就感。总之，一方面双因素论在学术界受到一些批评；另一方面这一理论又具有一定科学性，目前它已被广泛流传，并被许多教科书和论著所引用。

3. 双因素论的应用

赫茨伯格的双因素论与马斯洛的需要层次论是有着密切联系的，它实质上是在需要层次论的基础上，进一步把满足需要的对象分为保健因素和激励因素，双因素论所提出的改善保健因素，以防止不满情绪削弱积极性，改善激励因素，以调动积极性的思想，为管理者更好地激发职工工作动机提供了新的思路。当然，赫茨伯格是在美国进行的研究，其调查范围也有局限性，尤其是他所提出的十个保健因素和六个激励因素，对我国来说未必适用。但是，他把影响人的心理和行为的诸因素划分为保健因素和激励因素的观点是合理的，对提高我国管理水平也是有启发和借鉴意义的。

⑴尽可能改善保健因素。赫茨伯格所说的保健因素，的确在我国不一定就仅起保健作用。对此，我们应该结合我国实际进行具体分析。但是应该说，在管理中确实有的因素属于保健因素，如工作条件就是其一。工作条件不好，职工会很不满意；而工作条件很好，职工也未必就有积极性。然而值得注意的是，虽然保健因素不能使职工很满意，提高工作积极性，却可以使职工很不满意从而降低积极性。因此，对保健因素也不能忽视。在我国条件下，管理者应尽可能通过有效措施改善保健因素，尽量减少和消除在调动职工积极性、提高生产效率过程中的不利条件。即使因条件所限目前难以改善，也应向职工进行解释说明，以求得职工的理解。只有在这个基础上，才能顺利、有效地把职工的积极性调动起来。

⑵应自觉通过激励因素调动职工积极性。人的需要是复杂多样的，有些需要的满足确实只能起保健作用，而有些需要的满足却能起到激励作用。因此，管理者看到这两类因素的差别，有意识地从激励因素入手来调动职工的积极性。赫茨伯格提出的六个激励因素虽然未必适用于我国，但他认为激励作用产生于工作本身的因素，这对我们是有启发的。所以在管理过程中，应主要地通过工作本身来调动职工积极性，如让职工从事感兴趣的工作；给职工一定的责任；工作有成绩给予充分肯定；给职工提供发挥自己才能的机会等等。这样，既可以在最大程度上调动职工积极性，又有利于使这种积极性保持持久。

⑶应根据双因素论搞好奖金制度。赫茨伯格认为劳动报酬属于保健因素，但并未完全否认工资、奖金有激励作用。20世纪30年代，美国拉波因特钢铁公司濒于破产，麻省理工学院教授斯坎伦为其制定了一个计划，即以奖金报偿最能发挥自己能力并为公司做出贡献的人，结果该公司免于破产的厄运。对此赫茨伯格认为，发挥作用的并不是奖金本身，而是职工把奖金看成了公司对其工作成绩的承认，看成了取得成就的标志，因此才能起到激励作用。目前，我国企业普遍实行了奖金制度，但很多企业的奖金只是起到保健因素的作用，即发了奖金并未调动起积极性，不发或少发职工却很不满意。造成这种情况的原因主要是奖金没有与工作成果和实际贡献真正结合起来，没有体现出奖金是工作成绩的物质标志。因此，我们应认真分析研究奖金真正发挥作用的条件，并通过恰当的措施使奖金真正发挥出应有的激励作用。

4.2.3 期望理论及其应用

1. 期望理论的基本内容

期望理论也称 VIE 理论，它是美国心理学家弗鲁姆(V. H. Vroom)于1964年在《工作与激励》一书中首次提出的。期望理论的基本思想可以用以下公式表示：

$$M = E \cdot \sum VI$$

M 表示激励程度或动机水平，即一个人工作积极性的高低和持久程度。

E 表示期望值，是指被激励者对于经过努力能够达到某种目标的可能性大小的判断。期望值也称期望概率，其数值变化在0到1之间。弗鲁姆认为，激励力量的大小首先取决于实现目标期望值的大小，即只有当一个人认为实现某个目标是有可能的时候，他才会向这个目标努力，人是绝不会为一个毫无实现可能的目标而奋斗的。

V表示效价，是指在被激励者的意识中，达到某个目标对于满足个人需要的价值。在激励过程中，管理者要通过设置目标激发职工的工作时机，如果职工认为实现这一目标对于满足个人需要很有价值，他会努力去实现这一目标，即激励力量较大；如果相反，职工便不会去争取实现目标，因而激励程度将很低，甚至毫无激励作用。

I是表示工作绩效与结果之间关系的变量，这个变量叫做工具性或关联性。弗鲁姆认为，个人所预期的目标有两个层次，即一级目标和二级目标，二级目标指的是人最终希望达到的目标。一级目标则是达到二级目标的工具或手段。例如，一个人希望提升，但要达到这一目标必须努力工作，取得工作成绩。这里，提升就是二级目标，而取得工作成绩则是一级目标。所谓工具性或关联性，就是指个人对一级目标和二级目标之间内在联系的认识。如果二者关联性很强，即只要实现一级目标必定会实现二级目标，这时人行为的积极性很高；如果二者关联性很差，实现了一级目标未必能实现二级目标，人就将失去积极性。

∑表示总和，因为在多数情况下，人们取得一定工作成绩后所获得奖酬不会是一种，而常常是多种的，如表扬、提升、晋级、成就感等等，而每一种奖酬对人来说都有效价和关联性的问题，因此在考察激励水平时，应把它们总和起来。总之，弗鲁姆认为一个人的激励程度受到期望值、效价和关联性这三个因素影响，而且这三个因素之间是一种相乘的关系。即这三个因素只要一个因素低，整个激励水平就是低的，只有这三个因素都高，才会有较高的总激励水平。

2. 期望理论的应用

期望理论一经创立，就引起了管理学界的普遍关注，国外已有几十次规模不同的实验来验证这个理论。30年来，这个理论显示出了它广泛的适用性和有效性，它也因此而成为美国管理心理学界最主流的理论之一。这一理论所揭示的激励程度是期望值、效价和关联性的函数的观点，对于调动我国职工的工作积极性，提高管理效率是具有借鉴意义的。

(1)应努力提高目标效价。在管理中，管理者要通过设置目标来调动职工的积极性，即通过奖酬来激发职工的工作动机。但是，奖励报酬只有在能满足职工的需要、对职工具有足够大的吸引力时，才激发起积极性；否则，奖酬就不会产生激励作用。因此，要调动职工的积极性必须努力提高目标的效价，使职工真正感到实现该目标是有价值的。要做到这一点应该注意两个问题。

①设置奖酬要有针对性。人们在年龄、性别、社会地位、经济条件、文化程度、价值观等方面是各不相同的，因而需要结构及优势需要也必定存在差异。这样，对同一种奖酬，不同人所体验到的“效价”就会不同。因此，设置奖酬要有针对性，要因人而异，形式多样，奖人所需。只有这样，才能把职工的积极性调动起来。

②全面、正确地评价目标效价。效价是被激励者对所预期目标价值的主观评价，即是人们对实现某个目标价值的主观看法。在形成这种看法时，人们常常仅从对自己需要的满足程度出发。但是，在我国现条件下，实现某个目标不仅对个人有一个效价的问题，还有对企业的价值，对社会的价值问题。因此，管理者应通过思想工作，引导职工全面、正确地评价目标效价，特别是应看到对企业的价值和社会价值。这样就等于提高了目标效价，就可以在更大

程度上调动职工积极性。

⑵要恰当控制期望值。每一个人所做的努力，都是想达到一定的目标或取得一定的成绩，只有当人们认为可能达到目标、做出成绩时，才会坚持不懈地努力工作。因此，在激励过程中必须恰当地控制期望值，即在制定目标时，既不能过低也不能过高。如果目标过低，职工唾手可得，那实际并未把职工的积极性和内在潜力发挥出来；如果目标过高，职工感到可望不可即，就会丧失信心，也不可能把职工的积极性调动起来。要做到恰当控制期望值应注意三个问题。

①在制定目标时要深入实际、调查研究、仔细分析、认真论证，尽可能将目标定得恰到好处，即不付出努力难以达到，真正努力又可以达到。

②应根据职工的能力特长来分配安排工作，使职工在向目标努力过程中，有充分的自信心。

③期望值是人们对实现某个目标可能性的主观估计，但人们的估计未必都是正确的，有的人对实现目标可能性估计过高，有的人则估计过低。因此，管理者应通过具体措施，尽可能使职工对实现目标可能性有正确估计，如果能有效调整职工的主观估计，也就在一定意义上控制了期望值。

⑶应注意工作绩效与奖酬的关联。对许多人来说，做好工作并不是他们的终极目的，其终极目的是希望在取得工作成绩后获得适当的奖励或报酬。所以，在激励过程中，工作绩效与奖酬的关联是十分重要的。如果两者之间关联性很强，职工的积极性能调动起来；如果两者之间没有关联，只求贡献而没有相应的物质和精神奖励，职工的积极性就很难调动或持久地保持下去。因此，管理者一方面要制定出按劳分配的工资和奖励制度，使职工工作取得绩效后能多劳多得；另一方面，必须切实贯彻这种制度，说到做到，信守诺言，并且奖励政策稳定。只有这样，职工的积极性才能真正调动起来。

4.2.4 公平理论及其应用

1. 公平理论的基本内容

公平理论是美国心理学家亚当斯（J. S. Adams）根据社会心理学中的认知失调理论于1965年提出的。这一理论是侧重于研究工资报酬分配的合理性、公平性对职工生产积极性和工作态度影响的一种激励理论。公平理论认为，职工的生产积极性不仅受其所得的绝对报酬的影响，而且还要受到相对报酬的影响。一般来说，职工在得到自己的劳动报酬后会进行两个比较：一是把自己现在所付出的劳动和所得的报酬与自己过去的劳动和所得的报酬进行个人历史的比较；二是把自己付出的劳动和所得的报酬与他人付出的劳动和得到的报酬进行社会的比较。如果经过比较两种比值是相等的，人们便会产全公平感；如果两种比值不相等，就会产生不公平感。亚当斯的公平公式可表示为：

$$\frac{\text{自己现在所得报酬}}{\text{自己现在付出的劳动}} = \frac{\text{自己过去所的报酬}}{\text{自己过去付出的劳动}}$$

$$\frac{\text{自己所得报酬}}{\text{自己付出的劳动}} = \frac{\text{他人所的报酬}}{\text{他人付出的劳动}}$$

根据亚当斯的公平理论，当人们面临不公平，尤其是由于自己所得与付出的比值偏低而引起的不公平时，他们在心理上将会产生紧张、不安和不平衡，在行为上将会采取下列措施以减小自己心理上的不公平感。

①通过自我解释，达到自我安慰，以消除内心的不公平感。

②采取一定的行为，努力改变别人的收支状况。或者减少其所得量，或者增加其付出量。

③采取一定的行为，努力改变自己的收支状况。或者向领导要求增加报酬，或者“给多少钱，干多少活”，减少劳动支出。

④改变比较或参照对象，以获得主观上的公平感。即换一个人进行比较，虽然“比上不足”，但“比下有余”。

⑤摆脱目前的分配关系，要求调离工作单位，或者发牢骚、泄怨气，制造人际矛盾，甚至放弃工作。

2. 公平理论的应用

目前，我国的许多企事业单位在分配中，经常会有人感到不满意。这种不满意轻则影响本人的工作情绪，降低工作积极性；重则传染到别人，消磨大家进取的斗志，或者引起上下级之间、同事之间的许多矛盾。这种情况的出现，固然有许多原因，但其中最普遍的则是公平问题。在我国，“不患寡而患不均”的观念根深蒂固，因而由公平问题所引起的心理失衡和消极行为显得尤为突出。所以，管理者应通过有效措施尽可能消除或减少职工的不公平感，以保证职工工作积极性的充分发挥。

首先，管理者应尽可能公正无私地对待每一位职工，要一视同仁，尤其在工资、奖金、职称、住房等敏感问题上要做到公平合理。因为这些方面都是职工最关心的，并且是看得见摸得着的，在一个集体中人们难免会相互比较，有些人也可能同过去比较。如果管理者由于主观片面、碍于情面或对一些职工有偏见，使分配奖励不实事求是，造成人为的不公平，就会极大地挫伤职工的积极性。因此，管理者一定要处事公正，并在调查研究的基础上制定出客观、合理的考评分配标准，尽量不要因管理不当造成职工的不公平感，这样才能为调动职工积极性奠定良好的基础。

其次，要提高管理水平，改革不合理的分配奖励制度。长期以来，我国在工资分配制度上存在着严重的平均主义及分配不公现象。通过改革，虽然有些问题正在逐步得到解决，但并没有从根本上改变这种情况，而且有些分配不公是由于管理问题所造成的。例如，在有的企业中，由于劳动定额不科学导致超产难易不一，定额容易完成的工作大家抢着干，不易完成的推着干；由于生产计划不平衡导致有的班组或车间有活干不完，有的则无活可干；由于责权利不统一造成有的人干得越多罚得越多，有的人无所事事反而从不受罚，等等。这些不公平的现象，都在很大程度上影响着职工的积极性。因此，各级管理者应努力提高管理水平，加强和完善基础管理工作，从具体实际出发改革不合理的分配奖励制度，这样才能把职工的工作积极性调动起来。

最后，要进行必要的思想政治教育工作，引导职工全面、客观地进行比较。职工的不公平感并不都是由外部因素的不公正所引起的，有时也可能由于主体本身的片面认识和主观判断所引起。一般来说，人们在心理上都存在“看人挑担轻松”的认知偏向，往往会自觉不自觉地低估他人的工作成绩，而高估自己的工作难度和效果，因而产生一种“不公平”感。对于这种情况，管理者应进行必要的思想教育工作，通过摆明事实，拿出实际数据和材料来说服职工，使他们自觉地纠正错误认识。同时也可以对职工进行适当的引导，如提供机会让他们亲自体验一下，或让他们换个角度、换个位置来看问题，使他们重新衡量公平与否。这样就可以消除由主观判断引起的不公平感，从而把职工的工作积极性真正调动起来。

4.2.5 强化理论及其应用

1. 强化理论的基本内容

强化理论是以美国心理学家斯金纳(B. F. Skinner)的操作性条件反射论为基础发展起来的一种激励理论。强化理论的主要特点是从人的行为与客观环境刺激的相互关系中去寻找改造人行为的方法，而不重视人的心理活动的作用。在斯金纳看来，人相当于一个"黑箱"，内在状态是未知的，也是不可知的。因此，他认为通过控制住人的外部环境中的两个条件，就可以控制和改变人的行为。这两个条件一是人的行为的外在目标;二是对行为结果的奖惩。也就是说，在管理中通过运用各种强化手段，就能够有效地激发职工的积极性。

在实际管理中，常用的强化手段一般有四种类型，这四种类型可以单独使用，也可以结合使用。

⑴正强化。指对某种行为给予肯定和奖赏，以增加其重复出现的可能性的方法。例如，当职工工作干得出色时，其管理者针对此良好表现给予适当的奖励(如表扬、加薪、发奖金、提升等)，这样就可以使该职工保持积极行为，并进一步做出优异的成绩。

⑵负强化。指通过减少和撤除某种消极行为，以鼓励和增加职工某种良好行为的方法。例如，某职工因经常不能如期完成任务，致使上司对他进行经常性的检查监督。但是当职工一有如期完成任务的表现，该上司对他的检查监督随即放松。通过这种方式，以鼓励职工如期完成工作任务。

⑶惩罚。指当某种不良行为出现后，给予其某种带有强制性、威胁性的不利后果，以减少和消除该种行为的方法。例如，有人工作没有做好造成损失后，管理者对其施以警告、批评、降职、减薪、罚款、开除等，以示对其行为的否定，从而消除这种行为重复发生的可能性。

⑷衰减。指撤除对某种行为积极强化，以终止该行为或降低该行为出现可能性的方法。例如，一个生产班组长由于个人生产效率较高经常受到管理者的积极强化，但后来发现他个人工作很好，却没有组织好整个班组的生产，于是管理者除给他明确职责外，不再对他人工作成绩进行强化，从而使其调整自己的行为。

2. 强化理论的应用

强化理论主张通过改变影响行为的环境来控制、改变人的行为，而不考虑或极少考虑人的行为产生的内因。只注重通过施加外部刺激巩固或减弱人的行为，而不注重对人积极行为的主动激发，因而这一理论具有很大的局限性。但是，在实际管理中，运用强化手段确实对保持和加强积极行为、减少和消除消极行为具有重要作用。因此，管理者应在全面认识强化理论的合理性和局限性的基础上，正确、恰当地运用强化手段，这样才能收到预期的激励效果。

具体来说，应注意以下问题。

⑴设置好目标。强化理论认为，通过控制外在目标就可以控制和改变人的行为。因此，管理者在运用强化理论提高管理效率时，首先应设置好目标。一般来说，在设置目标时要注意两个问题:第一，目标的设置要恰当、具体。即目标既不能过高也不能过低，而且要明确具体。有人曾对伐木场卡车司机进行一项实验，这些司机的任务是将伐下的木材装载运到一个加工厂。实验第一阶段，管理员给司机的指令，也即目标，是"尽力做好"，结果卡车的装载

量仅达到58%～63%。第二阶段，管理员将指令改为装载量要达到94%，结果，卡车装载量达到了90%，并且这样的结果一直保持七年之久。之所以有这样的结果，主要是因为目标越具体越能使人明确努力的方向。第二，要让职工参与目标设置。大量事实证明，在设置目标时，让职工参与、讨论比单纯的规定、指示要好。因为任何一个人都没有足够全面的知识，都难以保证把目标定的十分恰当，而让职工参与可以提高目标的合理性。同时，参与方法能提高目标的可接受性，有利于职工把该目标变成自己的目标，从而提高实现目标的主动性和自觉性。

(2)奖惩结合，以奖为主。在管理实践中，要取得良好的激励效果，必须坚持奖励和惩罚相结合的原则。事实证明，奖惩结合的方法优于只奖不罚或只罚不奖的方法。一方面，对正确的行为、对有成绩的个人或群体应该给予适当的奖励。因为奖励既能使受奖者本人看到自己的努力与成绩受上级或社会的肯定，从而进一步促使他努力做好工作，同时又能使受奖者周围的人得到鞭策和鼓励，使他们能学有榜样，赶有目标。另一方面，对于不良行为，对于一切不利于生产或工作的行为，则必须酌情给予惩处。惩罚既可以使受罚者从中吸取教训，调整自己的行为，同时也能使周围的人受到一次教育，引以为戒。当然，强调奖励与惩罚并用，并不等于奖励与惩罚并重。一般来说，在管理中应以奖为主，以罚为辅。因为人的自觉性和觉悟不是罚出来的，过分的惩罚会使人产生挫折感，产生低落情绪，甚至会损伤人的自尊心和自信心。过多的惩罚只会把人变成制度的奴隶，有时还会使人形成抗拒心理，产生攻击行为。因此，在管理中应慎用惩罚手段，尽量多采用鼓励或表扬的方法。

(3)工作绩效及时反馈。工作绩效的反馈会对职工行为产生强化作用，对工作效果满意的信息或奖励，会使职工保持和加强自己的行为；不满意的信息或惩罚，会使职工调整和改变自己的行为。但是，工作绩效的反馈应注意时效性，只有及时的反馈才能最有效地发挥强化作用。一些出色的管理者很注意反馈的时间效应。当年，美国的福克斯波罗公司迫切需要技术的进步，一天傍晚，一位工程师拿着技术改进方案和工作样品来到总经理办公室，这项方案十分有价值，总经理意识到应该马上给予奖励，于是便在抽屉里东翻西找，最后拿出一只香蕉奖给了这位工程师，这是他惟一能够当即拿出来的奖品。这件奖品虽然微不足道，但由于时效性很强，因此对工程师是一个很大的鼓舞。自此以后，该公司制做了一种小小的"金香蕉"奖章，总经理带在身上，随时奖励为公司做出项献的人。这位总经理的做法对我们很有启发，在管理中，应该让职工尽快知道自己工作效果的好坏或进展情况，这样就可以使职工及早明确自己应如何去做，从而提高强化效果。

(4)重视不可预期性强化。斯金纳认为，在运用强化手段时，如果强化是定期的，人们已经有了心理准备，已经对它作出了预期，这种强化就将失去作用。只有那种出乎人们预料之外的强化，才会起到明显的强化效果。有关实验证明了斯金纳这一看法。在实际管理中，定期的固定不变的强化，往往使强化的作用大为降低，持续性的强化则会使人习以为常，从而降低强化的效果。比较起来，不可预期的和间歇性的强化效果更佳。因此管理者应经常深入基层，了解职工们实际工作情况，及时地不定期地对一些积极的建设性行为给予适应的强化，这样往往能收到很好的效果。此外，在进行奖励时形式应不断更新，使人有一种新鲜感，这样就会更好地发挥奖励的强化作用。

4.3 管理工作中的激励实践

4.3.1 激励的多样化

一个优秀的管理者，不仅要了解员工的个性、态度和能力，更需要激励员工，推动、引导员工的行为，激发员工的工作积极性，使员工的行为指向组织并和组织目标保持一致。管理者采取反激励技术和方法是多样的，重要的是要在理解理论的基础上根据员工的特点和能力，因地制宜，制定符合自己组织特点的激励技术和方法。

激励既要注重物质激励，又要注重精神激励。因此，公司既要考虑到激励对象的多样性，又要考虑到激励方法的多样化。

首先，激励对象是多样化的。激励的目标在于激发员工的积极性。管理者要做到的是让大家都能感受到企业发展给员工带来的福利，只要这种福利与能力相关。激励必须考虑员工的不同需要。由于员工的教育背景、人生阅历等的不同，员工的需求也各不相同。为了达到调动员工积极性的目的，管理人员在激励中要坚持差异性原则，根据对象和环境不同采取相应的激励方法和手段。如基层员工往往希望有更多的经济收入，而中层管理者则往往希望有更好的发展机遇。因此，要从员工的实际需要出发进行激励，才能取得最佳效果。

其次，激励方法的多样化。激励方法是实现激励目的的具体途径和手段，即可以通过工作本身特性和完成工作的成就感等激发员工的积极性，也可以借助工作环境以外的物质奖励或晋升等引发员工的积极性的行为。在选择激励方法时，应充分照顾激励范围，不能使激励范围过于狭窄。

在企业的实践中，常用的激励方法有：

1. 工作丰富化

它通过适当的工作设计，丰富员工的工作内容，给予他们更多的尝试机会，来增加工作本身的吸引力。工作丰富化立足于满足成就感、创造欲、自我实现等高层次的需求，力求使员工从工作本身获得奖励，对薪金、工作环境等关注较低。通过这种方法，可以较持久地激发员工的积极性。但是，在运用这种方法时必须考虑到员工本身的需求和工作自身的特点，它并不是对任何员工任何工作都适用的。技术水平较低的员工通常更加关注外部的物质激励、工作环境的改善、工作中人际关系的融洽和企业领导的关照；而那些具有较高成就欲和自我实现需求的员工，他们更渴望工作的丰富化。

2. 员工参与管理

这是指员工参与企业重大问题和企业日常事务的商讨和决策。对管理者实施监督，从而达到激励的目的。大多数企业采用员工代表大会的方式让员工参与到企业管理中。通过这种方式，可以让员工全面了解企业情况，提高企业环境的透明度，使员工获得安全感、信任感，从而保持心理状态和工作情绪的稳定性。同时，也可以提高员工对企业决策的承认和接受程度，形成心理上的认同感和归属感，提高员工对自身地位及存在价值的认识，增强自尊心和自信心，形成主人翁意识。

3. 奖酬

通过奖酬的形式，对员工的工作表现和成果给予评价，达到激励员工的作用。实际运用中主要有工资、奖金、职务提升、福利等方式。奖酬作为行为的诱因，可以引导员工为企业目标的实现而努力，作为行为结果的报酬，能够满足员工多方面的需求，作为行为结果的反馈，起到强化作用。在实施奖酬的过程中应坚持公正合理的原则，将奖酬的多与工作表现和业绩结合起来，把本企业的奖酬与其他企业进行比较，以免奖酬差距太大而起不到作用，甚至打消员工的积极性，同时还应考虑员工的多方面的需求，灵活运用多种奖酬方式。

4.3.2 年薪制

为探索和建立有效的激励与制约机制，使经营者获得与其责任和贡献相符的报酬，逐步实现企业经营管理者及其收入市场化，企业依据自身规模和经营业绩，以年度为单位支付经营管理者报酬的分配制度即为年薪制。年薪制是一种国际上较为通用的支付企业高层管理人员薪金的方式。它以年度为周期，把管理者的收入与企业的经营业绩挂钩，通常包括基本收入和效益收入两部分。

基本收入，也称为基薪，主要依据企业的情况确定，一般设有上限，用于维持管理者的基本生活费用。效益收入也叫做风险收入，一般要根据企业目标的完成情况和利润水平等设定，带有一定的风险，如果管理者不能达到预定目标，则该项收入将不能获得。

年薪制的优点在于可以充分体现管理者的劳动成就，考核他们在一个经营年度内的业绩水平，确定与其业绩相应的报酬水平。一旦达到预设目标，管理者的高薪则具有很强的激励效果。另外，年薪制具有的风险性，有利于在责任、风险和收入对等的基础上加大激励力度，使管理的人力投入参与到企业业绩的分配中去，把企业管理者的命运与企业紧密结合起来。

但是也需要看到，年薪制也会导致管理者行为的短期化，倾向于关注能够立竿见影取得效果的项目，而放弃对公司具有长期战略意义的方案。

4.3.3 员工持股计划

员工持股计划属于一种特殊的报酬计划，是指为了吸引、保留和激励员工，通过让员工持有股票而分享公司的剩余索取权的利益分配机制，并鼓励员工与企业同呼吸共命运，更多地参与公司的管理和决策。员工持股计划本质上是一种福利计划，适用于公司所有员工，但要根据员工在公司所处的地位、工作时间、重要性以及贡献大小等进行股权的配给。在实践中，员工持股广泛用于各种各样的重组中，从公司角度可防止被恶意收购，保持公司的稳定性；从员工角度则增加了员工的收益，补偿员工因不确定性所带来的风险。

4.3.4 股票期权制度

股权激励的理论依据是股东价值最大化和所有权、经营权的分离。股东为达到所持股权价值的最大化，在所有权和经营权分离的现代企业制度下，实行的股权激励，即以股票作为手段对经营者进行激励。公司董事会在股东大会的授权下，代表股东与以经营者为首的激励对象签订协议，当激励对象完成一定的业绩目标或因为业绩增长、公司股价有一定程度上涨，公司以一定优惠的价格授予激励对象股票或授予其一定价格在有效期内购买公司股票，从而使其获得一定利益，促进激励对象为股东利益最大化努力。

股票期权是上市公司给予激励对象在一定期限内以事先约定的价格购买公司普通股的权利。

限制性股票指上市公司按照预先确定的条件授予激励对象一定数量的本公司股票，激励对象只有在工作年限或业绩目标符合股权激励计划规定条件的，才可出售限制性股票并从中获益。

股权激励的行权、授予价格对其具有重要意义，既能决定激励对象的激励额度，也是监管层各方关注的重要内容。

实施股权激励的根本目的是调动经营管理人员的积极性，使股东价值最大化。因此，股权激励在授予股票或行权时一般都设有条件，主要是业绩条件。如净利润增长率、利润总额增长率、净资产收益率等等，但也有少数公司设置股票市值条件的。

【思考题】

1. 简述激励的过程。
2. 双因素理论在激励中是如何发挥作用的？
3. 需求层次理论为员工激励提供了哪些思路？
4. 公平与激励的关系体现在哪些方面？

【案例分析】

美国西南航空的故事

服务水平已经成为各行业竞争的焦点。良好的服务能够增强客户的满意度，提高客户的忠诚水平，增加企业的利润。但是企业如何能够提供超越竞争对手的卓越服务呢？成功的秘诀在于不断增加员工满意度。美国西南航空公司的安全性告诉人们，要提供卓越服务，首先要从激励员工开始。

美国西南航空公司成立于1967年，如果按照美国国内旅客运输量衡量，该航空公司可以说是美国国内第七大航空公司。西南航空公司曾取得了连续20年赢利的骄人成绩，创造了美国航空业连续赢利的纪录。西南航空公司的首席执行官赫伯·克勒赫从公司成立之初就坚持宣传“快乐和家庭化”的服务理念和战略，并通过招聘、培训和支持有经验的员工贯彻这种理念和战略，它的业绩表明了这种做法的成效。

1. 招聘合适的员工

西南航空公司的策略之一，在于他们雇用合适的员工——热情的、具有幽默感的员工。他们的招聘过程没有什么条条框框，招聘工作看起来更像好莱坞挑选演员，而不是招聘面试。第一轮是集体面试，每一个求职者都被要求站起来讲述自己最尴尬的时刻。这些未来的员工由乘务员、地面站控制员、管理者，甚至是顾客组成的面试小组进行评估。西南航空公司让顾客参与招聘面试基于以下两个认识：顾客最有能力辨别谁将会成为优秀乘务员；顾客最有能力培养有潜力的、且能成为想要的乘务员。

集体面试之后，只有很少一部分求职者能够通过第一轮的选拔。接下来进入深度的个人访谈。在这个访谈中，招聘人员试图去发现应聘人员是否有一些特定的心理素质，这些特定的心理素质是西南航空公司通过研究最成功的和最不成功的工作人员发现的。

新聘员工要经过一年的试用期，在这段时间里，管理人员和新员工有足够的时间来判断他们是否真正适合这个公司。西南航空公司会将不适合在公司工作的人员解雇掉。

2. 营造快乐和尊重的气氛

西南航空公司鼓励员工释放自己，保持愉快的心情，因为好心情是有感染力的。如果乘务员有一个愉快的心情，那么乘客也更有可能度过一段美好的时光。快乐的氛围使西南航空公司的员工乐于到公司来，而又以工作为乐。公司总裁赫伯·克勒赫说：“也许有公司与我们的成本相同，也许有其他公司的服务质量与我们相同，但有一件事它们是最不可能与我们一样的，至少不会很容易，那就是我们的员工对待顾客的精神状态和态度。”

快乐的工作气氛不仅使员工的服务态度更加热情，也使他们的工作效率大大提高。举个例子，西南航空公司的飞行员每个月要飞70个小时，而其他航空公司的飞行员只飞55个小时。他们的地面指挥站通常仅需要竞争对手一半的人手就足以完成全部工作，他们调度飞机的速度非常快，竞争对手需要45分钟，而他们仅需要15分钟。西南航空公司员工的高工作效率是它保持低价的关键因素，它的价格比行业平均水平要低25%。

3. 管理层的态度和行动

西南航空公司是建立在一种开放政策的基础上的，这个开放政策由赫伯·克勒赫自己开始，并渗透到公司的各个部门。管理层走近员工，参与一线的工作，倾听员工的心声，告诉员工关于如何改进工作的建议和思想。通过单独处理员工的问题，并尊重员工的思想，公司给予员工以应有的尊严。

西南航空公司并不认为顾客永远是对的。公司总裁赫伯·克勒赫说：“实际上，顾客也并不总是对的，他们也经常犯错。我们经常遇到赌瘾者、醉汉，或可耻的家伙。我们不说顾客永远是对的。我们说——我们不想再次见到你，因为你竟然那样对待我们的员工。我们不允许你这样对待我们的员工。你永远也不要再乘坐西南航空公司的航班了。”西南航空倾情的管理层了解一线员工的工作，支持一线员工的工作，甚至宁愿“得罪”无理的顾客。总之，他们为一线员工服务，并且尊重和尊敬每位员工。

问题讨论：

1. 西南航空公司是如何实现对员工内部激励的？

2. 西南航空公司内部员工激励的措施中都体现了哪些激励理论？

【拓展训练】

目标设置真的有效吗？

具体有难度的目标能提高工作效率，下面的设计练习会让你亲自体验一下。

1. 实验方法

(1) 从一本书中随机挑选一页并打印几份，仔细计算一页上的单字的数量。

(2) 找一个有30个同学以上的班级，他们对目标设置一无所知。根据随机原则，将这些学生平均分成三组。

(3) 要求第一组——“基线”组的同学尽可能将这页纸上的内容抄到另一张纸上，并给定他们时间，指导他们动作要快一些。确认学生抄写单字的最高数量，然后将这个数字乘以2，作为具体的有难度的目标水平。

(4) 要求第二组——“具体目标”组的同学在同样的时间抄写这些单字，让他们达到步骤(3)中的具体目标。

(5) 对于第三组——“竭尽全力”组的同学，要求他们重复同样的过程，但不给他们具体的目标，而是指导他们“尽最大努力去完成任务”。

(6) 计算“具体目标”组和“竭尽全力”组学生抄写单字的平均数目，进行适当的显著性检验以决定不同成绩水平差异的显著性。

2. 问题讨论

(1)两组学生是否存在统计上的显著性差异？如果存在的话，“具体目标”组的学生是否如期望的那样优于“竭尽全力”组的同学？就目标设置的效果来说，这种现象揭示了什么？

(2)假如预期结果得不到支持，你认为为什么会发生这种现象？在这个过程中，是什么导致了实验结果与预设结果的差异？是具体目标太高以至于遥不可及,或目标定得太低？

(3)假如降低目标或提高目标，会发生什么情况？

(4)你认为目标设置对于其他类型的任务同样有效吗？你相信目标设置能提高自己在某些方面的绩效吗？请解释这种可能性。

■ 第5章　工作设计与工作压力

5.1　工作设计

5.1.1 工作设计的内涵

工作设计是在工作分析的信息基础上，研究和分析工作如何做以促进组织目标的实现，以及如何使员工在工作中得到满意以调动员工的工作积极性。

工作设计过程，是指根据组织需要，并兼顾个人的需要，规定每个岗位的任务、责任、权力以及组织中与其他岗位关系的过程。它是把工作的内容、工作的资格条件和报酬结合起来，目的是满足员工和组织的需要。工作设计问题主要是组织向其员工分配工作任务和职责的方式问题，工作设计是否得当对于激发员工的积极性，增强员工的满意感以及提高工作绩效都有重大影响。

5.1.2 工作设计的主要内容

工作设计的主要内容包括工作内容、工作职责和工作关系的设计三个方面。

1. 工作内容

工作内容的设计是工作设计的重点，一般包括工作广度、深度、工作的自主性、工作的完整性以及工作的反馈五个方面：

(1)工作的广度。即工作的多样性。工作设计得过于单一，员工容易感到枯燥和厌烦，因此设计工作时，尽量使工作多样化，使员工在完成任务的过程中能进行不同的活动，保持工作的兴趣。

(2)工作的深度。设计的工作应具有从易到难的一定层次，对员工工作的技能提出不同程度的要求，从而增加工作的挑战性，激发员工的创造力和克服困难的能力。

(3)工作的完整性。保证工作的完整性能使员工有成就感，即使是流水作业中的一个简单程序，也应是全过程让员工见到自己的工作成果，感受到自己工作的意义。

(4)工作的自主性。适当的自主权力能增加员工的工作责任感，使员工感到自己受到了信任和重视。认识到自己工作的重要，使员工工作的责任心增强，工作的热情提高。

(5)工作的反馈性。工作的反馈包括两方面的信息：一是同事及上级对自己工作意见的反馈，如对自己工作能力，工作态度的评价等；二是工作本身的反馈，如工作的质量、数量、效率等。工作反馈信息使员工对自己的工作效果有个全面的认识，能正确引导和激励员工，有利于工作的精益求精。

2. 工作职责

工作职责设计主要包括工作的责任、权力、方法以及工作中的相互沟通和协作等方面。

(1)工作责任。工作责任设计就是员工在工作中应承担的职责及压力范围的界定，也就是工作负荷的设定。责任的界定要适度，工作负荷过低，无压力，会导致员工行为轻率和低效；工作负荷过高，压力过大又会影响员工的身心健康，会导致员工的抱怨和抵触。

(2)工作权力。权力与责任是对应的，责任越大权力范围越广，否则二者脱节，会影响员工的工作积极性。

(3)工作方法。包括领导对下级的工作方法，组织和个人的工作方法设计等。工作方法的设计具有灵活性和多样性，不同性质的工作根据其工作特点的不同采取的具体方法也不同，不能千篇一律。

(4)相互沟通。沟通是一个信息交流的过程，是整个工作流程顺利进行的信息基础，包括垂直沟通、平行沟通、斜向沟通等形式。

(5)协作。整个组织是有机联系的整体，是由若干个相互联系相互制约的环节构成的，每个环节的变化都会影响其他环节以及整个组织运行，因此各环节之间必须相互合作相互制约。

3. 工作关系

组织中的工作关系，表现为协作关系、监督关系等各个方面。

通过以上三个方面的工作设计，为组织的人力资源管理提供了依据，保证事(岗位)得其人，人尽其才，人事相宜；优化了人力资源配置，为员工创造更加能够发挥自身能力，提高工作效率，提供有效管理的环境保障。

5.1.3 工作设计的方法

工作设计的方法有多种，但其中心思想是工作丰富化，而工作丰富化的核心是激励的工作。

1. 工作轮换

工作轮换是指员工在不同的工作之间的调动。工作轮换是属于工作设计的内容之一，指在组织的不同部门或在某一部门内部调动雇员的工作。目的在于让员工积累更多的工作经验。通过允许员工完成各种各样的任务，工作轮换就有助于增加多样性而减少厌烦。如果按传统的工作轮换方法，工作轮换在影响力和复杂性两方向都比较低，因为其主要特点是让员工由一种日常工作转换为另一种日常工作。如果所有的任务都相同或是一些日常工作，工作轮换不可能有希望的结果——提高员工的有效性和工作满意感。如果它是一种大型工作设计的一部分，或者它被用作一种训练和开发员工的各种能力和使员工准备提升的方法，那么工作轮换就是一件有意义的事。有时，它可能被用来控制那些由于重复性压力而产生的伤害问题，这种问题主要是由于把人们在需要不同运动的工作之间进行轮换所产生的。

2. 工作扩大化

工作扩大化是指一个工作岗位上的一名员工执行的不同任务的数量的扩展。例如，一条自动装备线上的工人的工作从只是安装一个尾灯扩大到安装两个尾灯和后车厢。一位自动化生产线上的机械工从只是调油转换为调油、上油和调节油的流量。工作扩大化试图增加一些大体相似的任务，这样就会使工作具有变化性，工作也会变得更有趣。工作扩大化被看作是工作工程学的一种扩展。通过给他们的工作提供更多的变化性，工作扩大化更反映了员工高层次的需要。

工作扩大化的做法是扩展一项工作包括的任务和职责，但是这些工作与员工以前承担的工作内容非常相似，只是一种工作内容在水平方向上的扩展，不需要员工具备新的技能，所以，并没有改变员工工作的枯燥和单调。

工作扩大化方法通常能对员工的效率产生一种正效应，然而，一些员工把工作扩大化看作只是给他们本来就很烦的工作增加了更多的日常工作和重复性任务。其他一些员工可能会认为工作扩大化削弱了他们几乎是自动化完成工作的能力。这些员工可能更重视空想当晚的一个重要约会的机会，或考虑即将到来的周末。其他人可能只是更愿意把他们的时间花在与同事的社会性交往上。如果扩大以后的工作还要比原来的工作需要更多的注意和聚精会神，那么大多数员工会发现这种工作更有趣、更富有挑战性，但有些人可能只是消极地看待这些增加的需要。在试图预测或了解员工对重新设计过的工作的反应时，不应该低估个体差异的重要性。

3. 工作丰富化

所谓的工作丰富化是指在工作中赋予员工更多的责任、自主权和控制权。

工作丰富化方法起源于20世纪40年代国际商用机器公司（IBM）。在50年代，对工作丰富化方法感兴趣的公司数量增长较为缓慢。然而，在美国电报电话公司（AT&T）、德克萨斯器械公司（TI）和帝国化学公司（Imperial Chemicals）的实验成功和被广泛宣传之后，最终才导致在60年代许多公司对工作丰富化的了解和兴趣的不断提高。

工作丰富化与工作扩大化、工作轮调都不同，它不是水平地增加员工工作的内容，而是垂直地增加工作内容。这样员工会承担更多的任务、更大的责任，员工有更大的自主权和更高程度的自我管理，还有对工作绩效的反馈。工作丰富化的技术通常对那些需要再设计的工作来说是很具体的。

5.1.4 影响工作设计的主要因素

一个成功有效的工作设计，必须综合考虑各种因素，即需要对工作进行周密的有目的的计划安排，并考虑到员工的具体素质、能力及各个方面的因素，也要考虑到本单位的管理方式、劳动条件、工作环境、政策机制等因素。具体进行工作设计时，必须考虑以下几方面的因素：

1. 员工的因素

人是组织活动中最基本的要素，员工需求的变化是工作设计不断更新的一个重要因素。工作设计的一个主要内容就是使员工在工作中得到最大的满足，随着文化教育和经济发展水平的提高，人们的需求层次提高了，除了一定的经济收益外，他们希望在自己的工作中得到锻炼和发展，对工作质量的要求也更高了。

只有重视员工的要求并开发和引导其兴趣，给他们的成长和发展创造有利条件和环境，才能激发员工的工作热情，增强组织吸引力，留住人才。否则随着员工的不满意程度的增加，带来的是员工的冷漠和生产低效，以致人才流失。因此工作设计时要尽可能地使工作特征与要求适合员工个人特征，使员工能在工作中发挥最大的潜力。

2. 组织的因素

工作设计最基本的目的是为了提高组织效率，增加产出。工作设计离不开组织对工作的要求，具体进行设计时，应注意：

(1)工作设计的内容应包含组织所有的生产经营活动，以保证组织生产经营总目标的顺利有效实现。

(2)全部岗位构成的责任体系应该能够保证组织总目标的实现。

(3)工作设计应该能够助于发挥员工的个人能力，提高组织效率。这就要求工作设计时全面权衡经济效率原则和员工的职业生涯和心理上的需要，找到最佳平衡点，保证每个人满负荷工作，使组织获得组织的生产效益和员工个人满意度及安宁两方面的收益。

3. 环境因素

环境因素包括人力供给和社会期望两方面。

(1)工作设计必须从现实情况出发，不能仅仅凭主观愿望，而要考虑与人力资源的实际水平相一致。例如：在我国目前人力资源素质不高的情况下，工作内容的设计应相对简单，在技术的引进上也应结合人力资源的情况，否则引进的技术没有合适的人使用，造成资源的浪费，影响组织的生产。

(2)社会期望是指人们希望通过工作满足些什么。不同的员工其需求层次是不同的，这就要求在工作设计时考虑一些人性方面的东西。

在 21 世纪，激励越来越受到管理者的重视，因为它是对员工从事劳动的内在动机的了解和促进，从而使员工在最有效率、最富有创造力的状态下工作。工作设计直接决定了人在其所从事的工作中干什么、怎么干，有无机动性，能否发挥其主动性、创造性，有没有可能形成良好的人际关系等。优良的工作设计能保证员工从工作本身寻得有意义与价值，可以使员工体验到工作的重要性和自己所负的责任，及时了解工作的结果，从而产生高度的内在激励作用，形成高质量的工作绩效及对工作高度的满足感，达到最佳激励水平，为充分发挥员工的主动性和积极性创造条件。

5.1.5 工作设计的步骤

为了提高工作设计的效果，在进行工作设计时应按以下几个步骤来进行。

1. 需求分析

工作设计的第一步就是对原有工作状况进行调查诊断，以决定是否应进行工作设计，应着重在哪些方面进行改进。一般来说，员工工作满意度下降和积极性较低、工作情绪消沉等情况，都是需要进行工作设计的表现。

2. 可行性分析

在确认工作设计之后，还应进行可行性分析。首先应考虑该项工作是否能够通过工作设计改善工作特征，从经济效益、社会效益上看，是否值得投资；其次应该考虑员工是否具备从事新工作的心理与技能准备，如有必要，可先进行相应的培训学习。

3. 评估工作特征

在可行性分析的基础上，正式成立工作设计小组负责工作设计，小组成员应包括工作设计专家、管理人员和一线员工，由工作设计小组负责调查、诊断和评估原有工作的基本特征，分析比较，提出需要改进的方面。

4. 制定工作设计方案

根据工作调查和评估的结果，由工作设计小组提出可供选择的工作设计方案。工作设计方案中包括工作特征的改进对策以及新工作体系的工作职责、工作规程与工作方式等方面的内容。在方案确定后，可选择适当部门与人员进行试点，检验效果。

5. 评价与推广

根据试点情况及进行研究工作设计的效果进行评价。评价主要集中于三个方面：员工的态度和反应、员工的工作绩效、企业的投资成本和效益。如果工作设计效果良好，应及时在同类型工作中进行推广应用，在更大范围内进行工作设计。

5.1.6 工作设计中的社会技术理论

工作设计中的社会技术理论认为在工作设计中应该把技术因素与人的行为、心理因素结合起来考虑。任何一个生产运作系统都包括两个子系统——技术子系统和社会子系统。如果只强调其中的一个而忽略另一个，就有可能导致整个系统的效率低下，因此应该把生产运作组织看作一个社会技术系统，其中包括人和设备、物料等。既然人也是投入要素，这个系统就应具有社会性。人与这些物性因素结合得好坏不仅决定着系统的经济效益，还决定着人对工作的满意程度，而后者，对于现代人来说是很重要的一个问题。因此，在工作设计中，着眼点与其说放在个人工作方式的完成方式上，不如说应该放在整个工作系统的工作方式上。也就是说，工作小组的工作方式应该比个人的工作方式更重要。

如果把生产运作组织方式、新技术的选择应用和工作设计联系起来考虑的话，还应该看到，随着新技术革命和信息时代的到来，以柔性自动化为主的生产模式正在成为主流。但是，这种模式如果没有在工作设计中的思想和方法上的深刻变革，是不可能取得成功的。为此，需要把技术引进和工作设计作为一个总体系统来研究，将技术、生产组织和人的工作方式三者相结合，强调在工作设计中注重促进人的个性的发展，注重激发人的积极性和劳动效率。这种理论实际上奠定了现在所流行的“团队工作”方式的基础。这种理论的生产组织方式与传统理论的生产组织方式的比较如图 5－1 所示。

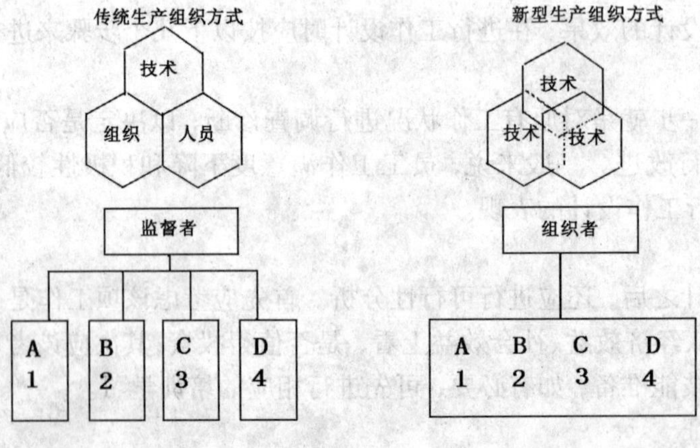

图 5－1　新旧生产组织原则和工作设计思想的对比

5.1.7 工作再设计(Job Redesign)

1. 什么是工作再设计

工作设计就是重新设计员工的工作职责、内容和方式。工作再设计是指重新确定所要完成的具体任务及方法，同时确定该工作如何与其他工作相互联系起来的过程。工作再设计在很多情况下是改善员工工作生活质量的工具。

工作再设计是为了提高生产力和改进工作质量而对某些具体工作内容和安排的改变。工作再设计涉及用于低增值工作任务管理的自动化、计算机化、内部资源和外部资源等方面。根据不同的方案，工作任务可以被重新设计成为更广泛、更充实、可交替的方式，并可以提供灵活的工作安排。

2. 工作再设计的思路

工作再设计必须进行整体考虑，在主要设计工作开始前，要考虑组织的环境因素，和工作设计本身的因素如工作内容、工作自主、工作难度、信息流程、责任、职权关系、协作要求、与其他人交往建立友谊的机会、集体合作的要求等，设计关注的目标在于绩效成果因素(如生产率，员工反应如满意度、出勤率、离职率)和员工的个人特征，如个人需求、价值观倾向、个性及学习等。

在知识型企业中，考虑工作再设计的思路有：工作轮换(job rotation)——任务转化；工作扩大化(job enlargement)——横向扩大工作范围；工作丰富化(job enrichment)——增加员工工作的自主性与责任感；弹性工作时间(flextime)、工作分担(job sharing)、压缩工作周(compressed workweek)、在家办公(telecommunicating)以及所谓的柔性工作设计。

3. 工作再设计的细节

工作再设计的方式有很多种，比如工作内容多样化、工作责任丰富化、工作纵向专业化等。无论哪一种形式，都有某些因素很容易被忽略掉，但它们对工作再设计能否成功却有着非常大的影响。

细节一：工资报酬

在进行工作再设计的时候，企业会重点考虑业务流程的运作模式和职能管理等主要因素的优化和深化，而其他方面的因素考虑得就会少一些，因为它们对工作再设计的影响并不是显性的，而这其中最应引起关注的就是工资报酬。

工资报酬是企业得以吸引优秀劳动力和人才的首要因素，工资报酬也是企业经营运作成本的一个主要方面。企业要想在成本方面超越竞争对手，就必须控制人工成本，就必须限制工资报酬的增长趋势。

然而，工作再设计会使每一项工作的挑战加大、价值增大，会对参与每一项工作的人提出更高的素质能力要求，也必然会使员工产生更高的收入预期。这就好像是踩高跷，两根木跷的高度必须一致，如果责任能力这根“木跷”加高了，收入待遇这根“木跷”不动，站在“木跷”上的人肯定是很难平衡的。因此，企业在进行工作再设计的时候，一定不能忽视了工资报酬这个限额指标因素。在这个限额范围内开展工作再设计，可以在公司不同部门之间逐步推开，也可以优先考虑关键性的岗位和表现优异的员工，总之就是要进行适度设计。

细节二：价值观倾向

既然企业要关注对员工的激励，必然会考虑员工在过去工作经历中锻炼出来的技能和能力，也会与员工交流，了解员工对工作的看法和想法。公司再根据这些实际的个人因素设计工作的变动方向，如，是增加复杂性还是增加深度，还是加大责任等。但是，有一个主观因素是企业可能很少会考虑到的，那就是员工的价值观倾向。这个因素对于关键性的岗位特别是中高层管理职位就至关重要了，因为这个因素是决定员工工作行为的导向。

就像企业越来越重视企业文化建设一样，员工也越来越重视个人的精神需求。员工不仅仅希望通过工作来解决温饱问题，还希望通过工作能够发挥个人专长，通过工作能够实现个人价值，更希望自己所从事工作带来的主观感受与自己的价值观系统相吻合，希望自己能够在一种平和、快乐的氛围中安心工作。这种需求往往是企业最难发现、最难把握的，也往往是员工难以向企业表达的。

细节三:设计的连续性

在实施工作再设计的过程中，有时会因陷入具体的操作而忽略了原来的目标。因此，在进行工作再设计的过程中，要不断回顾设计目的，要在设计过程中不断地反思所采取的做法是否能够保证目标的实现。在这个过程中，有两个细节是需要引起注意的，其中之一就是针对同一员工要根据其不同工作周期，进行有针对性的工作设计。

同企业的生命周期理论相类似，员工在一个企业的工作状态也有一定的规律变化，即“员工工作周期理论”。员工从进入企业开始，其工作状态会经历着由最初的迷茫期——对工作的模糊，到兴奋期——对工作的接受、兴奋，到发挥期——对工作的熟悉、能力发挥，到挑战期——对更大挑战的期待、准备，到厌倦期——最终对工作产生厌倦情绪。这个变化过程，不同的员工有长有短，但其基本规律是一样的。

面对这样的工作周期变动，企业也要做好对工作进行连续再设计的思想准备，一旦员工的工作状态发生了变动，公司就必须采取相应的对策，以延长员工的工作热情，使员工的工作状态尽可能地在兴奋期、发挥期和挑战期之间循环。

例如一位人力资源部员工进入公司已有一年，在这一年的时间里，她的岗位是部门文秘，主要工作是对部门内的文档进行统一管理，同时协助部门内各专员的工作，工作简单但杂乱，很容易使人产生厌烦情绪。这个时候，公司就应该根据其能力特征进行专业化设计，让她作为招聘专员助理，明确其专业方向。在其掌握了工作要领以后，可以适当延伸其工作深度，增加责任，正式担任招聘专员。如果公司认为她潜力较大，可以给予其进一步发展的机会，将培训管理工作加入其工作内容，使其重新进入兴奋期。

这样的连续性工作再设计可以持续地调动员工的工作积极性，尽可能地延长员工的工作热情。

细节四:引导自主发挥

另一个细节就是要注意引导员工工作积极性的主动发挥，被动激励起来的积极性，其持续周期是很短暂的。

平庸的经理人下跳棋，伟大的经理人下象棋。跳棋的棋子都一模一样，走法相同，象棋的棋子走法却各异。伟大的经理人了解而且重视员工的独特能力，清楚员工的长处和兴趣，懂得用什么样的方式才能激励他们。他们知道优秀的员工是不能够用“领”的，最有效的方式是“导”。因此，在进行工作再设计时，企业的管理者应该尽可能多地了解员工的意愿，结合企业的实际情况进行规划与设计，尽可能地使员工的个人意愿与公司的发展目标相吻合。

当然，企业由于业务流程的限制、岗位定额的限制等，不可能完全按照员工的意志设计工作变动轨迹，这个时候企业的管理者就要注意，不能强制性地要求员工接受公司的安排，而是应当很有技巧地引导员工使其接受。当员工不能接受时，企业的管理者也要有意识和决心拒绝员工的不合理要求，确保公司的企业文化氛围不被破坏。也就是说，作为企业的管理主体，各级管理人员要能够做到正确引导员工，既要使员工的主观能动性得以发挥，又要使员工主观意志的张扬限制在公司文化价值观的范围内。

5.2　工作压力

5.2.1 工作压力概念

工作压力是在工作环境中，使个人目标受到威胁的压力源长期、持续地作用于员工，在个性以及应对行为的影响下，形成一系列生理、心理和行为反应的过程。

其对健康有双重作用。有利方面：可动员人的适应系统，产生对疾病的抵抗，增强体质和适应能力。不利方面：适应机制失效会导致不同程度的心理、行为及身体障碍，产生焦虑、恐惧、抑郁，进而注意力分散、记忆力下降、工作效率低等。导致某些精神疾病的发生，如神经症、心因性精神障碍、心身疾病等。

5.2.2 工作压力来源

工作者的压力源是多方面的，大致可以把它分成三个方面因素，一个是环境，一个是组织因素，另外一个重要的因素就是个人。

1. 环境因素

环境的不确定性不仅会影响组织结构的设计，也会影响组织中员工的压力水平。它包括经济、政策和技术的不确定性。比如，商业周期的变化也会造成经济的不确定性，经济萧条总会伴随劳动力减少、解雇人数增多、薪水下调等后果，人们会为自己的安全保障而倍感压力。技术的不确定性也是引发压力感的环境因素。新的技术革新使一个员工的技术和经验在较短时间内过时。电脑、自动化、机器人及其他形式的技术创新会威胁到许多人，使他们产生压力感和紧迫感。

此外，在经济不景气的情况下，职业成就，如晋升机会、成就是否被赏识，就业安全感不足；工作时间方面由于工作量过重而无权自己控制，过长时间工作对身心都造成损害；工作中自我决策的空间太少，抑制了创造力，进而对工作厌倦及产生压力感。这些都会造成压力。

2. 组织因素

工作压力来源于组织层面的东西包括：

(1)与工作本身有关的因素，如工作量、新技术的使用、过长的工作时间、与本身行业有关等；

(2)企业变化，如对工作将来很可能发生的变化的担心；

(3)组织文化，如沟通遇到了障碍问题、缺乏上司的理解和支持等等。

所以压力管理它是一个多方面来进行管理的工作，除了心理学工作者以外，各个方面，尤其是各个企业还有组织，它的管理者应该携手进行工作。

3. 个人因素

个人因素是更重要的压力源：

(1)在组织中扮演的角色模糊，如不同的管理层内部的角色冲突、负责任的层次不清；

(2)家庭/工作平衡方面的问题，如不知道怎么处理工作与家庭的关系；

(3)与他人的人际关系紧张，如与上司、同事、下属关系紧张；

(4)某些领导工作职位属于情绪劳动类型，随时担心做错事情，引起服务对象不满，这种担心会带来巨大的压力，有要求流露具体情绪的工作包括顾客服务、医护人员、防卫性服务及辅导职业。

此外，像完美倾向，有些人总是要把事情做得非常完美，只要一不完美，就会觉得自己不如意，自己失败等等。在进行心理咨询的时候，如果是出于这个因素的问题，我们就可以提供比较好的帮助。

5.2.3 在压力状态下人的多种反应

1. 心理反应

在压力期间，人们有时会无意识地采取一种自欺的或歪曲现实的方式来看待压力源，借以减少心理上的紧张与痛苦，使内心得到安宁。大家把它叫做心理防御。

人们常采用的自我心理防御机制有：文饰、替代、反向、回避、选择性忽视、选择性重视、退缩、投射、压抑、转移、合理化、明知化、升华和补偿等。

这种自我防御反应既是对压力的一种心理反应，又能对控制心理情绪起调节作用。然而这些反应本身并不能改变压力源，如果一个人经常以消极的防御机制作为应付压力源的手段，长此以往，可导致个性的不良变化。

2. 生理反应

心理学家雪莱·蔡根将压力的生理反应分为三个阶段：

(1)警觉反应：当人们遇到压力情境时，全身各部位都会自然动员起来，进入警觉状态，以抵抗压力。

这时身体的适应能量几乎全部发挥作用，表现出各种生理变化，如心率加快、呼吸急促、肾上腺皮质激素活跃等。但是，人不能长期维持这种警觉状态，如果不能消除压力源，就进入第二阶段——抵抗反应阶段。

(2)抵抗期：在这个阶段，人体的防御功能加大，脑下垂体前叶和肾上腺皮质大量分泌，使人得到更好的适应。

这个阶段持续一段时间后容易出现：体重变化、头痛、头晕、眼睛疲劳、胃痛、气喘、便秘、心跳加快、血压上升、血糖增加与血液凝结、食欲减退、睡眠障碍、心惊肉跳、口干、尿意频、无力、易倦、全身慢性疼痛，男性还会出现性功能障碍或性欲减退，女性会出现月经不调或停止，停止泌乳等症状。

如果压力源在此中断，即可恢复正常。

如果继续处于压力源的作用下，这种适应能力会逐渐丧失，便进入第三阶段——耗竭反应阶段。

(3)衰竭期：长期而持续暴露于压力下，耗尽了免疫系统与身体能量，导致最后的崩溃。这时，体内有关激素的分泌功能已出现障碍，人变的软弱无力，再也无法应付压力情景。

这个阶段会出现：心脏病、高血压、胆固醇增加、心室肥大、皮肤起疹、淋巴腺炎、甲状腺异常、秃头、胃及十二指肠溃疡、狭心症、心肌梗塞、癌症、冠心病、支气管哮喘等。

假如压力状态继续存在，参与压力反应的身体组织将大量破坏，严重者可导致死亡。

美国心理学家塞利·格曼（Seligman，1942～）认为，第一阶段是人类无法避免的，又是人类可以承受的，唯有第三阶段是极其危害人类身心健康的。因此对压力如何进行防范，使人类身心得到健康发展，是压力理论研究的主要课题。

3. 情绪反应

最常见者为焦虑，这种焦虑是预料要发生某种不良后果时的一种紧张不适应，以害怕、担心和忧虑为特征。除焦虑外，压力期间的情绪反应还有愤怒、恐惧、憎恶、烦躁、悲伤、失望、抑郁、自卑、沮丧等。

4. 行为反应

行为上是指人们身处在一个工作困境过程中所表现出来的思考与感受。主要表现为变相依赖、反常动作增加和替代性攻击这三种行为倾向。

（1）变相依赖：是指我们在压力状态下常常依靠吸烟、饮酒、过量饮食、饮用咖啡，以及使用迷幻药或其他不良行为来对付环境。持久下去，严重的还会变成上瘾行为。事实上，变相依赖对于应付环境是徒劳无益的。

（2）反常动作增加：是指一些人在压力状态下经常表现出来的行为特征。主要包括：步履加快，讲话急促，无论做什么事都有一种迫不及待的倾向，变得易激惹、易哭泣、任性、易与人争吵、焦虑、神色慌张、无名恐怖、坐立不安、手抖、小动作多、口吃，有时还会出现颠三倒四或顾此失彼的现象。

在工作中压力过大时会发生：缺勤、旷工、离职、恐慌型的行为以及做出错误的判断。此外，在压力状况下，也会影响人际相处能力，变得对待他人冷冷淡淡，懒得理人，不热心助人，容易与人起冲突等。

（3）替代性攻击：是指人们为了减轻压力威胁，而选择某种替代目标进行发泄、攻击。一般来说，人们在这种情况下所选择的替代目标，往往是不具备反抗能力或报复性很小的人物，或是引起个人不快的物品。当精神紧张达到极限，矛盾无法解决时，人完全丧失理智，激情之下毁物伤人违法，寻衅与迁怒于无辜，行为不计后果，严重时甚至导致自杀行为。

5. 认知反应

压力与低工作成就有很大的关联，会造成认知缺陷，如注意力狭窄，使得个人获得的资讯减少，工作中差错增加，容易发生工伤与交通事故。或是思考僵化，思维单一化，刻板化，轻率决定问题；或者思维杂乱，茫无头绪以及问题解决与作决定的能力降低等。

5.2.4 建立健全职工心理压力的疏导机制

我国企业正处在体制改革、机制转换和现代化建设关键时期。面对迅速变化的社会现实，企业职工的心理压力比以往任何时候都大，应引起足够重视。但是过去相当长一段时间大家对职工的心理压力问题往往重视得不够，往往偏重于思想教育和业务训练，忽略对职工心理抗压能力的培养，使得很多心理上的问题没有及时发现。据有关资料统计，近年来，企业职工因为心理压力问题而导致的各类事故、事件日益增多。企业思想政治工作者应通过组织援助的方法缓解职工压力。主要应该从以下几方面采取对策和措施：

1. 转变思想观念，将心理健康教育工作纳入思想政治工作范畴加强企业职工心理健康教育工作是应对企业职工整体心理压力问题所采取的一项经常性的工作，企业应大胆开展心理健康教育，学习借鉴世界上一些著名的现代企业职工心理健康教育的成功经验，将职工心理健康教育的有关内容纳入思想政治工作范畴。要在日常思想政治工作中，科学安排有关心理健康教育的内容，对职工普遍存在的心理问题进行有针对性地辅导或咨询，对重点职工进行重点援助，“用一把钥匙开一把锁”，帮助那些需要帮助的职工正视心理压力，挑战心理压力并有效地缓解心理压力，及时主动地给有心理困惑、心理障碍的职工以必要的援助。把心理健康教育和心理疏导贯穿、渗透、体现于企业的思想政治工作中。通过心理知识的普及和宣传，让职工了解自身心理发生变化的规律以及心理调适方法，在遇到心理压力时能恰当地进行自我调适，通过情绪转移、自我宣泄、改变认知、寻求支持等方式将压力转化为动力。

2. 建立心理引导机构，为解除职工心理压力提供组织保证

企业开展心理辅导或咨询工作，需要建立多层次的心理健康管理体系。首先要建立心理引导机构，通过培训考试使具有一定理论素质的思想政治工作者达到心理咨询师水平。组织有针对性的讲座和培训，开设职工心理健康教育课，开展心理辅导或咨询工作。定期对职工进行心理疏导、心理行为训练、书信咨询、热线电话咨询、网络咨询等多种形式，向职工提供经常、及时、有效的心理健康指导与服务。职工心理压力的形成，有的是可以通过自身的努力来得到缓解，有的却由于自身认知的局限，难以自身解决问题。心理引导机构的介入就能及时根据职工的心理状况加以适当的心理疏导，以减少心理焦虑的发生。企业要建立健全企业职工心态情绪汇集和反映调节机制，加强职工心态状况的监测、评估和预警，完善职工心态疏导、调适与平衡工作体系，通过政策调整和心理疏导，帮助职工在潜移默化中消除不平衡感，促进职工情绪交流渠道畅通，避免不良心态的不断累积，引导职工心态朝良性方向发展变化，达到内心世界的自我调适、自我和谐。把解决思想问题同解决生活工作实际问题结合起来，针对职工群众最关心、最直接、最现实的利益问题，切实做好就医、子女上学、社会保障工作，尽可能地降低企业职工所面临的风险因素，减少职工正常生存和发展的后顾之忧，最大限度地消除引发职工群众心理失衡、失调的诱因。并通过一定的工作平台，探索企业心理疏导有效途径和党群组织服务职工的模式，建立科学有效的利益协调、诉求表达、矛盾处理、权益保障的心理疏导长效机制。

3. 开展多样化的企业文化活动，拓宽释放心理压力的渠道

成功的企业面对激烈竞争和日益加快的工作节奏都有一套成功帮助职工释放心理压力的做法。通过开展多种内容、多种形式职工群众喜闻乐见的文艺活动、开展健康向上丰富多彩的职工群众广泛参与的体育活动，开展训练目标明确、挑战自我、磨练意志的团队训练活动，开展广泛的读书活动和经常性的技术练兵活动，扩大职工群众之间的相互交往、扩大领导和群众之间相互沟通，帮助心理压力较大的职工消除烦闷感、紧张感、失落感、自卑感等不良情绪，获取成就感、自豪感、满足感和快乐感等良性情绪。通过多种多样的企业文化活动，强化职工的参与意识，提高职工的参与兴趣，使职工在企业文化活动中充分陶冶情操、展现自我、提高能力、愉悦身心，以减轻职工来自各方面的心理压力。

4. 努力营造和谐的企业人文环境

公正公平、民主和谐、积极健康的企业人文环境对职工进行正常的人际交往、身心健康和全面发展十分重要。企业应引导职工树立公平竞争、共同发展的理念，养成宽容大度、和谐相

处的交往态度。培养职工积极进取、相互协作的精神。如某特大国企实行的“三不让”，即：“不让一名职工子女上不起学，不让一名职工看不起病，不让一名职工家庭生活在贫困线以下”；“三必到”，即：“职工子女结婚必到，职工及其家属重病住院必到，职工亲人病逝必到”，让职工感受到了企业对职工的关心和爱护。从而使职工从心理上亲近企业，关心企业，维护企业，减少消极情绪和逆反心理，形成内部良好的人际关系和宽松的工作环境。营造一个和谐的企业人文环境，要抓好企业重大决策的思想沟通工作。思想政治工作者和职工要开展广泛的谈心交流活动，要让职工群众明白企业的绩效目标与自己分担的责任目标是一致的。让广大职工知道，企业的生存与发展同个人的生存与发展息息相关。要贴近职工工作和生活，如实了解职工的真实状况，解决职工的实际问题，正确处理职工反映的热点、难点、疑点问题，维护职工的根本利益。避免管理决策不当给职工造成一定的心理压力。

5.3　工作生活平衡

5.3.1 工作生活平衡概念

组织中的员工除了过职业生活外同时还在经历家庭生活。家庭对员工本人有重大意义，也会给职业生活带来许多影响。工作与家庭间的潜在冲突对职业生活的影响甚至超过个人发展目标对职业的影响。

工作生活平衡(Work & Life Balance)，又称工作家庭平衡计划，是指组织帮助员工认识和正确看待家庭同工作间的关系，调和职业和家庭的矛盾，缓解由于工作家庭关系失衡而给员工造成压力的计划。一般来说，单身成人的主要问题是寻找配偶和决定是否结婚组建家庭。婚后初期，适应两人生活、决定是否生育，做出家庭形式和财务要求的长期承诺变为当务之急。子女出生后，体验为人父母的经验，担负起抚养和教育子女的责任成为首要任务。子女成人时他们不仅要适应空巢生活，而且又要开始为自己的父母提供衣食和财务上的照顾。这些需要形成的压力有的会影响员工的工作情绪和精力分配，有的则形成强烈的职业方面的需要和工作动机，最终影响员工对工作的参与程度。制定出有效的工作家庭平衡计划的主要措施包括：向员工提供家庭问题和压力排解的咨询服务、创造参观或联谊等机会促进家庭和工作的相互理解和认识、将部分福利扩展到员工家庭范围以分担员工家庭压力，把家庭因素列入考虑晋升或工作转换的制约条件中，以及设计适应家庭需要的弹性工作制以供选择等。

西方许多国家，针对才能出众、又要承担养育子女任务的女性员工采用弹性工作制越来越流行。装备电脑、传真等现代化设备使家庭办公成为现实，不过更加常见的是半日工作制或是每周三日工作制。女性员工大多数愿意以部分业绩和薪金为代价留出更多的时间给家庭和子女，非全职工作制使她们不必为此放弃工作的机会。

5.3.2 企业采取工作生活平衡政策的原因

企业应该采取工作生活平衡的政策，因为这项政策可以带来很多好处。比如，提高工作效率、吸引人才、降低流动率和缺勤率、减少管理成本、增强顾客满意度，并可以建立一个更加愉悦、公正并充满活力的工作场所。

人力资源专家应该对低工作满意度予以注意，因为员工工作满意度低能够导致多种组织问题。举例来说，工作满意度低会导致员工流失率和缺勤率升高，最后给公司造成低绩效和生产力下降。许多公司为了提高员工生产力，开始关注组织内员工的工作/生活平衡感觉，希望以此提高员工的工作满意度和改善组织绩效。

工作/生活平衡可以定义为，员工试图兼顾互相冲突的工作要求与家庭责任所处的两难困境。由于劳动力流动如此迅速，使得员工在处理工作/生活平衡问题上遭遇更多困难。工作时间越来越长，而且因为互联网、PDA、手机和笔记本电脑等技术的发展，即使员工离开了办公室，工作也不会结束。此外，正如劳动力正在发生变化一样，家庭的概念也正在变化，单身女性、单亲人士和双职工夫妇人数增加了。

各个组织正在采取步骤，帮助它们的员工取得更好的工作/生活平衡。但重要的是，要注意到支持员工及其家庭并不是许多雇主在工作/生活平衡上采取措施的原因。研究发现，47%的组织支持工作/生活平衡计划，为的是提高员工留存率和招聘水平，25% 的组织支持这些措施，希望以此提高生产力和员工奉献精神。但是，39% 的组织报告说，它们的确在工作/生活问题上采取措施以支持他们的员工及其家庭。从本质上说，人力资源经理应该注意员工对其组织内的工作/生活平衡的感觉，因为这不仅对员工及其家庭重要，更好的工作/生活平衡也能帮助达成组织的目的与目标。

灵活地平衡生活和工作问题被员工评为工作满意度的第三重要方面，仅次于福利和酬劳/薪水。另一个有趣的统计数字是，女性将工作/生活平衡评为工作满意度第一重要方面，而男性则将之排到第四位。这可能是因为许多妇女仍然承担了家庭的大部分责任，而工作/生活平衡计划帮助她们成功地将工作和家庭活动结合起来。随着进入劳动大军的妇女数量持续上升，这种福利将变得日益重要。

5.3.3 工作/生活平衡的关键因素

设计更好的工作/生活平衡福利是人力资源经理帮助贡献于组织目标的一种方式。应该定期检视工作/生活平衡计划。这一检视过程有三个关键因素：

1. 对所提供的工作/生活平衡福利进行评估

有没有其他能够提供但现在没有提供的工作/生活福利？同类组织提供了哪些工作/生活福利？

2. 管理层和员工之间的沟通

实行了工作/生活平衡计划的组织中员工满意度有多高？还希望有其他福利吗？人力资源专家应该经常进行调查，评估员工满意度以及他们对组织中的工作/生活平衡的看法。这些结果应该反馈到管理层和非管理层员工，而调查反馈可用来对计划进行改进。

3. 评估所提供的工作/生活平衡福利产生的投资回报率

虽然对员工来说，良好的工作/生活平衡所带来的好处似乎是显而易见的，对组织来说，有什么好处，又如何评估？评估工作/生活平衡福利对收益和利润的直接贡献是困难的。工作/生活平衡的影响力是中期的，或者说是间接的因素，类似于留存率、公司的声誉、生产力、质量、创造力和顾客服务。

这意味着工作/生活平衡措施是达到组织高效生产的手段，而非目的本身。本质上看，优质的工作/生活平衡福利将提高员工工作满意度和生产力，降低员工流失率和缺勤率，并有利于招聘高素质的应聘者。这些因素随后会影响到组织的目标，比如收益、利润或股价。

随着职场人口结构的变化，工作时数的增加和员工对其工作的普遍不满，丝毫不令人惊奇的是，人力资源专家表示，招聘和留住员工是老板的最大挑战。采取步骤在组织中创造更好的工作/生活平衡，是人力资源专家谋定而先发、保证组织成功的一个办法。因为每个公司的文化各不相同，人力资源专家应该决定什么是向他们的高级主管引介工作/生活平衡计划的最好方法。可能特别有帮助的一个策略是，把工作/生活平衡计划作为提高组织生产力的方式来推荐，而不仅仅是作为给员工的“好东西”。以前采用的方法是，将人力资源专家和工作/生活平衡作为生产力问题的解决方案——一个重要的商业关注点来推荐。此外，不同于增加其他福利，比如更好的医疗保健或增加假期天数，这个福利通常不需要公司投入预算外支出。

为了维持工作/生活平衡计划并在组织内部获得对计划的支持，重要的是跟踪计划的影响力并展示出这些措施的商业价值。做到这一点的办法是，统计在实施工作/生活平衡计划之前和之后的员工流失率和工作满意度。如果流失率降低了，就有可能将这些好的结果与工作/生活平衡措施联系起来。由此，人力资源专家可以从减少的员工流失率和更高的员工工作满意度计算出所获得的生产力增益。

5.3.4 工作生活平衡的存在性

职业人工作与生活的平衡是否存在，是否具有实现可能性，是我们探讨这个问题的关键所在，首先需要给出几种假定。

1. 前提假设

(1)人是具有惰性的。即每个人都不是“工作狂”，每个人都愿意追求一种安逸的生活，生活对个人是具有价值的。如果人们坚持人只是一个希望自己可以放弃生活，可以持续不断地去工作的机器，那么这种平衡就毫无价值可言。

(2)人是理性人。每个人都能对工作和生活就个人利益做出自己的评价，辨别其效用的大小。

(3)效用具有可传递性。即个人因减少工作时间而失去的效用能够通过生活中的效用得到补偿。

(4)个人对工作和生活的效用评价在一定时期内是既定不变的。个人对工作和生活的选择具有阶段性，这与他所处的年龄段以及他目前所达到的薪酬水平有密切关系。所以在此仅仅就其在一定时期内的行为做出讨论。

2. 工作与生活的平衡在理论上是存在的

在经济学中，对市场主体行为的分析引入了效用理论，如果人们将个人在工作和生活上的时间消耗看作一种对时间的消费，那么效用就是人们从个人可支配时间的消费中所获得的满足程度，并且这种效用是主观和客观的结合体。这样，在以上四种假设前提下，人们可以援引经济学中对消费者均衡的分析方法来试推个人工作与生活的平衡。

3. 事实上存在工作和生活平衡的一个关键条件——时间

从上面的分析我们得出：如果员工足够理性，他可以找到一个工作与生活的平衡点，但前提是，时间可供员工自由支配。事实上是否存在这种可能性？答案是肯定的。因为你的老板只看重你优秀的业绩。如果你的业绩足够优秀，你就能获得老板的认可，就可以用你优秀的业绩来兑换可供你自由支配的时间，以此为你追求工作和生活的平衡获得时间基础。

5.3.5 工作和生活平衡的实现途径

首先，必须给出一个前提，即你所从事的工作是你所感兴趣的工作，你的工作对你是有意义的，也就是说，工作对你而言，其效用是正的，它不是一个对你毫无价值可言甚至具有负效用的工作岗位。因为在一个不会为你带来任何效用的工作岗位上，是没有工作与生活的平衡这一状态，你永远都找不到工作与生活的平衡点。

在这个前提下，我们来探讨究竟如何才能达到工作与生活的平衡。

1. 尽可能多地从你的工作中赚取可供自己自由支配的时间，以期获得更大的工作弹性

(1) 找一份与自身能力相匹配的工作。一个人的能力大小是在工作实践中逐步培养出来的，但是培养要遵循一个循序渐进的原则，没有一个成功者是在自己并不能胜任的岗位上干出成绩的。正如：如果你把一个对IT行业一窍不通的菜农，放在IT行业高层管理者的位置上，即使他忙得晕头转向，在公司倒闭之前，他也未必能取得成功。所以，找一份与自己能力相匹配的工作，是你走向成功的基础，也是一个人追求工作与生活平衡的基础。

(2) 弄清楚你的老板想要什么。你是老板的员工，老板看重的是公司的业绩和竞争力，他会运用各种借口尽可能多地占据你的时间，所以如果你想要拥有更多的属于自己的时间，你就必须努力从你的老板手中去取得，而从老板手中取得时间最好的方法就是干好他所期望你干的事。

(3) 学会从你的同事那里赚取更大的工作弹性。每个人对工作和生活的时间安排都不尽相同，如果你认为现在你的生活给你带来的效用少得可怜，并不值得你为它付出自己的时间，而你的工作暂时也并不需要你为之付出，那么你完全可以去帮助那些正在为不能出去享受生活而苦恼的同事，或许某天你将因此而为自己赚取了更大的工作弹性。

(4) 全身心地投入到你的工作过程当中。在你完成工作任务的过程中，或许你有足够的时间，甚至你有多余的时间，但是这些时间并没有必要全部耗费在这项工作中。如果你在工作过程中足够投入，如果在你头脑中有足够强的时间概念，你就会拥有更高的工作效率，在你完成这项工作后，你会赢得一个从此任务转换到彼任务的过渡时间，这就是自己从自己的工作中赚取的时间。

2. 学会说“不”，学会授权

很多时候，或许这项工作并不属于你的职责范围。但你的老板确实将这项工作安排给了你，你会怎么办？这就要涉及到个人的效用评价问题了。你必须权衡到：你去完成这项工作所获得的效用——包括你将从完成这项工作中赚取的薪酬、老板的满意度、你自己的心理满足感等，是否大于你将这部分时间用于安排生活所带来的效用。但是，由于这其中涉及到个人的主观因素问题，我们并不能帮你说出你去完成某一件事所获得的效用确实比去完成另一件事所获得的效用要大得多。

3. 公司对促成员工作与生活的平衡有着不可忽视的作用

员工是公司的员工，员工所从事的每一项活动都会关系到公司的业绩和竞争力，关系到公司能否更好地发展，员工的每一次效用评价和最后的决策都直接关系到公司的切身利益，所以作为公司，其一项重要职能就是：尽量为公司员工寻求工作与生活的平衡提供有利的条件。

(1) 保证任务分配的明确性。公司作为向员工分配工作任务的主体，其传达任务的明确性，

直接关系到员工完成该任务的效率和为完成该任务所消耗的时间。如果公司向员工分配的某项工作任务是模糊的，对完成此项任务的要求、时间、甚至责任人都是模糊的，那么这项任务在员工手中就只能尽可能多地占用时间，并不断地在员工之间被踢来踢去（没有人是天生的责任爱好者），而且你永远都不要奢望某天这项工作会被很好地完成。所以，当公司在向员工指定某项工作任务时，一定要明确这项任务的性质、责任人、内容、期限、效果以及各项指标。

（2）保证职责分工的清晰度。每个公司成百上千个职位都应该有各自明确的职责范围。否则，这个公司只能是一个混乱的结合体，甚至只是一个“人的集合”，并因此而使员工产生越来越大的推脱责任的心理（别忘了，没有谁会主动承担责任），久而久之，公司必将陷入一种瘫痪状态。

所以，虽然公司中的每个职位之间不可能完全相互脱节，但也要尽量明确各自的任务要求和职能范围，以减少员工在工作过程当中推卸责任的可能性，来促使其更积极有效地完成工作任务，并尽可能多地为自己赚取可供自己自由支配的时间，努力达到工作与生活的平衡。

（3）公司建立弹性工作制度。也就是杰克·韦尔奇（Tack Welch，1935～）所提倡的通过老式的积分系统来处理工作与生活的平衡问题，对那些有突出业绩的员工，可以通过积分来换取更大的工作弹性。

（4）合理安排让员工“享受生活”的活动。现在，越来越多的公司跟随时代潮流，将“使员工能够更积极地生活”作为一种管理理念，应用到公司日常的管理工作中，于是，各种各样以“让员工享受生活”为口号的活动便日益盛行起来。

但是，公司组织的这种“享受生活”的活动能否真正缓解员工工作与生活之间的紧张度呢？是否能够为员工带来更大的生活上的效用呢？是否能够促进员工个人工作与生活的平衡呢？这样的活动是否越多越好呢？这是很值得怀疑的。员工很有可能将这种活动理解成公司对其员工个人素质和素养的一种变相考核，或者认为这只是公司为了树立企业形象而不得不采取的一项方案，而员工个人能做的并且必须做的只有配合，否则将被视为对公司的不忠，或者对公司没有足够的责任感。

公司作为员工行为的载体，对员工个人行为以及员工的工作和生活的平衡有着重要的作用，公司所做出的每一次决策都应该充分考虑到：它是否对员工工作与生活的平衡起到威胁作用。

【思考题】

1. 什么是工作设计？工作设计主要包括哪些内容？
2. 工作者的压力源自哪些方面？他们应该如何缓解工作压力？
3. 为了提高工作设计的效果，在进行工作设计时应遵循哪几个步骤进行？

【案例分析】

瑞典的一项工作压力实验

瑞典首都的卡罗林斯克学院有一座工作压力实验室，20世纪20年代，利瓦伊博士主持过许多著名的实验，目的在于探讨劳动者与其工作之间的最佳配合。他通过化验尿液中所含的肾上腺素和新肾上腺素（由交感神经系统产生的压力激素）含量，结合被试验者的同期行为进行比较分析，以便研究劳动者生理上的压力反应。下面是利瓦伊博士主持下的一项工作压力实验：

把12名妇女集中在一间大办公室里开发票，其正常工作效率是人均每小时开出160张发票。首先把实验过程和要求向她们做了介绍，随后对其工作情况进行了四天连续观察，并详细记录整个实验过程。在实验的第2天和第4天，维持以往的日工资不变，而在第1天和第3天实行记件工资，执行超额累进的记件单价。扣除因笔误而废弃的发票，可以大体确定每小时所能开具的发票数量，即劳动生产率。一天所能开出的数量限制在身体条件所许可的范围之内，采用问卷调查的方法，每两小时询问一次个人感受。每天每人取三次尿样化验，以确定不同时间内尿液中肾上腺素的含量。

在实行记件工资的两天里，劳动生产率增长113%～331%，而差错率变化不大。她们的工作既快又好，收入也急剧上升。

然而，实验也有副作用，工人精神上的紧张程度大幅度提高，"疲劳指数"几乎翻一番。似乎所有姑娘都抱怨身体不舒服，两臂、肩膀、头部和后背总是感到酸痛，可是一到发薪之时，她们就个个笑逐颜开了，各种不良感觉均不复存在。等到计件工作日一过，轮到第2天和第4天，姑娘们从精神到肉体上都感到筋疲力尽。

客观数据——压力激素的分泌是非常重要的，在实行计件工资的两天里，新肾上腺素和肾上腺素分别提高27%和40%。简言之，利瓦伊通过实验证明，计件工资大大提高了劳动生产率，同时也增强了人体压力反应，不论从主观方面还是从客观方面，都可以准确测算出相关数据。利瓦伊最后说："人们可以这样推理，如果压力环境继续存在下去，职工就会发生神经性疾病，肌肉痛觉增强、士气低落、病假率上升，甚至人的性格也会逐渐异化。在这种情况下，灾难性后果是很明显的，相形之下，提高效益也就不值得一提了。最终成本——公司利润、国家的支出、人的价值，也就更无从谈起了。"

利瓦伊博士的工作压力实验非常重要，它使人们能够客观地测量人们对于紧张压力工作情境的生理反应，这种研究方法和实验手段在职业压力研究的发展进程中占有十分重要的地位。对于生理器官压力反应的检测手段越数量化，主观因素对于实验结果的影响就越小，实验结果的科学性就越强。

这个实验还说明，人们完全可以恰当地估价一项特殊任务对于劳动者各方面素质的要求。反之，人们也可以估价一个人所能承受的各种紧张刺激。这种工作与个人能力之间相互制约的理论，对于人们探讨劳动者与其所从事的工作之间怎样才能保持最佳配合，是非常重要的。

【拓展训练】

小测试：你的职场压力有多大？

你收到一封公司寄来的信，没有署名是哪个部门，只标了"内详"字样，你会认为：

A：有些担心，会不会是辞职信之类的。

B：觉得有点反常，先打个电话跟同事沟通咨询一下再折。

C：心里没什么概念，先拆开看看再说。

D：公司要举办活动了吗？马上打开看看有什么新鲜东西。

选A：工作成为自己精神上的负担。需要进行认真规划。

选B：有一定程度的压力，有时会紧张，对工作本身很在乎。

选C：对工作没特别的压力，也没十分的信心，比较平常。

选D：对工作满意，对自己能力很有信心，没什么工作压力。

■ 第6章 组织公民行为管理

6.1 组织承诺与心理契约

员工在心理上对企业的认同、接受及由此派生出来的积极情感，如自豪是一种无形的力量，可以使员工发自内心地为公司着想，为顾客着想，是企业赢利的基础所在。员工对组织事件和组织发展心理上的有效参与，表现为对组织发自内心的关心和自愿为组织服务的良好态度，称之为员工卷入。它常常不能直接从员工外在的工作表现推断出来，也就是说，员工外在的工作表现并不一定意味着心理上的有效参与或卷入，员工完全可能迫于规章制度的压力、出于自身利益的考虑而表现好的工作行为，而内心深处并不喜欢和关心工作。有卷入地工作和无卷入地工作是两个不同层次的工作境界，也将导致不同的工作绩效和组织不同的发展结果。其中，心理契约和工作价值观是员工卷入的心理前提和条件；组织承诺和工作满意度可以视为员工卷入的心理后果和表现。也就是说，组织可以通过对员工心理契约和工作价值观的培养、教育和管理，达到员工较高的组织承诺和工作满意度，从而实现员工有效的心理参与和卷入。

6.1.1 心理契约

1. 心理契约的概念及特点

首先将心理契约作为心理学概念提出来的是心理学家阿吉里斯(Argyris,1960)，他用心理契约说明员工与雇主之间的关系。随后，这一问题被广泛关注并引发了一系列研究。在20世纪80年代中期以后，心理契约成为组织行为学研究的一个热点。其中有影响的是美国著名管理心理学家施恩(E. H. Schein)教授。他认为，心理契约是“个人将有所奉献与组织欲望有所获取之间，以及组织将针对个人期望收获而有所提供的一种配合。”它虽然不是一种有形的契约，但它确实又是发挥着一种有形契约的影响。他的意思可以描述为这样一种状态：企业的成长与员工的发展的满足条件虽然没有通过一纸契约载明，而且因为是动态变动的也不可能加以载明，但企业与员工却依然能找到决策的各自“焦点”，如同一纸契约加以规范。

法律上的契约是外显的、受法律保护的。由于员工不是法律专家，很容易签订不合理的合同或契约。心理上的契约是内隐的、不受法律保护，但有激励效果。如果不能满足人的内隐的愿望、期盼，人们就会产生不舒服的感受。心理契约体现“以人为本”的理念，回答人是什么的问题。心理契约是个人将有所奉献与组织欲望有所获取之间，以及组织将针对个人期望收获而有所提供的一种配合。个体与组织之间隐含的没有明文规定的双方各自的责任以及对对方的期望，包括员工期望组织为自己提供什么即组织对员工的信任，以及组织对员工的期望即员工对组织的信任。“心理契约”的核心是员工满意度。心理契约具有主观隐蔽性、不确定性、动态性、双向性的特点。

(1)主观隐蔽性。心理契约大多是非正式的，并且是隐含的，而不是公开的。因此本质上是主观的。心理契约没有形成正式的文字记录，而是以心理期望的方式埋藏在契约双方的内心深处，期望对方去理解、估测。由于这种心理契约是一种主观感觉，个体对于他与组织之间的相互关系有自己的体验与见解，因而往往会造成自己的期望与组织的要求不一致。

(2)不确定性。正式雇佣契约的内容、职责、权利都是明确稳定的，不能随契约一方的主观意愿改变而改变。而心理契约的本质是一种心理期望，它会随着工作的社会环境以及个人心态的变化而发生变化。人们在一个组织中工作的时间越长，心理契约所涵盖的范围就越广，在雇员和组织之间的关系上，相互期望和义务的隐含内容就越多，这也使心理契约的内容具有更大的不确定性。

(3)动态性。心理契约的主观性与不确定性，决定了它具有动态发展的特点，这就要求心理契约双方根据环境变化和企业发展来确定心理契约的内涵。心理契约没有固定的模式与统一的标准，适用于甲组织的心理契约不一定适用于乙组织。如，许多过去在心理契约中非常重要的因素，包括员工以忠诚、遵从和努力为条件换来的工作稳定感，正在逐渐减弱或占据次要位置；而一些新的内容，如对灵活性、公平性、变革创新、不断尝试的要求，在心理契约中所占的比重越来越大。因此，个人和组织都需要根据组织内外环境的变化，不断调整和完善心理契约。

2. 心理契约的类型与影响

一些研究者根据绩效要求和时间结构两个维度将契约划分为四种类型：交易型，有详细的任务，雇主提供短期报酬；过渡型，没有详细的任务，雇主提供短期报酬；平衡型，任务非常详细明确，而且雇主提供长期报酬；关系型，任务不明确，但雇主提供长期报酬（见表6－1）。

时间结构 \ 绩效要求	明确界定的	没有明确界定的
短时的	交易型 特点：低工作模糊性 高流动率 低员工承诺 低身份感 例：销售旺季时临时雇用的销售人员	变动型 特点：高工作不确定性 高不稳定性 高流动率 例：处于组织减员或公司并购过程中的员工
长时的	平衡型 特点：高员工承诺 高身份感 不断开发 相互支持 动态性 例：高参与性工作团队中的成员	关系型 特点：高员工承诺 高感性投入 高身份感 稳定性 例：家族企业中的成员

表6－1 心理契约的类型

有研究者对美国一所大学的 170 名博士生和他们的 46 名导师之间合作关系的契约性质进行调查，结果证实了交易型、关系型、平衡型和变动型心理契约类型的存在。研究发现，超过 75% 的学生和导师都报告说他们之间的关系是"关系型"和"平衡型"。

当员工感到与组织的心理契约被违背时就会产生许多消极情感和行为，员工认为自己受到了不公正的对待，它促使个体重新评价自己与组织的关系，并对组织承诺、工作投入、工作绩效、工作满意度和员工流动率均有不良影响。因此，管理者要根据员工心理契约的不同类型进行有针对性的管理。

具有交易型和变动型心理契约的员工非常容易流失。交易型员工，如临时雇佣人员，因有工作任务明确，流动率高，对组织承诺和认同感低的特点，在组织中应尽量少设相应的职位，可能的情况下，相关工作任务宜进行外包处理。这类员工的心理契约中，对组织责任而言，短期报酬及承诺的时效要求较高，而对长期的福利关注不多，企业要有针对性地制定薪酬政策，实行动态管理。临时聘用人员可以根据工作表现而转变成长期合同甚至固定合同人员，提高他们对组织的认同感。

变动型员工，如处于组织减员或公司并购过程中的员工具有较高的工作不确定性、较高的不稳定性和较高的流动率。因此，当组织在进行并购或组织结构调整时，应对其中比较优秀的员工尽快明确工作任务，或者尽快签订劳动合同。

平衡型员工，如骨干团队中的成员具有较高的组织承诺和组织认同感，能够不断自我开发，协作感也比较强，在组织中工作的时间较长。

关系型员工，如家族企业中的成员或企业高层管理者除具有平衡型的特点外，还具有强烈的身份感和稳定性强的特点，在组织中工作的时间很长。

具有平衡型和关系型特征的员工是企业的核心员工，并且在企业工作的时间较长，对企业的商业模式、客户资源等都比较了解。当其心理契约被违背后，他们对组织的情感投入减少，交易型成分加强，严重的甚至会终止自己的付出。而这些员工一旦流失，导致的人力资源重置成本非常高，对企业的伤害也非常大。

无论是对于个体的行为还是对于组织的绩效而言，心理契约都是一个重要的调节因素，心理契约可以作为正式文本契约的补充，降低不确定性，减少不安全感，对组织成员的工作满意度、离职倾向、缺勤率、组织承诺等具有重要影响。契约双方的一致性越高，上述几个指标的情况越好，从而组织的效果越好。但如果心理契约遭到破坏，就会带来相反的结果。一般来说，当组织成中感到组织实际履行的义务与被期望执行的义务之间出现差异时，违约现象就发生了。心理契约的违背会导致强烈的情绪反应和被背叛的感觉，会带来高离职率、低工作满意度、低信任度等后果，并将导致契约的交易性增强，即组织成员更多地关注金钱与物质方面的眼前利益。有研究指出，这种交易型关系的进一步破坏可能会导致公开谈判、调整工作投入，甚至辞职。无论哪种结果对组织都是不利的。值得注意的是，心理契约违背的现象相当普遍，有研究表明，可达 50% 以上。

3. 心理契约的管理

一般而言，心理契约包含以下七个方面的期望：良好的工作环境，任务与职业取向的吻合，安全与归属感，报酬，价值认同，培训与发展的机会，晋升。

心理契约的主体是员工在企业中的心理状态，而用于衡量员工在企业中心理状态的三个基本概念是工作满意度、工作参与和组织承诺。在企业这样的以经济活动为主的组织中，员工的工作满意度是企业心理契约管理的重点和关键。心理契约管理的目的，就是通过人力资源管理实现员工的工作满意度，并进而实现员工对组织的强烈归属感和对工作的高度投入。因此，企业要想实现对人力资源的最有效配置，就必须全面介入心理契约的 EAR 循环，通过影响 EAR 循环来实现对员工的期望。所谓 EAR 循环，是指心理契约建立(Establishing，E 阶段)、调整(Adjusting，A 阶段)和实现(Realization，R 阶段)的过程。

E 阶段指企业应了解员工的期望，并使员工明确企业及其所在部门的现状及未来几年内的发展状况，从而帮助其建立一个合理预期，促使其趋同预期而努力工作。A 阶段指心理契约建立在对企业未来预测的基础上，当现实与预测产生偏差时，调整不可避免。企业应及时与员工沟通，出现了什么新情况，所以期望其进行调整。特别当企业的状况发生重大改变以致引起员工的心理剧烈波动时，高层的及时沟通能降低员工的心理负担，降低负面影响。R 阶段指企业应及时考察实现程度，了解员工的合理预期在多大程度上已变为现实:工作环境是否如所希望的那样变好了？是否接受了应该的培训？职务变动了吗？薪水提高了吗？哪些期望已经实现，实现的原因是什么？尚未实现的是源自员工的能力问题，还是企业方面的原因。这样一系列问题找到答案以后，企业就将随着员工进入下一个阶段的 EAR 循环。

简而言之，虽然“心理契约”只存在于员工的心中，但它的无形规约，能使企业与员工在动态的条件下保持良好、稳定的关系，使员工视自己为人力资源开发的主体，将个体的发展充分整合到企业的发展之中。所以，只有充分把握心理契约，参与员工 EAR 循环过程的始终，企业才能创造出永远充满活力的组织。

6.1.2 组织承诺

1. 组织承诺的概念

组织承诺这一概念最早是由贝克 Becker(1960)提出。他将承诺定义为由单方投入产生的维持“活动一致性”的倾向。在组织中，这种单方投入可以指一切有价值的东西，如:福利、精力、已经掌握的只能用于特定组织的技能等。他认为组织承诺是员工随着其对组织的“单方投入”的增加而不得不继续留在该组织的一种心理现象。此后，组织承诺的概念引起了越来越多的注意，学者们根据各自的研究对它提出了不同的看法。组织承诺也有译为“组织归属感”、“组织忠诚”等。组织承诺一般是指个体认同并参与一个组织的强度。它不同于个人与组织签订的工作任务和职业角色方面的合同，而是一种“心理合同”，或“心理契约”。在组织承诺里，个体确定了与组织连接的角度和程度，特别是规定了那些正式合同无法规定的职业角色外的行为。高组织承诺的员工对组织有非常强的认同感和归属感。

具体来说，组织承诺是指员工随着对组织单方面投入增加，而产生的一种心甘情愿地参与组织各种活动的情感，是一个人对组织的认同和投入程度。组织承诺表现为:希望加入某个组织;愿意保留某个组织的成员资格;信仰组织的价值观并接受组织目标;愿意为组织的利益做出自己的贡献。

2. 组织承诺的三因素模型

加拿大学者 Meyer 与 Allen 对以前诸多研究者关于组织承诺的研究结果进行了全面的分析和回顾，并在自己的实证研究基础上提出了组织承诺的三因素模型。他们将组织承诺定义为“体现员工和组织之间关系的一种心理状态，隐含了员工对于是否继续留在该组织的决定”。三个因素分别为:

(1)感情承诺(affective commitment),指员工对组织的感情依赖、认同和投入,员工对组织所表现出来的忠诚和努力工作,主要是由于对组织有深厚的感情,而非物质利益。情感承诺水平高的员工留在组织中是因为认同组织的一切,并愿意协助组织达到目标。当组织面临变革时,员工会对他们的个人价值是否仍能与他们为之工作的组织价值保持一致产生怀疑。出现这样的情况时,他们可能会问自己是否仍然属于这个组织,如果他们认为自己不再属于这个组织的话,就会选择辞职。

(2)持续承诺(continuance commitment),指员工对离开组织所带来的损失的认知,是员工为了不失去多年投入所换来的待遇或更换工作代价太大而不得不继续留在该组织内的一种承诺。人们在一个组织中供职时间越长,他们在此付出的就越多,而一旦他们离开,其损失也就越多,许多人仅仅因为不愿意改变这些而宁愿保留原来的工作。一般地说,这些人具有高度的持续承诺。然而,有迹象表明,当今员工的持续承诺水平已经不像以往那么高了,在传统上人们找到一份工作以后便终身为之努力,许多人从事同一份工作,从起点到退休结束,在今天越来越少了。

(3)规范承诺(normative commitment),反映的是员工对继续留在组织的义务感,它是员工由于受到了长期社会影响形成的社会责任而留在组织内的承诺。规范承诺水平越高的员工越关心自己。如不再属于变革后的组织的话,就会选择辞职。

3. 组织承诺的意义

组织承诺是员工卷入管理的心理条件和表现形式之一,表明它与工作行为的多个关键方面密切相关。

(1)组织承诺水平高的员工更能坚守岗位。员工的组织承诺越高,他们就越不可能辞职或缺勤,组织承诺让员工能坚守自己的工作岗位,并珍惜自己的工作时间。一项大规模的调查已证实了这一点。这项调查对美国空军学校四年制学生的辍学率进行追踪考察发现:军校学生在开始服役时的承诺水平越高,就越不容易辍学。这表明,承诺水平能预测未来的行为,从而印证了组织承诺作为一种与工作相关的态度的重要性。

(2)组织承诺水平高的员工愿意为组织做出牺牲。除了坚守岗位之外,组织承诺水平高的员工还愿意为组织的生存和发展做出牺牲。如,当克莱斯勒公司发生财政危机时,公司的执行总裁李·艾柯卡将自己的年薪降至1美元,充分表现了他对公司的忠诚。现实生活中,许多员工在公司遇到危机时,出了与企业同生死、共患难的勇气和决心,这些都是高组织承诺的直接后果。因此,可以说组织承诺是企业最宝贵的财富,特别是企业处于危难情况时,员工高度的组织承诺更显得弥足珍贵,可谓"一诺千金"。

4. 组织承诺的负面影响

对组织承诺做出不良影响的因素被称为退出行为或译为退缩行为(withdrawal behavior)。退出行为分为两种,分别为:

心理退缩(psychological withdrawal),是指为对工作有意或无意的忽视。心理退缩的5大主要表现为心不在焉(daydreaming),假装很忙(looking busy),聊天(Cyberloafing),社交(socializing)和兼职(moonlighting)。

身体退缩(Physical Withdrawal),是指长时间或短时间的离开工作岗位。身体退缩的5大主要表现为做事缓慢(Tardiness),错过会议(Missing Meetings),离开(Quitting),长时间休息(Long Breaks)和员工旷工(Absenteeism)。

6.2 组织公民行为过程

6.2.1 组织公民行为

1. 组织公民行为内涵及特点

美国印第安那大学的 Demnis Organ 教授及其同事(Cf. Bateman & Organ, 1983;Smith, Organ, & Near, 1983)首次创造性地提出了“组织公民行为”这一术语。他们将组织公民行为定义为:未被正常的报酬体系所明确和直接规定的、员工的一种自觉的个体行为,这种行为有助于提高组织功能的有效性。这些行为一般都超出了员工的工作描述,完全出于个人意愿,既与正式奖励制度无任何联系,又非角色内所要求的行为。

组织公民行为的内涵主要有以下几个特色:第一,代表人们除了致力于实践组织的规定事项外,还会经常自动自发付出额外心力,去从事一些直接、间接有利于组织的事情。第二,一种自我裁量的自动自发行为。第三,组织公民行为的出现与正式报酬并无直接相关。第四,组织公民行为对于组织长期效能及成功运作扮演关键性角色。

随着时间的推移,组织公民行为逐渐积累,便能够提高组织的绩效。具体表现为:组织公民行为有利于形成一种积极的团队气氛,创造一个使人更加愉快工作的环境,并能增强组织对环境变化的适应能力,创造组织的社会资本,进而提高员工的工作效率和组织的绩效。

2. 组织公民行为的种类

根据 Organ(1988)的研究,组织公民行为应由五个因素组成,分别是利他行为、尽职行为、运动家精神、谦恭有礼和公民道德。利他行为是指员工愿意花时间主动帮助同事完成任务或是防止同事在工作上可能会发生的错误;尽职行为是指员工的表现超过组织的基本要求标准,他能够尽早规划自己的工作以及设定完成工作的时间;运动家精神是指员工在不理想的环境中,仍然会保持正面的态度去面对,不抱怨环境不佳,仍能忠于职守;此外,个人也会为了所属工作团体的利益而牺牲自己的利益;谦恭有礼是表示员工用尊敬的态度来对待别人;公民道德是指员工主动关心、投入与参加组织中的各种活动,包括主动阅读组织内部文件,关心组织重大事件,对组织发展提出建议等。有这种行为的员工表明他已经把自己视为组织中的一员。Podsakoff 和 Mackezie(2000)在 Organ 的基础上对组织公民行为的各种观点进行了归纳总结,将其分为7个维度,即帮助他人、运动家精神、忠诚于组织、顺从于组织、自我驱动、公民道德、自我发展。组织公民行为是多维度的。

6.2.2 对传统组织公民行为研究的质疑及研究进展

从最初的研究开始,研究者们就把组织公民行为当作是一种积极的对组织运作有利的行为。传统上组织公民行为研究有三个基本假设:组织公民行为的动机是无私的和利他的;组织公民行为促进了组织运作的有效性;组织公民行为最终对员工有利。

1. 组织公民行为是角色外行为

近年来对于这种观念存在着越来越多的争议。首先,组织公民行为结构包括的就不完全是角色外行为,如人们较为公认的 Organ(1988)的五因素结构中的尽职行为。其次,角色内行为和角色外行为有时很难明确地界定或区分。另外,主管和部属对工作角色范围的知觉也不尽相同。Lam、Hui、Law(1999)就发现，很多主管倾向于将组织公民行为视为角色内行为的一部分。例如，要求企业中的员工不仅要做好本职工作，还要能够积极主动地承担自己工作职责之外的工作内容，帮助其他同事解决工作中遇到的困难，及时发现当前工作中的问题，积极地提出创造性的想法和改进的建议等。由于对组织公民行为的范围认识不同，有些学者就采取了较为宽泛的界定方式。如 Williams 和 Anderson(1991)主张，组织公民行为应该包括三个维度：角色内行为、朝向个人的人际利他行为和朝向组织的公益行为。Morrison(1994)则认为员工会受到个人所知觉到的工作宽度的干扰，工作宽度越大的员工越会倾向于将一些其他的工作视为自己承担的角色内的工作。

2. 组织公民行为的出现是因为利他的动机

从行为意识的角度考虑，组织公民行为真的是出于员工良好的人格品质，或者说真的是一种无私的利他行为吗？随着理论和实证研究的积累，这种观念正在逐渐接受挑战。组织公民行为也可能出于利己动机或者消极的工作态度。Hui、Lam 和 Law(2000)发现，有些员工会将组织公民行为当作获得升迁的一种手段，他们在组织做出升迁决定前，会展现较多的组织公民行为，这使他们比那些展现较少组织公民行为的员工更容易获得升迁。但是获得升迁之后，会因为目的已经达到而减少组织公民行为的展现。可以看到，某些员工的组织公民行为并非因其具有良好的人格品质而自然展现的，这种组织公民行为带有明显的工具性动机。他们从事的组织公民行为是为了给他人尤其是上司留下好印象，通过帮助他人显示出自己乐于助人，通过参加组织中的活动展现自己多方面的知识技能，引起他人对自己的关注等。仅仅凭借传统的组织公民观点来解释员工行为，很难判断行为者是否真正为一个“好战士”。另外，有些员工愿意做分外的工作可能是对自己工作职责范围内的工作不感兴趣，或者想逃避做自己不喜欢做的事情。这样的组织公民行为对组织的效能是利大于弊吗？对工作之外的个人生活不满意，也会使得员工愿意加班工作。这些在传统的组织公民观点中无法解释。

3. 组织公民行为与组织奖惩无关

MacKenzie，Podsakoff 和 Fetter(1993)的研究发现，主管除了根据角色内行为来考查推销员的绩效外，也会根据其组织公民行为作为考评的参考，被主管评价为有较多组织公民行为的推销员会有较好的考评成绩。Allen 和 Rush(1998)的研究也发现，有高度组织公民行为的员工触发了主管的正面情感，使他们获得较好的考核成绩；同时，组织公民行为也影响了主管关于提升、培训以及报酬分配的决策行为。所以，组织公民行为不仅给员工带来精神上的美誉，也能带来实质的组织酬赏。

4. 组织公民行为不一定能带来有益的结果

如果组织中的员工把主要的精力放在自己职责外的工作中，会忽视了自己的本职工作。组织过多地依靠员工的组织公民行为来完成组织任务也不是一个好现象，这也正显示出组织的管理存在问题，即职责分工不明确，职位设计不科学。这样，就算花费更长的时间，工作质量也不会高，还不如直接雇佣专职人员来做。组织公民行为也不一定会使组织成为一个有吸引力的环境。如果员工都争先恐后地刻意去表现组织公民行为，出现一种“组织公民行为升级”的现象，员工会感到更高的工作压力以及工作超负荷。组织公民行为如果作为一种工具性的行为则会增加组织中的政治行为，容易引发员工的不满和员工间的冲突。

5. 对传统组织公民行为质疑的启示

从组织公民行为的负面作用，我们可以看到组织公民行为也可能是一把双刃剑。在充分发挥组织公民行为积极作用的同时，管理者也应该意识到组织中组织公民行为产生的不同机制以及其带来的不同效果。员工的组织公民行为是出自个人的利他行为还是印象粉饰等利己性工具性行为？或者是由于对本职工作的消极的态度，对个人生活的不满意？还有可能是被迫的、不自愿地做出组织公民行为。对于真正出于自愿的、不需回报的组织公民行为，管理者应给予及时的反馈、补偿或激励，以使这种健康的状态继续，从而对组织产生积极作用。相反，对于其他原因产生的组织公民行为，管理者应透彻分析、找出背后的机制，根据不同的情况对员工进行心理的疏导或对岗位重新设计，帮助员工朝着健康组织公民行为发展。

管理者还应该充分考虑员工的组织公民行为与角色内行为的关系。如果有的员工组织公民行为较低，而自己的本职工作绩效很高，作为管理者，不仅应该对这样的员工进行鼓励，使其继续保持高的工作绩效，同时也应提高其和同事相互帮助、主动承担因环境变化而产生的模糊工作等的意识和行为；如果员工组织公民行为表现较为突出但工作绩效一般甚至较差，这种情况下管理者应反思是否给员工安排的工作岗位不合适或者组织的文化存在问题等。还有的情况是，员工的工作绩效高且组织公民行为表现得很好，但员工在工作中的幸福感却不高，这可能是因为他们刻意做出这些表现而感受到很大的压力。

组织公民行为是组织管理的指示器，它可以为管理者提供很多关于管理问题的信息。管理者应该做的是识别和培养健康的组织公民行为，对员工工作生活质量进行监控，使组织公民行为更多地发挥积极的作用。

6.2.3 组织公民行为的测量与评定

目前对于组织公民行为的测量研究，主要是从评定量表和评定视角两个方面着手，目前主要应用量表作为测量工具。

根据对组织公民行为的不同认知以及不同的研究对象，研究人员开发出了不同的 OCB 量表。量表的开发主要来自以下几种途径：第一，从访谈中获取。第二，利用其他较为成熟的行为量表。第三，针对具体某一研究目的，利用现有的组织公民行为量表作进一步修改而形成新的量表，大多数量表属于这种情况。在众多测量组织公民行为的量表中，最具有代表性的是 Organ 在 1988 年开发的包括利他主义、文明礼貌、运动员精神、责任意识和公民美德 5 个维度，22 个题目构成的 OCB 量表，而其他量表大多数都以此量表为基础编制（Podsakoff & MacKenzie，1994）。

从评定角度来分，可以把组织公民行为的评定分为三种，即上级评定法、同事评定法和自我评定法。三种评定方法各有千秋。上级评定法比较客观，能够更好的区分角色内行为和组织公民行为，但不足之处在于上级所评价的只是那些引起他注意的行为，而且不同上级的评定标准也不一致。同事评价法的优点在于同事掌握的信息比较齐全，能够作出比较全面的评价，但也容易受到人际关系等因素的影响。近年来，研究人员比较倾向使用上级评定的方法。Allen 和 Barnark 等人的研究显示，上级评定和同事评定的相关性要高于自我评定和同事评定的相关性；组织公民行为的自我评定与上级评定显著高于同事对他的评定。

对组织行为的研究一般从前因（antecedent）和后果（consequence）两个方面进行。“前因”是指这个行为产生的原因是什么，“后果”是指这个行为可以给个体、企业带来什么影响。组织公民行为的研究也可分为前因变量和后果变量两个方面。前因变量包括个人特征、任务特征、组织特征、领导行为等变量，它们影响了组织公民行为的产生。目前对后果变量的研究主要集中在两方面，一是员工组织公民行为对组织绩效的影响，另一是员工组织公民行为对他所受到的绩效评估与相关决策的影响。过去，人们一直认为组织公民行为是角色外行为，与组织奖罚无关。而目前大量的研究显示，组织公民行为与组织业绩以及效率有着密切的关系。

在科技发达、信息爆炸的新经济时代，企业组织所需具备硬设备的重要性已逐渐退居二线，随着竞争加剧，组织结构的扁平化，组织就必须依靠员工主动执行职务外的一些利他行为，才能让整个企业组织发挥无穷的潜力，企业员工的组织公民行为因而越来越为企业管理者所重视。

6.2.4 工作满意度

1. 工作满意度及影响因素

随着经济全球化趋势的到来，人们比以往任何时候都更加强烈地意识到，企业不仅要追求效率和利润最大化，也要追求员工满意度的最大化，达到以利益为中心的双重管理目标。所谓工作满意度是指个体对工作的认知、情感、评价性反应。工作满意度高的员工对自己的工作有积极、正面的评价。

工作满意度有时被认为是一个单维度的概念，即个体对工作满意与否。然而实际上涉及到了工作的各个方面，是对工作诸方面态度的集合。现在流行的工作满意度量表——工作描述指标 TDI(Job Descriptive Index)就是从报酬、提升、管理、工作本身、同事五个方面来界定工作满意度的。

研究表明，员工满意度每提高 3 个百分点，企业的顾客满意度将提高 5 个百分点；员工满意度达到 80% 的公司，平均利润增长要高出同行业其他公司 20% 左右。影响员工工作满意度的因素如下：

⑴工作环境

①工作空间质量：对工作场所的物理条件、企业所处地区环境的满意程度；

②工作作息制度：合理的上、下班时间、加班制度；

③资源配备齐全度：工作必需的条件、设备及其他资源是否配备齐全、够用；

④福利待遇满意度：对薪资、福利、医疗和保险、假期、休假的满意程度。

⑵工作群体

①合作和谐度：上级的信任、支持、指导，同事的相互了解和理解，以及下属领会意图、完成任务情况，得到尊重；

②信息开放度：信息渠道畅通，信息的传播准确效率高等。

⑶工作内容

①兴趣相关度：工作内容与性格、兴趣相吻合，符合个人职业发展目标，能最大限度地发挥个人的能力，从自己的工作中获得快乐；

②工作强度：个人能否承受和容忍某种工作强度，一方面取决于该工作能否满足个人需要，带来收益和满足，另一方面取决于它是否超出个人能承受的工作负荷量。

⑷企业背景

①企业了解度：对企业的历史、企业文化、战略政策的理解和认同程度；

②组织参与度：意见和建议得到重视，参加决策，企业发展与个人发展得到统一，有成就

感和归属感；

③企业前景：对企业发展前景看好，充满信心。

(5)个人观念

①理想主义和完美主义：对企业各方面情况的理想化期望和完美主义要求，易走极端，一旦遇到困难就变得愤世嫉俗，产生不满；

②消极心态：将人际关系方面的问题和工作中的困难、挫折全部归因于客观原因或他人，难于沟通，人际关系不和谐，即产生不满；

③狭隘主义：过于重视个人利益，一旦与个人利益有冲突，就会产生不满情绪。

此外，一些研究表明，年龄、工作经验和性别也会对工作满意度产生影响。年长者通常比年轻人的工作满意度要高，但有趣的是，工作满意度并非随年龄的增长而保持同样的增长速度。人们通常在30多岁时对自己的工作更为满意，在40多岁时工作满意度有所下降，然而50多岁时工作满意度再次回升。有工作经验的人比没有工作经验的新手对工作更满意。妇女和少数民族群体倾向于比男子和主流群体的成员对工作更为不满。

2. 工作满意度模型

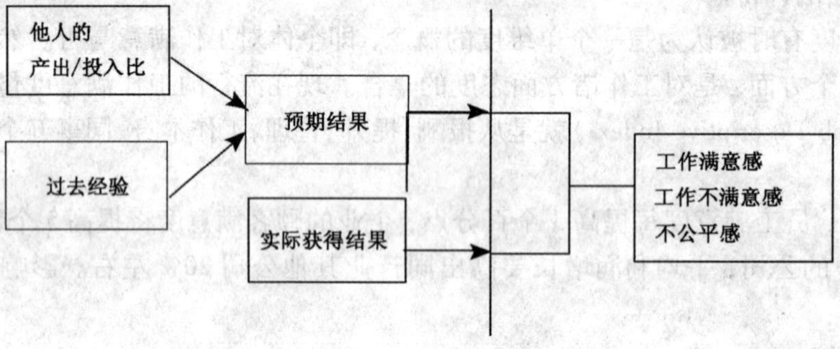

图6-1　工作满意度模型

图6-1给出的工作满意度模型具体说明了工作满意度的产生过程和机制。该模型是建立在差异理论和公平理论基础上的。差异理论认为，工作满意度的大小依赖于个人实际获得的工作结果与预期结果之间的差异程度。当实际获得的结果低于预期结果时，不满意感就产生了，程度越大，满意度水平越低；当实际获得的结果等于甚或高于预期结果时，工作满意度就提高了。

公平理论认为，当个人和参照对象有相似的所得与付出比时，才会感到公平。因为人们对工作结果的预期在一定程度上是建立在与他人比较基础上的。公平理论解释了为什么当人们实际获得的结果远远超过预期时，工作满意感并没有持续提高，当人们获得的报酬远远高于预期时，他们通常会感到内疚，认为组织对待他人是不公平的。在这种过度奖赏情况下，人们首先会调高自己的预期来获得公平。如果过度奖赏持续不断，以至于通常自我调节达到平衡，不公平感就产生了，对组织的不满意也随之出现。

总之，差异理论和公平理论认为，当实际结果达到甚至超过预期时，工作满意度将提高；然而，如果实际报酬远高于预期以至于产生内疚和不公平感，工作满意度就会下降。因此，该模型显示让员工满意的一个有效办法就是弄清他们想得到什么，并尽可能给予满足。

3. 工作满意度与工作行为

许多公司都在想方设法提高员工的工作满意度，有些公司甚至把主管人员的奖金和员工的满意度联系起来。他们认为，只有员工工作满意度水平提高的企业，才能获得成功。但研究发现，工作满意度和个人工作绩效或组织生产率的相关关系虽然是存在的，但相关程度并不高。这是因为：第一，员工的一般态度并不能很好地预测具体行为。人们都有自己独特的价值观和经历，因此，面对同样水平的工作满意度，每个人的反应是不同的。同样，对工作不满意，有的人可能会减少对工作的投入，有的人则可能在寻找其他工作的同时依然不减少对现在工作的投入。而且，工作绩效不仅仅靠个人的努力，还依赖一个人的能力和资源。

第二，当工作绩效和员工报酬联系在一起时，是工作绩效影响工作满意度，而不是相反。绩效水平高的员工由于获得更多的报酬，会比由于绩效水平低而得到较低报酬的员工的满意度高。工作满意度和工作绩效之间较低的相关是因为许多组织并不按员工的绩效进行奖赏，从而使高绩效未能带来高满意度。

第三，工作满意度和工作绩效之间的相关偏低还可能是因为工作满意度后果变量的多样性。也就是说，高工作满意度的后果并不一定直接表现为良好的工作行为，还可能表现为良好的组织公民行为，如在工作职责之外做一些有利于组织的事情、乐于帮助他人、积极参与组织的公益活动、劳动积极的工作氛围等，这些行为并不能直接导致工作绩效的提高。

尽管工作满意度与工作绩效之间的相关性并不高，但这并不意味着工作满意度对于组织而言是无关紧要的。一方面，员工的工作满意度是组织管理的目标之一，是组织管理水平的重要体现或衡量标准；另一方面，提高和维护员工的工作满意度，让工作本身变得更为愉快而有趣，是稳定员工队伍，增强员工卷入水平，树立良好企业形象，最终实现组织长远发展目标的重要途径。因此，加强员工工作满意度的管理，在防止员工对工作产生不满情绪同时，提高员工对工作诸方面的满意度，是管理工作的重要内容之一。

与上述相反，当员工对工作不满时，负面影响是不可小觑的。员工对工作不满时，他们会尽量逃避和远离工作，这种现象就叫做员工离职。员工离职的主要形式有缺勤和跳槽两种。但值得注意的是，工作不满意与缺勤并不是主要原因。这表明，工作不满意可能只是影响员工缺勤的众多因素之一。如，员工为了维持自己的生计或完成一个对自己有重大影响的项目时，他们也可能会缺勤；还有一些员工可能非常不喜欢他们的工作，就会在工作中偷懒或消极怠工，但并不选择缺勤。对于员工离职的另一种极端形式跳槽来说，与工作满意度却有较高的相关性。员工对工作满意度低，他们考虑辞职的可能性就越大，同时，付诸行动的可能性也越大。但现实生活中，人们也发现，有一些员工总是报怨工作，但却迟迟不选择离开，这大概与其个人因素有关，如职业经验、经济状况。员工的经济状况以及找到一份可以接受的新工作的可能性是影响员工跳槽的重要因素。

6.3 组织公民行为管理策略

6.3.1 企业心理契约的建立

建立企业的“心理契约”，必须以科学的职业生涯管理为前提。企业作为一个经济组织，其成长与发展永远处于一个动态的发展过程之中，在这一过程中，企业人力资源的物理状态和心理状态都处于一个不断变化的过程中。如何保证企业的人力资源有效地长期地为企业的发展服务，而不至于随着企业的变动成长而发生人心离散，是企业人力资源管理的目标，企业能与员工达成并维持一份动态平衡的“心理契约”是这一目标状态的生动体现。职业生涯管理是美国近十几年来从人力资源管理理论与实践中发展起来的新学科。

所谓生涯，根据美国组织行为专家道格拉斯·霍尔(Douglas T. Hall)的观念，是指一个人一生工作经历中所包括的一系列活动和行为。组织生涯发展是组织生涯管理和个人生涯计划活动相结合所产生的结果。把个人的生涯计划和组织的生涯管理两者结合起来，通过组织内生涯发展系统以达到组织人力资源需求与个人生涯需求之间的平衡，能创造一个高效率的工作环境。马克思就认为，人所奋斗的一切，无不与他的利益有关。职工培训配合生涯设计是加强职工成就感和工作满意度以及对企业忠诚度，阻止企业人才外流的好办法。

达成与维持“心理契约”需要以人为本的企业文化为氛围。健康向上的企业文化能在企业中创设出一种奋发、进取、和谐、平等的企业氛围和企业精神，为全体员工塑造强大的精神支柱，形成坚不可摧的生命共同体。以人为本的现代企业文化，指的是现代企业的文化价值观应建立在注重人的能力充分发挥这一基石之上，企业的一切经营管理活动都围绕如何正确发挥人的能力。这里的能力，特指有益于企业人的合理生存发展、社会职业活动和社会发展的能力，其精神实质在于倡导企业员工通过充分正确发挥其能力，为企业多做贡献，实现个人的社会价值。现代企业理论认为，企业员工把自己的工作自由与权利交给企业安排，是因为他们相信企业能实现他们的愿望，能提供与之工作绩效对称的发展。否则这种平衡是不能维持的。建设以人为本的企业文化，实现人尽其能，人尽其用，高效开发员工的能力与潜力，无疑给达成与维持“心理契约”创设良好的氛围、空间，增强员工努力工作的热情与信念，激发企业与员工共同信守“契约”所默示的各自对应的“承诺”。因此，这种企业文化的建设，要求企业及其管理者为职工的能力发挥提供良好的制度保障、有效的机制、正确的政策和宽松的企业氛围，换言之，它要求建立一个以能力发展为价值导向的企业经济体制及其运行机制；还要求每个企业员工把能力最大限度地正确发挥作为自己价值追求的主导目标，并积极为此而努力。在这种文化之下，企业领导与员工上下同心，使经营理念得以落实、共识得以建立，公司使命得以实践，实现人与事的理想结合。

建立“心理契约”要认识到员工的特定需要和有效激励方式。激励的形式分为精神的和物质的。精神激励用以满足“心理上的需要”，物质激励用以满足“生理上的需要”。由于物质是人类生存的基础和基本条件，衣食住行是人类最基本的物质需要，从这种意义上说，物质利益对人类具有永恒的意义，是个永恒的追求。同时现代心理理论认为，人类的行为是一个可控的系统，借助于心理的方法，对人的行为进行研究和分析，并给予肯定和激励，使有利于生产、有益于社会的行为得到社会的承认，达到定向控制的目的，使其强化，这样就能维持其动机，促进这些行为的保持和发展。

管理柔性化的心理契约，往往产生事半功倍的效果。随着知识经济时代的到来，原来的金字塔式管理所带来的刚性管理开始变得日渐柔性化。这其中的原因在于，知识经济时代条件下，劳资双方的关系将发生革命性变化。这乃是人力资源管理从刚性转向柔化的物质原因。原来的强制与命令越来越难以奏效，权威的维系越来越难以凭借权力，劳资双方的“契约关系”越来越变得更像“盟约关系”。柔性管理本质上是一种“以人为中心”的管理，要求用“柔性”的方式去管理和开发人力资源。在现代市场经济中，企业要使顾客(外部上帝)满意，首先要以员工(内部上帝)满意作为基础和条件。人力资源的柔性管理是在尊重人的人格独立与个人尊严的前提下，在提高广大员工对企业的向心力、凝聚力与归属感的基础上，所实行的分权化的管理。柔性管理的最大特点，在于它主要不是依靠外力(如上级的发号施令)，而是依靠人性解放、权力平等、民主管理，从内心深处来激发每个员工的内在潜力、主动性和创造精神，使他们能真正做到心情舒畅、不遗余力地为企业不断开拓新的优良业绩，成为企业在全球性剧烈的市场竞争中取得竞争优势的力量源泉。对柔性管理进行过深入探讨的郑其绪教授这样概括柔性管理的特征:内在重于外在，心理重于物理，身教重于言教，肯定重于否定，激励重于控制，务实重于务虚。显然，在人力资源管理柔性化之后，管理者更加看重的是职工的积极性和创造性，更加看重的是职工的主动精神和自我约束。

6.3.2 心理契约的改变

在“美好的过去”，员工们在一个企业内，用他们的努力和能力换回一份有保障的工作职位，这份有保障的职位为员工提供了不断增长的工资、覆盖全面的福利和职务的不断升迁。但如今，由于企业在实行人员压缩时，不得不解雇那些给予了企业长期和忠诚服务的员工，越来越多的员工开始怀疑他们是否应该继续对企业保持忠诚。

在发达国家，如美国、法国、德国、英国和日本，有两种力量推动着企业内的种种变化，并由此引起了心理契约方面的各种变化。一种力量来自经济的全球化，这一进程要求企业提高国际竞争力，从而使许多企业面临着比以往大得多的压力;另一种力量是技术进步，它迫使企业不得不进行多方面的调整。

心理契约方面的改变反映了一种演化过程，在这一过程中，企业的人力资源策略发生了变化，即从原来的雇用刚好可完成任务的人员，逐渐转变到雇用那些预期可产出特定成果的人员。越来越多的企业期望员工用他们自身的技术和才能为公司实现各种成果，而不再是只求花钱雇人来听从企业的指令和按时完成指定任务。

在竞争环境下，许多企业未能长期生存下来。那些确实生存下来的企业，需要依靠员工们持续不断的贡献，来保持企业的成就和取得进一步的成功，见图6－2。

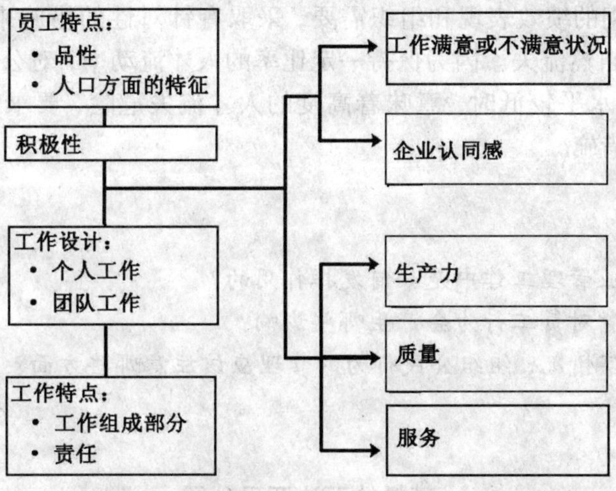

图6－2

在上图所表示的员工和企业的运作模型中，以员工和工作职务的特点为起点，进而显示了那些导致工作满意度和企业认同感的各个环节的关联方式。同时，企业的各种经营结果也会最终受到影响，这些结果(生产力、质量和服务)可在一定程度上反映企业总体目标的实现情况。

6.3.3 中国员工组织承诺对管理者的启示

对于管理者而言，了解员工的组织承诺对于其制定政策和改进管理至关重要。美国的沃森·怀亚特公司的一份对美国7500员工的调查显示，拥有高承诺员工的公司三年内对股东的总体回报(112%)要远大于员工承诺水平低的公司(76%)(Whitener，2001)。可见员工对组织的承诺对于公司是何等重要。那么，如何提高中国员工的组织承诺呢？我们有如下管理建议：

1. 中国文化重视经验中的情感体验成分，为了赢得员工的感情承诺，需要员工在工作实践中体会到组织的关心和厚待

管理者要从员工的需要出发，悉心设计对员工的各项政策，营造适宜的工作环境，为员工能高度卷入并努力达成组织目标创造条件。对员工的每一分付出，公司都要给予积极的肯定，并通过公平的分配和晋升系统给予回报。

2. 做好员工职业生涯管理，建立组织内部职业生涯发展体系

为员工的发展提供更多的培训和晋升空间，满足员工的理想承诺要求，建立员工的工作远景，帮助员工进行自我实现。

3. 信任管理：要赢得员工的感情和忠诚必须给予员工信任

管理者要通过诚实与公开的沟通，与员工建立相互信赖的关系，给予员工归属感，不是通过严厉的规则而是通过教育培训来降低组织不期望行为的发生。从而消除雇佣不稳定因素对组织承诺的消极影响。

4. 通过应用“中国员工组织承诺问卷”对员工的组织承诺进行调查，了解员工的承诺状态和水平

每一位员工的组织承诺中都有上述五种承诺因子，但是他们各自的水平是不同的，只有一种或两种承诺因子占主导地位。其中以经济和机会承诺为主导的员工离职率较高。对于这类员工，可以根据他们的绩效表现和组织需要，采取有针对性的措施来挽留其中所需人才，而机会承诺者可让其自然流失。因为保持一定比率的人才流动率，对公司也是必要的。而当组织内员工总体承诺水平较低时，意味着高度的人才流失危险，要求管理者高度警觉和反省，并拟定新的管理措施。

【思考题】

1. 心理契约在企业管理工作中是如何发挥作用的？
2. 组织承诺的违背对员工行为会产生哪些影响？
3. 针对我国的现实情况，组织公民行为的管理应该注意哪些方面？

【案例分析】

糟糕的石油开采公司

约翰轻轻敲开了自己的老师苏珊教授的办公室，想向她请教一些问题。

“欢迎回来！”苏珊把约翰领进了办公室，“我听说你去了一家油田工作，怎么样？”

“还好，教授。”约翰说，“我在一家石油开采公司工作了两年。当时我特别想去这家公司，据说这家公司待遇很好而且还有不少假期，因此有很多人都想来这里工作。经过激烈的竞争，我很幸运地成为这家公司的一员。由于这次招聘吸引了很多人来应聘，因此引起市民的关注，一家报纸还报道了这件事。

“所以，我们这些被选中的人都非常开心，而且感到很自豪。我对此次的招聘官印象非常深刻，因为他们似乎特别关心我们在井上工作的安全及福利问题。后来，我才知道他们都来自一家咨询公司，而且专门负责员工招聘。实际上，在那次招聘会上这家公司的管理者一个也没出现。

进了这家公司工作后，我们感到非常震惊，我们都没想到会做那么糟糕的工作，在凛冽的寒风中我们干着最脏的活。尽管这样，在头几个月里我们大多数人还是向管理层表示我们很希望把工作做好。而且我们一起被招进来的这些人相处得很好，建立起了很紧密的联系，这可以帮助我们战胜恶劣天气和完成艰难的任务。

可是这家公司的管理者都是令人厌恶的工头。刚开始的几个月，我们尽量忍受各种虐待。后来由于修理机器，生产被迫停了两次，这下情况变得更糟糕了。这家公司的高层对此很不满，给基层管理者施加了更多的压力，他们又把这种压力转嫁到我们头上。

他们开始不顾安全程序一个劲地催促我们快点干活，还经常当着其他员工的面谩骂、侮辱员工。有些同事被解雇了，还有些同事辞职了。有一天我也差一点被解雇，仅仅因为我的老板认为我故意偷懒。他不知道，也根本不关心我正在连接的设备坏了。有好几个同事尽量避免见到上级，尽可能少做工作。一些员工开始撒谎说背痛而请假不上钻台。

在这些令人恶心的上级控制下，我们对钻台上的问题一无所知，这些上级让我们不要对那些与我们无关的事太感兴趣。但是钻台上的问题以及以后的合同问题，对于我们这些不想辞职的人来说非常重要，我们的工作是否有保障依赖于钻台生产水平以及能否签到合同钻新的油井。

由于有人不正确地操作了机器使得皮特因工死亡，这事引起了很大的关注。事故调查组认为皮特的死是因为他没有经过系统的培训，并且在没有任何安全警告的情况下去工作。当调查组还在调查事故的时候，好几个工人决定在钻台上成立工会，并且很快就有很多人签名加入。这让这家公司乃至整个石油开采行业非常震惊。

从那以后，公司管理层想方设法欲解散工会，他们甚至给钻台派来一个安全检查官，可是我们发现他是公司雇来的一个顾问，目的是破坏工会组织。

教授，两年前我怀着满腔热情来到这家公司，结果在上个月非常失望地离开了这家公司。这真的让我很苦恼，因为我总是被告诉不管情况多么恶劣，要尽你的全力去工作。”

问题：

1. 请用工作满意度模型解释一下为什么这家公司的员工对他们的工作不满意？

2. 这家公司的员工表达他们对工作不满意的方式有哪些？

3. 在这家公司工作的两年里，约翰对这家公司的承诺感在不断下降，直到离开这家公司。请问影响其组织承诺的因素是什么？

【拓展训练】

你的组织承诺水平如何?

指导语:

在下面每一个陈述的左边的空白处写下最能反映你同意程度的数字(1. 根本不同意;2. 不同意;3. 同意;4. 很同意;5. 完全同意)

______(1)我留在原来工作岗位上,不是因为我想留而是因为我不得不留。

______(2)我强烈地感觉到我属于某个组织。

______(3)一旦我在某公司工作,我就不愿意离开。

______(4)离开我的工作,需要作出很大的个人牺牲。

______(5)我感觉到我和公司紧密相连。

______(6)如果我离开公司,老板会很失望。

______(7)我没有其他选择,只能留在原来的工作岗位上。

______(8)我感到自己是所工作的公司大家庭中的一员。

______(9)我感到强烈的责任心留在原来的工作岗位上。

______(10)如果放弃现在的工作,我的生活会一团糟。

______(11)在这个组织中度过我工作的剩余时间,我感到开心。

______(12)我留在原来的工作岗位上,是因为人们会因为我的离开而看轻我。

2. 记分方法:

将(1)(4)(7)(10)题的得分相加,反映你持续承诺的得分;

将(2)(5)(8)(11)题的得分相加,反映你情感承诺的得分;

将(3)(6)(9)(12)题的得分相加,反映你规范承诺的得分。

3. 分析得分情况:

(1)这个问卷揭示你哪一方面的承诺最高?哪一方面的承诺最低?这些承诺差别很大还是很相似?

(2)这个问卷在多大程度上反映了你的组织承诺水平?在多大程度上涉及到你想放弃工作和接受一个新职位的利益问题?

(3)你对这些问题的回答和你的同事相比如何?你的反应和他们一样吗?你认为这是为什么?

■ 第 7 章 群体行为基础

7.1 群体行为概述

7.1.1 群体概述

1. 群体的概念与特征

什么是群体？对于这个概念，有着多种解释，没有统一的定义。在英文中，“群体”称为“group”，日文中叫“集团”，而在我国，更多的说法是“群体”，也有的叫“团体”，有时还称之为“集体”。虽然名称不一，但从实质上来看，其所包含的内容大致是相同的。

群体并不是个体的简单集合，几个人偶然坐在火车上的邻近的座位上，几十个人在海滨游泳戏水，都不能称为群体。群体是指在共同目标的基础上，由两个以上的人所组成的相互依存、相互作用的有机组合体。群体作为一种由人组成的有机组合体，它时时刻刻都对个体和组织发生着影响，并由此体现出自身的特征，其本质特征表现如下。

(1) 成员们的目标共同性。群体之所以能够形成，它是以若干人有共同的活动目标为基础的，正是有了共同的目标，他们才能走到一起，并彼此合作，以己之长，补他人之短，以他人之长，弥合自己之短，使群体爆发出超过单个个体之和的能量。群体的这一特性，也是群体建立和维系的基础条件。

(2) 群体自身的相对独立性。群体虽然是由一个个的个体所构成，但一个群体，又有自己相对独立的一面。它有着自身的行为规范、行动计划，有自己的舆论，而这些规范、计划和舆论，不会因为有个别成员的去留而改变。

(3) 群体成员的群体意识性。作为一个群体，它之所以能对各个成员发生影响，并能产生出巨大的动力，就是因为群体中的每个成员都意识到自己是生活在某一个群体里。在这个群体中，成员之间在行为上相互作用，互相影响，互相依存，互相制约。在心理上，彼此之间都意识到对方的存在，也意识到自己是群体中的成员。

(4) 群体的有机组合性。群体不是个体的简单组合，而是一个有机的集体，每个成员都在这个群体中扮演一定的角色，有一定的职务，负一定的责任，并以做好自己的工作而配合他人的活动，使群体成为一个聚集着强大动力的活动体。

在这个问题上，美国心理学家霍曼斯(George Casper Homons，1910～1989)经过研究认为，任何一个群体的社交行为，都包括以下三个因素。

(1)任务活动因素。即人们所从事的工作活动。这种活动属于浅层外显活动，一般容易为他人所觉察。例如：交谈、工作、学习、社交等等，它常常是组织衡量一个人工作效率的依据。

(2)相互作用因素。就是在完成任务时，人与人之间的行为影响。例如，彼此之间语言行为和非语言行为的相互沟通和接触，以及对他人的活动进行分析，他人的行为与自己的关系等等。

(3)情感活动因素。即个人之间，以及个人与群体、个人与活动之间的情感反应。这种因素是属于深层的内隐的因素，一般不易直接观察到，但是，可以通过活动特点和他人的相互作用的方式等来了解，这可进一步加深相互之间的认识，有利于更加密切地配合。

后来许多研究者也认为，群体的存在，一般都离不开这三个因素。首先，必须有共同活动的内容，没有共同活动的内容，群体也就不可能存在下去；其次，活动的成败又取决于人们对活动的认识、态度和情感，同时为了使活动顺利进行而又必须得到人们的相互协作和密切的配合；第三，在群体中，人们的感情交往往往占有重要地位，它不仅仅与活动的顺利进行有关，而且与人们之间的交往有关，交往产生感情，感情促进交往和协作。

2. 群体功能

群体是人们开展社会活动的重要环境。群体是处理人际关系、调动广大职工积极性和创造性，达到群体成员心理协调平衡，有效地发挥组织力量，完成组织目标，提高组织经济效益和社会效益的可靠保证。组织行为学认为，群体主要有完成组织任务和满足职工需要两大功能。

(1)完成组织任务。群体对组织的主要功能是完成组织赋予的任务。一个庞大的组织要想有效地实现其目标，必须分工合作，把最终目标分成若干分目标，分配给每一个群体单位。正式群体的功能便是承担组织分配下来的目标，执行基本的任务，提出建议，负责联络，确保整个组织处于最佳的工作状态。

(2)满足成员的需要。群体对个体的主要功能是满足其心理与生理的需要。群体的成员有许多需要，有些是通过工作可以满足的，有些是由群体的组成可以满足的。群体可以满足成员以下需要：

①满足安全的需要。个人只有归属于群体时，才会增强信心和力量，互相依赖，互相帮助，免于孤独的恐惧感，获得心理上的安全感。

②满足"归属"的需要和社会交往的需要。群体能为其成员提供广阔的活动天地，帮助成员解决困难，增加知识，促进成员间的信任与合作，在交往中获得友谊、关怀、支持和帮助。

③满足自我确认和满足自尊的需要。个人在群体中的地位，无论是职位上的地位或心理上的地位，如受人欢迎、受人尊重、受人爱护等，都可以在群体中得到满足。

④满足"责任感"、"成就感"的需要。个人要做出某方面的成就，总离不开他人的帮助与合作，个人的成长、进步与事业上的成功，总离不开群体的帮助。

⑤满足其他有关需要。群体可以满足其他属于个人的个别需要，诸如收集资料信息、生

病或疲倦时互相协助、摆脱烦恼、彼此支持鼓励等。

任何一个群体如果能完成以上两大功能，便是有效的群体。有效的群体一般有以下特征：

①群体的成员都有着强烈的工作动机，表现出较高的生产和工作热情，因而有较高的生产与工作效率；

②群体成员自愿接受组织的任务并努力出色地完成；

③群体成员同心协作，心情舒畅，精神饱满，对组织的目标充满信心和力量；

④群体成员之间、上下级之间有着良好的信息沟通联系，成员关心集体，并积极参与群体的管理。

3. 群体类型

群体是多种多样的，按照不同的标准，群体可划分为不同的类型。

(1)假设群体和实际群体。从群体是否实际存在的角度可以把群体分为假设群体和实际群体。

假设群体又称为统计群体，即实际上并不存在，只是为了研究和分析的需要而划分的群体。假设群体可以根据不同特征，如民族、年龄、性别、职业等来划分。虽然假设群体在客观上并不存在，但这样划分却是研究分析问题的有效手段。实际群体是客观上实际存在的群体，这类群体的成员之间有着实际的直接或间接的联系。如企业的车间、班组、科室等，都是实际群体。

(2)松散群体、联合群体和集体。从群体中成员间相互关系的密切程度和发展水平的角度，可以把群体分为松散群体、联合群体和集体。

松散群体是指人们仅在空间和时间上结合成群体，彼此间关系松散，只是某种偶然的机会结合在一起。联合群体是指人与人之间有着共同的目标、活动和利益，但彼此的关系并不是很紧密，其共同活动是有限的，在共同目标和利益上的联系程度较松散的群体。如各种“学会”、“协会”，成员间建立了公务和个人接触，但关系比较松散。集体是指成员之间不仅有着共同的目标、活动和利益，而且彼此联系密切，具有明显的组织性和心理上团结一致特点的群体。集体是群体发展的最高形式。其成员都承担着明确的社会任务，集体能有效地解决有社会意义的问题，能建立具有稳定性和互助性的相互关系。

(3)大群体和小群体。根据群体人数的多少和规模的大小，把群体划分为大群体和小群体。

群体的大与小是相对的，其界限很模糊。为此，社会心理学对于群体大小的划分提出了一个标准，即群体成员之间是否有直接的、面对面的接触和联系。凡是成员之间有直接的、面对面的接触和联系的群体即为小群体。其心理因素(感情因素)起决定作用。大群体是指成员较多，彼此间多是间接接触甚至不常见面或互相并不认识的群体。在大群体中，社会因素比心理因素有更大的作用。

(4)正式群体与非正式群体。根据构成群体的原则和方式的不同，群体可划分为正式群体与非正式群体。

正式群体是由正式文件明文规定而正式建立的群体。群体的成员有固定的编制，有规定的权利和义务，有明确的职责分工，有一定的组织制度和统一的纪律。如工厂的车间、班组、科室，学校的班级、教研室等都是正式群体。非正式群体是指非经官方规定，是人们在共同的劳动、生活中自然形成的群体，其成员之间的关系带有明显的感情色彩，以个人之间的好恶、喜爱为基础。这种群体没有定员编制，其成员的权利、义务也没有条文规定。成员的行为受群体中自然形成的“领袖”和“规范”所调节。非正式群体有着它的特殊作用，在某些情况下，它的社会作用超过正式群体。

当然，非正式群体也可能与正式群体发生矛盾，从而干扰正式群体达到既定目标。如果非正式群体具有反社会倾向，就会对正式群体达到目标起破坏作用。因此，管理者应研究如何使非正式群体与正式群体的活动协调一致。如果非正式群体妨碍正式群体的工作，应设法改变非正式群体的活动倾向和已形成的规范。

(5)参照群体和一般群体。按照群体在人们心目中的形象，可以分为参照群体和一般群体。

参照群体又叫作标准群体或榜样群体。这种群体的标准、目标和规范会成为人们行动的指南，成为人们要努力达到的标准。个人会把自己的行为与这种群体的标准进行对照，如果不符合这些标准，就会改正自己的行为。现实中，自己所参加的群体并不一定是个人心目中的参照群体。可能有这种情况，一个人参加某个群体，而把另一个群体作为自己的参照群体。除参照群体以外的群体是一般群体。

(6)开放群体和封闭群体。按照群体中成员流动情况把群体分为开放群体和封闭群体。

开放群体是指成员来去自由、经常更换的群体。这种群体由于经常更换成员、输入“新鲜血液“，因此可以吸收新思想和新人才，而且对环境的适应性较强，适于新思想和新产品的开发。但成员的地位、权利不稳定，所以不适合完成长期的任务。封闭群体是指成员比较稳定，成员间等级关系严明的群体。封闭群体具有历史眼光，适于长期规划。

(7)冷漠群体、规律群体、战略群体和保守群体。按不同工作具有不同的行为模式和对人的特定组合，把群体分为冷漠型群体、规律型群体、战略型群体和保守型群体。

冷漠型群体的工作中无明确的领导，内部联系少，没有什么可抱怨的事情，技术性强，成员并不共用工具，工序不联结。规律型群体中所有人都从事相似的工作，大都具有非常集中的领导，成员间容易积怨，但能很快恢复与领导的良好关系。战略型群体内部一致性强，为利益而采取有计划的行动。

4. 群体结构

(1)群体结构的概念与意义。群体结构是指群体成员的组成成分。群体成员的结构可以分为不同的方面。如年龄结构、知识结构、专业结构、性格结构，以及观点、信念结构等。所谓群体结构就是指这些结构的有机结合。

群体必须有着合理的结构。群体成员的结构对群体的工作效率有很大的影响。群体成员搭配得当，会使群体协调一致，紧密团结，提高工作效率。否则，就会使群体涣散，成员之间互相扯皮，经常发生冲突，从而降低工作效率。

(2)群体结构的同质性与异质性。群体的同质性是指群体的成员在能力、性格、年龄、知识等各方面都比较相似和接近。而群体的异质性则是群体成员在上述各个方面都迥然不同。一个群体应该是同质的还是异质的，应该根据工作的性质、完成的任务而定。

研究表明，在下述三种条件下，同质结构的群体可能达到最高的工作效率：一是工作比较单纯，不需要复杂的知识和技能；二是工作需要成员之间的密切配合；三是群体成员从事连锁性的工作。

研究表明，在下述三种条件下，异质结构的群体将会达到最高的工作效率：一是工作比较复杂，群体需要各种不同的见解；二是决策的过程不能太快，否则就会产生不利的后果；三是工作需要有创造性。

(3)几点必要的说明。在研究群体结构的同质性与异质性时应该注意以下几个方面：

一是在分析群体的结构是同质或异质时，不能把基本观点、基本信念的结构包括在内。因为，群体成员在对待重大问题的基本观点和基本信念方面必须一致或基本一致，这是群体顺利完成任务的前提条件。

二是在分析群体结构时，同质和异质只是相对而言，不能绝对化。

三是群体结构分析是一种相对静止状态的分析，即静态分析，这种分析对组织的管理工作有一定的意义，但也不能绝对化，因为群体实际上是一个动态的结构。

7.1.2 群体行为规律

1. 影响群体行为主要因素

群体的行为受到各种因素的影响，这些因素主要有：群体的规模和结构、群体领导人、群体的任务目标、群体规范、群体外部环境等。群体行为是以上各个可变因素的复合函数。

(1)群体规模。群体规模是指群体人数的多少。群体规模的大小是由多种因素决定的，就正式群体而言，在保证任务完成的前提下，规模应尽量小一些，否则会导致“鸡多不下蛋”、“龙多不治水”的消极局面。当然，群体规模大小受群体任务性质的影响，一般来说复杂的任务需要更多的人去完成。群体机构精干，内部控制灵敏，群体行为效率就高。相反，群体层次繁多，人浮于事，就难以保证群体行为的高效率。

美国心理学家詹姆斯曾对9129个群体进行了研究分析认为，在多数情况下，小群体的人数为2~7人，这是小群体模型的最佳人数。一些学者研究认为，不适当地扩大群体规模可能产生以下问题：

一是随着群体规模的增大，群体资源的总量也在增加，但这些资源并不一定都有用。

二是随着群体规模的增大，群体成员间的不同点增多，因而成员各自的特长难以发挥。

三是群体人数增多，其成员参加活动和得到奖励的机会减少。

四是群体人数越多，为协调成员的关系与活动，其组织工作量增加。

五是群体人数增多，则群体成员之间的冲突也就增多。

六是群体人数越多，则成员之间彼此了解的程度就会越低。

群体规模(人数)与工作效率的关系如图7-1所示。

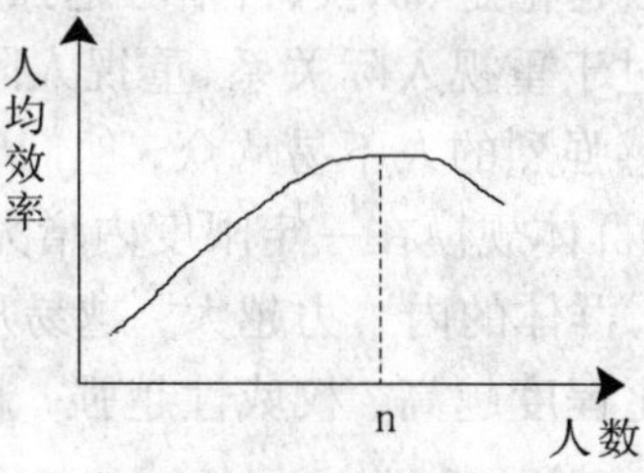

图7-1　群体规模与工作效率的关系

(2)群体领导人。群体领导人的能力素质与行为特点对群体行为有很大影响。群体领导人的个性特征和行为方式在很大程度上决定着群体的社会心理气氛，并使每个成员都受到直接的影响。

(3)群体目标。不同群体有着不同的任务目标，而群体目标与群体规范之间存在着必然一致的联系，作为整体的群体所希望达到的目标和状态，是产生人们行为的一种诱因。所以，不同的任务和目标，必然影响群体的行为水平。

(4)群体规范。不同的群体有不同的群体规范，而不同的规范制约着成员的不同行为，各种规范对个人或群体都有很大的影响。

(5)群体成员构成。群体是所有个体特点的组合。每一个成员都有其个性特征。他们的特征有相似的(同质群体)，也有不相似的(异质群体)。这些都会影响整个群体的行为。

(6)外部环境。任何一个群体必然处在一个开放的环境之中。外部环境既包括技术的、物质的，也包括政治的、经济的、法律的等。群体外部环境对群体行为有着重要的控制和导向作用。

由于群体行为受到以上诸多因素的影响，所以在分析研究群体行为时，必须同时考虑这些错综复杂的因素，找出其中的主要因素及各因素之间的关系。只有这样，才能对一个群体的行为做出客观的判断，进行有效的控制。

2. 群体心理活动规律

(1)社会助长作用。所谓社会助长作用是指在一定条件下，群体对个人的工作起促进作用，也就是说，当有人在场时比单独一个人时工作的表现更佳。这种现象并不仅仅独限于人类。在对一群蚂蚁掘土的观察中发现，当蚂蚁群体掘土时，平均工作量比单独掘土时要大。

社会助长作用有时也可以是一种反向作用，即由于环境中他人的在场，降低了主体的工作效率，这种反向的社会助长作用也被称为社会干扰作用。一般来说，当工作是一些简单的机械或手工操作时，有更多发生社会助长的机会；而学习、判断、推理等复杂活动则更可能产生社会干扰作用。

社会助长作用在管理中具有一定意义，适当地利用社会助长可以增加工作效率，激发人的智力，提高问题解决的速度与水平。当然，排除社会干扰作用在管理中也是一个值得考虑的问题，这其中涉及工作联系的设计、工作场景的设计等许多内容。

(2)从众效应。所谓从众是指个人由于受到真实的或臆想的压力，而放弃自己在认知上或行为上的独立性，屈从于大多数人的认知或行为的现象。影响人们发生从众的原因主要有以下两个方面。

一是某些个性因素的影响：①自信是从众与否的一个重要影响因素。一般说，高度自信者不易从众，一个人对自己的看法越稳定、积极、自信心越强，就越不容易从众。②智力或其他方面存在缺陷者易于从众。③过于重视人际关系、重视人际间的利害冲突者易于从众。④情绪不稳定者易于从众。⑤责任感强烈的人不易从众，他们要对自己的看法和行为负责。

二是某些群体因素的影响：①群体规模在一定限度内增大时，从众倾向增加；但超过了一定人数的限制，从众效果递减。②群体的内聚力越大，越易从众。③个体与群体的亲密程度越大，越易从众。④群体的专业化程度越高，权威性越强，越容易从众，群体的社会地位直接决定人的从众倾向。

三是其他因素：①在信息不充分时，解决问题的人就越容易从众。②在问题的难度增大时，从众增加。

(3)竞争效应。竞争是人们在相互对抗中朝预定目标前进的一种行为，竞争现象普遍地存在于人类的生活之中。

影响竞争程度变化的因素有很多。刺激的改变是增加竞争的一个重要原因，当奖酬增加时，竞争的强度可能增大；环境情景的变化也会改变竞争的强度；问题的难度、任务的种类、沟通交流的程度等，对竞争程度的大小都有一定的影响。研究的结果表明，竞争会使群体产生以下效应：

一是竞争产生外部压力，使成员减少内部分歧，增强团结，更加忠诚于团体。

二是竞争压力的存在，使成员对个人需求的关心减弱，而对完成任务的关心逐渐增强。

三是竞争对领导人提出了很高的要求，他必须当机立断，具有决策和命令的能力与勇气。

四是竞争使群体的组织严密、纪律严明。

五是竞争使本群体成员对另一群体成员的敌意逐渐加强，与对方的沟通和交往逐渐减少。

六是竞争使每一群体都产生偏见，只看到本群体的优点，看不到自己的弱点，对另一群体则只看到缺点，看不到优点。

在管理中，如何更好地对竞争与合作进行控制是一个有意义的问题。一般来讲，对于工作简单，可单独完成或必须单独完成的任务，可以展开个人竞争。计件工资制就是个人竞争的良好形式。此外，在人员的选拔上，个人竞争也是值得肯定的。但在更多的时候，我们必须教育职工形成合作的愿望，讲求奉献和讲求合作，可以扩大群体范围的竞争，及时处理好成败带来的后果。

(4)责任分摊效应。在没有明确责任的情况下，当事者越多，采取主动行为的人越少，仿佛责任被平均分配到每个个体身上的现象就是责任分摊效应。

责任分摊效应起源于20世纪中期美国发生的吉诺维茨案件。当一位老人被歹徒恶意攻击时，有38人次观察到了这一事实。这38人也分别采取了如打电话报警等行动，但没有一人主动出击去解救老人。在扣除了道德等许多因素的影响之后，人们也对这类事件的心理起因进行了分析。美国心理学家雷特恩主张，这是一种群体心理现象。他设计了一个电话讨论会的实验。让被试者参加一个电话讨论会，事先告知出席的人数和每人所在的电话间。实验者从听筒中听到一个人正在发言。但是，发言被某种呻吟声打断了。原来，这个发言者有癫痫症，刚好在讲演中发作。实验者观察在这样的现象发生后，参加实验的人有多少将采取主动行动救助病人。研究的结果证明了他的理论，在得知有1人、2人和5人参加会议的情况下，采取主动救助行为的比率分别为85%、62%和31%，一个递减的趋势表达得非常明显。在管理工作中如何更好地设计和明确责任，减少责任分摊的发生是对领导者的一个新课题。

7.2 群体动力理论

7.2.1 群体规范与群体压力

群体动力理论是心理学家勒温(K. lewin)于1932年在美国斯坦福大学一系列研究的基础上创立的。群体动力理论借用了物理学中的“力场”观念，描述群体行为的产生机制。所谓群体动力是指群体行为的动力与方向。研究群体动力，就要研究影响群体行为的诸因素。

1. 群体规范

群体规范是群体成员所共同接受并遵守的行为标准与行为准则，它是一个群体能保持一致的基本因素，它是由价值观、心理、行为方面的相互接近达成一致而形成的。规范具有强迫成员接受的规定形式，它常常是“标准”或“规划”的同义语。

群体规范包括两个部分：一是正式的明文规定的准则，这是有组织、有领导、有目的地制定的，用条文加以确定的，带有强制性，必须遵守，如法律、法令、政策、规章制度等。二是非正式的、在群体生活中自然形成的、约定俗成不成文的行为标准。它虽不带有强制性，但群体的舆论压力促使其成员必须遵守，如风俗、习惯等。

群体规范有以下几种功能：

(1)维系群体。群体的存在形式是它的整体性，而这种整体性就表现在群体成员的行为、感情和认识的一致性上。群体规范是这种一致性的标准，它统一着群体成员的意见和看法，调节着他们的行为。没有群体规范，群体也就失去了其整体性，因而群体便不复存在。从另一方面看，群体是由许多个体结合而成的，要维持其整体，使其存在下去，就需要有一定的准则来约束成员，而成员也正是依据这种对准则的认同，相互彼此一致起来、形成一个整体的。一个群体规范越标准化，成员的活动就越协调，关系就越密切，群体也就越整合、越集中，也就越容易让人们感到它的存在。相反，如果群体规范标准化很低，那么群体就会很松散。所以说，没有群体就没有群体规范，同样没有群体规范也就没有群体。

(2)认知的标准化。个人独处时，各人的看法往往是不同的，当他们一旦结合成为群体，就会在判断和评价上逐渐趋于一致，这种统一成员意见、看法的功能，就是群体规范的认知标准化功能。群体规范就像一把尺子，摆在每个成员的面前，约束着他们，使他们的认知、评价有一个统一的标准，从而形成共同的看法和意见，即使有个别人持不同意见，但由于规范的压力和个人的遵从性，也势必使其与规范保持一致。

群体规范的这种标准化功能并不是外在的、强迫的，而是内在的、自觉的。它已内化为每个成员的个人意识，在无形中起着作用。成员们在无意识中作出了相同的评价，表现出了一致的看法。

总之，在群体中产生的群体规范，制约着人们的认知活动，使群体成员在对某一事物的评价和看法上趋向于统一。因此，群体规范是一种评价尺度，它可以用来评价行为、活动、信念或与群体有关的任何对象的可以被接受的程度，以及必须加以反对的范围。

(3)定向行为。群体规范对行为的定向功能，主要是为成员划定了活动的范围，制定了日常的行为方式，告诉人们应该做什么，不应该做什么，怎样做等等。如佛教群体的成员不能杀生，少先队员不能打人等，即表明群体规范规定着人们的行为。群体是社会与个人之间的中介，是社会影响个人的具体形式，社会准则要通过群体才能影响个人，这即是通过群体规范约束人的行为方式来实现的。

2. 群体压力

群体压力是指群体对其成员的一种影响力。当群体成员的思想或行为与群体意见或规范发生冲突时，成员为了保持与群体的关系而需要遵守群体意见或规范时所感受到的一种无形的心理压力，它使成员倾向于作出为群体所接受的或认可的反应。

群体压力来自并存在于群体内部，不同群体会形成不同性质和不同强度的群体压力；群体压力主要来自于群体规范，是由于个体违背群体规范而产生的，旨在教育其成员遵守群体规范；群体压力是行为个体的一种心理感受，个体行为目标与群体目标偏离越大，来自群体的压力就越大。同时，个体心理越脆弱，其对群体压力的感受就越强烈。

群体为改变个体行为所采取的压力一般有四种类型:①理智压力。即采取摆事实、讲道理、进行耐心教育与引导，使其从道理上明辨是非。②舆论压力。即通过正面(表扬、树先进典型、奖励等)或反面(批评、处分等)的舆论，对成员形成一种压力。良好的舆论能为个体指明行为的正确方向，是扶植正气、批评阻止邪气的一种前进力量。③感情压力。即对群体成员动之以情，深厚真挚的感情能打动人心，促其顺从群体。④强制压力。即采取强制的办法，如处分、惩罚、经济制裁等，以使其顺从群体。以上几种群体压力都会影响群体成员的行为。但是，影响群体成员行为的决定性因素是其远大的理想，正确的世界观、人生观和价值观。因此，一个有效的群体应该对其成员经常进行理想、纪律和人生观教育。

群体对个体施加压力一般要经过如下四个阶段:

(1)合理辩论阶段。即群体多数人对持不同意见的个体进行自由讨论，对其施加理智压力，希望个体放弃个人意见。这个阶段对个体压力不大。

(2)劝诱阶段。即群体多数人对持不同意见的个体陈明利害，好言相劝，希望他改弦更张。这个阶段，群体对个体施加的既有理智压力，又有情感压力。

(3)攻击阶段。经过劝诱，个体若仍坚持个人错误意见并一意孤行，多数人便开始了攻击，制造舆论，当面批评，压力加温升级。

(4)隔离阶段。经过上述几个阶段的工作，个体仍坚持个人意见并同群体公开对立，群体多数人对其失去信任，从而采取不理政策，断绝同他的沟通，使其孤立。

群体规范和群体压力是客观存在的，对群体和个体的心理行为产生着巨大的影响。管理工作者应该认真研究并充分利用这种影响来做好群体成员的工作。

7.2.2 群体意识与群体士气

1. 群体意识

群体意识是指成员对群体的态度，或称以群体为主体的意识。这是某一特定群体内占主导地位的、对群体本身及所从事工作的看法。群体意识包括了理想、价值观、道德标准、工作态度等成分。

影响群体意识形成的因素多种多样，主要有如下几种因素:

(1)特定群体构成。由不同人构成的群体其认知水平、理想、价值观念、文化素养、道德标准等都是不同的，这使不同群体具有了明显的差别。

(2)工作任务的特殊性。工作的特点也决定了群体的意识差异。这是由工作要求和制度决定的。因为工作任务不同，个人对工作的看法也不同。

(3)其他。我国学者凌文铨教授提出，如下的四个方面是群体意识中重要的部分。它们是:①共同利益和目标;②合理的规章制度;⑧领袖人物的威信作用;④友爱。

群体意识对行为的影响是多方面的。首先，它影响群体行为的方向。意识的导向作用使得一个企业要将创立良好组织意识放在重要位置上。主人翁意识、集体主义意识、竞争意识、创新意识也是值得提倡的。其次，群体意识影响群体行为的强度和持久性，也影响成员的态度变化。最后，群体意识对群体的支配是不全面的，它不支配个人的具体行为，也不会使每个人都表现出共同的行为，它只指出群体成员行为的大致方向。所以，对群体意识的忽略和过分相信都是不现实的。比较合理的办法是注重各种主客观条件下的群体意识问题。

2. 群体士气

(1)群体士气的含义。群体士气又称团队精神，由群体的工作精神和成员对组织的积极态度组成。对士气的定义因人而异。史密斯(G・R・Smith)认为，士气是对某一群体感到满足，乐意成为该群体的一员，并协助达到群体目标的态度。雷顿(A・H・Leighton)则认为，士气是一群人追求共同目标，持久地、首尾一贯地协力工作的群体能力。

(2)群体士气与生产率、绩效的关系。群体士气与生产率、绩效有非常密切的关系。戴维斯认为，在士气和效率之间，至少有三种组合，如图7－2所示。

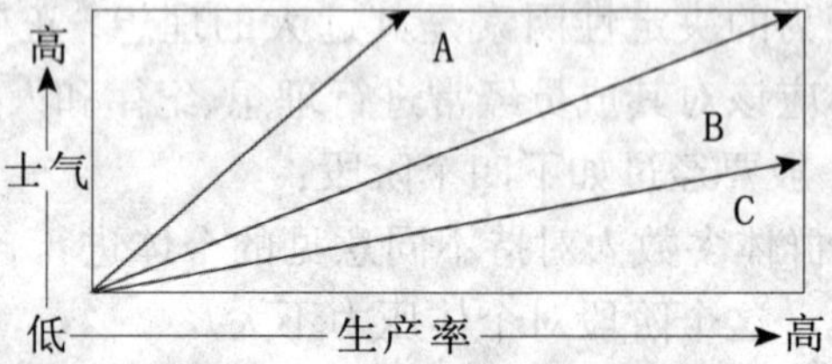

图7－2　士气与生产率关系

图中A线的情况是只关心满足感，职工目标与正式目标相互抵触。结果，生产效果不佳。C线起源于领导者的严格科学管理，但职工的士气在这种管理下并不理想。只有B线的情况最好。此时，职工目标与正式目标达成一致，职工的士气和工作效率具有一致性。

(3)影响士气的因素。影响士气的因素很多，概括起来主要有:①个人、群体、组织目标之间的一致性;②内部团结性;③报酬合理性与需求满足公平;④民主性等。在大部分心理学者看来，高昂的士气是高水平工作的一个先决条件，假如一个企业、一个学校、一个医院中，人人干劲十足，工作肯定有希望得到提高。

(4)高士气并不是实现管理目标的充分条件。高士气是实现管理目标的一个必要条件，但却不是一个充分条件。没有工作导向和其他辅助，仅仅保持高士气是不够的。

7.2.3 群体内聚力

1. 群体内聚力的含义

群体内聚力是指群体对其成员的吸引力。这一概念包括了三层含义：

(1)群体对其成员的吸引力。主要是群体目标、群体领导、群体环境对成员的吸引程度，这是构成群体内聚力的基础。

(2)群体成员对群体的向心力。群体的吸引力与成员的向心力是互为因果的，但吸引力不等于向心力。从一定意义上讲，成员的向心力来自成员的思想觉悟，而思想觉悟又是群体培养教育的结果。

(3)群体成员之间人际关系的紧密程度。如果人际关系紧张，互相防范，勾心斗角，即使群体的目标再宏伟远大，人们也不想多留一天。

因此，对群体内聚力要全面理解。增强群体内聚力，要从多方面做工作，并非一个群体目标任务完成得好，其内聚力就强。

2. 影响群体内聚力的因素

影响群体内聚力的因素有两方面，一是来自群体内部的，二是来自群体外部的。

来自群体内部的因素主要有：

(1)领导威信与领导方式。群体领导威信与领导方式是影响群体内聚力的直接因素。领导威信高，其下属必然愿意在其领导下工作。而领导威信的高低，取决于领导者的思想品德、工作作风、知识和专业能力等因素。研究表明，领导方式对群体的内聚力有重要影响，“民主型”的领导方式比“专制型”、“放任型”的领导方式内聚力强。

(2)目标设置与目标结构。群体目标是群体的奋斗方向，是群体成员共同的行为导向。一个有吸引力和号召力的群体目标，不仅要振奋人心，而且要把群体目标同个人目标结合起来，这样就会进一步增强群体观念和内聚力；否则，两者互不关联，就会降低群体内聚力。另外，群体目标如果能经常顺利地实现，就会对群体成员起着积极促进作用，使他们增加荣誉感、自豪感、自信心、归属感从而增强内聚力。

(3)群体成员的一致性。群体成员的一致性也叫同质性。即成员利益一致、目标一致、理想信念相同，以至文化背景、需要动机、价值观念和人格等方面的相同或相似。一般来说，成员的同质性越高，群体内聚力也就越强。

(4)群体规模。群体规模大小是影响群体内聚力的一个重要因素。群体规模太大，相互接触减少，彼此互不了解，关系淡漠，不可能有高内聚力；群体规模过小，一方面造成群体力量不足，难以适应任务的需要，另一方面又会失去平衡力量，矛盾难以解决。研究表明，群体规模以7~8人为最佳。

(5)群体内部的奖励方式。群体内部的奖励方式对其成员会产生不同的心理影响，影响成员之间的感情和期望。研究表明，个人与集体相结合的奖励方式，有利于增强群体的内聚力。只提倡和强调个人成功，只进行个人奖励，会增加群体成员之间的矛盾，不利于彼此之间的协作与团结，从而影响群体的内聚力。

(6)群体成员需求的满足对群体的依赖性。群体满足个体需求越高，群体对个体的吸引力就越大，个体对群体的依赖性就越强，表现出来的内聚力也就越大。

来自群体外部的因素主要有：

(1)群体间的竞争。研究表明，群体间的竞争使群体经常遇到挑战性压力，这种压力使群体成员放弃前嫌，团结起来，一致对外，共同对付竞争对手，这有利于提高群体的内聚力。

(2)群体的社会地位。群体社会地位的不同，对群体内聚力也有影响。往往有两种情况，一是当群体社会地位高时，如先进群体，它的内聚力会由此而提高；二是当群体社会地位低时，也会在一定程度上增强内聚力，从而一致排外，内聚力增强。

3. 群体内聚力与生产效率

群体内聚力和工作、生产效率有着密切而复杂的关系。通常情况下，高内聚力的群体，其职工的士气和满意度都比较高，有益于群体目标任务的完成。但是不能绝对认为内聚力高，生产效率与生产水平就必然高。进一步的研究表明，群体内聚力越高，其成员越是遵循群体的规范和目标，这时如果是正确积极地诱导，则群体成员就会产生努力工作和积极生产的倾向，这时，高内聚力的群体生产效率就高；相反，如果是错误地、消极地诱导，群体成员的工作和生产率就会受到限制，甚至产生本位主义、小团体主义等无组织倾向而大大降低生产水平，进而破坏组织的整体目标。

7.3 群体决策

7.3.1 群体决策的兴起与原因

1. 群体决策的概念

群体决策是为充分发挥集体的智慧，由多人共同参与决策分析并制定决策的整体过程。其中，参与决策的人组成了决策群体。

2. 群体决策的兴起

决策是在一定历史阶段产生并发展起来的，具有明显的时代特征。随着环境的变化，决策也日益呈现出一些新的特点，其中最典型的就是群体决策受到重视并获得迅速发展。对于那些复杂的决策问题，往往涉及到目标的多重性、时间的动态性和状态的不确定性，这是单纯个人的能力远远不能驾驭的。为此，群体决策因其特有的优势得到了越来越多的决策者的认同并日益受到重视。

首先，决策者面临的内外部环境日益复杂多变，许多问题的复杂性不断提高。相应地，要求综合许多领域的专门知识才能解决问题，这些跨领域的知识往往超出了个人所能掌握的限度。

其次，决策者个人的价值观、态度、信仰、背景有一定的局限性。一方面，这些因素会对要解决的问题类型和解决问题的思路和方法产生影响。例如，如果决策者注重经济价值，他们就会倾向于对包括市场营销、生产和利润问题在内的实质情况进行决策；如果他们格外关注自然环境，就会用生态平衡的观点来考虑问题。另一方面，决策者个人不可能擅长解决所有类型的问题，进行任何类型的决策。

最后，决策相互关联的特性客观上也要求不同领域的人积极参与，积极提供相关信息，从不同角度认识问题并进行决策。

3. 群体决策的原因

(1)决策责任分散。群体决策使得参与决策者责任分散，风险共担，即使决策失败也不会由一个人单独承担，加之权责往往不够分明，所以群体决策不如个体决策谨慎，具有更大的冒险性。

(2)群体气氛。群体成员的关系越融洽，认识越一致，则决策时就缺乏冲突的力量，越可能发生群体转移。

(3)领导的作用。群体决策往往受到领导的影响，而这些人的冒险性或保守性会影响到群体转移倾向。

(4)文化价值观的影响。群体成员所具有的社会文化背景和信奉的价值观会被反映在群体决策中。例如，美国社会崇尚冒险，敬慕敢于冒险而成功的人士，所以其群体决策更富于冒险性。

7.3.2 群体决策的利弊

在多数组织中，许多决策都是通过委员会、团队、任务小组或其他群体的形式完成的，决策者经常必须在群体会议上为那些具有新颖和高度不确定性的非程序化决策寻求和协调解决方法。结果，许多决策者在委员会和其他群体会议上花费了大量的时间和精力，有的决策者甚至花费高达80%以上的时间。因此，分析群体决策的利弊以及其影响因素，具有重要的现实意义。

1. 群体决策的优点

尽管人们并不一致认为群体决策是最佳的决策方式，但群体决策之所以广泛流行，正是在于群体决策具有以下几个明显的优点：

(1)群体决策有利于集中不同领域专家的智慧，应付日益复杂的决策问题。通过这些专家的广泛参与，专家们可以对决策问题提出建设性意见，有利于在决策方案得以贯彻实施之前，发现其中存在的问题，提高决策的针对性。

(2)群体决策能够利用更多的知识优势，借助于更多的信息，形成更多的可行性方案。由于决策群体的成员来自于不同的部门，从事不同的工作，熟悉不同的知识，掌握不同的信息，容易形成互补性，进而挖掘出更多的令人满意的行动方案。

(3)群体决策还有利于充分利用其成员不同的教育程度、经验和背景。具有不同背景、经验的不同成员在选择收集的信息、要解决问题的类型和解决问题的思路上往往都有很大差异，他们的广泛参与有利于提高决策时考虑问题的全面性，提高决策的科学性。

(4)群体决策容易得到普遍的认同，有助于决策的顺利实施。由于决策群体的成员具有广泛的代表性，所形成的决策是在综合各成员意见的基础上形成的对问题趋于一致的看法，因而有利于与决策实施有关的部门或人员的理解和接受，在实施中也容易得到各部门的相互支持与配合。从而在很大程度上有利于提高决策实施的质量。

(5)群体决策有利于使人们勇于承担风险。据有关学者研究表明，在群体决策的情况下，许多人都比个人决策时更敢于承担更大的风险。

2. 群体决策的缺点

群体决策虽然具有上述明显的优点，但也有一些特殊的问题，如果不加以妥善处理，就会影响决策的质量。群体决策容易出现的问题主要表现在三个方面：

(1)速度、效率可能低下。群体决策鼓励各个领域的专家、员工的积极参与，力争以民主的方式拟定出最满意的行动方案。在这个过程中，如果处理不当，就可能陷入盲目讨论的误区之中，既浪费了时间，又降低了速度和决策效率。

(2)有可能为个人或子群体所左右。群体决策之所以具有科学性，原因之一是群体决策成员在决策中处于同等的地位，可以充分地发表个人见解。但在实际决策中，这种状态并不容易达到，很可能出现以个人或子群体为主发表意见、进行决策的情况。

(3)很可能更关心个人目标。在实践中，不同部门的管理者可能会从不同角度对不同问题进行定义，管理者个人更倾向于对与其各自部门相关的问题非常敏感。例如，市场营销经理往往希望较高的库存水平，而把较低的库存水平视为问题的征兆；财务经理则偏好于较低的库存水平，而把较高的库存水平视为问题发生的信号。因此，如果处理不当，很可能发生决策目标偏离组织目标而偏向个人目标的情况。

7.3.3 群体决策的实施

群体决策是群体成员相互作用的产物，每个人的选择可能会存在差异，甚至截然相反，有时还往往与个人或某一集团的利益密切相关，因而群体的选择受到群体成员行为的影响，特别是任务与情绪交织在一起。因此人们设计出诸如德尔菲法、戈登法、头脑风暴法等方法，试图消除可能的紧张、变化无常、对抗等消极力量。同时，群体结构的模式、规范和作用对群体决策也有深远的影响，而友谊、权利、地位更在群体成员相互作用中又起着微妙的作用。事实上，群体的内聚力、团队精神、择优规则和时间的紧迫性等都会对决策质量产生重要影响。

1. 有效的群体决策应具备的主要特征

根据群体决策实践中积累的经验，有效的群体决策应至少包括以下几个特征：

(1)决策的有效性，即能够迅速地做出决策。这与决策者所期望的急迫程度、正确程度以及创新程度有关，并由群体决策成员的知识、能力、参与的程度以及发挥影响的程度所决定的。

(2)决策的开放性，即决策群体不受个人特定的见解(有时可能是偏见)所支配。这是由决策群体成员的价值观的差异和思想的开放程度所决定的。

(3)决策的合理性，即采用合理的决策程序，做出合理的选择。这是由决策步骤的合理性和科学性所决定的。

2. 对群体决策产生消极影响的因素

群体决策的优势来源之一就是公开讨论，但一些行为因素却妨碍这种优势的产生，主要表现在：

(1)求同的压力。即所谓的“随大流效应”。经过一定时间的讨论之后，意见一致的倾向在成员间可能突然加强。

(2)群体中主要气质类型的影响。

(3)地位歧视。结果导致地位较低的参与者受到地位较高的参与者的排挤而随波逐流，尽管他们深信他们的观点才是最正确的。

(4)被认为是某个问题领域专家的参与者企图影响他人的努力等等。

(5)宗派与集团。群体中往往分化成三人一帮、两人一伙，相互间缺乏共同利益，对问题的看法也不一致，一旦出现分裂，就很难重归于好，影响决策质量。

3. 群体决策中的两种心理现象——群体思维与群体转移

在决策的情境中，由于受各种因素的干扰和影响，群体决策往往存在两种潜在的不良现象——群体思维和群体转移，这也是引起组织行为学者相当多注意的，是群体决策的两个副产品。你有没有过这种经历，本来想在会议上、教室里或寝室里明确的说出自己的观点，但事实是你很少这样做。一个原因可能与你的个性有关，另一方面，你很可能受到了某种压力——追求与群体其他成员一致。这时，我们说是受了“群体思维”的影响。

(1)群体思维(groupthink)。最早提出群体思维的是美国心理学家贾尼斯(Janis)。他在研究了美国历史上一系列的造成重大失误的群体决策事件后，提出在群体决策中存在“群体思维”的现象。贾尼斯指出，有些政治决策由于未能对有关信息进行全面的分析，同时又极力压制少数人的不同意见，最后造成了灾难性的后果。贾尼斯还特别分析了几个历史上著名的政治决策失误，例如20世纪50年代初期的朝鲜战争，以美国为首的联合国军队，忽视了中国军队会介入这场战争冲突的可能性，同时受到麦克阿瑟将军指挥失当的影响，联合国军队盲目地向前推进，直逼鸭绿江边。过长的补给线和分散化的攻略，无疑是为中国志愿军创造了拦截的时机。无独有偶，大约十年之后，1962年的古巴导弹危机，类似的决策失误再次发生。在肯尼迪总统授权下，美国陆战队试图从猪猡湾入侵古巴，然而他们万万没有想到卡斯特罗领导的古巴军队早已严阵以待。

所谓群体思维，指在群体决策过程中，群体认为追求思想一致比现实地评价各种可能行动方案更为重要，成员片面地、过分地追求一致，从众的压力使群体对不寻常的、少数人的或不受欢迎的观点没有给予重视与客观评价，往往导致不能理智的分析各种可能的备选方案，使决策质量受到很大影响。

这一群体的成员认为保持群体统一、创造和谐的气氛有特殊的意义。在这种群体中，成员将群体的凝聚力和一致性凌驾于任何事情之上，对维持群体一致的关注程度远远高于做出最佳决策的关注程度，他们认为追求思想一致比现实地评价各种可能行动方案更为重要。群体的这种一致性压力导致群体成员思维效率、现实分析的客观性及道德判断的准确性降低，从而阻碍群体对解决办法和行动方案作出准确评价，使决策质量受到影响，进而导致决策失误。

(2)群体思维的症状表现：

①群体成员有一种错觉，认为自己的群体是无懈可击的。大部分成员都会产生盲目乐观的错觉，把自己的群体看成是不可战胜的，是不会犯错误的，因而敢于冒大的风险；

②群体成员集体寻找借口，来抵制不同的意见不考虑或忽视与当前群体不一致的观点；

③群体固有的道德标准，使成员相信自己的行动是完全正义的；

④群体产生对其他群体和持不同意见者的刻板观点，因而不能正确地分析问题；

⑤群体直接对持不同意见者施加压力，不让他们表达意见；

⑥群体成员开始统一思想，尤其要打消对所拟订行动方案的明智性怀疑；

⑦群体更加迷信内部的一致性，甚至深信沉默就意味着赞同；那些持有怀疑或不同看法的人，往往通过保持沉默，甚至降低自己看法的重要性，来尽力避免与群体观点不一致；

⑧开始压制持不同意见者的言论，以免对领导者造成视听混淆。这样，不发言者被视为默认，缺席者就被看成是赞成者，造成表面上"一致通过"的错觉，从而导致决策失误。

尽管群体思维在各式各样的群体中并不多见，但是只要相关条件充分(见图7-3)，群体思维的产生并不困难。

具体地说，如果一个群体追求较高的凝聚力或忠诚度，和其他持有不同意见的群体不相往来，因而缺乏合理程序搜集信息，也缺少对各种备选方案进行系统分析与评价的途径。此时若出现一位强烈的好为人师的领导者或排斥不同意见者，那么群体思维就非常容易乘虚而入，来主宰整个局面。这种情况的最大危险性就在于，群体相信他们已经考虑了各种备选方案，忽略了内部的不同意见已经被压制或根除了。

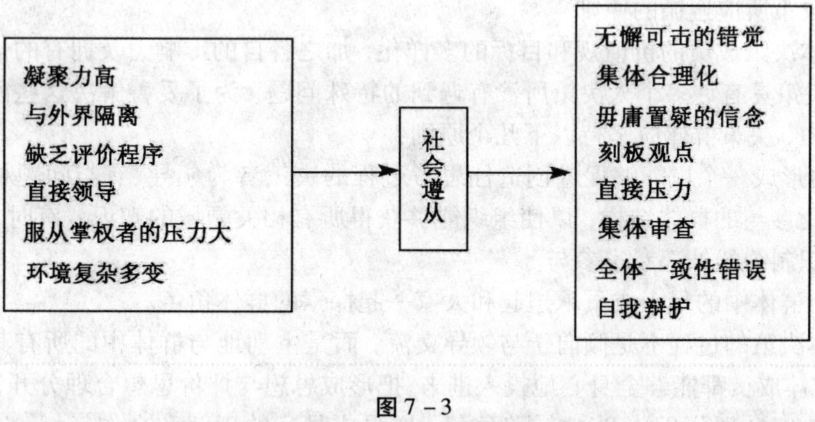

图7-3

(3)群体思维的避免。在群体决策中，要尽量避免群体思维。通常可以尝试以下几种方法：

首先，群体要鼓励成员公开质询和提出怀疑，要求参与者尽可能清晰、合乎逻辑地提出自己的看法。群体领导者应赞赏不同的意见，必要时还要扮演鼓吹反对观点的角色，促使成员对可供选择的方案进行详细的讨论。

其次，可以把群体分成小组，让小组对问题独立进行讨论，这样，小组容易考虑到问题的各个方面，而任何最后的决定，应在讨论小组的建议的基础上形成。

最后，一旦达成了某种决策，应当有第二次讨论的机会，在第二次讨论时，要求成员表达对任何决策的意见，这样有助于减轻群体成员对于遵从和跟随一致的压力。

(4)群体转移(groupshift)。群体转移是指在讨论可选择的方案进行决策的过程中，群体成员倾向于夸大自己最初的立场和观点，在某些情况下谨慎态度占上风，形成保守性转移，但在大多数情况下，更容易形成冒险性转移。

这种现象可以用文化价值观来解释。当个体面对一个风险决策时，他会衡量冒险与保守何者较受人们推崇。例如在有些社会文化、组织文化情境下，某群体强调竞争、个人奋斗与冒险精神，群体成员知道保守会被人嘲笑，因此拼命地支持风险大、收益也大的决策方案；一致反对风险小、收益也小的方案，结果会导致该群体变得更加冒险。在相反的社会文化、组织文化情境下，即使有人主张冒险行动，群体仍会选择风险较小的决策方案。

(5)群体转移的原因分析——责任分散假说(责任分摊)。责任分摊可能是造成群体决策极端性转移(特别是冒险性转移)的原因或因素。

一个典型的实验如下:一份工作安全但是报酬不太优厚;而另一份工作可以提供更多的报酬，但不够安全。实验要求受试者决定是否应该辞去前一份工作而去做后一份工作，先是让受试者单独决策，然后再让受试者加入某一群体进行决策。群体决策时，风险承担者不再是个人，而是做出一致的群体决策的群体。

为什么会产生这种冒险性转移的现象呢？一个可供选择的理论解释是“责任分散假说”，该假说认为如果没有单独的个体来负责任，那么人们就都倾向于冒险。另一个可供选择的理论解释是，一般领导者更有可能采取冒险行动，他们对群体讨论的影响较非领导者要大得多。然而，以上两种理论主张都未能获得相关学术共同体的赞同。

4. 群体决策所应遵循的原则

由于群体决策成员的价值观和目标的多样化，加之各自的影响力及拥有的信息上存在的差异，群体决策具有许多个人决策所没有遇到的特殊问题，为了妥善解决这些问题激发群体决策的创造力，决策群体应坚持以下几个原则：

(1)努力形成一个以能够促进创造性思考过程的决策者为领导、有与问题相关的不同种类的人才广泛参与的群体结构，以使组织能够获得所有相关领域的知识。有时，还可以邀请那些不受组织制约的外部专家参与。

(2)促使群体中的每个成员承担起和大家一起探索的群体角色。

(3)群体决策的过程不是倾向于与领导交流，而是主动地与群体中的所有其他成员进行沟通；每个群体成员都能够全身心地投入进来；把形成思想与评价思想合理分开，把识别问题与制定行动方案合理分开；恰当地转移角色，增强成员间的理解和合作气氛，进而有利于产生更多更好的行动方案；延缓做出判断，避免过早地思考行动方案，使得重心能够保持在分析和探索方面。

(4)创造轻松的、没有压力的群体环境，从问题出发而不是从短期收益出发，培育成员之间相互鼓励的群体风格。

(5)追求一致，但不排除在难以达成共识的情况下接受大多数原则。

【思考题】

1. 什么叫群体？群体有哪些类型？
2. 群体规范是怎样形成的？群体压力是如何形成的？
3. 影响群体内聚力的因素有哪些？

【案例分析】

“挑战者”号事件

“挑战者”号航天飞机的失事在全世界造成了不小的轰动，美国政府对此事件委任了专门的调查团进行调查。“挑战者”号事件的直接原因是右部火箭发动机上的两个零件联接处出现了问题，它直接导致了喷气燃料的热气泄露。调查表明，对于该事件的发生技术上原因是必然存在的。虽然承建商在说明书中指出有关禁止条件，但是，萨科尔公司和宇航局的工程师并没有对问题提出任何质疑甚至根本就忽视这样的细节。直到发射后问题明显地表现出来，所有人员只能抱以希望相信能够安全飞行，或者认为不能因为飞行而中止项目的进行。

“挑战者”号的失事是对技术提出的警告，产品必须经过合格验收才能使用。然而。“挑战者”号失事真正原因是在决策上。不论是发射前的准备，还是发射的过程，以至发射后对问题的分析，决策都存在严重的问题。

在早期的飞行实验中，一些工程师开始注意到腐蚀的影响。但是他们并没有从宇航局和萨科尔公司那里得到任何支持。甚至在为解决密封圈的腐蚀问题会议上，宇航局高级官员科尔斯特将它定为一次毫无意义的会议。正是由于领导的有限见识和经历，他们在估计事件发生的概率、探寻行为产生的原因以及估量情况的风险大小时最容易发生错误，导致了他们在决策中所用的指导他们做出判断的策略过于简化。对决策中的认知偏见是问题之一。

20世纪80年代早期，人们对宇航局的做法是否有道理存在很多争议。宇航局当局在为制造宇航飞机选择制造商时过于草率。在后来出台的《空间站宇航员安全选择研究》中人们看到了问题的来源：消除和控制威胁而不是采取挽救措施的趋势得到发展。如此决策是领导者的严重失误。

对于这次决策存在另外的一个问题就是：决策的不确定性。人们总是倾向在获取好处是避免冒风险，在回避损失时则较甘于冒险。在“挑战者”号发射的前6个月的时间，萨科尔公司和宇航局曾对航天飞机重新改造做了一次预算，然而其飞行实验仍在继续进行。面对风险指数的增加每个人却还在冒险进行着。工程师们提出的相关建议也没有明确的指向。对于这些消极因素的出现，他们采取了忽视的态度，进一步将问题扩大化了。

又由于曾经的成功先例与经验主义的错误引导，人们在本性上产生了骄傲的情绪带来了更大的潜在危险。在作出发射“挑战者”号决策时，宇航局安全办工作人员甚至没有一个人参加，做出这样失败的决策的确也在所难免。从以上人们可以看出，正是由于决策的失误导致了悲剧的酿成。任何一项问题的决策都不是轻易而举的，一项工程的好坏、一个项目的完成都离不开正确的决策。虽然影响决策的因素有很多:群体规模、成员对群体的依赖、信息的沟通以及领导的要求和压力等等，甚至社会从众心理、权威主宰等消极影响都制约着决策的做出。但是，要进行理性的、有效的群体决策也不是不可能的。

1. 对情况的分析

对于关键因素、制约条件要重点关注。就如密封圈的腐蚀问题，如果得到一点点的关注都会改变事件的发展。要防范于未然就不能忽视任何细节。

2. 制定明确的目标

使各成员了解标准，目标明确。在“挑战者”号发射实验中，到底是要重视宇航员的安全问题，还是资金损耗问题？明确目标是在问题产生时的行动导向，根据之前做出的目标尽可能的纠正误差、可以避免一错再错。

3. 搜寻备选方案

情况全面，知情者参与，鼓励畅所欲言。对于各工程师提出的问题反复推敲验证后再得出结论。

4. 评价备选方案

在提出的解决问题的方案选出最优。全面权衡，并可在实施前做试点调查。

5. 制定决策

到底是追求最佳还是满意？制定人人认同的行动计划并与之配合。

6. 决策的复审

慎重复查，追踪检查，纠正偏差。

首先，群体决策的科学性和民主性本身对决策质量有较的影响，因为参与者多而杂，信息量大造成了目的的不明确。再者，由于不同部门不同阶层代表的利益也不同，分工协调不容易实现。事实上意见提出者的能力与地位有限，对决策者的影响也就会不同。这正如航天局的工程师们一样，他们多数认为自己没有参与决策的理由，对于承担的责任也仅限于自己的范围之内。这种情况的产生并非一日之功，它与组织的氛围和文化底蕴密不可分。要彻底地改变也非易事。但在决策方面可以考虑采用专家决策的办法。即在组织中召集骨干人员与专题组织专家，开列出相关信息，然后根据决策的专题设计一份调查问卷，将必要的、可行的方法与技术，或者所需资源等等逐一询问专家意见。最后，获取各专家反馈问卷并进行整理与统计处理。这样的决策优点就在于集思广益，避免决策的草率和武断，对行动方案进行了周全的判断。

当然，在“挑战者”号航天飞机项目管理中还存在其他问题。首先是领导者。领导者的权威在很大的程度上影响着事件的发展。权威是以服从为前提的，一个领导者自身素质或行为直接与决策的好坏关联。我们在失事调查中可以看出，对于员工们提出的意见，领导者们很少注意或根本不予理会。有些低层领导者只能选择忽视问题以保证自己的利益。这样的情况不能不引起人们的警觉。然后是沟通方面的问题。罗格斯调查团感到萨科尔公司技术工程师与作出发射决策的宇航局高级管理者之间没有互相交流，即是说，出现的问题信息没有传递，因此问题也就得不到解决了。组织活动离不开沟通，只有组织成员之间的相互协作得以实现才能减少冲突，提高管理绩效。由于组织自身的一些因素，极有可能束缚成员间的有效沟通。那么改善组织结构，或者提倡良好的组织氛围，创造支持性的沟通气氛，要坦诚相待，设身处地地为对方着想，保持实事求是的态度，耐心听取对方的说明和解释，虚心接受批评和意见，这样的沟通才有意义。

“挑战者”号航天飞机项目的管理给了人们深刻的教训。在分析事件的时候人们不能光从表面入手，要更深层次地进行研究，及时发现问题及时解决。亡羊补牢、因小失大是管理的最大失败。

【拓展训练】

“头脑风暴法”的一个有趣的案例

有一年，美国北方格外严寒，大雪纷飞，电线上积满冰雪，大跨度的电线常被积雪压断，严重影响通讯。过去，许多人试图解决这一问题，但都未能如愿以偿。后来，电信公司经理应用奥斯本发明的头脑风暴法，尝试解决这一难题。他召开了一种能让头脑卷起风暴的座谈会，参加会议的是不同专业的技术人员。

按照这种会议规则，大家七嘴八舌地议论开来。有人提出设计一种专用的电线清雪机；有人想到用电热来化解冰雪；也有人建议用振荡技术来清除积雪；还有人提出能否带上几把大扫帚，乘坐直升机去扫电线上的积雪。对于这种“坐飞机扫雪”的设想，大家心里尽管觉得滑稽可笑，但在会上也无人提出批评。相反，有一位工程师在百思不得其解时，听到用飞机扫雪的想法后，大脑突然受到冲击，一种简单可行且高效率的清雪方法冒了出来。他想，每当大雪过后，出动直升机沿积雪严重的电线飞行，依靠高速旋转的螺旋桨即可将电线上的积雪迅速扇落。他马上提出“用直升机扇雪”的新设想，顿时又引起其他与会者的联想，有关用飞机除雪的主意一下子又多了七八条。不到一小时，与会的10名技术人员共提出90多条新设想。

会后，公司组织专家对设想进行分类论证。专家们认为设计专用清雪机，采用电热或电磁振荡等方法清除电线上的积雪，在技术上虽然可行，但研制费用大，周期长，一时难以见效。那种因“坐飞机扫雪”激发出来的几种设想，倒是一种大胆的新方案，如果可行，将是一种既简单又高效的好办法。经过现场试验，发现用直升机扇雪真能奏效，一个久悬未决的难题，终于在头脑风暴会中得到了巧妙的解决。

试在同学中间就针对某一问题，设定具体场景，采用“头脑风暴法”加以演练。

■ 第8章 信息沟通

8.1 信息沟通概述

8.1.1 沟通的定义

沟通是人类社会交往的基本行为过程，人们沟通的方式、形式也多种多样。美国学者一项研究结果表明，对于什么是沟通，各家有各家的说法，关于沟通的定义竟然达一两百种之多。每种定义都从某个角度揭示出了沟通的部分真理。

《大英百科全书》认为，沟通就是用任何方法，彼此交换信息，即一个人与另 一个人之间用视觉、符号、电话、电报、收音机或其他工具为媒介，所从事的交换消息的方法。《韦氏大辞典》认为，沟通就是文字、文句或消息的交流，思想或意见的交换。拉氏韦尔认为，沟通就是"什么人说什么，由什么路线传至什么人，达到什么结果"。

以西蒙为代表的决策学派认为，沟通可视为任何一种程序，组织中的一成员，将其所决定意见或前提，传递给其他成员。斯蒂芬·罗宾斯认为沟通是有意义的传递和理解。美国学者桑德拉·黑贝尔斯和里查德·威尔沃在其《有效沟通》一书中，将沟通进一步定义为是人们分享信息、思想和情感的任何过程。这种过程不仅包括口头语言和书面语言，也包含形体语言、个人的习气和方式、物质环境，即赋予信息含义的任何东西。

而中国学者苏勇在其《管理沟通》一书中，从管理角度，特别是从领导工作职能特性的要求出发，吸收了信息学的研究成果，将沟通定义为信息凭借一定的符号载体，在个人或群体间从发送者到接受者进行传递，并获取理解的过程。

我们综合以上解释，对沟通作如下定义：沟通是为了一个设定的目标，把信息、思想和情感，在个人或群体间传递，并且达成共同协议的过程。我们可以从以下四个方面具体理解沟通的含义。

1. 沟通是信息的传递

大部分组织行为学理论都强调沟通传递信息的重要性。由于群体内成员间存在着信息不对称，他们之间只有进行充分信息交流才能对某一群体行为达成共识，因此，群体沟通信息传递可以视为群体行为的基础。当然，群体沟通中传递的信息包罗万象，包括事实、情感、价值观、意见和主意等。沟通的内容可以是单纯的信息交流，也可以是思想、情感、态度和价值观的综合交流。信息发送者应该谨慎区别基于事实的信息与基于推理或情感的信息。

2. 信息需要被理解

沟通仅是信息的传递，若发送者只把一大堆信息堆到接受者面前，而不考虑接受者能否理解和认可，那么沟通就起不到任何作用。在信息传递过程中，由于发送者和接受者之间的差异，如年龄、性别、经历、背景、学科领域的不同，可能导致信息不被完全理解甚至扭曲，这时的沟通是无效的，甚至会起误导作用。

3. 沟通不是沟通双方达成一致意见，而是准确地理解含义

有人认为，沟通就是让别人接受自己的观点；也有人认为，沟通就是让沟通双方达成一致意见。这些都不是评判成功沟通的依据，沟通的本质不在于沟通的一方接受另一方观点，也不在于达成一致的结果，而是双方都能充分理解对方信息的含义。在很多情况下，沟通不能使双方达成一致意见，因为涉及双方各自的利益或价值取向，只要沟通双方能够完全理解对方传递的信息，沟通的目的就已经达到了。

4. 沟通是一个双向、互动的反馈和理解过程

沟通的目的不在于沟通行为本身，而在于行为结果。如果信息发送者只关注把信息传递出去，而不关心对方是否收到，是否充分理解，没有互动交流的过程，这样的行为更近似于散布消息或发号施令，而没有体现沟通的本质。沟通应该是双向、互动的过程，甚至需要群体成员之间的讨论从而实现充分理解并给予反馈的过程。

8.1.2 沟通要素及沟通的过程

一般来说，沟通过程应包括五个要素，即沟通主体、沟通客体、沟通介体、沟通环境、沟通渠道。沟通主体是指有目的地对沟通客体施加影响的个人和团体，诸如党、团、行政组织、家庭、社会文化团体及社会成员等。沟通主体可以选择和决定沟通客体、沟通介体、沟通环境和沟通渠道，在沟通过程中处于主导地位。沟通客体即沟通对象，包括个体沟通对象和团体沟通对象；团体的沟通对象还有正式群体和非正式群体的区分。沟通对象是沟通过程的出发点和落脚点，因而在沟通过程中具有积极的能动作用。沟通介体即沟通主体用以影响、作用于沟通客体的中介，包括沟通内容和沟通方法。沟通主体与客体间的联系，保证沟通过程的正常开展。沟通环境既包括与个体间接联系的社会整体环境（政治制度、经济制度、政治观点、道德风尚、群体结构），又包括与个体直接联系的区域环境（学习、工作、单位或家庭等），对个体直接施加影响的社会情境及小型的人际群落。沟通渠道即沟通介体从沟通主体传达给沟通客体的途径。沟通渠道不仅能使正确的思想观念尽可能全、准、快地传达给沟通客体，而且还能广泛、及时、准确地收集客体的思想动态和反馈的信息，因而沟通渠道是实施沟通过程，提高沟通功效的重要一环。沟通渠道很多，诸如谈心、座谈等。

沟通过程就是传递信息的过程。在这个过程中至少存在着一个发送者和一个接受者，即发出信息一方和接受信息一方。信息在二者之间的传递过程，一般经历八个环节：信息、发送者（信息源）、编码、媒介、解码、接收者、反馈、干扰（噪音），如图8－1所示。

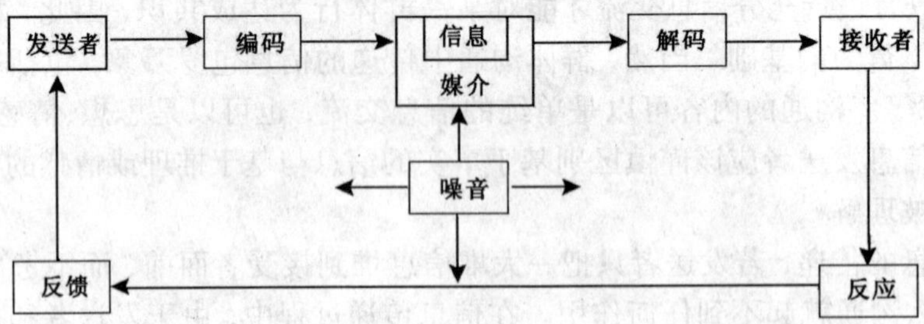

图 8－1　沟通过程

1. 信息是指要传递的消息、思想及其他内容

要想使沟通成功、有效，信息必须是清楚的，模棱两可的含糊信息不仅不能促进协作，反而可能带来混乱，成为沟通的障碍。

2. 发送者

发送者，即信息源，是沟通的主体，信息的发出者。信息的发送者决定信息发送的时间、发送方式、发送对象和发送的目的等问题，其在发送前需要进行信息的提取、整理、组织等准备活动。

3. 编码

编码是群体沟通过程十分重要的环节，在很大程度上决定沟通能否成功。编码是信息发送者为了让接受者更好地理解信息，将所要发送的信息译成接受者能够理解的一系列符号。为了有效地进行沟通，这些符号必须适应媒体的需要。例如，如果媒体是书面报告，符号的形式应选择文字、图表或照片；如果媒体是讲座，就应选择文字、投影胶片和板书。编码的过程与信息发送者的知识水平、表达能力、情感以及偏好有很大关系，不同的发送者对相同的信息所得出的编码结果可能是不一样的。

4. 媒介

媒介，也称通道，是信息传递的途径或方式。信息除了可以通过面对面的方式直接进行传递外，还可以借助某些媒介进行传递，如书信、电子邮件、电话、电视、网络等，甚至还可以通过身体动作来表达，如手势、面部表情、姿态等。不同传递方式的沟通效果不同，因此应根据信息的性质、内容、保密程度等因素选择合适的传递方式。

5. 接收者

接收者是信息传达的受众，由信息发送者决定对这一要素需要考虑的是促使接收者接收和理解信息的驱动力，他们的态度是积极的还是消极的等问题。

6. 解码

解码是信息接收者在接收信息后对信息进行的加工处理过程，是编码的逆向活动。接收者根据自己已有的经验和理论构架将接收的符号进行翻译、解释，以便更好地理解。与编码相同的是，解码过程同样受接收者自身的知识、文化、技能等各方面水平的限制。

7. 反馈

反馈对双向沟通来说是必不可少的。它是接收者对来自发送者的信息所作出的反应。发送者可以发现信息是否被正确接受并理解；在没有得到反馈之前，发送者是无法确认信息是否已经得到有效编码、传递和解码的。相比之下，面对面的沟通更有利于信息传递，无论是对演讲者或听众来说，反馈都是有限的。

8. 噪音

噪音是所有干扰信息传递、接收、理解等沟通过程的因素。根据噪音的来源，可以将其划分为三种形式：外部噪音、内部噪音和语义噪音。外部噪音来源于外部环境，它阻碍人们听到、看到、感受到信息；内部噪音来源于沟通主体，如注意力不集中、存在某些偏见等；语义噪音指人们对同一语言表达的不同理解，如男性喜欢用直接的语言表达而女性偏向于委婉的表达方式。

8.2 人际沟通

8.2.1 人际沟通的特点

人际沟通是社会中人与人之间的联系过程，即人与人之间传递信息、沟通思想和交流情感的过程。把人的观念、思想、情感等看作信息，把人际沟通看作信息交流的过程，按照苏联社会心理学家安德列耶娃的说法，这种观点可以说是迈出了很有意义的一步，使之可以用信息论的观点来解释人际沟通的整个过程。但是，在方法论上却不能认为这种观点是正确的。因为这种观点忽略了人际沟通的某些重要特点。安德列耶娃指出人际沟通有以下特点：

1. 人际沟通不同于两套设备间的简单的“信息传输”，其中每一个个体都是积极的主体。也就是说，人际沟通中的每一个参加者都要求自己的对方具有积极性，不能把沟通伙伴看成是某种客体。因此在沟通过程中，信息发出者必须判定对方的情况，分析他的动机、目的、态度等，并预期从对方的回答中得到新信息。因此人际沟通的过程不是简单的“信息传输”，而至少是一种信息的积极交流。

2. 人们之间的信息交流不同于设备之间的信息交流，沟通双方借助符号系统相互影响。人与人的交流产生的沟通影响是以改变对方行为为目的一个沟通者对另一个沟通者的心理作用。

3. 作为信息交流结果的沟通影响，只有在发送信息和接受信息的人掌握统一的编码译码系统的情况下才能实现。这个法则用一般的话说，就是要使用双方都熟悉的同种语言说话。

4. 人际沟通可能产生完全特殊的沟通障碍。这些障碍与某些沟通渠道的弱点以及编码译码的差错无关，而是社会性的和心理性的障碍。

8.2.2 人际沟通的功能

人际沟通具有心理、社会和决策等功能，和我们生活的层面息息相关。

1. 心理功能

心理学认为人是一种社会的动物，人与他人相处就像需要食物、水、住所等相等重要。如果人与其他人失去了相处的机会与接触方式，大都会产生一些症状，如产生幻觉，丧失运动机能，且变得心理失调。但山居隐士们采取自愿式选择遗世独立，是一种例外。我们平常可与其他人闲聊琐事，即使是一些不重要的话，但人们却能因此满足了彼此互动的需求而感到愉快与满意。这是人际沟通的第一个心理功能，即为了满足社会需求和他人沟通。其次还为了加强肯定自我而和他人沟通。由于沟通，人们能够探索自我以及肯定自我。要如何得知自己有什么专长与特质，有时是藉由沟通从别人口中告诉你的。与他人沟通后所得的互动结果，往往是自我肯定的来源，人都想被肯定、受重视，从互动中结果就能找寻到部分的答案。

2. 社会功能

人际关系提供了社会功能，因为存在社会功能我们可以发展与维持与他人间的关系。我们必须经由他人的沟通来了解他人。由沟通的历程，关系得以发展、改变、或者维系下去。因此在与某人做第一次的交谈后，可能会决定和此人保持或近或远的关系。

3. 决策功能

人类除了是一种社会的动物之外，也是一种决策者。人们每时每刻都在做决策，不论是接下来是否要去看电视，明天要穿哪一套衣服，或者是否该给对方一个微笑与否，都是在做决策。但有时决策可能是靠自己就能决定的，有时候却是和别人商量后一起做的决定。而沟通满足了决策过程中两个功能，一个是沟通促进资讯交换与沟通会影响他人两种功能。而正确和适时的资讯是做有效决策之钥。有时是经由自己的观察，一些是从阅读，有些是从传播媒体得来的资讯，但也有时是经由与他人沟通而获得的许多资讯。而今天我们也借着沟通来影响他人的决策，如和朋友去买衣服，他的询问意见与你的传达意见之间的互动就可能会影响到结果。

8.2.3 人际沟通的类型

人们从"对待别人和接受他人方面的开放性"和"给予反馈的"这两个维度来分析人际沟通过程中的主体所表现出来的沟通方面的性质，主要可以分为以下几种类型：

1. 自我克制型

向别人展示自我，主动探究别人的态度的程度低，主动给予反馈意见的倾向性也低，较为封闭。

2. 自我保护型

喜欢就已有的事实发表意见评论别人，但不会主动引导别人关注自己，也不愿成为中心人物。

3. 自我暴露型

喜欢向别人宣传和推销自己，渴望成为瞩目的中心，很关心别人对自己的评价。但不关心别人需要什么，对别人给予反馈的倾向性也低。

4. 自我交易型

既愿意开放地对待别人，也愿意给予别人反馈，但前提是别人也持同样的态度。

5. 自我实现型

主动提供自己的信息，并注意别人反馈，同时也积极地给予别人建设性的反馈意见。

8.3 组织沟通

组织沟通是涉及组织特征的各类型的沟通，它不同于人际沟通，但包括组织内的人际沟通，是以人际沟通为基础的，发生在组织环境中的人际沟通。组织沟通是把一个组织的成员联系在一起，实现共同目标的一种手段。

沟通的方式多种多样。根据传播的方式，组织内部沟通可以分为下行沟通、上行沟通、平行沟通；根据传播媒介可分为语言沟通和非语言沟通。语言沟通以文字和声音为载体，又可分为口头语言、书面语言、电子数据语言三大类沟通形式。口头语言是人们最常用的一种沟通形式，表现形式有演说、会谈、讨论、命令、录音等。书面语言沟通常用表现形式有备忘录、信件、内部刊物、布告、文件等。随着通讯和电子技术的发展，出现了多媒体、电子邮件、电子会议、微博等。以沟通是否需要经过中间环节划分，可分为直接沟通与间接沟通；以沟通与组织的分类关系划分，可分为正式沟通和非正式沟通。

8.3.1 语言沟通与非语言沟通

1. 语言沟通

语言沟通是人类最普通的沟通形式，实现语言沟通的基本条件是沟通双方使用共同的语言。语言沟通又可以分为口头沟通和书面沟通。

口头沟通是最常见的语言沟通，存在于我们生活中的每个细节，是借助口头语言进行的沟通。如会谈、演讲、讨论、电话、广播、对话等。其优点是简便易行，灵活迅速，尤其可伴有手势、体态、表情等，有利于增强传递信息的效果。缺点是信息保留的时间较短，沟通可能不够深入。但随着科技的发展，人们可以通过录音、录像等技术来弥补信息保留时间较短的缺陷。

书面沟通是借助于书面语言进行的沟通，其主要形式有通知、文件、布告、通信、报刊、备忘录、书面汇报等。其优点是信息可以长期保存。对一时辨认不清的信息可以反复研究，如有疑问可据以查阅，可减少一再解释时造成的错误。缺点是信息对文字的依赖性强，不容易随时修改，冗长不便阅读，不能获得及时信息。

2. 非语言沟通

非语言沟通指沟通不通过语言来实现，而是通过非语言符号来实现。事实上，非语言沟通常常出现在语言沟通中，它所传达的信息可能比语言沟通更多、更丰富。非语言沟通主要包括身体语言、副语言沟通和环境因素。身体语言沟通是指通过眼神、表情、手势、体态、空间距离、衣着打扮等传递信息的沟通方式。副语言沟通是指通过非词语的声音，如说话的语气、声调、音量、语速、节奏等传递信息的沟通形式。环境因素是指人们通过物体的运用、环境布置等传递信息的沟通形式。

非语言沟通倾向于强调情感的交流，与语言沟通在效果上是互相补充的。如，当我们看到领导对自己的下属分配任务时紧锁眉头这一身体语言中可能暗含着这项任务十分艰巨和困难的事实；演讲者常常提高声调、放慢语速等副语言告诉人们，哪些是值得关注的信息；当你走进某人的办公室时，可以通过陈列品、桌面布置等推断办公室主人的性格、做事风格等，这是环境因素带给人们的非语言沟通。

同时，由于地域和文化的不同，不同地区的语言和非语言所代表的沟通意思是不同的。表8－1列举了一些不同地区有趣的语言和非语言沟通，了解并关注这些沟通形式所代表的内容，有助于正确传递和理解信息。

表 8－1 不同地区的语言或非语言沟通特点

拉丁美洲	喜欢身体上的接近
澳大利亚	“跷拇指”被认为是不好的信息，而在其他地方，“跷拇指”都被认为是好的
日本	在他们交流时，请把手从口袋中拿出来，否则被认为是不礼貌的表现
德国	绅士总是坐在女士和地位高的男士的左边
英国	如果你参加一个正式的晚餐，在主菜之后要为女皇的身体干杯，在这之后你可以抽烟，在这之前是不可以抽烟的
意大利	他们习惯称呼别人的头衔，如大学研究生根据不同的研究领域会有不同的头衔

8.3.2 下行沟通、上行沟通与平行沟通

1. 下行沟通

下行沟通是一种自上而下的信息传递和沟通。是指组织中地位较高的成员主动向地位较低的成员进行的沟通，即领导向被领导者进行的信息传递，它是指组织的上层领导把组织的目标、要求、规章制度、工作程序、生产成绩等向下传达。

组织中下行沟通的目的一般是:传达工作程序的具体任务指令;提供组织程序和实践的方法,告诉下属他们的工作表现;提供意识形态的信息以方便目标的贯彻执行。但大量的调查研究表明，大部分组织中关注并执行了前两方面的目的，上级更多地关注给予下级提供工作指导，而很少提供工作业绩方面的信息。对上级来说，为下级提供反馈是一项艰巨的任务;而对下级来说，他们很关注上级给予的绩效反馈，希望了解自己的表现和今后的改进方向。在实际管理工作中，保持下行沟通的畅通很重要，下级只有了解组织的目标、具体措施以及个人工作绩效的反馈，才能更高效地完成各项任务。随着信息技术的发展，下行沟通的媒介日益丰富，包括组织手册、工作指南、公告、海报、信息陈列板、互联网新闻、BBS 等。信息发布者可以根据需要，选择合适的媒介，有效地进行下行沟通。

下行沟通的优点主要有:领导把组织的路线、方针、政策及意图传递给下属，从而给下属指明工作的目标，明确其职责和权力;领导可以把工作中存在的问题与要求传达给下属，与下属协商解决，可以增强下属的归属感;反馈部属的工作绩效;下行沟通可以协调组织中各层次的活动，增进各层次、各职能部门之间的联系和了解。下行沟通的缺点主要表现为:长期使用下行沟通，易形成一种“权力气氛”，影响士气;长期使用下行沟通，会养成下级依赖上级，一切听从上级裁决的权威性人格，从而使下级缺乏工作的积极性和创造性。由于信息是逐级传递的，所以在传递过程中会发生信息的搁置、误解、歪曲，从而影响沟通的效果。

2. 上行沟通

上行沟通是自下而上进行的沟通。指组织中的成员、群体通过一定的渠道与决策层进行的信息交流，如下级向上级定期或不定期的汇报工作，进行情况或问题的反映，征求意见等。作为组织领导者应鼓励下级积极向上级反映情况和意见，只有上行沟通畅通，组织领导才能掌握全面情况，作出符合组织实际的决策。为此，可以设立意见箱、召开座谈会，个别访谈和定期汇报等多种方法和渠道来保证上行沟通的量能。

从传统的角度看，官僚权威常常胜过了参与、授权的风格，造成了上行沟通被抑制、严重误用或被管理者所忽视的后果。下级通常害怕进行上行沟通，尤其当面信息内容是坏消息

时。例如，当一位成员以正确的方式向上级提供全面的解释和详细的计划，想要挽救当前不利局面时，上级还是很有可能予以斥责，这样做或许不是对这位下级的否定，而是针对他所传递的坏消息的回应。另外，即使当员工有好消息时或有用的想法时，许多 人还是会拒绝与更高层的领导分享。因此，上行沟通所面临的挑战主要是能否鼓励员工提出自己的想法。

上行沟通的优点在于下级和组织成员将自己的看法、意见向上级和领导反映，能够获得一定的满足感，能够增强下级的参与感；上级和领导可以通过上行沟通了解下级和组织成员的状况、存在的问题等，作出符合实际情况的决策。比较明显的缺点是：在上行沟通的过程中，下级因地位、职务的不同有一定的心理距离和障碍；下级往往害怕领导打击报复、“穿小鞋”，致使下级不愿反映真实情况。从我国的具体情况来看，上行沟通还有以下缺点：管理层次过多，下级的意见不能及时反映到上面；上行沟通的渠道不畅通，人民群众缺乏下情上达的机会与途径；领导作风不民主，存在压制下级意见、打击报复、官僚主义等恶习，致使人民群众敢怒而不敢言；下级和下属的权威性人格使其缺乏参与感。

3. 平行沟通

平行沟通又称横向沟通，是指在组织系统中处于相同层次的人、群体、职能部门之间进行的信息传递和交流，常常具有协调性质。它对平等单位之间加强了解、协调工作、增强团结、克服本位主义有较好的帮助。

杰拉尔德·温伯格(Gerald M. weinberg)总结出了平等沟通最主要的原因在于协调任务、解决问题、分享信息和解决冲突。部门的领导们可能每隔一个周期都要在一起开会，讨论各部门将要为组织系统目标的实现作出多大的贡献、努力的方向等。如果不进行定期的横向沟通，部门与部门之间无法形成有序的合作，极有可能造成责任缺失、工作重复等降低组织效率的问题。对于重大问题，各部门成员要聚集在一起商讨如何处理。因为重大问题可能涉及多个领域、多个员工的工作范围，通过平行沟通可以尽快得出最有效的解决方案，提高效率。由于不同部门的工作性质不同、利益也不同，为了解决在工作中可能出现的跨部门员工间的矛盾，部门成员可以开会化解部门间的冲突。一个部门员工定期与其他部门员工进行交流会谈，可以分享工作信息，帮助组织成员全面地了解组织工作进展和所处环境，为员工开展后续工作提供支持。这也可以看作是平行沟通的优点。

从我国的具体情况来看，政府行政组织体制中的条块分割、职能交叉、部门林立、本位主义、相互扯皮、相互掣肘等现象的出现，正是由于缺乏横向沟通和联系造成的，这也是我国行政组织体制改革的一个重要内容。

8.3.3 正式沟通与非正式沟通

1. 正式沟通

正式沟通一般指在组织系统内，依据组织明文规定的原则进行的信息传递与交流。例如组织与组织之间的公函来往、组织内部的文件传达、召开会议、上下级之间的定期情报交换等。

(1)定期的书面报告。员工可以通过文字的形式向上司报告工作进展、反映发现的问题，主要有：周报、月报、季报、年报。当员工与上司不在同一地点办公或经常在外地工作的人员可通过电子邮件进行传送。书面报告可培养员工理性、系统地考虑问题，提高逻辑思维和书面表达能力。

(2)一对一正式面谈。正式面谈对于及早发现问题，找到和推行解决问题的方法是非常有效的;可以使管理者和员工进行比较深入的探讨,可以讨论不易公开的观点;使员工有一种被尊重的感觉,有利于建立管理者和员工之间的融洽关系。但面谈的重点应放在具体的工作任务和标准上,鼓励员工多谈自己的想法,以一种开放、坦诚的方式进行谈话和交流。

(3)定期的会议沟通。会议沟通可以满足团队交流的需要;定期参加会议的人员相互之间能掌握工作进展情况;通过会议沟通,员工往往能从上司口中获取公司战略或价值导向的信息。但应注意明确会议重点;注意会议的频率,避免召开不必要的会议。

(4)沟通形式。正式沟通有几种具体的沟通形态。据研究,以 5 个人为一群体为例,基本上可有五种沟通形态,即:链式(chain);环式(circle);Y 式(Y);轮式(wheel);全通道(all-Channel)。见图 8-2 所示。

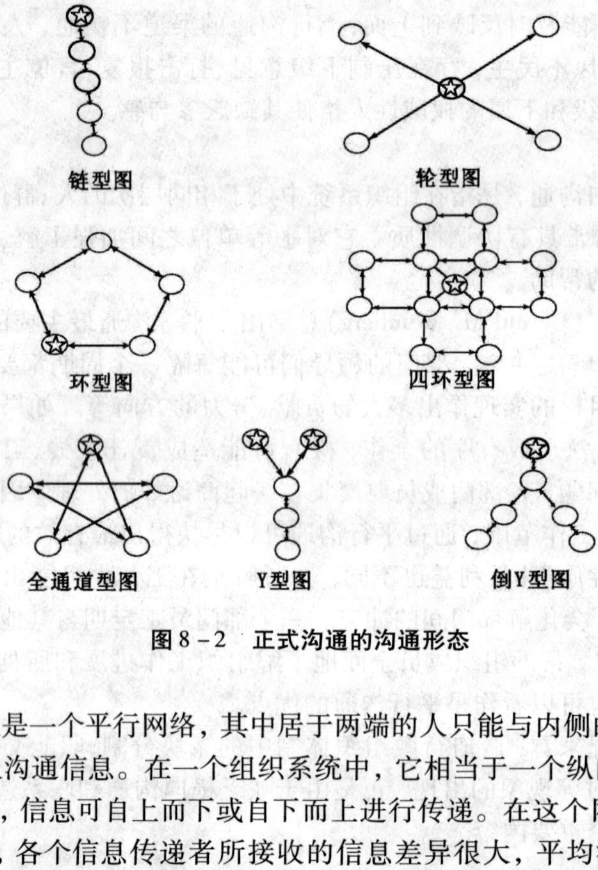

图 8-2 正式沟通的沟通形态

①链式沟通。这是一个平行网络,其中居于两端的人只能与内侧的一个成员联系,居中的人则可分别与两人沟通信息。在一个组织系统中,它相当于一个纵向沟通网络,代表一个五级层次,逐渐传递,信息可自上而下或自下而上进行传递。在这个网络中,信息经层层传递,筛选,容易失真,各个信息传递者所接收的信息差异很大,平均满意程度有较大差距。此外,这种网络还可表示组织中主管人员和下级部属之间中间管理者的组织系统,属控制型结构。在管理中,如果某一组织系统过于庞大,需要实行分权授权管理,那么,链式沟通网络是一种行之有效的方法。

②环式沟通。此形态可以看成是链式形态的一个封闭式控制结构,表示 5 个人之间依次联络和沟通。其中,每个人都可同时与两侧的人沟通信息。在这个网络中,组织的集中化程度和领导人的预测程度都较低;畅通渠道不多,组织中成员具有比较一致的满意度,组织士气高昂。如果在组织中需要创造出一一种高昂的士气来实现组织目标,环式沟通是一种行之有效的措施。

③Y 式沟通。这是一个纵向沟通网络,其中只有一个成员位于沟通内的中心,成为沟通

的媒介。在组织中，这一网络大体相当于组织领导，秘书班子再到下级主管人员或一般成员之间的纵向关系。这种网络集中化程度高，解决问题速度快，组织中领导人员预测程度较高。除中心人员(C)外，组织成员的平均满意程度较低。此网络适用于主管人员的工作任务十分繁重，需要有人选择信息，提供决策依据，节省时间，而又要对组织实行有效的控制。但此网络易导致信息曲解或失真，影响组织中成员的士气，阻碍组织提高工作效率。

④轮式沟通。属于控制型网络，其中只有一个成员是各种信息的汇集点与传递中心。在组织中，大体相当于一个主管领导直接管理几个部门的权威控制系统。此网络集中化程度高，解决问题的速度快。主管人(当然是 C)的预测程度很高，而沟通的渠道很少，组织成员的满意程度低，士气低落。轮式网络是加强组织控制、争时间、抢速度的一个有效方法。如果组织接受紧急攻关任务，要求进行严密控制，则可采取这种网络。

⑤全通道式沟通。这是一个开放式的网络系统，其中每个成员之间都有一定的联系，彼此了解。此网络中组织的集中化程度及主管人的预测程度均很低。由于沟通渠道很多，组织成员的平均满意程度高且差异小，所以士气高昂，合作气氛浓厚。这对于解决复杂问题，增强组织合作精神，提高士气均有很大作用。但是，由于这种网络沟通渠道太多，易造成混乱，且又费时，影响工作效率。

上述种种沟通形态和网络，都有其优缺点。作为一名主管人员，在管理工作实践中，要进行有效的人际沟通，就需要发挥其优点，避免其缺点，使组织的的管理工作水平逐步提高，见表 8－2 所示。

表 8－2　五种沟通形态的比较

沟通形态 评价标准	链式	轮式	Y 式	环式	全通道式
集中性	适中	高	较高	低	很低
速度	适中	1. 快(简单任务) 2. 慢(复杂任务)	快	慢	快
正确性	高	1. 高(简单任务) 2. 低(复杂任务)	较高	低	适中
领导能力	适中	很高	高	低	很低
全体成员满意	适中	低	较低	高	很高
实例	命令链锁	主管对四个部署	领导任务繁重	工作任务小组	非正式沟通 (秘密消息)

2. 非正式沟通

非正式沟通是指办公室在正式沟通渠道之外进行的各种沟通活动，一般以办公室人员之间的交往为基础，通过各种各样的社会交往而产生。作用可以弥补正式沟通渠道的不足，传递正式沟通无法传递的信息，使办公室领导了解在正式场合无法获得的重要情况，了解办公室人员私下表达的真实看法，为决策提供参照；减轻正式沟通渠道的负荷量，促使正式沟通提高效率等等。

非正式沟通和正式沟通不同，因为它的沟通对象、时间及内容等各方面，都是未经计划和难以辨别的。非正式沟通是未经计划的，其沟通途径是通过组织内的各种社会关系，这种社会关系超越了部门、单位以及层次。其形式如非正式的会议、闲聊、走动式交谈、吃饭时进行的交谈等。非正式沟通的好处是形式多样、灵活，不需要刻意准备；沟通及时，问题发生后，马上就可以进行简短的交谈，从而使问题很快得到解决；容易拉近主管与员工之间的距离。在相当程度内，非正式沟通的发展也是配合决策对于信息的需要的。这种途径较正式途径具有较大弹性，它可以是横向流向，或是斜角流向(Diagonal flow)，一般也比较迅速。在许多情况下，来自非正式沟通的信息，反而获得接收者的重视。由于传递这种信息一般以口头方式，不留证据、不负责任，许多不愿通过正式沟通传递的信息，却可能在非正式沟通中透露。

但是，过分依赖这种非正式沟通途径，也有很大危险，因为这种信息遭受歪曲或发生错误的可能性相当大，而且无从查证。尤其与员工个人关系较密切的问题，例如晋升、待遇、改组之类，常常发生所谓"谣言"(rumors)。这种不实消息的散布，对于组织往往造成较大的困扰。但是，任何组织都或多或少地存在着这种非正式沟通途径。对于这种沟通方式，主管者既不能完全依赖用以获得必需的信息，也不能完全加以忽视，而是应当密切注意错误或不实信息发生的原因，设法提供组织人员正确而清晰的事实，加以防止。这些途径非常繁多且无定型，例如同事之间任意交谈，甚至透过家人之间的传闻等等，都算是非正式沟通。所以非正式沟通和个人间非正式关系，往往平行存在。很多研究者认为，由于非正式沟通不必受到规定手续或形式的种种限制，因此往往比正式沟通还要重要。在美国，这种途径常常称为"葡萄藤"(grapevine)，用以形容它枝茂叶盛，随处延伸。

非正式沟通难以控制，传递的信息不确切，容易失真、被曲解，并且，它可能促进小集团、小圈子的建立，影响员工关系的稳定和团体的凝聚力。如果能够对企业内部非正式的沟通渠道加以合理利用和引导，就可以帮助企业管理者获得许多无法从正式渠道取得的信息，在达成理解的同时解决潜在的问题，从而最大限度提升企业内部的凝聚力，发挥整体效应。

常见的非正式沟通方式有以下几种(图 8-3)：

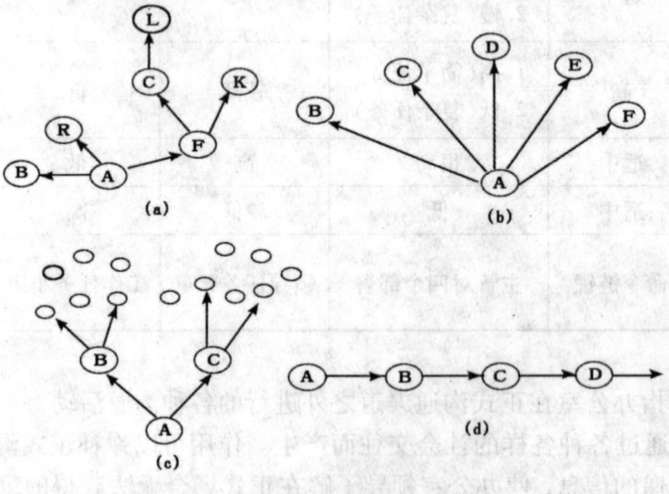

图 8-3　非正式沟通的形态

(1)集群连锁，即在沟通过程中，可能有几个中心人物，由他转告若干人，而且有某种程度的弹性。如图 8-3(a)中的 A 和 F 两人就是中心人物，代表两个集群的"转播站"。

(2) 密语连锁(gos - sipchain)。由一人告知所有其他人，犹如其独家新闻，如图8-3(b)。

(3) 随机连锁(probabilitychain)。即碰到什么人就转告什么人，并无一定中心人物或选择性，如图8-3(c)。

(4) 单线连锁。就是由一人转告另一人，他也只再转告一个人，这种情况最为少见，如图8-3(d)。

在传统的管理及组织理论中，并不承认这种非正式沟通的存在。即使发现有这现象，也认为要将其消除或减少到最低程度。但是，当代的管理学者知道，非正式沟通现象的存在是根深蒂固，无法加以消除的。应该加以了解、适应和整合，使其有效担负起沟通的重要作用。例如，主管者可以设法去发现在非正式沟通的网状模式中，谁居中处于核心和"转播站"的地位，也许通过这种沟通网可以使信息更迅速传达。他也可以设法自非正式沟通中去发现所流传的信息内容。不过，这些做法也有其危险或代价:过分利用非正式沟通的结果，会冷落或破坏正式沟通系统，甚至组织结构。而设法自非正式沟通中探听消息，其结果会形成组织背后的一套"谍报网"和"打小报告"者，从而带来管理上的问题。对于非正式沟通所采取的立场和对策是:非正式沟通的产生和蔓延，主要是由于人员得不到他们所关心的消息。因此，主管者愈故作神秘，封锁消息，则背后流传的谣言愈加猖獗。正本清源，主管者应尽可能使组织内正式组织与非正式组织的对比沟通系统较为开放或公开，则种种不实的谣言将会自然消失。要想予以阻止已经产生的谣言，与其采取防卫性的驳斥，或说明其不可能的道理，不如正面提出相反的事实更为有效。闲散和单调乃是造谣生事的温床。为避免发生这些不实的谣言，扰乱人心士气，主管者应注意，不要使组织成员有过分闲散或过分单调枯燥的情形发生。最基本的做法，是培养组织成员对组织管理当局的信任和好感，这样他们比较愿意听组织提供的消息，也较能相信。在对于组织主管人员的训练中，应增加这方面的知识，使他们有比较正确的观念和处理方法。二者的区别见表8-3所示。

表8-3　正式沟通与非正式沟通的渠道对比

	正式沟通渠道	非正式沟通渠道
优点	1. 制度化 2. 传递信息的准确性、可靠性和系统性高 3. 可保存、评估、追究责任 4. 定期性	1. 非制度化，脱离企业的等级结构 2. 传递速度快，传递方式灵活 3. 面对面的沟通，信息反馈基本上同时进行 4. 目的性和针对性强，效率更高
缺点	速度较慢，效率较低，要整理起草正式的书面报告，不太方便	系统正确性、可靠性和系统性程度较低或多或少地受人为因素的影响，难以追究责任
地位	企业信息沟通的主体	信息沟通的补充渠道，难以消除
主要方式	例会制度、报告制度、文件、书面通知	谈话、座谈会、建议等
措施	建立和完善正式沟通渠道，提供有效的沟通方式	应加强引导和控制

8.4 有效沟通

8.4.1 有效沟通的内涵

达成有效沟通须具备两个必要条件：首先，信息发送者清晰地表达信息的内涵，以便信息接收者能确切理解；其次，信息发送者重视信息接收者的反应并根据其反应及时修正信息的传递。免除不必要的误解。两者缺一不可。有效沟通主要指组织内人员的沟通，尤其是管理者与被管理者之间的沟通。有效沟通能否成立关键在于信息的有效性，信息的有效程度决定了沟通的有效程度。信息的有效程度又主要取决于以下两个方面：

1. 信息的透明程度

当一则信息应该作为公共信息时就不应该导致信息的不对称性，信息必须是公开的。公开的信息并不意味着简单的信息传递，而要确保信息接收者能理解信息的内涵。如果以一种模棱两可的、含糊不清的文字语言传递一种不清晰的，难以使人理解的信息，对于信息接收者而言没有任何意义。另一方面，信息接收者也有权获得与自身利益相关的信息内涵。否则有可能导致信息接收者对信息发送者的行为动机产生怀疑。

2. 信息的反馈程度

有效沟通是一种动态的双向行为，而双向的沟通对信息发送者来说应得到充分的反馈。只有沟通的主、客体双方都充分表达了对某一问题的看法，才真正具备有效沟通的意义。

8.4.2 有效沟通的重要性

管理沟通，从其概念上来讲，是为了一个设定的目标，把信息、思想和情感在特定个人或群体间传递，并且达成共同协议的过程。沟通是自然科学和社会科学的混合物，是企业管理的有效工具。沟通还是一种技能，是一个人对本身知识能力、表达能力、行为能力的发挥。无论是企业管理者还是普通的职工，都是企业竞争力的核心要素，做好沟通工作，无疑是企业各项工作顺利进行的前提。有效沟通在企业管理中的重要性主要表现在：

1. 准确理解公司决策，提高工作效率，化解管理矛盾

公司决策需要一个有效的沟通过程才能施行，沟通的过程就是对决策的理解传达的过程。决策表达得准确、清晰、简洁是进行有效沟通的前提，而对决策的正确理解是实施有效沟通的目的。在决策下达时，决策者要和执行者进行必要的沟通，以对决策达成共识，使执行者准确无误地按照决策执行，避免因为对决策的曲解而造成的执行失误。一个企业的群体成员之间进行交流包括相互在物质上的帮助、支持和感情上的交流、沟通，信息的沟通是联系企业共同目的和企业中有协作的个人之间的桥梁。同样的信息由于接收人的不同会产生不同的效果，信息的过滤、保留、忽略或扭曲是由接收人主观因素决定的，是他所处的环境、位置、年龄、教育程度等相互作用的结果。由于对信息感知存在差异性，就需要进行有效的沟通来弥合这种差异性，以减小由于人的主观因素而造成的时间、金钱上的损失。准确的信息沟通无疑会提高人们的工作效率，使人们舍弃一些不必要的工作，以最简洁、最直接的方式取得理想的工作效果。为了使决策更贴近市场变化，企业内部的信息流程也要分散化，使组织内部的通信向下一直到最低的责任层，向上可到高级管理层，并横向流通于企业的各个部门、各个群体之间。在信息的流动过程中必然会产生各种矛盾和阻碍因素。只有在部门之间、职员

之间进行有效的沟通才能化解这些矛盾，使工作顺利进行。

2. 从表象问题过渡到实质问题的手段

企业管理讲求实效，只有从问题的实际出发，实事求是才能解决问题。而在沟通中获得的信息是最及时、最前沿、最实际、最能够反映当前工作情况的。在企业的经营管理中出现的各种各样的问题，如果单纯的从事物的表面现象来解决问题，不深入了解情况，接触问题本质，会给企业带来灾难性的损失。个人与个人之间、个人与群体之间、群体与群体之间开展积极、公开的沟通，从多角度看待一个问题，那么在管理中就能统筹兼顾，未雨绸缪。在许多问题还未发生时，管理者就从表象上看到、听到、感觉到，经过研究分析，把一些不利于企业稳定的因素扼杀掉。企业是在不断解决经营中的问题中前进的，企业中问题的解决是通过企业中有效的沟通实现的。

3. 激励职工，形成健康、积极的企业文化

人具有自然属性和社会属性，在实际的社会生活中，在满足其生理需求时还要满足其精神需求。每个人都希望得到别人的尊重，社会的认可和自我价值的实现。一个优秀的管理者，就要通过有效的沟通影响甚至改变职员对工作的态度、对生活的态度。把那些视工作为负担，对工作三心二意的员工转变为对工作非常投入，工作中积极主动，表现出超群的自发性、创造性。在有效沟通中，企业管理者要对职工按不同的情况划分为不同的群体，从而采取不同的沟通方式。如按年龄阶段划分为年轻职工和老职工，对年轻的资历比较浅的职工采取鼓励认可的沟通方式，在一定情况下让他们独立承担重要工作，并与他们经常在工作生活方面沟通，对其工作成绩认可鼓励，激发他们的创造性和工作热情，为企业贡献更大的力量。对于资历深的老同志，企业管理者应重视尊重他们，发挥他们的经验优势，与他们经常接触，相互交流，给予适当的培训，以调动其工作积极性。

8.4.3 有效沟通的障碍因素分析

在现实生活中，某些因素影响人际沟通的因素会造成沟通的必要条件的缺失，致使沟通受到阻碍。具体来看，主要有这样一些因素。

1. 个人因素

人们对人对事的态度、观点和信念不同造成沟通的障碍，知觉选择的偏差造成了沟通的障碍。个人的个性特征差异，如性格、气质、态度、情绪等引起沟通障碍。语言表达、交流和理解也会造成沟通障碍。在一个组织中，员工有不同的文化背景、教育经历、知识经验、说话的风格和方式，都会引起观念的不同，而造成沟通障碍。甚至年龄、地位、不同党派、不同的社会心理需求都可能是造成沟通障碍的因素。

2. 信息因素

电脑和互联网的发明使信息量极速放大，信息泛滥造成不能完全阅读及辨别信息真伪，以及对信息的过滤，选择性的传播导致无法准确传递信息。或因为时间压力，造成信息传递和反馈不及时也会影响到沟通。此外，信息发送者的编码能力 、表达能力欠缺，或信息接收者解码不准确，对信息缺乏信任都可能造成沟通障碍。

3. 信息传递通道因素

当信息有几种传送形式时，如果相互之间不协调，可能会造成信息的混乱；如果沟通渠道选择不当，沟通可能会带来信息的流失甚至导致沟通失败。另外 ，信息沟通过程中经常会

受到自然界各种物理噪声、机器故障的影响或其他事物所干扰，造成信息渠道堵塞，也会形成沟通障碍。

4. 组织内部因素

组织内结构不合理，如组织机构重叠而造成的沟通缓慢，各职能部门之间缺乏沟通以及沟通的渠道单一而造成信息不充分。还有就是组织文化氛围的问题——信息发自一个相互信赖和开放的组织，它被理解的可能性要比那些来自相互猜忌和提防的组织大得多。

8.4.4 沟通障碍的清除

1. 克服以自我为中心，认知模式刚性的障碍

思维是沟通的基础。任何一个有目的的沟通皆始于自我，因此，自身的思维是影响有效沟通的重要因素。过于迷信自身思维方法的管理者既主观又武断，缺乏客观、公正、公平之心，既不能正视自我也不愿正视他人，更谈不上设身处地站在对方的角度考虑问题。因此，管理者注重的仅仅是把信息传递出去，忽视了信息接收者的感受，同时对信息接收者是否理解这一信息也不重视，显然有效沟通不能成立。

以自我为中心，过于迷信自身思维方法的管理者其认知模式往往具有刷性化特征，以静态的思维面对时代的发展和社会的进步，久而久之，管理者非但不了解别人，甚至都不了解自己，不了解自身与现实的差距有多大。另一方面，面对具有较强等级观念的权威性管理者，下属出于自身前途的利弊考虑，发送的信息可能更倾向于附和管理者的愿望以回避风险。管理者接收了此类信息后在一定程度上更强化了其认知模式的刚性。如此之沟通只能陷入一种恶性循环，管理者更固守于传统的思维，被管理者更热衷于传递失实的信息，最终结局只能是组织内部人心涣散，更可悲的是管理者自身甚至还未意识到到底哪个环节出了问题。

2. 克服沟通的静态特征

有效沟通是一种动态的双向行为，而双向的沟通应得到充分的反馈，只有沟通的主体、客体双方都充分表达了对某一问题的看法，才具备有效沟通的意义。因为在复杂的社会环境下，组织内部多样化程度越来越高，相互之间的依赖也越来越强，各种对目标、职责、利害关系等认识的分歧也越来越大。同时，也只有在增强主客体上下交流的过程中，才能引导人们从不同的角度看问题，消除一些不必要的误解和偏见。如此才能使组织成为一个相互依赖的合作整体，从而顺利达到组织追求的目标。而以自我为中心的权威型管理者发送信息时漠视信息接收者的反应，从而使沟通仅局限于从上到下的单向沟通。

3. 以真诚之心沟通

真诚是理解他人的感情桥梁，而缺乏诚意的交流难免带有偏见和误解。从而导致交流的信息被扭曲。在管理关系比较简单的传统管理模式下，管理者和被管理者彼此缺乏相互的渗透，缺乏情感的互动效应。实际上，沟通中信息发送者的目的是否能达到完全取决于信息接收者。因此管理者只有在转变观念，弱化自己的权力，把对方看成合作伙伴的前提下才能与被管理者进行心理沟通。

4. 克服沟通渠道相对闭塞的障碍

自由开放的多种沟通渠道是使有效沟通得以顺利进行的重要保证。从管理的角度考虑，沟通是一个长期积累和长期不懈努力的过程，因此，沟通不仅仅是管理中的技巧和方法，更

是一种组织制度。在我国，开会可能是传递、发送信息的一个最常见的方式。一个具有实质内容的，安排妥当的会议将是同时完成意见沟通和管理目的的有效工具。但如果会议的召开只是为了满足权威型领导展示其权威的欲望，或者是没有实质意义的沟通，只会引起人们的反感，显然违背了有效沟通的本意。

8.4.5 进行有效沟通的措施

在团队里，要进行有效沟通，必须明确目标。对于团队领导来说，目标管理是进行有效沟通的一种解决办法。在目标管理中，团队领导和团队成员讨论目标、计划、对象、问题和解决方案。由于整个团队都着眼于完成目标，这就使沟通有了一个共同的基础，彼此能够更好地了解对方。即便团队领导不能接受下属成员的建议，他也能理解其观点，下属对上司的要求也会有进一步的了解，沟通的结果自然得以改善。如果绩效评估也采用类似办法的话，同样也能改善沟通。

在团队中身为领导者，善于利用各种机会进行沟通，甚至创造出更多的沟通途径，与成员充分交流等并不是一件难事。难的是创造一种让团队成员在需要时可以无话不谈的环境。对于个体成员来说，要进行有效沟通，可以从以下几个方面着手：一是必须知道说什么，就是要明确沟通的目的。如果目的不明确，就意味着你自己也不知道说什么，自然也不可能让别人明白，自然也就达不到沟通的目的。二是必须知道什么时候说，就是要掌握好沟通的时间。在沟通对象正大汗淋漓地忙于工作时，你要求他与你商量下次聚会的事情，显然不合时宜。所以，要想很好地达到沟通效果，必须掌握好沟通的时间，把握好沟通的火候。三是必须知道对谁说，就是要明确沟通的对象。虽然你说得很好，但你选错了对象，自然也达不到沟通的目的。四是必须知道怎么说，就是要掌握沟通的方法。你知道应该向谁说、说什么，也知道该什么时候说，但你不知道怎么说，仍然难以达到沟通的效果。沟通是要用对方听得懂的语言——包括文字、语调及肢体语言，而你要学的就是透过对这些沟通语言的观察来有效地使用它们进行沟通。

1. 提高倾听能力

任何不能被理解的沟通都不能算是成功的。在有效的倾听中，人们用耳朵去理解别人，表达的是一种尊重的态度。相比较于说而言，听是较被动的，人们可以通过说来主动地表达自己的意见，但是当听的时候，就得力图去理解他人的想法和感情，这就要求听者搁置自己的偏见和先见，所以倾听是很需要修养的一项沟通技巧。人际沟通是指人们之间的信息交流过程，也就是人们在共同活动中彼此交流各种观念、思想和感情的过程。这种交流主要通过言语、表情、手势、体态以及社会距离等来表示。

倾听能鼓励他人倾吐他们的状况与问题，而这种方法能协助他们找出解决问题的方法。倾听技巧是有效影响力的重要关键，而它需要相当的耐心与全神贯注。

倾听技巧由4个个体技巧所组成，分别是鼓励、询问、反应与复述。

2. 实行双向沟通

双向沟通是根据跟踪和反馈原理，使发送者能检验信息传递的有效性，以及接收者面临的障碍。反馈是双向沟通的关键，它既为接收者提供了作出反馈的渠道，又使传达者能了解信息是否收到，有没有产生预期的效果。制定合理的沟通政策是保持有效双向沟通的方式，是营造良好人际关系使组织充满活力、得以发展的重要保证。要建立多种双向沟通的渠道，通过与上级面谈、工作人员意见调查、工作人员申诉制度等制度，使上下级之间能充分接触和交流，消除沟通的空间障碍，减少沟通层次和信息传递的环节，增强相互间的理解，形成凝聚力。

3. 使用通俗易懂的语言

信息能否被接收者所理解，在很大程度上取决于信息发出者所使用的语言是否通俗易懂。鉴于信息接收者各不相同，所以信息发出者所使用的语言应因人而异，使用对方容易理解的语言，语义要明确，避免模棱两可；尽量减少专业术语的使用；多用短句，少用长句；条理层次清楚；重要信息着重强调；心平气和，感情真挚，注意力集中，聆听对方讲话；交谈中借助手势、表情来促进沟通。

4. 提高个人修养和信任度

要实现有效沟通，组织成员还应加强自我修养，完善个性品质，这是畅通沟通的“内渠道”。只有组织成员的个人修养提高了，其发出的信息才会有人相信。首先，应正确地认识和评价自己，既要克服因自我评价过高而表现的优越感，避免不尊重他人，堵塞沟通渠道；也要克服因自我评价过低而造成的自卑感，适当调控情绪，以诚恳的态度、宽阔的胸怀与同事相处，善于剖析自己，勇于接受同事的批评与建议，在工作中认识自己、提高自己。其次，在正确认识自己的基础上，加强对其他成员个性品质的了解，以公正、客观的态度克服人际关系中的偏见，增强组织成员的心理相容与认同感，减少因成员间工作经历、认识水平和工作经验等方面的差异而产生的矛盾，以期实现有效沟通。提高个人修养和信任度对组织中的领导尤为重要。

【思考题】

1. 描述沟通的过程模型。
2. 简述组织沟通的类型及各自的优缺点。
3. 有效沟通的过各中有哪些障碍？如何克服？

【案例分析】

宣传干事们缘何报喜不报忧

汇报工作在紧张地进行着，也许是会场人多——全市近200个二级单位的宣传干事都齐刷刷地坐在那里，也许是主持人职位高、派头大——台上是市委宣传部部长兼“振兴中华”读书活动指导小组组长，也许……反正制药厂的宣传干事小刘说话结结巴巴，脸涨得通红，汗流满面，手中的笔记本也在微微颤动。

部长用钢笔帽轻轻地点着桌子，但仍然笑容满面地问道：“读书活动指导小组建立时间不短了，主要做了哪些工作？”

“推荐了书——在书店买了200多本，厂领导很重视——那天下午去了车到书店拉书——工人争着看——花了5000多元，领导也给批了……”

坐在一旁的柴油机厂的宣传干事小宋不由自主地摇摇头，小刘到底是新手，不会应付领导，不会看领导的脸色行事，这不就是找批评吗？

部长脸上的笑容在减少，连声音也变粗了：“究竟有多少职工参加了读书活动？”

“有的出差去了，200多人参加了读书小组，全厂共249名正式职工，还有几个长期住院的病号没有……”

会场上响起了轻轻的笑声。小宋几次欠了欠身，似乎想站起来帮小刘汇报。对小刘结结巴巴的汇报，他一点也不奇怪，因为这个厂的底细他全知道。两个月前，市委宣传部把关于开展读书活动的文件发了下去，可是厂里的事太多了——上级布置的“中心工作”、“战役”、“活动”一个接一个，谁有那么多时间和精力？昨天下午，宣传部来电话通知汇报，小宋不得不动了，也就是照着套路，按文件编了几句。小宋翻箱倒柜，终于在墙角的垃圾堆里找到了半页。文件上表扬了制药厂，说他们行动快，是全市第一家建立读书小组的单位。小宋赶忙跑去请教小刘。小刘倒挺老实，先是介绍，又领小宋到各车间、阅览室去看。仅职工读书心得就有一百多份，比小宋他们确实强多了。

部长的笑容已经全部消失了，严厉的目光巡视着全场，眉宇间露出明显的不满：“过去药厂搞得不错，文件上还表扬过，但从今天的汇报来看，这两个月进展太慢了！”部长“啪”地放下笔帽，铁青着脸，大口地吸起烟来。会场陷入了紧张的寂静。

十几分钟后，部长才长叹口气，看看笔记本，无精打采地抬起眼皮来，问：“柴油机厂来了没有？”小宋连忙站起来，似乎有些紧张，他一边望着部长，一边想：刚才小刘说出了他们厂的实际情况，部长不满意。我们厂要照直说，恐怕更惹怒老部长。我不如说好一点，让领导高兴高兴。小宋清了清嗓子，开始汇报：“我厂已经建立读书指导小组两个月，即从文件下发第二天便成立指导小组，厂长亲自任组长；同时以车间、班级为单位建立十多个读书学习小组，坚持学习，从不放松。”小宋停了停，继续说：“我们向全厂职工发出号召，要想多贡献，读书不间断！”部长忍不住笑眯眯地向他挥手道：“好，这个口号提得好！”

小宋越发得意了：“目前，我厂参加读书活动的已达80%。”“只有80%？”部长立刻收起了笑容。小宋心头一紧，还嫌少呀？不过，小宋寻机一动，装模作样地看了看笔记本，说：“恕我，我看错了，应该是86%。”部长这才勉强赞赏地点了点头：“那好，那你们的经验是什么呢？”

“概括地讲，有三条：高度重视、积极主动、发动群众。”

部长脸上露出了满意的笑容。小宋唯恐多说了引起老部长的不快，赶紧收尾：“我们的工作还很不够，请部长多多指导。”

部长笑得更欢了……

问题讨论：

1.“报喜不报忧”现象普遍存在的深层原因是什么？

2.我们应该采取哪些措施提高该案例中的沟通效率？

【拓展训练】

人际关系能力培养的方法——敏感性训练

敏感性训练也叫感受性训练或“T组训练”。在西方，特别是在美国它是被广泛采用的一种培养领导者和管理人员人际关系能力的方法。

敏感性训练的目的主要是使受训练者：①增强对别人需要、动机、情感及其表达方式的敏感性；②通过观察别人的反应和体验自己情感变化，提高洞察自己行为的后果，并从中吸取教益的能力；③提高使自己的行为符合自己的价值观念、行动目标和与外在环境相吻合的能力；④提高活动技能，使意图、行为和行为结果更加一致(即提高协调处理人际关系的能力)。

敏感性训练的基本设想如下：

①人们可以从分析自己“此时此地”的心理经验，学到很多东西。

②其中最主要的学习，是洞察别人的感情、反应及观感。这些在平时往往因某些理由彼此都不愿表现出来。

③设计良好的训练实验室（或别的场所），能减少阻挠人与人交往互补作用的障碍，使受训练者能更直接有效地学习体会别人。

④在这项训练中所必须克服的阻碍是，人们在其社会文化环境中习得的既有态度。例如，“我们不应过多责难别人”，“学习的最佳方法是独立思考”等。

根据布拉德佛（L. P. Bradford）等的分析，受训者在训练的集会开始3～6小时后，即发现两种事实：

①要谋求大家一致赞同的议题，是相当困难的；

②成员彼此不太注意倾听别人说的话。

由此，受训者便体会到在一个群体里，各成员对群体的关心远不如对自己本身的关心，这种体会将使受训者了解：为什么公司的委员会在讨论问题时，很难统一成一致的论点？某些人为什么经常在讨论会中远离议题而大谈私人的事？

下面介绍一种敏感性训练的具体时间表，供参考。

第一次聚会——自我介绍之后可以谈谈娱乐计划一类的问题，但指导者宣布自第二次聚会以后不得谈论与现场无关的问题，也不能推出特定的主题；

第二次聚会——禁止谈论有关工作及抽象观念的问题，要大家只考虑现在在身旁发生的事情；

第三次聚会至第七次聚会——陷入不安、焦躁、不快的情绪状态，开始了解自我与别人的感情；

第八次聚会——讨论那些保持客观、冷静态度成员的问题；

第九次聚会——讨论那些沉默寡言成员的问题；

第十次聚会——讨论那些发言过多成员的问题；

第十一次聚会——让大家说出各成员的待人态度；

第十二次聚会——让大家表明自己的心理创伤；

第十三次聚会——让大家写遗书；

第十四次聚会——让大家以渗入价值判断的方法表达意见；

第十五次聚会——让大家区别“我认为”与“真实”的差异；

第十六次聚会——谈论团结问题；

第十七至二十次聚会——谈论公司及工作现场的问题。

■ 第9章　团队建设

9.1　团队概述

9.1.1 团队的概念

团队和群体是两个既相区别又紧密联系的概念。群体(group)通常被定义为:为了实现某个特定的目标，两个或两个以上相互作用、相互依赖的个体的组合。群体有正式群体(formal group)和非正式群体(informal group)之分。正式群体通过组织的安排所建立，具有设计完整的工作分工与确切的任务，其存在是为了达成组织所赋予的特定目的，在很多情况下，正式群体所指的是正式组织。非正式群体则相反，它们是那些既没有正式结构，也不是由组织确定的联盟，是人们为了满足社会交往的需要而在工作环境中自然形成的，具有高度的社交性意涵，实际上，非正式群体也就是管理学中所说的非正式组织。

和群体密切相关的一个概念是团队(team)。团队是为了实现组织的目标而由一群相互依存、有共同志向的人组成的并对任务完成负责的群体。工作团队中的每一个组成人员都有一个共同的目标,而且他们必须相互合作以实现这个目标。也就是说当群体的成员发展出一种对群体的高度认同时，群体便可称作一种团队，因此，所有的团队都是群体，但是群体并不一定都是团队。

管理学所关注的团队是被作为一种新的组织现象而提出的。其实，在人类社会中，团队自古就有，只不过管理学在20世纪后期实现了团队的自觉,意识到了团队在管理中的价值,提出了在组织管理中自觉地建立团队的愿望和要求，并作出了建立团队的路径探索。

一般认为，最早自觉引进团队的是日本企业，一些日本企业由于受到东方文化的影响，注重在企业运行中倡导合作精神，从而在管理上开辟了不同于西方现代科学管理模式的一种新的管理模式。其中，以组织形式出现的就是让团队在企业运行中发挥巨大作用。20世纪90年代以来，由于信息和知识在组织中所起的作用越来越受到管理学界的重视，组织外部环境的迅即变化和组织内部条件的日趋复杂，使20世纪早期成熟起来的管理方式表现出许多不适应的方面;另一方面，也由于日本企业所取得的举世瞩目的成就，把管理学家们的视线引向了对团队的关注，随即，“团队”研究成为管理理论的一个新的热点。在管理理论的影响下，一些美国企业开始推行日本团队管理的经验。

如今，人们普遍认为，团队是管理的最佳组织形式，它能够有效地把创造力和凝聚力结合起来，避免了竞争或一团和气所带来的不利影响，而且可以成为现代企业和组织管理的基础。美国《培训》杂志在1996年度所作的行业调查表明，70%以上的组织都拥有一个以上的团队，许多组织拥有比较多的高度自我管理团队，大体在31%～45%之间。在国际商务机器公司(IBM)、惠普公司(Hewlett－Packard)、通用电气公司(GE)、美国电话电报公司(AT&T)、波音公司(Boeing)等企业中，团队成为它们的主要运作方式，每个企业所拥有的团队均达百个之多，涉及生产、设计、运输、销售等各个领域。此外，团队管理还被广泛应用于公共管理部门，美国前总统比尔·克林顿上任后做的第一件事就是加强政府团队建设，借此提高政府各部门的效率，增强对社会的回应能力。

9.1.2 团队的性质

团队的性质是团队区别于其他组织形式和运作过程的特征和属性。同组织一样，团队既是一个动态的组织过程，又是一种静态的组织类型。就它的运作过程而言,团队的建立和发展都是为了实现特定的目的，它是过程的集合体,随着过程的完成而结束,所以,是一个动态的过程。就它的结构类型而言,团队是一定人群的集合体，有着稳定的结构形式,是构成大的组织的基础性单位，这是团队静态的存在形态。具体而言，团队的性质有如下体现：

1.能力的集合性

团队中的每一个成员都不是孤立的，他们作为一个工作节点通过网络的方式联系在一起，构成一张知识网和一种能力态。在这里,首先，每个人都是平等的和处在互联状态中的，打破了传统组织的层级隔离和岗位隔离，使知识的流动性和共享性大大增加。其次，这种知识的集合使每个团队形成独特的知识能力体系,团队成员间的知识互相补充,并通过团队学习的方式提高团队知识容量和运用知识的水平，从而具备某种核心能力，有力地保障了整个组织活动的开展。最后,这种知识和能力的结合可以超越个人知识和能力的有限性。由于团队是建立在深度合作上的,对等的知识联网使得成员彼此并行思考、并行工作，在工作过程中实现同步化反馈与调整，从而使团队成为一种个人能力的放大机制。

2.结构的自组织性

在团队中，成员之间不仅功能专长化，而且能够形成互补。他们基于对团队的忠诚和彼此的信任，能较长期地结合在一起，具备完成业务所需的完整功能。团队既是一个基础组织，又是一个次级组织，存在于复合组织之中。一方面，它作为功能性的单元组织而存在，另一方面，它又具有复合组织的结构特点，拥有一个扁平的网络结构。团队的最终形成是队员的相互接纳过程,体现为自组织性。这种组织特性使团队既能实现作为组织单个部分而独立运作，能够在没有上层组织协调的情况下自主独立地把握环境，处理问题，同时又能保证组织的整体性和协调性，充分体现组织整体的能力特性和目标要求。

3.行为上的高度凝聚力

团队由于人数较少，目标清晰明确，加上成员知识的互补和高度相互依赖，因此在行为中既可以自主地开展活动，又能实现彼此的协作，实现了功能的最大化。团队在行为中的这种高度凝聚力是由成员彼此的地位和能力决定的。团队之所以能够建立，就是因为成员能力的异质性，只有通过有效的结合，彼此知识和能力相互结合使用，互为对方提供服务，实现能力的相互交换(交易)，才能使自身的效用最大化，从而在实现团队整体目标的过程中实现自身的价值。

只有具有高度凝聚力的组织才能在活动中培养自主精神。如果是一个松散的群体，群体成员之间彼此不信任，在活动中就不会出现围绕目标而自主进行的坦诚交流和勇于承担责任的气氛。所以彼此信任、坦诚交流和勇于承担责任是团队实现目标所必须具备的组织条件。同时，团队在对外活动中要实现自身的目标也离不开团队内部的凝聚力，只有具有了高度的凝聚力,团队才能发挥自身的特长，从而在对外活动中保持自身的独立性，也才能创造出高质量的产品,表现出与其他团队和组织交往中的竞争优势。

9.1.3 团队的类型

依其目标、存在的目的和工作性质来分类，通常可以把组织内的团队分为问题解决型团队、自我管理型团队、多功能型团队。

1. 问题解决型团队

问题解决型团队(problem - solving team)又称任务团队(task - oriented work team)或称为项目团队(project team)，它是为达到某个持定目标而临时建立起来的一种团队类型。这种团队一般由5~20个来自同一部门不同领域的人员组成，他们通常被认为是能够把事情做好的人，他们每周用一两个小时的时间来碰碰头,讨论如何提高产品质量、提高生产效率、改善工作环境以及职业道德等问题。这种团队大多是临时性的任务编组，随着问题的解决和团队任务的完成而解散。问题解决型团队主要是针对所要解决的特定问题的需要来筹组,成员就如何改进工作程序和工作方法彼此交换看法或提供建议。但是,一般很少授权团队成员根据这些建议单方面采取行动，最后的决策与执行的权力仍保留在管理当局，20世纪80年代开始流行的全面质量管理[亦称质量圈(quality circle)]是一种相当典型的问题解决型团队管理方式。

2. 自我管理型团队

问题解决型团队在保证企业的生产质量和提高效率方面具有明显的优势，但在调动员工参与决策过程的积极性方面尚嫌不足。这种缺陷导致企业努力建立新型团队，使其能成为独立自主的团队，不仅注意问题的解决，而且能执行解决问题的方案,并对工作结果承担责任。达就是自我管理型团队。自我管理型团队(self - managing work team)又称自发团队(autonomous team,或是自我领导团队(self - managing work team)。这种团队通常由5-15人组成，他们承担着以前自己的上司所承担的一切责任，可以自由控制工作节奏决定工作任务的分配、安排工作、休息等。比较彻底的自我管理型团队甚至可以挑选自己的成员，并让成员相互进行绩效评估。施乐公司(xerox)、通用汽车公司、惠普公司、百事可乐公司是我们比较熟悉的自我管理型团队的代表。自我管理型团队可以有效地提高生产率、质量和改善服务，可以因应形势的变化以适应现代生产的需要。但是,它也给管理者的工作带来了很大的挑战。团队需要高技能的员工,因为每个人都必须能独立解决问题、必须具有极强的自觉性。自我管理型团队的有效成员必须拥有多种技能,但并非所有的雇员都愿意或者能够掌握新的技能，对管理者特别是团队领导者的另一个挑战是,由于团队自我管理而无事可做。在一些公司，一个中级管理者可能只负责一些团队，团队领导者是决策者，而管理者只是作为一个协调者，其位置逐渐变得不重要，而其可能被去除。

3. 多功能型团队

多功能型团队(cross－functional team 或 multi－disciplinary work team)是由位于组织层同一位阶的员工，而非组织中同一工作领域的员工组成。组建这种团队是为了完成某一特定任务，因而需要跨越横向部门的界限，集合不同工作领域的员工以进行信息交流，集思广益。这种团队一般由5～30人组成，由于这种团队解决任务的特定性，它一般都是临时性的，当然也有长久性的，这要视其任务和目标而定。常见的多功能型团队是由来自多个部门的员工组成的委员会(committees)。多功能型团队的兴盛是在20世纪的80年代末，当时几乎所有的汽车制造公司像丰田、尼桑、本田、宝马、通用汽车、福特、克莱斯勒都利用多功能型团队来协调完成复杂的项目。多功能型团队是一种有效的生产管理方式，它使组织内不同领域员工间进行信息交流，激发新观点，群策群力解决面临的问题和协调复杂的项目。团队成员的多样性正是该类型团队的优势，这样的特性有助于组织提出较具创造性的解决方案。但该种团队的形成无论是掌握处理问题的技能还是建立起信任关系以便实现真正的合作都需要消耗大量的时间。随着时间的流逝，团队成员彼此间愈来愈熟悉，一致性和同质性也愈来愈高，可能使团队的多样性优点逐日俱减。因此，选择此种类型的团队应合理考虑组织的实际情况。

依据其划分的不同标准可以有不同类型。美国著名管理学教授安德鲁·J·杜伯林(Andrew J. DuBrin)把团队分为自我管理工作团队、项目团队、交叉功能团队、高层管理团队、虚拟团队五种。桑德斯特洛姆·戴穆斯(Sandstorm De Mouse)和法雷尔(Farrell)根据四种变量，即团队成员与组织内其他成员差别化程度的高低、团队成员与其他成员工作时一体化程度的高低、团队工作周期的长短以及团队产出成果的类别，把团队分为建议或参与式团队、生产或服务团队、计划或发展团队、行动或磋商团队；我国台湾学者林建煌认为团队有五种常见类型，即功能团队、任务团队、自我管理团队、跨功能团队、非正式团队。还有学者把团队分为传统团队和学习型团队。

9.1.4 团队的作用

团队已经成为现代社会中的一种重要组织形式，在知识和信息迅猛发展的21世纪，团队的作用愈发明显。近几年来，随着学习型组织、智能型组织理念的兴起，人们更是主张在组织内部加强合作，实行开放式管理，以适应瞬息万变的社会发展。从而，更引起了人们对团队的重视。显然，在现代管理中，团队工作方式已经成为企业和其他组织生存和发展的一种必要手段。具体而言，团队的主要作用如下：

1. 创造人性化的环境

满足成员的多方面需求，舒展人性。随着社会的进步，人类生活方式的改进，人的需要也在不断地发生变化。按照马斯洛的需要层次理论，人们在满足生理、安全等基本需要后，还有社交、尊重、自我实现的需要，这就要求组织尽量创造条件来满足员工的多方面需求。而一般的传统组织管理模式基于对效率的追求，采取严格的官僚制管理模式，过于强调生产的秩序性、精确性，而对于人的创造性要求甚少，某些组织甚至对有创造性能力的员工弃而不用，以保证组织的权威性。

团队管理则可以避免官僚制理论的缺陷，团队建立的目的虽是要实现特定的任务目标，但这种目标的达成是以团队成员创造性的发挥和主观努力为基础的。因此，团队强调的是成员的广泛参与和相互作用，需要的是扁平化的组织形式。在团队中，人性的舒展和组织效率不再是相悖的。环境要求组织具有创新能力和应变能力。组织的效率不再简单地取决于生产效率，在创新、适应方面的效率也是至关重要的，组织的效率在前提上首先和这些因素联系起来，而这些因素的取得恰恰需要人性的舒展，因为压制人性必将压制创新，从而压制组织的发展和效益的取得。

团队是一个扁平化的组织，没有层级，没有官僚制的控制，大家通过合作和沟通共同完成组织的任务，它意味着一个崇尚自由、平等、和谐、创新的环境。这样一种人性化的环境可以为人的全面发展创造条件，满足成员的多方面需求。而人性的舒展，人的能力的充分发挥和创造性的开掘又有利于组织的综合效率的提高。

2. 提高组织创新能力，改善组织的绩效水平

围绕开发新产品和提高服务质量所组建的跨部门团队其创新能力明显优于一般组织，这种团队的设立，能有效地整合组织内的优势资源，实现资源效益的最大化。组织创新能力包括四个要素：第一，企业家精神或创新精神；第二，知识与其他资源；第三，创新的方法；第四，鼓励创新的组织类型。团队这样一种工作方式能够很好地满足此类条件，团队本身就是一种创新型的组织类型，而且，团队成员具有优于一般员工的创新精神，具有独立处理复杂事务的知识和能力，他们一般都敢于采纳先进的方法和技术，敢于突破传统，能够发挥协同作战的能力。

团队是一种高倍的能力放大机制，通过增强协作程度，能产生很强的核心能力和向心力，能够集中全团队智慧解决面临的各项难题，达成组织目标。同时，团队也是一种创新能力放大机制，它的学习能力以及创新能力远非传统组织形式所能及，这种能力恰恰是在竞争激烈的市场环境中获取持续有效竞争优势的重要因素。

3. 增强组织的适应性

促进组织的良性发展，传统的组织形式由于是一个封闭的系统，无法解决对环境迅速变化的适应性问题。在市场经济充分发展的现代社会，买方市场的局面已无法改变，如何提高顾客的满意度就成为衡量组织竞争力的关键性指标，企业必须在服务速度、服务内容、服务方式、服务保障等方面做得更快、更个性化，这就要求组织与市场、顾客之间进行全方位的接触，而且在接触过程中做出迅速、完整的反应，独自给顾客提供有效的解决方案。这样的接触点不可能是单个的个人，也不可能是只具有单一功能的某一部门所能承担的，只能是集各部门功能于一体的团队。

团队成员的独特知识背景和果断处理事务的能力，加上成员的有效合作，使他们能独立地对市场做出反应，团队的存在和发展增强了组织的应对能力和适应性，有利于组织的良性发展。现在，越来越多的组织围绕市场服务、产品开发等组建各式各样的产品开发、服务团队，这既提高了企业的自生长能力，又增强了组织的适应性。

4. 改变传统组织的运作方法，促进组织的转型

团队除具有以上作用外，还有一个更为重要的价值，那就是它正在推动一场组织的革命。团队的革命性推动作用在于它正在改变传统组织的运作基础和运作方法，促进组织由自我封闭的官僚制组织向开放的合作型团队组织转变，以更好地适应21世纪社会发展的需要。

传统的官僚制组织的工具理性虽然仍在发挥作用，但它所不可避免的僵化性、等级性、形

式性、非人性等特点已越来越受到人们的质疑，它无法适应现代社会发展的节奏和人们的个性化需求。传统的由上而下的金字塔式的以内部为导向、以职务为重心、以管理阶层为主导的运作方法正在转变为以顾客为导向、以作业程序为重心、以员工参与为主导的扁平化的团队运作方法。目前,团队的价值已被越来越多的人所重视，团队的重要作用已经得到了企业以及社会各界的广泛认可。团队促进组织的转型这一变革还具有更重要的意义，这一价值的实质就是它创新出了一个有利于团队运作的组织环境，更利于团队整体价值的发挥。

9.2 团队的形成

9.2.1 团队的形成过程

不论团队的发展是自发的抑或是有意的，也不论团队的类型为何，团队的形成总要经历一个过程。根据团队所经历的时间和成熟程度两个维度，可以将团队的形成分为五个阶段，分别是:成形阶段、震荡阶段、规范阶段、运作阶段、解散阶段。

1. 成形阶段(forming stage)

团队的成员基于特定的目的首次聚在一起，这时他们带来了个性化特征以及自身环境的价值观和优先次序。在这一阶段，团队的成员会试图去了解团队的目的、成员的组成、组织结构以及领导体制等内容。由于这是一次新的经历,所以每个人开始都是小心谨慎地进入这个环境，对他们在这个新的经历中的角色和绩效感到彷徨,在行动中通常会使用测试或探索的手段来掌握组织的状况，进而决定他们所应采取的适当方式。因而,在成形阶段团队通常要阐明其目标，确定每个人的角色及权限责任范围,制定可接受的行为规则。当成员认同该团队并开始将其本身视为团队的一部分时，成形阶段即宣告结束。

2. 震荡阶段(storming stage)(又称为冲击阶段)

虽然在成形阶段成员已将自己视为团队的一员，但这并不表示他们已完全接纳组织所加诸在其身上的限制性规范。在震荡阶段，团队成员对团队任务的真实情况虽然已完全了解，但还没有形成可靠的凝聚体，还是作为个人来思考问题的，往往可能基于自己的经历做出决定，而不是集思广益。由于团队成员对团队成功机会的态度摇摆不定，协作依然没有成为规范，此时所表现出来的行为可能涉及争执、挑战领导者的权力、争夺在团队中的影响力、重新确立目标的努力以及其他竞争性和戒备性行为。当团队中确定了清楚的领导权和互动模式后，震荡阶段结束。

3. 规范阶段(norming stage)

在此阶段，对个人问题的关注下降而对团队的关注上升，个人已融入团队中。个人之间的冲突和外部忠诚的制约已经减少，团队成员愿意为了团队而商讨分歧，因而有了更多的协作和对话。团队也致力于发展出这种紧密关系，成员开始认可和接受他自己及其他人的角色，也感受到强烈的团队认同感与归属感。当团队的组织结构稳固，而成员也熟知彼此的角色及相互的角色期望时，规范阶段便告完成。

4. 运作阶段(performing stage)

此时团队已经成熟为一个具有高度凝聚力的整体团队，成员对他人的优缺点以及他们如何支持使命都已了如指掌，并能解决群体问题。此一阶段的主要特色是将成员的认同与角色转向追求团队任务与目标的达成,团队的中心围绕解决团队所面临的问题而确立起来。团队的结构成为达成团队目标的一种机制。对一些永久性团队而言，运作阶段是团队形成的最后阶段;但对一些临时性团队而言，除了运作阶段外，尚有一个解散阶段。

5. 解散阶段(adjourning stage)。

当团队当初成立的目标不再有存在的必要或团队圆满完成其历史使命时，团队就要面临解散。解散阶段要确保能对团队的成员做适当的安排，要正确合理评价团队的工作成绩及出现的问题，努力去总结经验和教训，应避免虎头蛇尾和草率收兵的局面出现。

在这里需要补充的是，团队形成的前四个阶段只是表明了时间意义上的逻辑结果，但每个团队的实际发展过程会有很大的差异。不是每个发展阶段都会花费同样的时间，也并非每个团队都会由一个阶段自然转移至下一阶段，而是可能出现反复或数个阶段同步运行的情况。描述团队形成阶段的划分只是帮助我们了解团队发展可能的历程以及在团队发展期间所可能面临的问题和可能产生的结果。

9.2.2 团队形成中的领导

在团队的形成过程中团队的领导要承担一些独特的角色，而且团队领导角色的发挥程度直接影响团队的形成过程。在团队形成过程中，团队的领导者必须掌握一些建立团队方面的技巧，这些技巧包括:如何建立互相支援的团队成员关系、如何建立团队成员的自信以及如何采取教练式的领导风格。

1. 帮助成员厘清团队目标，并进行合理的授权

有效的领导者要获得团队成员的追随，达成团队的目标，必须帮助团队成员厘清团队的目标以及知道如何授权(empowerment)。授权并不意味着放手不管。团队的领导者除了确保团队有清楚的目标外，还要注意采取某些规范和监控团队的措施，而这样的监督与参与往往会随团队的发展成熟而有所变化，在团队的形成过程中，领导者必须对团队成员解释其营运计划，陈述团队的近期目标和长远规划，并帮助成员界定每一个要达到的结果。随着团队的成熟，领导者的角色开始改变，对团队的直接参与减少，不再处处指导或控制，其角色倾向于当教练，主要扮演引导与支持团队的角色。当然，这需要管理者实现从发号施令的领导者向从旁协助的教练角色的转变，而这是一种相当困难的心态转变过程。

2. 帮助团队成员明确角色任务

要使一项团队任务得以完成，有必要使每个人清楚自己的职责和权力范围。通常，即使一个团队的所有成员在一起工作了相当长的时间，也不一定清楚谁该干什么，谁在做什么，谁有权做什么;另外正规的工作描述不一定会迎合成员对自己担任的角色和权力的期望;有时部门主管和经理也会对放弃自己一向的角色而成为团队的一员而感到不适应;与此同时，有些团队成员有时也会无法以平等的态度对待原来的上司和经理。如果无法解决诸如此类的权力转移问题，团队的工作效率会受到极大损害，所以在团队的初建阶段,应该尽早让团队成员开展讨论,说出其对团队在组织内的角色期望以及个人存团队中的角色期望，还必须弄清诸多问题，如:“什么是团队的任务?”“团队该向谁汇报工作?”“团队具有哪类权力?”“谁是指定的团队领导?”“团队成员对责任分工有意见吗?”“每个成员的角色和其他成员间能相互协调还是有冲突?”团队的领导者可以通过发放有关角色任务的问卷或举行相应的讨论，使团队

成员搞清自己的任务并明白与他人的任务之间的关系，这种理解会创造出一种很强的团队内部团结感和忠诚意识。

3. 沟通和激励

团队的领导者在团队的形成过程中必须提供推动工作的动力，使之上下通气。他要把负责各项工作的成员组成一个有效的协作体。在团队新成立时，成员之间由于相互不甚了解，加上对自己能力的信任和某种自尊等其他各种考虑，互动十分有限，这时，领导者的沟通和激励显得尤其重要。团队的领导者要主动了解成员的优缺点，利用各自的优势去创设一种使各成员充分发挥自己优势的环境，让他们明白协作的必要性。要妥善处理成员间的矛盾和冲突，尽量去积极解决矛盾，而不是以压制和威胁的方式去对待队成员提出要求，特别是要采取措施，避免把矛盾积压或扩大。要有一定的奖励机制，激励团队成员将实现团队成效作为工作目标，鼓励成员间的沟通和协作行为，对其予以正强化，以形成一种乐于沟通、善于协作的组织文化氛围，建立起团队凝聚力。

4. 有效管理团队与其他群体的关系

在团队形成中，无论是团队本身，还是团队成员都受到其他群体的影响。一个有效的团队领导者，必须正确处理团队与其他群体的关系，因为有些群体控制了团队所必需的有价值的资源，有些群体的目标与团队相背离，因而会设法阻碍团队去追求其目标，更有些群体掌握着评估团队的权力。在这一复杂局面下，领导者必须首先界定重要的外部群体及其所关切的利益，然后，必须考虑要和这些群体建立何种关系。此外，还必须寻求处理此种关系的策略，以做到有备无患。

9.3 团队的运行

9.3.1 团队环境

团队环境是影响团队绩效的重要变量，一般可分为外部环境和内部环境。

影响团队绩效的外部环境因素最主要的便是一个支持性的组织气候，因为团队是组织中的一个群体，组织气候自然会影响团队的运作。由于团队成员的价值是由团队的绩效所决定的，因而团队特别适合那些对集体主义评价较高的组织和社会，像日本、以色列等国家就比英美等国家更适合团队的生存；同样地，如果一个企业或组织过去的组织文化与价值理念一直偏重于个人的成就和表现，则可能不会表现出对团队的支持性组织气候。

另一个外部环境的因素是组织对团队的资源支持。如果管理当局认同团队工作的价值，便会主动提供团队所必需的资金、权力等资源。而团队所获得的资源支持愈大，团队达成目标取得成功的机会也愈大。反之，团队所必需的资源支持得不到保障，团队获得成功的可能性就会大打折扣。团队所必需的资源支持是团队运作过程中最重要的环境，虽然它同其他的环境一样具有不确定性，但团队可以通过自己的努力和实际行动来证明团队运作的优势，从而赢得资源支持。

组织结构设计以及人力资源管理体制也是团队所面临的重要环境。组织设计同样直接地影响着团队的形成和功能的发挥。传统性组织比较看重有指定的领导者的稳定的功能性团队。注重适应性与灵活性的组织更倾向于选择多功能性团队，这是一种比较愿意自己选择领导者或由数个成员分享领导者角色的团队。在传统性组织中员工很少能在同一个时期成为两个以上团队的成员。而在创新型组织中，同时在不同的团队或高速运转的流水线中工作已十分普遍。人力资源管理体制也深深地影响着团队的绩效。不同的组织使用不同的人力资源管理方法去培养员工的绩效，包括长期计划、雇员的招募和选聘、绩效评估、雇员的培训和发展、奖励体制等，直到近期，这些活动几乎毫无例外地强调个人的表现，很少考虑到他们组成一个团队时是怎样工作的。可喜的是，组织很快认识到对个人绩效的偏重这一设计对团队的发展是不利的，需要设计一种新的绩效管理体制，使员工的培训和奖赏服务于团队目的的实现以顺应团队管理的需要。因此，新的人力资源管理体制构成团队发展的又一重要环境。

团队的内部环境则直接影响着团队凝聚力的形成和发挥。通常由四个方面所决定：一是团队规模。规模较小的团队比规模较大者能得到更多的激励和满意感，更容易形成一个协作有凝聚力的团队。二是得到有效管理的多元化。团队需要管理，怎样去管理团队不仅是领导者思考的问题，也是团队成员普遍关心的问题。单一的管理模式虽有助于实现经常化、规范化管理，但无法激起团队成员的新颖感和成就感，容易失去吸引力。在知识型团队里，更倾向于选择有挑战性的开放式的团队管理模式。三是群体同一性和良性的竞争。如果群体的凝聚力过强，管理者可以提高组织同一性，使组织目标成为团队努力的共同方向，由此减少团队内部的凝聚力。要提高组织同一性，可以让群体成员感到自己是整个组织中有价值的一员，强调群体间合作以提高组织绩效，还可以通过减少或消除群体间竞争和奖励群体间合作的方式来降低过度的群体凝聚力。四是团队的成功。团队的成功既是团队活动的结果，也是团队继续开展活动所面临的重要环境因子。如果团队经常失败，则团队成员容易沮丧，无法产生良好的激励效果。反之，团队的成功则会树立成员的信心，提高士气，迈向新的胜利。

9.3.2 团队成员的角色

一般而言，每个人都扮演着多重角色，并根据当时所在的群体而变换自己的角色。在组织中，员工们都需要明确组织期望他们有什么样的行为，他们阅读自己的工作说明，明确自己的权责，从“老板”那里得到建议以及观察他们的同事做些什么，从而指导自己的行为，以使自己的活动符合要求。团队中的每一个成员都有其应该扮演的角色，有时一个人可能同时扮演多重角色，且在不同团队其角色会有所调整，每个团队都是由承担不同角色的成员组成，都有其特殊的角色结构。角色结构是指团队内为成员所接受的一套界定完整的角色，以及角色与角色之间的关系。研究表明，在一个团队中可能有九种不同的角色，分别是：

1. 创造者——革新者。这种人富有想象力，善于提出新观点，独立性强、喜欢按自己的方式和节奏进行工作。

2. 探索者——倡导者。这种人乐意接受、支持新观念，他们擅长利用创造者——革新者的新创意，并总能找到资源来支持新创意。

3. 评价者——开发者。他们有很高的分析能力，在决策前有必要让他们发表见解来比较各种方案的优劣。

4. 推动者——组织者。他们乐于制定操作程序，以使创意变成现实。这种人会设定目标，制定计划，组织人力，建立规章，以保证按时完成任务。

5. 总结者——生产者。他们的着眼点主要在于能否按时完成任务，使所有的承诺得以兑现。他们最得意的事情就是自己生产的产品合乎标准。

6. 控制者——核查者。他们最关心的事情就是规章制度的确立和贯彻执行，他们善于核查细节，希望核查所有细节，并避免出现任何差错。

7. 支持者——维护者。这种人对做事的方式有着强烈的信念，他们在支持团队内部成员的同时会积极地保护团队不受外来者的侵害，是增强团队稳定性的重要力量。

8. 汇报者——建议者。他们是很好的听众，愿意在做出决策前得到更多的信息，而不愿把自己的观点强加于人，这有利于推动团队充分准备以做出谨慎的决定。

9. 联络者。他们倾同于了解所有人的看法,做一个协调者,尽力在所有用队成员之间建立起良好的合作关系,以形成有凝聚力的稳定的团队。

团队成员不可能承担所有这些角色，但他们会非常意愿承担这些角色中的两三种。管理人员有必要了解组织成员的个体特质条件，根据成员的个体优势来选择他所能承担的团队角色，使工作任务的分配与团队成员的个人偏好相一致。如果能够把个人偏好与团队的角色要求适当匹配，就会有利于团队成员的和睦相处，并取得良好绩效。

9.3.3 团队的凝聚力

团队成员对团队的忠诚度和对组织的承诺被看作团队的凝聚力(cohesive - ness)。团队凝聚力愈高，表示队员愈愿意留在团队里，也愈愿意彼此合作，彼此的信赖度也就愈高，自然愈容易达成高度的协调。强有力的团队凝聚力，往往是把群体转化为团队的必要条件之一。影响团队凝聚力的因素很多，有些因素可以增强团队的凝聚力，有些因素会降低团队的凝聚力。

1. 团队间的竞争程度是影响团队凝聚力的重要因素

当团队间的竞争程度增大时，团队成员越是能够感觉到这种威胁的存在，就越能激起团队成员的协同作战精神，从而增强团队的凝聚力。但是，如果这种竞争发生在团队成员之间时，团队成员会降低合作的热情，甚至自我封闭，进而可能导致凝聚力的下降。

2. 团队成员对团队目标的认同程度影响着团队的凝聚力

当团队成员把团队的目标跟个人的价值目标相统一时，就能全身心地投入到团队工作中，产生比较高的认同感，这时团队的凝聚力就会很强。相反，若团队成员彼此对团队所追求的目标存在看法上的差异时，就会出现离心力，从而使团队凝聚力下降。

3. 团队成员之间的互动和认同也是影响团队凝聚力的一项重要因素

团队成员之间的互动与认同既包括成员与领导者之间的信任和交流，也包括团队各成员间的互动和认同。领导者的个人魅力愈强，团队的凝聚力也就愈大;如果领导者不被团队成员所接受，则会出现相反的结果。另一种情况是，团队成员内部的互动愈频繁,则团队凝聚力愈大;如果成员间彼此不信任，勾心斗角，互动也必受影响。凝聚力的下降自不待言。同时，当团队的规模增大时，团队的凝聚力有下降的趋势。再者，团队成员对自己作为这一团队成员的身份地位的向往与否，也能影响团队的凝聚力。

总之，一个有凝聚力的团队能对团队目标的达成产生决定性的影响，既可能使团队实现目标最大化，也可能使团队的目标混乱和不确定。当然，最主要的要视团队成员对绩效目标的认同程度而定。如果凝聚力和对绩效目标的认同都很高时，团队的绩效也就会很高。同样当团队的绩效目标很高并能够得到实现，也证明团队的凝聚力很高，成员对团队的绩效目标认同感很强，团队的最终价值也就能够得到最大化的实现。

9.3.4 团队业绩

团队业绩又称团队绩效，是团队成员围绕团队中心目标开展活动所取得的效果，换句话说，就是团队的产出状况。每个团队都是为了解决某一问题，实现特定的目标而建立。团队业绩既是团队工作所取得的实际效果，也能反映出团队对中心目标的实现程度。衡量团队效率和效果的最主要标准就是团队的业绩。团队业绩既是团队的整体产出即集体智慧的结果又是衡量团队成员协作程度、个人功效的关键指数。

取得很好的团队业绩，成为一支高效的团队，是团队及其个人的最终目标。如何成为一支高效的团队呢？换句话说，什么样的团队才算是高效的团队？概括地说，团队业绩的高低主要取决于以下因素：

1. 清晰具体的目标

团队成员对团队所要达到的目标要有清楚的认识，并且坚信这一目标有着重大的价值和意义，能够激励团队成员把个人目标升华到团队目标中去。在高效团队里，成员愿意为团队目标做出承诺，清楚地知道组织希望他们做什么工作，以及他们怎样共同工作并最后完成任务。

2. 相关的并可以共享的技能

高效团队是由一群有能力的成员组成的，他们具备实现理想目标所必需的技术和能力，而且相互之间还有能够良好合作的个性品质，从而出色地完成任务。其中，合作尤其重要，因为大多数人是基于不同的专业技能而被挑选加入到特定的工作团队中来，要想更有效地利用这些专业技能，需要有共享这些专业技能的意愿和能力。

3. 成员间的相互信任

相互信任是有效团队的显著特征。如果你不相信其他团队成员是真心为你考虑，那么与他们分享观点和看法就会变得非常困难。信任团队成员包括相信他们的想法是合理的，直到事实证明是不合理的为止。另一种信任的表现是积极尝试团队成员未经证实的想法，而不是取笑和嘲讽。要鼓励员工的参与和发挥自主性，要崇尚开放、诚实、协作的办事原则，形成一种信任的环境。

4. 成员对团队的忠诚

在一个高效的团队里，成员对团队表现出高度的忠诚。为了使团队取得成功，他们愿意去做任何事情，愿意承担责任，对所在的团队具有强烈的认同感，愿意服从团队目标并为实现这一目标而调动和发挥自己的最大潜能。

5. 良好的沟通

团队必须有畅通的沟通渠道以便成员能够积极听取和分享信息。良好的沟通既包括成员间的沟通，又包括管理层与团队成员之间的沟通。沟通既可以增强信任，还可以收到积极的工作反馈，在沟通中交换看法和意见，消除误解和隔阂，从而有利于问题的解决。

6. 恰当的领导

有效的领导者能够让团队跟随自己共同度过最艰难的时期。因为他能为团队指明前途所在。团队的发展需要团队的领导者去阐明团队的价值所在，阐明变革的可能性，鼓舞团队的士气，帮助他们充分了解自己的潜力。团队的领导者不一定非得指示或控制团队的具体活动，而更多的是进行授权，聆听成员的意见，担当的是教练和后盾的角色，从而对团队提供指导和支持。

团队业绩的提高还要明确一个支持平台的问题。从内部看，团队应拥有一个合理的基础结构，包括员工的培训、易于理解的绩效测量系统和起支持作用的人力资源管理系统。恰当的基础结构应能支持并强化成员的行为以取得高绩效水平。此外，组织管理者应向团队提供完成其工作所必需的资源支持。

9.4 团队管理

9.4.1 团队规范

所谓规范，就是指团队成员所共同认可的行为标准。团队规范确立了团队成员在具体情景下的行为标准，其主要功能就是规制那些被认为对团队成员重要的行为。团队的规范可能具体到多少成员应该去做，应该怎样对待顾客，被分配的任务的重要程度，成员的穿着应怎样，哪些玩笑是可以接受的，他们应该怎样认识组织，怎样对待他们的管理者，等等。

团队规范的形成主要受四种因素的影响：一是明确的规定(explicit statement)。团队上层管理人员以及成员本身为了保证团队目标的实现可能制定一些相关规则来规范人们的行为。例如，在油库附近禁止吸烟、工作期间严禁交谈等；二是重要事件(critical events)。组织历史上的重要事件可能导致组织规则的产生。团体成员可能认为吹口哨是嘲弄的表现，因此就出台一条规定，在与高层和外界交流时，什么样的方式是可以或不可以的。三是首次行为(first behaviors)。在一个新组建的团队里，第一次的行为可能作为规范或标准指导后来的行为。例如，第一次开会座位的排列可能成为一条规则，以后开会大家可能都循着那次的位置坐。四是过去的经验(past experiences)。在新形势下规则的产生受过去经验的影响比较大。比如，对于老师和学生来说，完全没有必要为高年级规定哪些行为在教室里是可以接受的，对于其他组织也是一样。

团队规范既调整与中心任务紧密相关的行为又处理行为之间的种种关系。一个高效的团队是离不开规范的，团队纪律的遵守、团队标准的执行、质量安全的保证、生产过程的控制、责任的追究、奖励的分配等，都要有明确的规范。规范同时还要能够处理团队内部及团队之间围绕问题的解决和决策所产生的冲突。当然，不同的文化背景对规范会有不同的要求。比如，在中国、马来西亚、泰国等集体主义文化较强的国家，其社会价值观主张尽量避免冲突，更强调和谐与统一；在个体主义文化较深的美国，更需要一种合理的规范来将冲突限定在合理的范围内。无论如何，处理冲突、协调人际关系，是规范的重要作用之一。

团队规范一经产生必将对整个团队产生影响，这就产生一个规范的遵守和执行问题。规范确立的中心目的是要提高团队的绩效，保证人们的努力有利于实现团队的目标。就团队而言，它希望规范能够得到严格的遵守，使整个运作过程有条不紊，从而取得预期的成效，完成团队的使命。从团队成员个体而言，问题会变得有些复杂。比如，个体会希望团队规范能有效地协调团队成员之间的关系，使团队的运作有章可循。但是，个体又会感受到规范的压力，而且这种压力可能是由于他所负担的角色地位决定的，他必须如此，否则会受到团队规范的处罚，承担相应的责任。也有一种可能就是，他认为团队规范不利于他发挥自己的知识和技能，选择遵守无疑会降低绩效，选择突破又会受到追究，这是团队规范作为一种行为标准所无法避免的。

9.4.2 团队成员的选拔和培训

团队成员的选拔和培训是团队建设的重要内容，组建一个团队的最重要步骤是选择适合的成员加入团队，并对其进行有效的培训，以使团队的知识层次、技能等搭配合理。

选拔最优秀的人才进入团队是保证团队绩效的首要因素。在组建团队之初，管理层面临很多选择，而能否网罗到适合组织发展的人才是每个领导者都关心的问题。在选拔团队成员时，除了要考虑被选者是否具备工作所需的技术才能外，还要考虑他们是否具备扮演团队成员角色所必需的其他才能。

在团队中，最重要的是团队成员的有效合作，只有这样才能实现资源的优势互补。采用团队的一大障碍是个人阻力。一个员工成功与否不再单纯由他的个人绩效所决定。要成为一名优秀的团队成员，个体必须学会与别人进行公开、坦诚的沟通；学会面对个体间的差别并能解决由此带来的冲突；学会如何把个体的目标升华为团队的利益。但许多应聘者不具备成为团队成员的必备技能，尤其是对那些生活于高度个人主义民族文化中的比较重视个人贡献的应聘者而言。面对这类应聘者时，管理人员通常有如下选择：第一，对他们加以培训，使他们具备成为合格团队成员的必备技能，这是管理人员的第一种选择，也是团队形成之初的重要课题。第二，把他们转到适合其发展的其他团队中去，这有一个前提，必须存在一个需要此种人才的团队。第三，对不具备这种条件的人才不予聘用。如果抱有侥幸心理，可能会导致整个团队分崩离析，从而不利于目标的实现。

在选拔团队成员（包括团队领导者）时，一定要注意团队成员的技能素质和团队协作能力，这关系到团队组建后是否能实现预定目标。选拔前要进行细致的岗位分析，根据所需要的职能角色、领域（诸如销售、人事、质量管理、财务、市场营销、生产及其他领域）以及成员所应当具备的技能、能力和经验来进行选用。成员的选拔要围绕工作设计来展开，避免没有目的的选优，这样即使挑选的是各个领域最优秀的人才，团队的绩效也未必最大。

在团队运作过程中，当需要为团队招募新成员以补余缺时，同样要遵循基本的选拔程序。跟组建之初的选拔不一样的是，这时还要让团队目前的成员参与进来，征求他们的意见并要考虑是否对团队进行重组，重新分配角色。

培训也是团队建立和发展所必然要经历的一个过程。培训有双重任务，既“破”又“立”。一是在团队建立之初，要使团队摆脱原有工作模式的影响，适应新的角色任务，形成一个有凝聚力的团队，应进行培训；二是要使团队形成新的工作理念，运用新的统一标准以促成团队绩效的实现，也需要借助于培训。一般来说，在重视个人成就的背景中成长起来的大部分人是可以通过培训成为合格的团队选手的。这些培训大致包括对团队凝聚力的培养、关于团队工作程序的培训以及团队领导者的培养。

大多数组织不可能在团队开始的时候就向每个成员提供一到两年的培训。所以，为了提升团队的凝聚力，很多组织往往首先对两类团队成员进行培训，即对那些有经验基础的人和那些富有冒险精神的人进行培训，培训的目的主要是打破雇员之间的隔阂，让他们懂得只有互相帮助、共同致力于团队的整体目标，才能实现个人的价值。这种培训在很大程度上属于经验式培训。

经验式的培训固然是提升团队凝聚力的一种有效方法，但仅靠这一点还不可能导致最优化的团队绩效。工作团队还得依靠正式的培训，即加强团队工作程序方面的培训。比如，在团队的成形和震荡期间，团队成员需要通过理性的方式被告知他们容易遭受的挫折；团队成员需要通过培训而认识到规范对他们的绩效的意义；在更高的追求中团队成员还可以通过培训而树立起自觉发展规则以帮助实现团队目标。一般说来，在团队发展过程中所进行的正式培训项目应该包括的内容有：怎样采用多种技术去挖掘创造性的思想；怎样去界定和讨论问题以及它们可能的结果；如何在众多可选方案中选出一个；如何保证方案依据大家都同意的方式得以执行等等。对于自我管理型团队，正式的培训还应该包括适合组织自己的关于获取资源、成本核算、进程报告、团队评价方面程序的内容。

对团队领导者的培训同样值得注意，特别是团队的新领导者，他们经常对他们的角色感到迷惑不解。所以，需要通过培训让团队领导者清楚：成功的团队领导者是愿意接受成员的建议的，他们不会因为个人的观点而去拒绝或促成某项建议；好的团队领导者善于总结信息，促进讨论，创造问题意识，而目善于发现在什么时候去解决分歧，什么时候去赞成一项统一的决议；合格的团队领导应学会怎样去支持不同意见。

9.4.3 激励团队绩效

团队业绩的取得，绩效水平的提高，离不开激励。对团队成员的激励一直困扰着管理者，有些管理者经常错误地认为只要有金钱的激励就可以了，认为“有钱能使鬼推磨”，团队成员可以用金钱去获得他们想要的任何东西。事实证明，金钱不是万能的，没有一种包治百病的灵丹妙药，也没有一种激励方法可以让所有的员工都满意。一般说来，团队的激励体系可以参照如下方面来加以建立：

1. 物质激励

高薪和高福利是传统的物质激励手段，对于团队成员的激励也是有用的手段，除此之外，组织还可“根据自己的情况而选择激励手段，比如，一些公司通过股票期权、股票授予等方式提高成员的积极性”。

2. 提供适当的学习机会

一般说来，团队成员大都具有积极向上的精种和追求，具有提高自我能力和自我价值的要求。因此，对团队成员的激励应重视提供专门技能的培训和学习，这既有利于工作，又能满足团队成员自我实现的需要。

3. 工作设计

工作设计也要基于团队成员自我实现的需要而作出，即通过工作扩大化、工作丰富化、提供富有挑战性的工作使团队成员体会到工作的意义从而增强其工作的积极性。

4. 目标激励

提供适当的目标，引导个人目标与其相符，提高团队成员的工作信心。

5. 鼓励失败

团队成员一般都害怕失败，所以工作时诚惶诚恐，绩效难以提高，而鼓励失败则免去了团队成员的后顾之忧，会在推动团队成员的创新方面发挥积极的作用，进而有利于团队绩效的提高。

总的说来，激励绩效不能千篇一律，而要根据团队成员的实际情况，因人、因时、因地而宜，激励的手段、方式、方法都要切实可行。要把团队激励和个人激励有机结合起来，但同时要防止激励变成平均主义。同时激励又要有明确的规范体系，对激励的标准、实施、程序等都要有明确的规定，需要建立激励监督机制，防止激励手段的滥用。再者，激励也不一定都奖给那些做出突出贡献的团队成员，对那些为团队的沟通、协调做出重大努力的其他团队成员，对那些虽然工作业绩不突出却取得很大进步的团队成员，同样应给予奖励，这样能够为团队以后的工作创造条件。

此外，在团队完成历史使命后，要对团队的活动做出总的评价，正确指出其贡献所在，同时总结经验教训，对团队工作的合理方面做出肯定，对优秀个人予以表彰，这不论对团队成员本身还是其他团队都能产生积极的效果。

【思考题】

1. 什么是团队？它与群体有什么区别和联系？如何理解团队的性质？
2. 在团队形成过程中，团队领导能够发挥什么样的作用？
3. 试论述团队形成需要经历哪些阶段。
4. 团队凝聚力受到哪些因素的影响？
5. 团队业绩的取得受哪些因素的影响？

【案例分析】

迪士尼团队管理模式

迪士尼公司作为一个娱乐企业，持续多年名列《财富》全球500强。这样一个娱乐性的企业是如何在世界取得这样辉煌的成就的？那就是追求新思维、激发创造力，采取团队管理模式。

迪士尼公司的创始人沃尔特·迪士尼是一个画家，也是一个企业家，他笔下的米老鼠等形象深受全世界儿童喜爱。1984年上任的公司最高主管埃斯纳在总结迪士尼的经验时认为，创造性思维为迪士尼成长提供了所需的燃料，对新思维的追求是成功的金钥匙。而所有这些都离不开团队的合作，团队合作是迪士尼成功的法宝。唐老鸭、米老鼠、兔子罗杰等广受世界欢迎的迪士尼名角的诞生就源于这种自由创造和团队合作精神。

迪士尼团队要求领导者既要是有远见的思想家，又得是注重微观细节的人，既要务虚，又要务实，充分发挥团队成员的才能和特长。迪士尼有自己的一整套征询一线员工建议的方法，这就是适时适当的模糊等级制度。迪士尼公司采取的是创业初期沃尔特·迪士尼管理公司的方法，就是对员工非常信任，给予员工充分的自主权。在迪士尼内部有种方法叫集体公开讨论，这是一种征集员工建议的方法。集体公开讨论的过程是一个逻辑性的发展过程，它始于一个有待解决的问题，然后用创造性的、相互讨论创意和建议的方式，直到最终找到所需的解决方法。它能使讨论在公开的场合进行，发挥集体创造力，有助于克服部门之间的障碍，适合不同个性的人们进行交流，在交流和解决问题的过程中加强整个团队的凝聚力。迪士尼公司的计划中心可以让每个团队成员迅速了解公司的重要项目和进展情况，加强团队交流，使信息及时反馈，从而加快工作进程并保证工作效率。

【拓展训练】

团队建设游戏——公司氛围

公司氛围会决定人们之间的沟通与合作状况。舒适健康的氛围有助于公司成员的正常发挥，而压抑、独裁的工作环境则不利于人们发挥创造性和能动性。

1. 游戏规则和程序

(1)将学员分成五人一组。给每个小组一些纸和笔，建议每个小组的人围成一圈坐在桌子旁。

(2)让他们分别列举出十个最不受人欢迎和最受人欢迎的氛围，例如：放任、愤世嫉俗、独裁 、轻松、平等等等。

(3)将每个小组的答案公布于众，然后让他们解释他们选择这些答案的原因。

(4)最后大家讨论一下，什么样的公司氛围才最适合公司的发展。

2. 相关讨论

(1)理想的公司氛围反映了你什么样的价值呢？

(2)你与你团队的意见是否相同？如果有什么相左的地方，你们是如何解决的？彼此应该怎样进行交流？

总结：

(1)每个人理想的公司氛围一定反映了他的价值观和人生观，很难想象一个富有激情和活力的人会希望在一个机构冗杂、等级森严的公司中工作，同样大家对于一个公司的共同设想就反映了这个公司的理念与价值。

(2)在小组讨论的过程中，不同的人要扮演不同的角色，有些人更多的看中公司的文化信息，有些人更多的看中公司的竞争精神，最后将大家的意见综合起来，就有可能形成一个有关公司氛围的全面建议。

(3)作为一个组员来说，要尊重别人的意见，积极贡献自己的点子，讲究沟通与合作，获得整个小组的利益最大化。

■ 第10章 群体冲突管理

10.1 群体冲突概述

10.1.1 群体冲突的含义

在人类社会组织中，人与人、人与群体、群体与群体之间会发生这样或那样的交往和互动关系，在这些错综复杂的交往与互动过程中，人们会因为各种各样的原因而产生意见分歧、争论、竞争和对抗，从而使彼此之间的关系出现不同程度、不同表现形式的紧张状态。这种紧张状态为交往和互动双方所意识到时，就会发生组织行为学所说的“冲突”的现象。作为一个群体，其活动不是由外在因素的作用而引起的，而是通过群体自身的诸种因素的活动而引起的。冲突是群体活动中普遍存在的一种现象，是任何一个人、任何群体以及任何组织都不可避免的。图10－1表示了宏观和微观的冲突模型。它发生于社会交往的一切等级上——从群体之间的冲突到人与人之间的冲突。

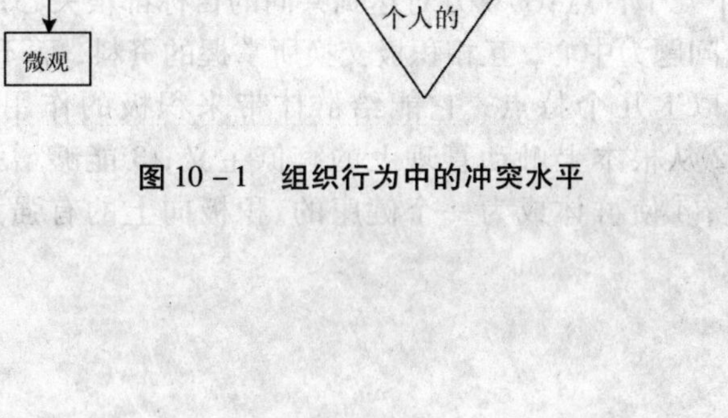

图10－1　组织行为中的冲突水平

10.1.2 群体的冲突与竞争

冲突实质上是一种相互作用的过程，即一方的行为必然要对另一方产生影响，如果没有这种影响，冲突便不会出现。而一旦发生冲突，冲突双方的目标、认识或感情便被认为是不可调和的，互相排斥的，并且每一方的目标都被当作是达成己方目标的障碍。正是这种不可调和和阻碍才导致了冲突，导致了冲突双方在态度上相互厌恶并在行为上互相攻击及破坏。群体的冲突与竞争，是群体进行活动的根本动力所在。有冲突和竞争，就有矛盾的斗争；有矛盾的斗争，就可以推动事物的发展。群体也正是在这种情景下不断获得新生，并产生强大的活动动力。

在对冲突的研究过程中，有一种不可忽视的倾向，即把冲突和竞争等同起来。这两者并不是同义词，竞争存在于竞争双方相互帮助和对抗的程度都很低的时候，它是个体或群体为了达到自己的目标而采取的行动，其结果是使另一个体或群体达不到目标。竞争和冲突都存在达成目标上的互相阻碍，但冲突存在着高对抗，而竞争则是低对抗的。当竞争中的任何一方不按"竞争规则"行动时，双方就会产生对抗，竞争就会转化为冲突。因此，竞争可能导致冲突，但并不是所有冲突都包含竞争。

为了深入理解冲突的概念，对冲突、竞争、矛盾之间的联系和区别加以分析是必要的。在现实生活中，冲突与竞争常相伴而生，因此很容易被混淆。而实际上冲突与竞争有着明显的区别：冲突强调的是一方与另一方的对立，冲突的对象是将要对自己的利益造成损害或妨碍的另一方。竞争则强调彼此为了某一相同的、特定的目标而展开的争夺。一方是另一方在实现目标过程中的竞争对手并不一定意味着双方存在冲突。竞争必须在一定规则下进行，如果任何一方违反了规则，竞争就会演化为冲突。

冲突与矛盾是两个意义十分相近的概念，在使用时往往没有加以严格区分，有时甚至等同使用。而事实上这两个概念表示的是两种程度不同的相互作用情形。矛盾比冲突有着更广泛的含义：第一，矛盾是普遍的，无时不有，无处不在。冲突则不然，冲突的外延小于矛盾，它只是矛盾的一种形式。第二，矛盾的静态规定包括差异，差异显然不是冲突。第三，两事物间完全可以有差异而无冲突，却不能有差异而无矛盾。因为从哲学的角度看，差异本身就是矛盾。

10.1.3 群体冲突的分类

以冲突对组织的作用性质为依据划分，冲突可分为建设性冲突和破坏性冲突。建设性冲突是指双方目标一致，而在方法上和认识上不同所产生的冲突。一般来说，程度适当的冲突，可以为组织提出建设性的意见和启发，有利于组织发展。公共组织要不断地向前推进，必须有变化、有变革。而这些变化或变革常常是在冲突中萌芽的，如果公共组织中的每个成员都安于现状，那就无所谓冲突。也就没有进步和发展。

建设性的冲突有以下几个特点：①双方对达到共同的目标都很关心；②彼此愿意进行心理上的沟通；③大家以争论问题为中心，互相积极交换所掌握的资料，而不进行人身攻击。

由于建设性冲突有以上几个特点，它能给群体带来积极的作用，其表现在：①能抵制群体内不正当现象；②从根本上触动管理上的官僚主义；③能够增强民主气氛，有利于良好的人际关系的建立；④使群体成为一个健康的、积极向上的有强大活力，并能进行创造性工作的群体。

因此，一个管理人员，要善于引导和提倡建设性冲突，不要认为群体中风平浪静是好现象。而作为一个群体成员，也要敢于充分发表自己的意见，使上下左右信息畅通，使建设性冲突不断出现，促进群体新陈代谢的顺利进行，为实现组织目标提供有利条件。

破坏性冲突又称为功能失调冲突，是指由于双方目标不一致而造成的冲突。这种冲突程度高，常常带给组织破坏性的后果，往往会带来消极的后果，使群体的能量削弱。如两个副职为了争当正职，拉帮结派、关注职务竞争而非日常工作、竞争恶化，造成整个组织的不良气氛。作为组织中的领导应及时将内部冲突控制在建设性冲突范围内，避免发展为破坏性冲突。所谓破坏性冲突，其表现有以下几个特点：①双方各执己见，互不相让；②由就事论事，进而转化为人身攻击；③沟通受阻，正常信息流通停止。

作为管理人员，应尽量避免这种冲突发生，做到"防患于未然"。要做到这点，可采取以下措施：①提高管理者自身的水平。管理者自身水平提高了，别人就容易接受管理，还可以引发出自身的管理，这样一来，就可避免消极性冲突的出现。②实行民主管理的方式，利用这种管理方式，每个人都可以敞开胸怀，心中不留阴影。在这种情况下，消极冲突就不可能产生。③培养群体意识，提高思想境界。这是从思想上让人们有群体意识感，使每个人都懂得，要想使群体充满活力，就要做到彼此心心相印，信息流通无阻，每个人都把群体的荣辱当作自己的荣辱。

以造成冲突的来源为依据划分，冲突可分为目标性冲突、认识性冲突和感情性冲突。目标性冲突的核心是冲突主体在结果追求上的不一致，主要是因为冲突主体内部或冲突主体之间存在着不一致或不相容的结果追求，价值取向相左所引发的冲突；认识性冲突主要是因为冲突主体内部或冲突主体之间存在不一致的看法、想法和思想所引发的冲突；感情性冲突的核心是冲突主体在情感上的不一致，主要是因为冲突主体内部或冲突主体之间存在着不一致或不相容的情感所引发的冲突。

以冲突发生的范围为依据划分，冲突可分为个体内部冲突、个体间冲突、群体间冲突。虽然多数角色冲突产生于组织成员与上级或同级的沟通过程，但是，当个体充当不同角色产生矛盾时，个体内部也可能出现角色冲突。例如，一位部长既把自己看成保护和扩大内部团队资源的领导者，又把自己看做是降低组织内部成本的执行者。个体间的冲突对于组织来说，是一个严重的问题。每个人都有保护自我形象和自尊免受伤害的主观意图，而当自我概念受到威胁时，良好的人际关系将受到破坏。个体间的冲突具有内容多样，冲突方式不尽相同，成因复杂的特点。群体间冲突也会带来很多问题，组织中不同群体致力于暗中破坏对方，争取更多的权力。这种冲突常因观点不同、资源竞争等原因而产生。资源在任何一个组织中都是有限的，并且随着组织致力于增强竞争力而趋于紧张，只要是资源有限的地方，就会萌生群体间冲突的种子。

10.1.4 群体冲突的来源

大多数人将冲突归因于对方的性格问题或缺陷，而事实上，冲突的来源多种多样。

1. 个体差异。由于成长经历、文化和家庭传统、社会化过程的不同，每个人都有独特的个体特征。个体差异表现在性格、气质、能力、需要、兴趣、价值观、认识水平等方面，一般来说，个体差异越大，心理相容程度就越低，从而在交往中容易发生冲突。

2. 沟通失败。当冲突中的两个个体采纳了不同的信息，或是其中有一个或两个个体都得到了错误的信息，或是信息沟通渠道受到阻碍，都会引发冲突。与个体差异不同的是，来源于沟通失败的冲突不受情绪控制，当沟通得到改进后，冲突也会随之消失。

3. 角色冲突。在现代扁平化组织中，管理者的功能和任务是高度依赖的，但他们的个体角色却可能是互不兼容的。如技术部部长和财务部部长之间有相互依赖的关系，技术部提供技术，为财务部带来更多的收益，而财务部需要控制成本，在技术部向财务部申请资金时，财务部会担心技术部带来的潜在收益能否弥补投资成本，这种角色不相容就产生了冲突，需要通过更高层的领导者加以解决。

4. 工作竞争。工作竞争是普遍现象，也是提高群体绩效所必需的。但在工作竞争中，如果有人不遵守竞争规则，采用不正当的手段和方法，工作竞争将导致冲突。当然，有些情况下，双方都使用正当手段，但两者却在不知不觉中产生了冲突，这时的冲突源于两个人或多个人的竞争关系，最终演变为角色冲突等其他原因。

5. 组织变革。面对新环境和新事务，组织需要根据不同的要求进行适当变革，组织一旦发生改革、重组或兼并，必然会打破旧的利益格局，不同群体的恐慌、焦虑、利益变动会带来冲突高发的阶段，这也是公共组织变革难以推进的原因之一。

6. 组织氛围。当组织的高层管理者间存在激剧而频繁的冲突时，这种不良风气会影响下级，使下级之间也发生冲突，这在公共组织中表现尤为突出。如一个部门的两个副职，由于两人在分管工作中存在摩擦，可能造成下属工作人员分帮结队，形成内部冲突。俗话说“上行下效”，人们的冲突往往同各自的上司间的冲突有关。

除了上述的冲突来源外，冲突还与组织结构设置不合理、个体间文化差异、职责不清等因素有关。当组织结构设置不合理，存在多头管理、双重隶属问题时，会引发部门和人员间的冲突；当个体间存在较大文化差异时，如南方人较细腻，北方人较粗犷，两者交流方式不一样，也会发展为冲突。当工作职责和岗位描述不明确时，会使个人或单位间对工作相互推诿、相互插手，公共组织内部经常有这种原因引发的冲突。

10.1.5 群体冲突的演变与发展

总的来说，罗宾斯(Stephen P. Robbins)认为人们对冲突的认识有一个观念的变迁过程，经历了三个阶段:传统观点、人际关系观点和相互作用观点。

1. 传统观点。冲突的传统观点认为所有的冲突都是不良的、消极的、有害的和应该避免的。在20世纪三四十年代，传统冲突观念占据主导地位，代表了大多数人的态度。那时的研究表明，人们认为冲突是功能失调的结果，它出现的原因为沟通不良，人们之间缺乏坦诚和信任，管理者对员工的需要和抱负不敏感等问题。

2. 人际关系观点。冲突的人际关系观点认为，对于所有群体和组织来说，冲突都是与生俱来的。由于冲突无法避免，人际关系学派提倡接纳冲突，使它的存在合理化。这种观点认为冲突不可能被彻底消除，有时它还有利于群体的工作绩效。20世纪40年代末至70年代中期，人际关系观点在冲突管理理论中占据统治地位。

3. 相互作用观点。人际关系观点接纳冲突，而冲突的相互作用观点则鼓励冲突。这一理论认为，融洽、和平、安宁、合作的组织容易对变革需要表现出静态、冷静和迟钝。因此，冲突的主要贡献在于鼓励管理者维持一种最低水平的冲突，这能够使群体保持旺盛的生命力，善于自我批评和不断发展进步。

冲突观念的历史变迁体现了人们对冲突认识的不断深入，尤其是相互作用观点的提出，推动了冲突管理研究的深入。冲突的作用既可以是建设性的，也可以是破坏性的；既可以是正面的，也可以是负面的。从相互作用的观点可以看到，笼统地用好或者坏来评价冲突显然并不合适，冲突的好坏取决于冲突的类型。

组织内部冲突的作用存在两面性。其积极作用在于：组织内部冲突是一种有效机制，领导者通过它能极大地改变现有的权力结构、当前的互动模式以及人们固有的观念；组织内部冲突能促进群体的内聚力，提高个体对组织所属群体的认同感，增强群体内部的团结，消除群体内部差异；组织内部冲突可以带给组织更高且更具有建设性的紧张水平。同样，它也可能存在消极作用：产生消极的情绪和状态；破坏组织结构和秩序；导致组织成员人际关系恶化等。冲突作用的两面性要求改变对冲突的错误认识，科学地、全面地、辩证地看待冲突。

10.2　群体冲突过程

10.2.1 群体冲突的过程

既然冲突是相互依赖的成员间的差异性引起的一种对抗情形，那么冲突在不同条件下应有相对固定的发展模式。美国学者庞迪（Louis Pondy）曾提出过著名的“五阶段模式”，认为冲突的发展经历了五个阶段：潜在的冲突、觉察的冲突、感受的冲突、公开的冲突和冲突的结束（见图 10－2）。

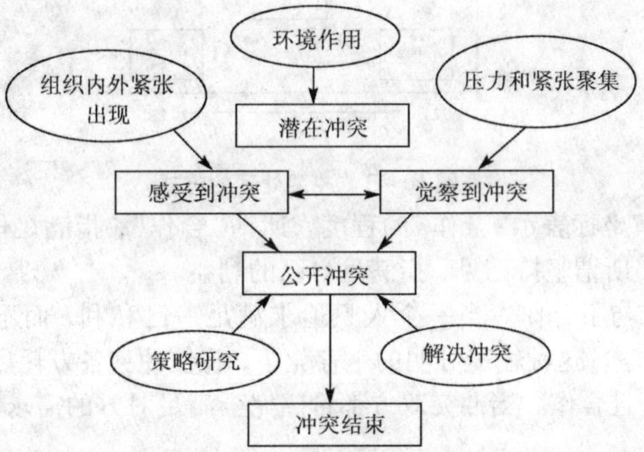

图 10－2　冲突的动态过程

1. 潜在的冲突

这一阶段，冲突处于潜伏状态，存在发生冲突的条件，这些条件并不必然导致冲突，却是冲突发生的必要条件，通常分为三类。

(1)沟通因素。当语言表达不清楚，或者信息交流不足，以及存在语义障碍、大量专业术语、沟通通道干扰等问题时，会形成沟通障碍，这是导致冲突的潜在原因。

(2)结构因素。结构变量有群体的大小、分配给群体成员任务的专业化程度、职责的清晰度、成员目标的一致性、领导风格、薪酬制度以及群体间相互依赖的程度等。群体规模越大，分配给群体成员的任务越专业化，就越有可能发生冲突。若领导苛刻霸道，会激发他与下属的矛盾，若领导过于宽松放任，下属间可能存在冲突隐患。当员工对其薪酬分配感到不公平或不满足时，冲突也就埋下了伏笔。

(3)个人因素。包括个体的性格和价值体系等。

2. 觉察的冲突

当第一阶段中冲突的必要条件具备后，冲突的一方或双方体验到紧张或焦虑，那么潜在的冲突在第二阶段就会显现出来。对冲突的觉察很重要，此时可以界定冲突的性质。界定冲突的方式要视冲突结果而定，并会影响到冲突的解决方法。此外，情绪在知觉具体化中扮演着重要角色，对有些人来说，遇到问题时情绪容易走极端，总往坏处想，怒火和怨气爆发出来；另外一些人则较为沉着，遇到问题时会认真分析和思考，理性地处理问题。

3. 感受的冲突

与觉察的冲突不同，在这一阶段，冲突的双方开始划分“我们与他们”的界限，确定自身的资源以及各种可能的冲突处理方式。

托马斯(K. Thomas)与其同事提出了处理冲突的二维模式：冲突处理中的感受包含两个维度，一个是协力合作，即一方愿意满足对方愿望，维护对方利益的程度；另一个是坚持己见，即一方愿意满足自己利益的程度。据此，可以得出五种冲突处理的方式(见图 10－3)。

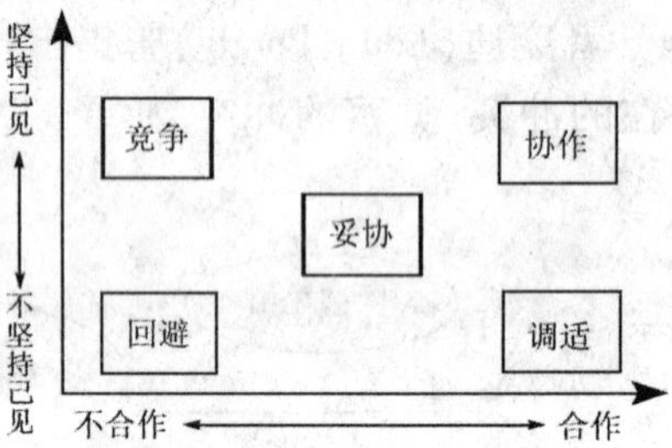

图 10－3　冲突处理的方式

图 10－3 中，横坐标表示“合作”的程度。所谓“合作”，指满足他人利益。纵坐标表示“坚持己见”的程度。所谓坚持己见，指满足自己的利益。

①竞争——坚持与不合作。当一个人只追求满足一己私利，而不顾冲突对他人的影响时，这种行为即是竞争。这种输赢分明的生存竞争，将使冲突各方耗尽所有的力量。

②协作——坚持且合作。当冲突双方都希望完全满足对方的需求时，便会协作，以寻求对双方都有利的结果。

③回避——不坚持且不合作。冲突一方承认冲突的存在，但采取退缩或压抑的方式。

④调适——不坚持且合作。为了维护彼此的关系，冲突一方愿意自我牺牲。

⑤妥协——中度坚持与中度合作。冲突双方都必须放弃某些事物而共同分享利益，将形成妥协的结果。

4. 公开的冲突

在这一阶段，冲突已达到公开而极端的状况，行为表现为阻止对方实现目标。成员或消极的冷漠，或积极的攻击，组织混乱，冲突到了非解决不可的程度。冲突的行为可用冲突紧张程度连续体来表示(见图 11－4)。

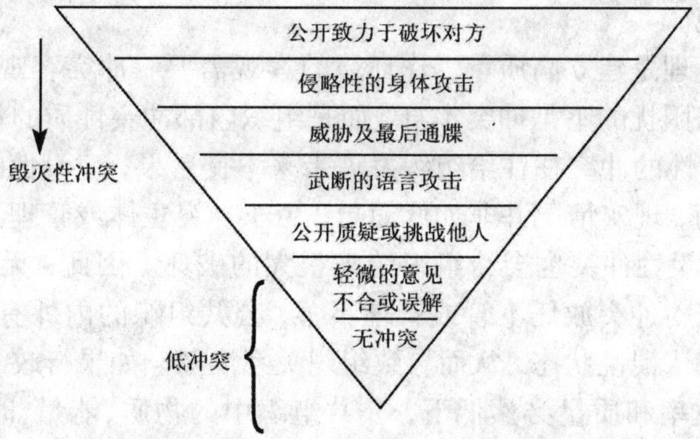

图10-4 冲突紧张程度连续体

在冲突程度连续体的底部，冲突是细微的、间接的，且被高度控制的。很明显，冲突的紧张程度会随着连续体上位置的升高而加剧，直到成为高度破坏性的冲突。

5. 冲突的结束

在这一阶段，冲突双方之间的相互作用导致了最后的结果。冲突如能被解决，则组织可以正常运作；若无法解决，则冲突双方关系恶化，组织将陷入危机。

(1)良性结果。当冲突能提高决策质量，刺激创造力和创新发明，鼓励群体成员的兴趣和好奇心，提供发现问题和释放紧张情绪的渠道，并孕育一个自我评价和改革的环境时，此种冲突即具有建设性，冲突会取得良好结果。

(2)恶性结果。当冲突阻碍了沟通、降低了群体凝聚力，以及将成员间的斗争置于群体目标之上，冲突就是有害的。最极端的情况是，冲突可能导致群体停止运转，甚至威胁到群体的生存。

冲突的发展一般要经历以上五个阶段，但冲突过程是多变的，并不一定按照以上五个阶段的固定模式发展。某些冲突仅仅停留在潜伏期，因为冲突的原因消失了，冲突也就不可能表面化，而有的冲突似乎一开始就进入了表面化阶段，所以应当把冲突看做是一个动态的发展过程。

10.3 群体冲突的管理

10.3.1 冲突管理的必要性

所谓冲突管理是指采用一定的干预手段改变冲突的水平和形式，以最大发挥其益处而抑制其害处。

对于组织内部冲突加以管理是十分必要的，因为组织内部冲突管理的效果将直接影响到组织的绩效，甚至是组织的生存和发展。

组织内部冲突管理是行政领导者的重要任务之一。管理的功能在于将不同特征的个人或群体之间可能的有效协作变成现实，而这种有效协作的形成过程，也就是不同的行为主体之间的分歧和不一致的磨合与消除的过程，即冲突的管理过程。作为基本的组织行为，组织内部冲突的管理是管理人员的重要任务之一，没有对组织内部冲突的有效管理，就不会有公共组织目标的有效实现。

组织内部冲突管理是建立高质量工作环境的客观需要。冲突客观地存在于公共组织内，然而给组织发展带来困扰的不是冲突本身，而是组织内部冲突性质的复杂性及其影响的不稳定性。理论上，破坏性的冲突往往给组织发展带来不良后果，建设性的冲突对组织发展有着积极性的影响。然而，现实情况并非如此简单，由于冲突主体或管理人员的认识不足或对冲突处理不当，许多建设性冲突也会给组织带来很大的破坏。因此，无论是什么性质的冲突，都不能放任不管。若对冲突放任不管或管理不善，公共组织的内外有效协作必然遭受破坏，组织的正常运行将陷入混乱状态，从而导致组织关系涣散。如果行政人员在一个低质量的环境中工作，其工作效率和质量必然低下，公共组织中的物质、能量、时间等大多消耗在冲突上。只有对公共组织内部冲突进行科学的管理，才能建立一个高质量的工作环境，才能充分利用冲突的能量，让建设性的冲突发挥积极有效的作用，才能有效地控制冲突消极影响的氛围和程度，将破坏性的冲突转化为建设性的冲突。同样，科学的冲突管理能够将冲突的对抗关系转变为公平合理的竞争关系，造就和谐的具有凝聚力的组织关系，增强组织活力。所以，科学的冲突管理是建设高质量的工作环境和实现良好的行政效果的客观需求。

组织内部冲突管理是公共组织管理的重要组成部分。随着公共组织所面临的外部环境越来越复杂，以及公共组织内部劳动分工越来越细化，不同行政主体之间的冲突越来越突出。一个成功的、高效率的行政领导者要善于处理冲突，化不利为有利，利用冲突带来的机会开拓创新，带动全体成员同心协力实现组织目标。

组织冲突管理的结果对公共组织的生存与发展有着决定性的影响。公共组织内部冲突管理不当，小则引起内耗，导致组织资源的浪费，大则给组织带来灭顶之灾，导致组织衰落。

10.3.2 冲突管理的原则

依照西方的现代冲突理论，冲突管理的原则是：倡导建设性冲突，将冲突控制在适度水平。冲突具有客观性，是无法避免的，应该承认、正视并预见冲突。冲突作用的两重性要求在冲突管理中，应避免冲突向破坏性方向发展，引导冲突向建设性方向转化；冲突水平以适度为宜，过高或过低的冲突都会降低群体或组织的绩效。

依据中国传统的儒家思想，以贵和、持中为冲突管理的原则。贵和，就是“以和为贵，和而不同”。儒家的“和”有多方面的含义。一是“和而不同”。“和”是差异的综合、多样性的统一。“君子和而不同，小人同而不和”。“和”指和谐，“同”指附和。“和”的精髓在于不同质事物的兼容性。二是“中则和”。“喜怒哀乐之未发，谓之中；发而皆中节，谓之和。中也者，天下之大本也；和也者，天下之达道也。致中和，天地位焉，万物育焉。”“中和”就是讲究适度，采取协调兼顾、一视同仁的态度。三是“和为贵”，“礼之用，和为贵”，以和为解决矛盾的上策。四是“和生实物”，“和气生财”，“家和万事兴”。持中，就是坚持中道，不走极端，“过犹不及”。孔子用“持中”来规定和谐的界限，并作为达到与保持和谐的手段。《中庸》将孔子主张的持中原则，从“至德”提到“天下之大本”、“天下之达道”的哲理高度，强调通过对持中原则的体验和实践，实现人与人之间、人道与天道之间的和谐。贵和、持中思想要求注重和谐局面的实现和保持，做事不走极端，着力维护集体利益，求大同存小异，有着积极意义。但这也可能造成个人创造性的萎缩，抑制竞争性观念。

所以，冲突管理应包括激发冲突和减少、解决冲突两个方面。管理者要充当冲突水平的调节者，在冲突水平过高时，设法对其进行化解；在冲突水平过低时，激发建设性冲突。总之，对冲突的管理应该正确地认识，并从组织的实际需要出发，区分不同情况，采取科学的应对策略。

10.3.3 冲突管理的策略

冲突管理在不同场合有不同的对策，每种对策在特定的情况下都是有效的，但没有一个在任何场合、任何时候都普遍适用的方法。不论采用什么方法进行冲突管理，首先要清楚冲突的问题所在，即找出冲突的实质和原因，分清其所在的阶段。针对不同原因引起的冲突，采取不同的对策进行管理。此外，针对不同阶段的冲突，管理方法也不尽相同。公共组织的冲突管理策略如下。

1. 确定适当的冲突管理风格

在人际互动过程中，组织成员对冲突的知觉、预期以及信念是各不相同的，因此首先应该有针对性地选择适当的冲突管理风格。采用不同的立场会影响成员解决冲突的方式和风格。双赢取向认为双方最终能够寻求到一种互惠、共赢的方式来解决分歧；而输赢取向则认为双方的共有资源是有限的，若一方赢得较多，另一方的利益就会相应地受损。在组织沟通过程中，若双方均持有输赢取向的立场，则容易激化冲突。事实上，在很多情况下，如果双方不以非此即彼的方式看待冲突，而是以建设性的态度来理解分歧，则会有更多机会实现互惠和双赢。

根据组织成员介入冲突的方式，有学者区分了一种冲突管理风格。如图10－5所示。每种风格均可用两个维度上的不同水平组合来标识。维度一为武断性，代表成员试图满足自身利益的动机；维度二为合作性，代表成员试图满足他人的利益动机。这两个维度形成了五种典型的冲突风格。

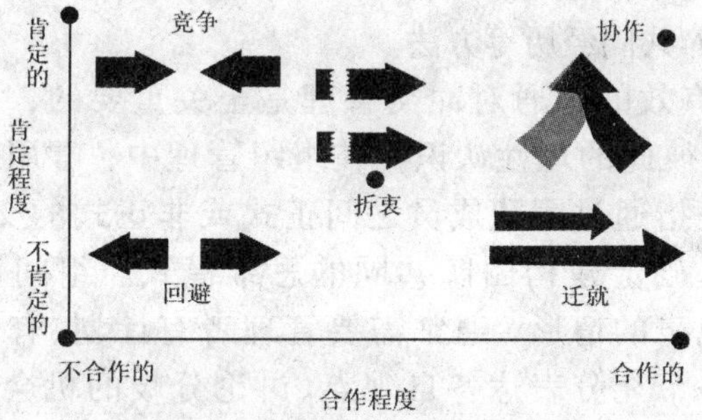

图10－5　五种典型的冲突风格

(1)协同。是指双方通过积极地解决问题来寻求互惠和共赢。其特征是双方乐于分享信息，善于在此基础上发现共同点，找到最佳解决方法。通常，协同是首选的冲突管理方式。但只有当双方没有完全对立的利益，且彼此有足够的信任和开放程度来分享信息时，协同才能有效地发挥作用。

(2)回避。是指试图通过逃避问题情境的方式来平息冲突。这种比较消极的冲突管理方式在应对不太紧要的问题时比较有效。此外，当需要冷处理时亦可采用回避作为权宜之计，以防止冲突进一步激化。但是回避无法从根本上解决问题，且容易导致自己和对方产生挫败感。

(3)斗争。是指以他人的利益为代价，试图在冲突中占上风。这种极端不合作的冲突管理方式通常并不是最佳解决方案。但是，当确信自己是正确的，且分歧需要在较短时间内解决时，斗争是必要的。

(4)迁就。是指完全屈从于他人的愿望，而忽视自身的利益。当对方权力相当强大或问题自身并不是太重要时，迁就是比较有效的方式，但它容易令对方得寸进尺，从长远看，迁就并不利于冲突的解决。

(5)折衷。是指试图寻求一个中间位置，使自身的利益得失相当。这种方法比较适合难以共赢的情境。当双方势均力敌，且解决分歧的时间期限比较紧迫时，折衷是比较有效的。但是由于忽略了双方的共同利益，因此折衷往往难以产生非常令人的满意的问题解决方法。

可以看出，协同是唯一完全体现双赢取向的风格。没有一种风格适用于所有的情境，而在每一种情境下，都有最适宜的冲突管理方式。因此，针对不同的情境采用不同的冲突管理风格，是冲突管理的精髓所在。

2. 选择合适的冲突管理策略

⑴强调高级目标。高级目标是指超越冲突双方各自具体目标的更高一级的目标，是冲突双方服务和追求的共同目标。通过各种方法突出高级目标的重要性，有利于增强组织凝聚力，减少社会情绪性冲突。在解决由目标不兼容和差异化造成的冲突时，此策略的作用尤为显著。通过提高成员对组织共同目标的忠诚度，可以有效地解决由部门目标不一致造成的分歧；在异质性团队中，若成员理解并认同了共同目标，则能够有效地避免差异带来的潜在冲突，使团队成员能够各施所能，全力为组织的共同目标服务。但由于该策略仅仅是通过引入一个参照目标来抵制差异化，因此它无法从根本上消除组织内部各种潜在的多样性及其负面影响。

⑵差异化。减少差异化是指通过改变或消除导致差异的各种条件，直接抵制分化。它包括消除形式上的差别和培养共同经历等方法。

⑶增进沟通和理解。有效的沟通对冲突管理是至关重要的，它能消除刻板印象带来的偏见和负面情绪，增进彼此的理性认识。在组织管理中，常用的沟通方法分为对话法和组间镜像法。对话法是指通过团队成员之间正式或非正式的交谈来讨论彼此的分歧，在了解各自基本设想的基础上建构团队共同的思维模式。组间镜像法一般适用于双方冲突已恶化到公开对立地步的情形，通常需要管理者有计划、有步骤地进行干预。其目的旨在为冲突各方提供一个充分表达各自观点、讨论分歧的机会，并最终通过改变错误观念来找到改善双方关系的途径。

⑷降低任务依赖性。降低任务依赖性可以有效减少冲突发生的几率。对于共用型任务依赖，可以采用分离共用资源的方法；而对于顺序型和交互型任务依赖，则可以采用合并任务的方式。此外，还可以通过建立缓冲带的方法来协调不同部门的工作。

⑸增加资源。解决由资源匮乏导致的冲突时，增加资源无疑是最直接、最有效的方法。当然这需要权衡增加资源成本及冲突带来的损失。

⑹明确规则与程序。明确规则与程序能够有效解决由模糊性带来的冲突，尤其是当资源匮乏时，如何分配和利用资源需要作出明确的规定。这有利于消除误解，建立公平、公正的工作环境，增强组织凝聚力。

3. 冲突管理的具体措施

⑴谈判解决冲突。这种方法是在冲突发生之后，冲突的双方本着解决问题的原则，通过商议，谋求解决的办法。使用这种方法，要求双方从全局出发，互让互谅，各自做出积极的让步，促使冲突和解。谈判是指各方试图通过重新界定他们之间相互依赖关系的条件来解决目标分歧。只要人们之间存在着彼此依赖的关系，谈判就是有可能的，也是解决冲突的有效办法。

有研究者通过图10-6所示的交易区模型图来说明和解释谈判行为。在谈判过程中，冲突双方通常会确立三个基本点：起始点、目标点和阻抗点。起始点是各方开始时的报价或要求，代表了各自理想的目标或状态；目标点代表各方比较现实的目标；而阻抗点则代表谈判各方的底线。谈判之初，双方分别陈述自己的起始要求，随着谈判的进行，各方都会有所让步，要求也会相应地发生变化。只有当双方的要求均落入中间的交易区时，谈判才会达成协议，冲突才能得以解决。

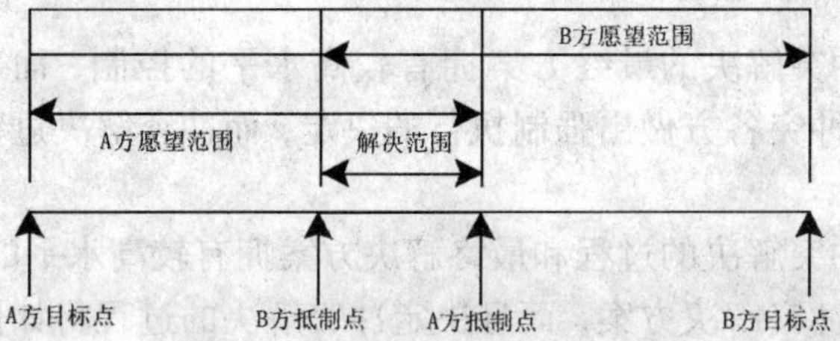

图10-6　谈判行为的交易区模型

影响谈判的效果和质量的因素一般有两类：谈判的情境因素和谈判者的行为因素。

谈判的情境因素有：

①谈判地点：在熟悉的环境下进行"主场"有利的是可以使谈判者从容不迫，无需应付旅途劳顿及陌生环境带来的不便。鉴于此，很多谈判者会预告协商在某个中立地进行谈判。随着计算机技术的发展，双方可以方便地实现远程交流，这时不再存在谈判地点的问题。但由于远程谈判无法面对面交流，很多微妙的非语言线索容易被忽略，信息传达易被曲解，加之谈判问题本身的复杂性和不确定性，因此，重要的谈判通常不采用这种远程交流方式。

②谈判场所的物理布局：谈判双方的距离、座位安排等布局形式会影响谈判者的态度和取向。通常，面对面的座次安排会加重对抗的意味。

③时间进程和最后期限：谈判时间越久，双方就会希望能够解决分歧、达成协议，但同时也容易出现无原则让步的情况。最后期限会给谈判双方带来时间压力，通常随着最后期限的逼近，双方更容易做出让步，因此好的谈判者会善于运用最后期限来谋求利益的最大化。

④观众特点：当谈判结果有利害关系的群体在场时，谈判者通常会表现得更加强硬，更不愿意做出让步。

谈判者的行为因素有：

①计划与目标设定：研究发现，合理的计划与目标设定能够提高谈判质量。谈判者预先应仔细考虑己方起始点、目标点和阻抗点，并要统一团队内部意见。

②收集信息：在试图被对方理解之前，先要努力理解对方。在谈判过程中，应通过仔细聆听和积极询问来收集对方的信息，只有了解了对方的需要和利益，才能选择适当的策略。

③有效交流:谈判者的交流方式应能有效地维系彼此关系，有效的交流方式如将焦点集中于事务本身，避免过激言行，采用有说服力的表达方式。

④适度让步:适度让步有利于双方达成协议，让步的程度取决于对方的期望和彼此信任的程度。若过分强硬，则无法显示诚意，会破坏双方关系;而过分让步则会令对方得寸进尺。

(2)第三方介入。第三方介入是指相对中立的第三方作为调解人或仲裁者，帮助冲突各方解决分歧。第三方介入主要应该达到以下几个目标:效率高，即以最少的组织资源迅速解决争端;效果好，即找到从长远看能够解决冲突根源的最佳方法;结果公平，即冲突各方均认为每三方介入提供的解决方法是公平的;程序公平，即冲突各方均认为解决分歧的过程是公正的。根据第三方介入对冲突解剖过程和结果的控制程度，可以将第三方介入分为三类:

①调解:调解者对冲突过程拥有较高水平的控制，而对于冲突解决的最终方案，控制性较低。在调解过程中，第三方积极管理冲突各方互动的过程和背景，但最终仍需冲突双方做出决定。

②仲裁:仲裁者对冲突解决的最终方案拥有较高水平的控制，而对于冲突解决过程，控制性较低。仲裁者会对冲突各方做出强制执行的决定，而冲突解决过程则主要按照既定程序和规则进行。

③审判:审判者对冲突解决的过程和最终解决方案拥有较高水平的控制。在审判过程中，第三方不但决定最终的冲突解决方案，而且决定冲突解决的过程将如何进行。

在组织管理中，当管理者充当第三方介入部门或个人冲突中时，需根据不同情境扮演不同角色，才能有效地帮助冲突各方化解分歧。研究发现，若管理者过多地充当审判者角色，往往不利于冲突的解决。因为在这种情况下，管理者搜集的信息往往有限，因此，判决的有效性大打折扣，而且组织成员对整个过程和决定缺乏控制，因此他们会认为审判有失公平。与此相比，调解往往会使组织成员产生最大的满意度，但有时其效率不佳。仲裁比较适用于优先考虑组织目标而不是个人目标的情况，且由于其程序公正，容易被组织成员所接受。

10.3.4 对无冲突现象的管理

所谓无冲突现象是指企业表面看不见任何冲突的一种反常现象。在管理中，如果出现无冲突现象将不利于获取正确的信息，是企业发展的一大障碍。表现如下:

1. 员工对组织漠不关心

在这种情况下，员工对组织的各种事项漠不关心，不管什么决策，要么默不作声，要么就“全体拥护”，没有人出来反对，因此无冲突可言。这是一种十分危险的信号，说明员工已对组织或领导失去了信心，一旦有机会，集体辞职是必然的。否则，出工不出力现象随处可见。

2. 领导者一呼百应

在这种情况下，员工只要听领导者发出的指示，全部唯唯诺诺，照搬执行。有可能由于领导者有极高的权威，更可能是领导者一贯打击不同意见者，员工为了自保，不愿发表不同意见。这也是一种十分危险的信号。如果领导者英明，暂时不会出大问题，但是这种英明往往是暂时的。由于听不到不同意见，决策往往会出现失误，一旦失误后果不堪设想。

3. 过分强调团结一致

在这种情况下，领导者以及领导者倡导的企业文化过分强调团结一致，把有不同意见看做是对企业不忠诚，甚至是背叛的表现。一遇到分歧或冲突，立即支持一方，压制另一方，在各种场合都宣传团结一致的重要性。甚至宣布，本部门不存在矛盾与冲突。在这种文化背景下，个体的首创精神被扼杀了，组织看起来一派和平景象，实质缺乏内在动力，死气沉沉。

组织一旦出现无冲突现象，一定要引起领导者的高度重视，这是组织开始走下坡路的征兆。领导者需要强调冲突的重要性。运用各种手段，在各个场合鼓励有意义的冲突，强调冲突是组织发展的动力。明确各群体和各部门的权利和义务，使个体清楚地知道自己是属于某一个群体的；只要有人提出相反的意见，只要他的动机是好的，就予以鼓励；宣传冲突的积极作用，使员工明白，提出不同意见是对组织负责的表现。同时，还可以制定各种规章制度保护冲突。如：方案至少有两个以上，否则不予决策；每个员工或每个群体代表发表自己的观点，可以采用背对背的方法，而不是采用一起开会讨论的方法；压制不同意见者将受到惩罚；一旦没有反对者，事前应安排好一个“反对者”来引起冲突，这个“反对者”可以轮流担任；安置意见箱，对意见箱内每一意见都要有反馈；任何一个群体、部门，只要一次性全体通过的、无人反对的决议、规定一定要重审，慎重通过。此外，从组织上冲突还可以撤换强调一致的管理者，安排专职人员收集信息，重新进行工作分析，以区别各种职位的权利与义务，训练管理者如何控制冲突和如何利用冲突。

【思考题】

1. 群体冲突的含义及类型。
2. 群体冲突的主要来源。
3. 群体冲突的过程及各个阶段的特点。
4. 组织冲突管理的原则、策略和方式。
5. 组织中群体冲突与群体沟通间的关系。

【案例分析】

街道，办事处里的职工关系

明娟不再和阿苏说话了。自从明娟第一天到街道办事处上班，她就注意到了阿苏，阿苏总是表现得冷漠疏远。开始，她认为阿苏是嫉妒她的工商管理硕士学位，抑或是自己能力出色经常得到领导的表扬。但是，明娟决心同办公室里的每一位同事都处好关系，因此她邀请他出去吃午饭，一有可能就表扬他的工作，甚至还同他的儿子保持联络。

但随着中西部地区基层干部的任命，所有这一切都结束了。明娟一直盯着这个职位，并认为自己有很大可能得到这个职位。她与同一级别的另三位管理人员竞争这个职位。阿苏不在竞争者之列，因为他没有研究生文凭，但是阿苏的意见被认为在高层有很大影响力。明娟的资历比其他的竞争者要浅，但高层领导们多次对她进行褒奖。她相信，若阿苏好好推荐，她能得到这个职位。

但另一个竞争者马德最后得到了提升并去了中西部地区，明娟十分失望。她未能得到提升就够糟的了，使她无法忍受的是选中的竟然是马德。她和阿苏曾戏称马德为“讨厌先生”，因为他们都受不了马德的狂妄自大。明娟觉得马德的中选对自己来说是一个侮辱，这使她对自己的整个职业生涯进行了反思。当传言证实了她的猜测——阿苏对决策的作出施加了重大影响之后，她决定把同阿苏的接触降到最低限度。

办公室里的关系冷了下来，持续了一个多月，阿苏也很快就放弃了试图同明娟修复关系的行动，他们之间开始互不交流，甚至开始用不署名的小便条向上级打对方的小报告。最后，他们的顶头上司威恩无法再忍受这种冷战气氛，把他们两人召集到一起开会，“我们要待在这里，直到你们重新成为朋友为止。”威恩说道，“至少我要知道你们究竟有什么别扭。”

明娟开始不承认，她否认她同阿苏之间的关系有任何变化。后来她看到威恩是严肃认真、誓不罢休的，只得说道：“阿苏似乎更喜欢和马德打交道。”阿苏惊讶地张大了嘴，吭哧了半天，却什么也说不出来。

威恩告诉明娟：“如果你是对那个提升感到不满的话，你应该知道阿苏说了许多你的好话，并指出如果我们把你埋没到中西部去，这个部门会变得有多糟。事实上，你的收入仍然与马德一样多。如果你在这儿的工作继续很出色的话，你就可以去负责一个比中西部地区更好的地方。”

明娟感到十分尴尬，她抬头向阿苏看去，阿苏耸了耸肩，说：“你想不想来点咖啡？”第二天，办公室又恢复了正常。但是一项新的要求提出来了：明娟和阿苏在每天的十点钟一起去喝杯咖啡休息一下。他们的友好状态使在他们周围工作的同事们从高度紧张中松弛下来了。

讨论题：

1. 威恩解决冲突的成功之处在哪里？你还能想到其他的解决方法吗？

2. 这个案例对你在冲突管理方面有什么启发？

【拓展训练】

关于冲突的十个问题

关于冲突是否太少了，加拿大人休·J·阿诺得和美国的丹尼尔·C·菲尔德曼提出，管理者不妨问自己十个问题：

(1)管理者周围都是唯唯诺诺的人吗？

(2)下属人员是否怕对他们的上司承认自己的无知和不确定？

(3)决策者是否如此注重于达成某种妥协以致忽视长期目标和公司利益？

(4)管理者是否认为在他们单位内不惜代价维持平静和合作的印象符合他们的利益？

(5)决策者是否过分顾及不去伤害他人的感情？

(6)管理者是否认为受人欢迎比为获得组织奖赏而进行竞争和创造好的成绩更为重要？

(7)管理者是否过多地迷恋大家对决策的一致同意？

(8)员工是否对变革异乎寻常地抵制？

(9)是否缺乏新思想？

(10)员工流动率是否极低？

如果对这些问题的回答都是肯定的，那么管理者确实需要允许存在一定冲突。

■第11章　组织行为基础

11.1　组织结构

11.1.1 组织概述

1. 组织的概念

组织是一种社会现象，是一切社会管理活动赖以开展的基础。人类社会是一个组织化的社会，人们之间的交往互动都是在组织的框架内或通过组织进行的。组织是因应管理的需要而建立起来的，组织是管理的载体，凡有管理的地方必有组织。

组织是随着社会变迁而不断变化着的有机的、动态的存在实体，在历史上的不同时代，组织形态各有不同。农业社会的组织往往是建立在血缘、亲缘或地缘基础上的；工业社会的组织则以共同利益的达成为基础，组织成为达到目标的工具。总的说来，从人类社会的发展进程看，在组织发展的起始阶段，其初始形态并不是人为设计的，而是自然形成的，是一种由客观存在的社会关系所构成的社会结构。到了现代社会，组织已经成为一种复杂的、寻求着自己目标的社会单元。因此，现代社会的组织是社会系统的构成部分，组织既与社会结为一体，同时，又是相对独立的单元。

具体地说，组织是一种有着相对明确的边界、规范的秩序、权威层级结构、沟通和协调机制的集合体；这一集合体具有一定的连续性，它存在于环境之中，从事的活动往往与多个目标相关；其活动对组织成员、组织本身及社会产生一定的影响。

组织作为一种社会现象，其表现形式是极其复杂的，在不同的社会生活领域中，会有着不同的组织形态。但是，概括地说，在现代社会，一切组织都具有以下几个方面的特征：

(1)所有组织都存在于特定的社会环境之中，组织的形态、功能、结构、管理活动都受到环境的影响，有时甚至是决定性的影响。

(2)组织构成的要素多种多样，可以从不同的角度进行分析。如从物的角度分析，有人员、经费、物资设备等；从结构角度分析，有目标任务、机构部门、权力责任等；从运作角度分析，有领导、决策、监控等。组织就是这些要素相互综合而成的系统。

(3)组织是人们有意识地建立起来的团体，有意识建立的组织是为了达到某种共同目的，这些目的包括联合共谋生存的目的、保护共同利益的目的、联络感情或沟通信息的目的等。

(4)各种社会组织在本质上都属于一种特殊的人际关系，即由人们的某种交往行为而形成的相互关系，在此意义上也可以说，社会组织是一种划分社会关系的单位，人们借此可以区分相互的关系。

(5)在组织的人际关系中存在着分工，即根据完成目标的需要，在组织中划分出不同的活动角色而让不同的机构或人员去分别承担，其中管理者与被管理者的分工是各种组织中最基本的分工，这也在一定程度上说明，组织内部是存在着等级层次的，即使在层级分化并不明显的组织形态中，一定的沟通与协调系统也肯定是存在着的。

(6)组织的运行是有秩序的活动，它以组织分工为基础，是组织分工的具体体现。在组织运行过程中，其主体各有各的位置，机构有机构的位置，人员安排也是计划性的。可以说，组织分工是组织设计中的分工，组织秩序是实际运行中的分工；前者属于静态分工，反映了静态的组织关系，后者属于动态分工，反映了动态的组织关系。

(7)组织是一种处在运动中的团体，这不仅是指组织内部的工作运营，更重要的还是指组织的发展变化。组织会成长、发展、衰落、消亡，而引起组织变化的原因无非是内部因素和外部环境两个方面。

2. 组织工作

关于组织，可以从两个角度来认识：首先，它是一种实体性的存在形态；其次，它是管理活动的一个方面的内容，一般也被称作“组织工作”。所谓组织工作就是指在组织目标已经确定的情况下，对实现组织目标所必需的各项业务活动加以分类组合，并根据管理宽度的原理划分出不同的管理层次和部门，将监督各类活动所必需的职权授予各层次、各部门的主管人员，以及规定这些层次和部门间的相互配合关系。组织工作的目的就是要通过建立一个适合组织成员相互合作、发挥各自才能的良好环境，从而消除由于工作或职责方面的原因引起的各种冲突，使组织成员能够在各自的岗位上为组织目标的实现做出应有的贡献。

组织工作是因为在生产活动中需要协作而产生的，正如巴纳德所强调的，人类由于受到生理的、心理的和社会的种种限制，为了达到目的就必须进行协作，而协作之所以能够有更高的效率、能够更有效地实现某种目标，在多数情况下，就是由于有了组织结构。因此，从组织工作的含义看，设计、建立并保持一种组织结构，基本上就是主管人员的工作职能的内容。具体地说，组织工作包括四个方面：一是根据组织目标设计和建立一套组织机构和职位系统；二是确定职权关系，从而把组织上下左右联系起来；三是与管理的其他职能相结合，以保证所设计和建立的组织结构有效地运转；四是根据组织内外部要素的变化，适时地调整组织结构。

从组织工作的含义及具体内容来看，组织工作职能具有以下一些特点：

(1)组织工作是一个过程。设计、建立并维持一种科学的、合理的组织结构，是为成功地实现组织目标而采取行动的一个连续的过程，这个过程由一系列的逻辑步骤组成：确定组织目标；对目标进行分解，拟订派生目标；明确为了实现目标所必需的各项业务工作或活动，并加以分类；根据可利用的人力、物力以及利用它们的最佳途径来划分各类业务工作或活动；授予执行者有关各项业务或活动的各类人员以职权和职责；通过职权关系和信息系统，把各层次、各部门联结成为一个有机的整体。这个过程的前两步实际上是组织工作的依据，有了这个依据，组织工作才有进行的必要与可能，其后几步才能够成为组织工作的实质内容。一般而言，组织工作的实务与这个过程是相吻合的。主管人员往往是通过这一过程来消除混乱，解除人们在工作或职责方面的矛盾和冲突，从而建立起一种适合组织成员互相默契配合的组织结构。组织工作过程结束后，其最终的成果就是一系列的组织系统图和职务说明书。组织系统图所描述的是一个组织内部的各种机构（包括层次和部门），以及其中相应的职位和相互关系。而职务说明书则是详细地规定了各个职务的职权和职责以及与其相关的上下左右关系。

(2)组织工作是动态的。通过组织工作建立起来的组织结构不是一成不变的，而是随着组织内外部要素的变化而变化的。任何组织都是社会系统中的一个子系统，它不断地与外部环境进行能量、信息、材料等的输入和输出，而这种输入和输出都会影响到组织目标。随着时间的推移，原来的目标因环境的变化可能不太适宜了，这时，依据计划工作中的改变航道原理，必须根据环境条件的变化不断修正目标。目标的变化又会影响到随同目标而产生的组织结构，为使组织结构能切实起到促进组织目标实现的作用，就必须对组织结构作出适应性调整。此外，即使组织的内部和外部要素的变化对组织目标的影响不大，随着社会的进步，科学技术的发展，当原有的组织结构已经不能高效地适应实现目标的要求时，也需要进行组织结构的调整和变革。所以说，组织工作具有动态的特点。

(3)组织工作应该重视非正式组织的存在。根据霍桑试验及巴纳德等人的研究成果，组织有正式组织和非正式组织之分。在组织工作职能的实施过程中，随着组织结构的建立，一个正式组织就形成了。但是，任何一个正式组织中都必然会产生和存在着非正式组织。非正式组织是组织成员在情感相投的基础上，由于观点、爱好、兴趣、习惯、志向等方面的一致而自发形成的自由团体。在组织工作中，应该着重考虑非正式组织的两个特点：①非正式组织在满足组织成员个人的心理和感情需要等方面比正式组织更具有优越性，所以应该发挥非正式组织比正式组织更强的凝聚力。②非正式组织形式灵活，稳定性差，覆盖面广，几乎所有的组织成员都会介入某种类型的非正式组织，因此，管理人员应该在组织工作中有意识地促进某些具有积极意义的非正式组织的形成和发展，使其成为正式组织的辅助。在时机成熟和条件许可的情况下，也可将其中的一些转化为正式组织，使其成为组织工作所设计和保持的组织结构的有机构成部分。

总之，组织工作要回答或解决的基本问题之一就是“组织结构”问题。我们常说的“组织设计”，指的就是组织结构的设计。因此，组织工作要回答或解决的基本问题就包括：决定管理宽度，找到引起组织机构分级的因素；进行基本部门划分，把握其影响因素和优缺点；下达业务指令；安排职权关系的分布。

11.1.2 组织结构理论

1. 组织结构理论的历史演进

组织结构理论是组织理论的重要组成部分，也同样形成了自己的演进轨迹。在19世纪末和20世纪初的美国和欧洲，泰勒、法约尔、韦伯等人属于较早一批系统探讨组织结构理论的管理学大师。

泰勒主张实行职能管理制，把计划职能（管理职能）与执行职能（实际操作）分开，并进一步强调计划的重要性，设置了专门的职能管理机构。泰勒认为，在此基础上就应该进一步地对其内部的各管理职能实行专业化和标准化。为了实现职能专业化，泰勒提出了组织中高级管理人员把一般的日常事务授权给下级管理人员去处理而自己只保留对例外事项（即重要事项）的决策和监督权的例外原则，以适应规模较大的职能组织。法约尔继承并发展了泰勒的思想，试图创立一种适用于各种组织的一般理论。他概括了14条一般管理原则，其中包括劳动分工、权利与责任相符、命令指挥统一、连续指挥链等对后来管理有深远影响的原则。他还将统一指挥原则和泰勒的组织职能化原理结合起来，提出了直线职能制组织形式，至今仍被广泛采用。另外，他独创性地提出了设立无等级、无权限的参谋机构去协助高层管理者完成管理工作的设想。他提出的“跳板”原则（又称“法约尔桥”）是对层级原则的有益补充，是对泰勒的“例外原则”的深化，也隐约显露出矩阵结构的影子。马克斯·韦伯关于官僚制组织的理论是对组织结构理论的重要贡献。他从管理角度把这种组织形式的结构分为三层，顶端是主要负责人，主要职能是进行决策；中间是行政官员，主要职能是贯彻负责人的决策；底层是一般工作人员，主要职能是从事实际的业务作业。

古典组织结构理论坚持用科学的准确性和普遍适用性来解释组织结构和组织管理的原则，它是一种所谓以不变应万变的理论，认为组织就是运用合法的管理权威进行计划和控制的机械系统，有一种适合所有组织的最好的模式，即通过严格的组织制度建立一个等级清晰的职权系统——金字塔式的结构形式。它适应了当时社会化大生产的要求，促进了组织效率的提高和生产力的发展。但是，随着社会的进步和发展，这种理论的局限和不足就逐渐暴露了出来：首先，它仅仅将组织当作一个机械系统，就结构谈结构，而忽视了构成组织最基本的最具活力的因素——人以及人的除物质需求以外的更丰富的需要。所以，它更多地强调人对组织结构的适应，忽视了个人对组织结构的能动作用，甚至要求牺牲个人目标，从而抑制了人的创造性。其次，它强调组织内部的相互适应，因而脱离了组织所赖以生存的社会环境。所以，它对组织结构的研究是孤立的、封闭的。另外，此理论侧重于静态组织结构的研究，缺乏对组织发展和创新的探讨。尽管如此，古典组织结构理论为现代组织结构理论奠定了基石，至今仍是组织结构理论继续发展和进行管理实践的坚实基础。事实上，古典组织结构理论在形成后的近半个世纪中，都始终处于组织结构理论的主流地位。

在20世纪20年代，组织动力系统的缺陷越来越成为制约组织进一步提高效率的主要因素，因而，组织学家们逐渐将目光转到以前被忽视了的人的因素上，开始研究人的行为差异、行为原因以及对组织结构的影响，从而逐渐形成了人际关系理论，50年代发展成为行为科学理论，60年代中叶发展形成组织行为学。这一学派的理论在组织结构方面的贡献相当丰富，可以被称为行为科学的组织结构理论。主要代表人物有梅奥、马斯洛、伦西斯、利克特、麦格雷戈、赫茨伯格、阿吉里斯等人。他们的共同之处在于强调组织中社会心理系统对人的行为的作用，重视社会环境和人际关系对提高工作效率的影响。

赫茨伯格就指出，应改变古典理论中通过使工作合理化来提高效率的方法，代之以“职务的丰富化”而去谋求更有效地利用人力资源。阿吉里斯则大胆地指出，古典组织结构理论中的专业化分工、等级层次、集中统一领导与具有独立、积极主动特征的个性成熟成员间存在很大矛盾，而且这种矛盾会造成组织的混乱。利克特提出了组织支持关系理论，主张参与式管理，强调增加沟通，并设计了高效组织中的单元结构。此种结构打破了古典结构理论中一人一个职位、各部门之间严格划分界限的观念，指出了管理人员不能只完成本职位上的工作，还要在部门之间、人与人之间起联络作用，特别是在上下级之间起联络作用，以增强沟通和协调，提高组织效率。

以巴纳德为代表的社会系统学派从组织本质和组织要素出发论述了组织结构的发展规律，对以后组织结构理论的发展产生了深远的影响。巴纳德是最早将组织结构特性与个体行为特性结合起来去分析组织问题的组织理论家，他摒弃了古典组织理论将组织视为由原子式的个人构成的纯粹的权责结构，并在此基础上提出了组织协作系统的观点。

西蒙是决策学派的代表人物，他大胆地对传统组织结构理论的一些设计和管理原则进行了批判，他认为，一个单位的组织结构的建立必须同决策过程联系起来，而不是单单遵循部门化原则；结构设计要按分工原则进行，尽可能保持部门的相对独立性，避免重叠，同时要重视部门之间的横向交流与联系。组织中的集权和分权也应视决策而定。他还对传统理论中直线与参谋的关系提出了改进，提出了“狭义的指挥统一”原则。他将组织的层级结构划分为三层：最高层设计系统，确立目标并监督其实施，是非程序化决策；中层管理日常操作和分配，是程序化决策过程；最下层从事基本的操作，也属于程序化决策。

经验主义学派对组织结构的贡献主要是归纳总结了各种组织结构样式的类型。德鲁克概括出集权的职能性结构、分权的“联邦式”结构、模拟性分权结构、矩阵结构和系统结构五种类型，这对实际工作很有借鉴和参考的价值。斯隆则在管理实践中创立了事业部制组织。

系统权变理论侧重于研究组织与环境之间相互影响与适应的关系。这一理论认为，组织是一个开放的动态系统，作为社会总系统的一部分，组织与社会环境各部分之间存在相互依赖和相互影响的关系。所以，组织结构必须根据环境的变化不断进行调整，即所谓以变应变，不存在一个一成不变的、普遍适用的、最好的组织结构设计。不同的组织以及同一组织在不同的发展阶段上，都应按当时的具体情况来设计相适应的组织结构。

70年代以后组织结构理论又有了新的发展。如环境决定组织结构理论所包括的整体生态理论、制度理论、资源依赖理论等都认为，是组织的外部环境主导了组织结构的变革，而由委托代理理论、交易费用理论所构成的经济组织结构理论则进一步探究了组织结构发展新趋势背后的深层原因，提出了一些新的见解。对于近十年来组织结构出现的“网络关系”模式、“虚拟结构”和“内部市场”等新模式，现代交易费用理论也从企业降低交易费用的要求出发作出了解释。

2. 组织结构的本质

现代社会中的组织是互动的个人或团体为实现一定的目标、依据一定的职权关系、具有一定结构形式的有明确界限的实体。组织结构所指的就是组织内部之间相对稳定的关系模式，它既表现为静态的组织结构，又体现在动态的组织活动中。所谓组织结构，是指组织中建立起来的各种部门或机构之间以及以部门机构为依托的组织成员之间的权利和责任关系的结合方式，是表现组织各部分排列顺序、空间位置、聚集状态、联系方式以及各要素之间相互关系的一种模式。在广义上，也被看作是执行管理和经营任务的体制。

一般认为，组织结构的内容，主要包括纵向层次结构、横向部门结构和组织管理体制三个方面。纵向层次结构是指组织指挥系统的等级或者纵向管理层次；横向部门结构是指组织根据工作的性质、管理的职能、办事的程序，以及地区、成员或者物资的特点等而分设的部门机构；组织管理体制是组织结构中各层次、各部门之间的管理关系制度化的表现形式。不同特点的纵向层次结构、横向部门结构和组织管理体制的有机结合，便可构成各种具有不同特点的组织结构。典型的组织结构主要有八种，包括传统组织结构模式的直线型、职能型、直线参谋型和直线职能型四种以及现代事业部制、矩阵型、多维立体式和自由式等结构模式。

组织结构模式是由组织的目标任务以及环境情况决定的，其中包含组织内部的指挥系统和沟通网络，又包含着组织成员在不同层次的责权系统中的地位和相互关系。因此，组织结构是维持组织内部正常运行活动的关键因素。设置恰当的组织结构并维持其健康发展，对于提高组织活动效率和实现组织目标，都是至关重要的。

组织的结构系统包含着组织的权力系统，也就是说，组织结构中的上下层次关系包含着相应的权力分配关系；组织结构中的横向分工也包含着权力在同一层级上的分割。如果说组织结构是由上下层级和横向分工构成的话，那么，这种组织结构的本质正是组织权力的分配和分割。

在考察组织的本质时，职权、职责和责任是三个关键性的概念。在组织中，首先看到的是职位，这是一个组织结构的概念，一定的职位有其相对应的一定权力和权限，这种职位与权力的统一就是职权。从一个组织内部来看，其中存在着权力中心和权力分支，这便是组织结构中的上下级关系。由此，又在一个组织内部分化出不同的职位，每一个职位都有不同的权限，这样就在这个组织中形成了由不同职权构成的权力系统。如果进一步考察职权，还可以发现职权本身仍有其本质内容，这就是职责，它具有边界的要求，在这种边界要求的范围内表现为一种责任。与职位相伴随的还有完成职责要求的报酬，这是人们通常所说的“利”。组织通过合理的权力分配与分割，就是为了做到职、权、责、利的结合，从而使组织能保持正常的活动，实现组织的发展。

组织内部的权力系统说明，组织内部既有差异又有统一。承认差异性，就是要求各个权力分支之间要做到职责分明，这是提高组织工作效率的重要条件。而权力的差异性又在权力中心得到统一。所谓统一，一方面是指各种职责协调统一，组织机构正常运作；另一方面是指职责虽然不同，而又服务于同一的组织目标，从各个不同的方面实现组织的目标。

需要指出的是，在组织结构中的权力系统中，就权力本身的结构而言，存在着抽象权力与具体权力的区分。抽象权力是一种应然的权力，是根据某种理念而应有的权力，因而人们在组织结构的确立和权力体制的设计中总是极力要对这种权力加以规范。所以，抽象权力总是表现为一种规范化的和制度化的权力。这种权力与组织职位有着一致性，职位的高低也就意味着权力的大小。人们在组织结构中所思考的权力，就是这种应然的权力。但是，应然的权力只是一种可能的权力，是一种可能发挥作用的权力。具体的权力则不同，是一种现实地运行着的权力，这种权力直接地与权力的执掌者和调节对象联系在一起。正是抽象权力与具体权力的存在，决定了权力与职位之间关系的复杂性，使组织结构中的“职—权”关系可能出现不对称的问题。

11.1.3 组织结构模式

1. 直线型组织结构

直线型组织结构所显现出的是组织中的权力从组织上层而指向基层的线性模式，根据这种组织结构，每一位主管人员对其下属都有直接命令权。或者说，这是一种垂直领导的组织结构形式。在这种结构中，职位、职权、职责从组织的最高层到组织的最低层按照直线垂直分布，形成等级系列，通过自上而下的指挥领导关系，将一切权力集中在组织的最高层。作为一种最简单的组织结构形式，某个机构和人员都只有一个直接上司，他们之间的关系是指挥和服从、命令和执行的关系。同一层次的机构和成员之间不发生任何领导关系，有关信息沿着垂直线上下传递。组织职位按照垂直系统直线排列，各级主管对自己的下级拥有直接的指挥权，职权和命令链纵向贯穿于组织之中。

直线型结构的优点是：线条清楚，集中领导，结构简单，关系清晰，上下级权责明确；政令统一，行动迅速，决策快，效率高；组织中的人们明确自己的权责，知道自己的使命，明了自己的目标。这样有利于组织效率的提高，能够确保指挥控制的有效性。

这种结构的缺点是：首先，缺乏专业化的分工管理，下级一切问题都须向上级请示汇报，领导工作繁忙，容易陷入日常事务当中，难以集中时间和精力思考和规划重大问题。其次，由于权力集中，且受专业、个人素质等方面的影响，也难以保证领导、决策、指挥不出现失误。此外，由于信息只沿着上下直线传递，对左右协调和沟通不利。当同层级的单位之间需要合作时，往往显得非常困难。最后，由于这种组织结构是比较典型的金字塔式等级结构，容易使下属产生依赖心理。因此，直线型结构的组织形式一般只适用于那些规模较小、活动内容比较简单、工作程序少、同级单位较少合作的组织系统。即使在规模小、业务简单的组织内，要采用直线式的组织形式，对组织中的首长也有较高要求。也就是说，它要求领导者必须精明干练，经验丰富，学识渊博，具有较高的领导决策能力。

2. 职能型组织结构

职能型组织结构是在上一层级的领导下，按专业分工设置若干职能部门，各职能部门直接对上级领导负责，并在其业务范围内对下级有指挥、协调、监督、控制权力的组织结构形式。这种组织结构要求根据组织职能划分部门，并由此建立领导和指挥关系，它用按职能分工、实行专业化的管理办法代替了直线型组织的全能管理。也就是说，它在上层主管之下设立各个职能机构，并把相应的管理职责和权力交给这些职能部门，各职能机构在自己的业务范围之内可以直接向下级下达命令和指示，直接指挥下属。

与直线型组织相比，职能型组织结构的优点是：实行专业化分工，各级管理者分工明确，可以利用自己的专业特长和技能，有效地处理比较复杂的问题，因而可以提高组织和人员的积极性、主动性和创造性。另外，也可以减轻上级领导的工作负担，使其能集中精力考虑本组织的战略问题和处理本组织中的重大问题。所以，这是一种能够适应管理活动复杂化要求的组织结构形式。

职能型组织的缺点是：一方面，这种结构形式要求各单位分别听命于许多上级，容易造成多头领导或多重领导，出现政出多门、指示冲突、互相推诿的现象，影响了统一指挥，增加了协调的困难，因而，会造成管理上的混乱。另一方面，各职能机构容易从各自的专业和部门利益出发，同级之间不能很好配合，缺乏整体观念而各自为政，往往导致组织管理效能低下。此外，职能型组织形式对环境变化的适应性较差，反应不够灵敏，过分强调专业化而使主管人员容易忽视本专业以外的知识，不利于培养综合性的领导人才。

3. 直线参谋型组织结构

直线参谋型组织结构是以直线型的组织结构为主线而在组织最高领导之下设立相应的职能部门，实行首长统一领导与专业化管理相结合的结构形式。也就是说，它是一种从直线组织发展而来的、以参谋制补充直线结构之不足的组织结构形式。单纯的直线型结构模式往往由组织的最高领导掌握全部权力，受组织最高领导的知识和才能的限制。对于组织规模大、目标多样、关系复杂的组织来说，处理问题需要多方面的专门知识和才能，这是组织最高领导难以做到的，为了弥补这一缺陷，就需要设置参谋组织。

直线参谋型组织结构要求直线部门中的主管有独立的指挥权、决策权，对其所属的下属进行指挥和控制，并负全部责任；直线主管的参谋部门只有建议权，没有决策权，只向最高领导提供有关方面的专门知识，起的是助手和咨询的作用。如果没有得到组织最高领导的授权，参谋组织是无权直接向下级发布命令的，在一定程度上，组织的参谋部门仅仅是其最高领导者个人权力的延伸。在增加参谋组织这一点上，这种结构形式和单纯的直线式是不同的，但在只具有上下级的直接关系、整个组织命令统一这一点上，这种结构形式又保留了直线式的特点。必须贯彻命令统一原则的大规模组织，如军队组织，通常采取的就是以参谋制补充直线型结构形式。

在直线参谋型组织结构形式中，比较容易出现的问题就是参谋组织越权或不能起到应有的作用。具体地说，各参谋组织之间的横向联系差，容易发生沟通障碍，甚至发生冲突，从而使管理工作陷入混乱。同时，也正因为它包含了两种结构形式，容易在两者之间出现矛盾。一方面，如果参谋机构将其意图强加于主管者，就会干扰、限制管理者的正常工作；另一方面，如果直线管理者过于武断，而自行其是，将会置参谋机构于可有可无的地位，也会给组织带来不利的后果。

4. 直线职能型组织结构

直线职能型组织结构是这样一种组织结构，它在设置横向职能机构的同时又设置由最高层垂直领导的机构，垂直机构有时是比较稳定的，有的是为完成某些临时性的任务而建立的，职能机构并不能直接向垂直机构发布命令，相互间的关系表现为只能通过协商解决问题，是直线型组织和职能型组织两种结构形式的综合。具体地说，直线职能型组织往往拥有两套系统：一套是按照命令统一原则建立的组织指挥系统；另一套是按照专业化原则建立的组织管理职能系统。垂直机构直接从最高层接受命令，完成直线领导交给他们的使命。这种组织结构既实行职能的分类，发挥了专业人员的特点，又能够保证权力的集中、指挥的统一。

直线职能型组织结构形式是以职能结构形式为基础的，辅之以直线结构的形式，是一种较为复杂的结构形式。它综合了两者的优点，既具有直线型组织结构统一指挥、职责清楚、秩序井然、效率较高、组织稳定的优点，又具有职能式组织结构专业化分工、适应性强的优点。

与直线参谋式组织结构相类似，这种形式的组织由于各方面的关系更加复杂，容易产生机构之间职责划分不明确的情况，从而造成组织机构内部的摩擦。因此，在采用这种结构形式时，组织内部如何协调各机构之间的关系就显得尤为重要。

5. 事业部制组织结构

事业部制组织结构又称M形结构或多部门结构，它是由美国企业管理专家艾尔弗雷德(Alfred P. Sloan，1875～1966)于20世纪20年代初设计出来的，因此也被称为“斯隆模型”。

事业部制组织结构是在组织的服务对象、活动领域等基础上把组织划分为若干事业部而组成的组织结构，它是适应经济性社会组织的规模日益扩大，活动内容日益复杂，基层部门自主经营日益重要的形势而产生的。作为一种分权式的组织结构形式，它所划分的事业部具有很大的权力，组织最高领导除保留人事管理、财务控制、组织监督等权力外，把很大的权力下放到了事业部。事业部由事业部长负责，进行独立的业务活动和独立核算，并设有自己的职能部门。因此，是在组织最高权力之下设立的具有半独立性质的管理部门。这是一种大权独揽、小权分散、集中决策、分散经营的组织结构形式，是集中领导下的分权管理模式。

事业部制的主要优点是：提高了管理的灵活性和适应性，有利于组织对变化迅速的环境作出回应，使决策层摆脱了具体的日常事务，从而有利于集中精力进行战略研究和长远规划，并能较大程度地减少决策失误。同时，可以使事业部具有很大的自主性，有利于其主动性和积极性的发挥，有利于组织的专业化发展，提高管理效率和领导的灵活性和适应性，非常有利于培养和训练领导人才。

其缺点是：由于机构设置重复，导致管理部门增多，管理人员增加，造成资源的浪费。各个事业部独立经营，它们之间的人员交换比较困难，相互支援度较差。各事业部领导往往会从本部门的利益出发，忽视组织的整体性，容易形成本位主义。另外，由于职权下放过多，指挥不灵，各事业部之间的竞争也会造成协调困难，从而影响先进技术和科学管理方法的交流和共享，甚至会影响组织的整体性发展。

在事业部制组织的基础上，20 世纪 70 年代在美国和日本的一些大公司又出现了一种新的组织结构形式——超事业部制组织结构。它在组织最高领导层和各个事业部之间增加了一级管理机构，负责协调所属各个事业部的活动，使领导方式在分权的基础上有了适当的集中。这样做的好处是可以集中几个事业部的力量共同研究和解决问题，更好地协调各事业部的活动，从而增强了组织活动的灵活性，保持了组织的统一性，维护了组织的整体利益。

6. 矩阵型组织结构

矩阵型结构组织也称作“规划—目标”结构，是在直线参谋式组织结构模式或者直线职能式组织结构模式的基础上增设横向管理系统而形成的一种多维式组织结构模式，它既保留了职能式组织的形式，又设立了按照项目划分的横向管理系统。其主要特点是，在组织结构中存在着纵向和横向两种管理系统。纵向管理系统以职能部门为其稳定结构，按照“指挥—职能”关系进行管理。横向管理系统是为了完成某项专门的任务而临时增设的。

矩阵组织没有独立的职能部门机构，其人员附着在原来的参谋或者职能部门里面，遵循“规划—目标”关系进行管理。组织的负责人一般由设立矩阵组织的组织主管领导者选拔并授权，他们也直接向主管领导者负责，其成员也是临时抽调的，任务完成后，他们还会回到原来的职能部门里去。在矩阵型组织结构模式中，既有作为专业化活动固定基地的永久性的职能部门，也有对各种专业化活动起协调作用的统一协调单位，因此，矩阵型组织结构模式具有双重的权力和责任。双重的权力是指矩阵型组织结构模式具有两条权力线：一条是来自职能部门负责人的垂直的权力线；另一条是来自矩阵组织内部的水平权力线。双重的责任是指编入矩阵组织中的每一个人几乎都既要对职能部门负责人负责，又要对矩阵组织负责人负责。当一个管理系统中有多个这种矩阵组织时，它的横向领导系统和原来的纵向领导系统又构成了一个矩阵形式。

矩阵型组织结构模式的独特之处在于事业部制与职能制组织结构特征的同时实现。其优点是：实行集权与分权的集合，有利于发挥专业人员的潜能，有利于人才的培养。同时，又加强了各职能部门的横向联系，有利于各种专业人员取长补短，发挥综合优势，具有较大的灵活性和适应性，有利于精简机构，裁减冗员，提高组织效率。

矩阵组织的缺点是：由于组织成员同时接受来自两个方向的指挥，如果上级意见不一致，就会使下属左右为难，无所适从，导致指挥和协调上的困难，同时，人员位置不固定，有临时性的特点，有时会导致责任心不够强；人员受双重领导，有时不易分清责任；又由于组织关系比较复杂，对任务或项目负责人素质要求也较高。作为一种组织内资源的柔性组合方式，它是一种临时性的"任务"组织，而不是常规的组织。其管理权限依旧是职位权限调节下的有限权限。

11.2 组织设计

11.2.1 影响组织设计的因素

组织设计(organization design)就是建立或改变一个组织的组织结构(包括组织机构和职位系统)，使之能更有效地实现组织的既定目标。具体而言，组织设计就是根据组织目标，对实现目标所必需的各项业务活动加以区分和归类，把性质相近或联系紧密的工作进行归并，组建相应的职能部门进行专业化管理，并根据适度的管理宽度来确定组织管理层次，包括组织内横向管理部门的设置和纵向管理层次的划分。可见，所谓组织设计就是根据组织的横向分工、纵向分工和空间分布的复杂性，根据组织成员及组织行为的标准化程度，从组织内部决策的集权度出发，对组织的结构进行规划。组织设计是一项系统工程，进行组织设计时需要考察和描述影响组织设计的各种变量，分析影响组织设计的因素，遵循一定的设计原则，从而保证组织设计的科学性及其效益的实现。

影响组织设计的因素是多种多样的，其中，最为主要的因素有:组织战略、组织技术、组织规模、组织环境、权力控制等要素。

1. 组织战略

组织战略决定了一个组织区别于其他组织的目的和竞争性技巧。战略是行动计划，是关于组织应对环境和达成组织目标而需要的资源分配和活动方案的描述。组织战略决定组织运营的范围以及组织成员和组织外部人员的关系。反过来，组织是实现战略的责权利配置体系，没有与战略相匹配的组织机制，组织战略就无法实现。美国学者埃尔佛雷德·D·钱德勒(Alfred D Chandler,Jr，1918～2007)认为，组织战略的改变先于并导致其组织结构的改变。在其1962年出版的《战略与结构》一书中，钱德勒提出了组织战略分为单一产品战略及产品多样化战略的分类，并认为它们要求不同的组织结构与之相配合。与单一产品战略相适应的组织结构通常应该是简单而高度集权的，规范性程度较低。产品多样化战略要求考虑高效地分配资源、对组织绩效负责和部门间相互协作的组织形式，最佳的途径就是建立一系列的独立的部门。约翰·B·米勒(John·B·Taylor 1946年～)则认为，战略对组织设计的影响作用主要取决于管理者实际上拥有的自决权程度。比如，在组织建立初期阶段，管理者拥有较大的自决权，但是当组织发展到一定阶段，人员配备、设备齐全、制度及方针政策已经建立并完善后，战略对组织设计的影响性就会减弱。

2. 组织技术

组织技术是指组织把输入资源转化为产品输出的整个过程中所拥有的信息决策和沟通系统、机器设备、工艺流程的总和。它的核心是组织输入如何转化为产出的问题。这个概念适合于任何组织。政府、非政府组织、企业组织等，都存在本系统与系统之外的输入与输出的问题。查尔斯·佩罗(Charles Perrault，1628～1703)认为，可以根据任务的多变性及任务的可分析性(工作活动可在多大程度上分解成几个机械性步骤，使组织成员可按标准的客观的程序完成工作的）程度，将技术分成常规型的和非常规型的。常规型技术（routine technology）的特点是：任务没有多变性，具有分析性，可采用客观的可计量的程序完成工作，其任务也是正式化的、标准化的。非常规型技术（nonroutine technology）则有很高的任务多变性，转化过程不宜分析或深刻理解。一般而言，采用常规型技术的组织往往是高度复杂化的组织，规范化程度较高，更多地具有集权而不是分权特征。采用非常规型技术的组织往往是有机性较强的组织，结构形式较为灵活，规范化、正式化程度较低，有更多的授权和横向协调。当然，还可以根据组织各个部门在获得资源和完成组织目标方面存在的相互依赖度，把组织技术分为共享依赖式的组织技术、前后衔接式的组织技术和互动依赖的组织技术。

3. 组织规模

组织规模往往可以用组织成员数来反映，也可以使用其他衡量尺度，如销售总额、资产总额等。一般说来，虽然对于不同类型的组织，其组织规模的大小可以有不同的衡量标准，但组织规模的扩大往往促进了组织结构复杂化程度的增加。因为组织规模的扩大直接影响着组织结构的复杂性，要求分工细化，组织中的部门和职务的数量也相应增加，而且组织的垂直管理层也会增加。由于分工细化，书面沟通和文件数量增加，加大了协调的难度，以至于组织的最高层难以直接控制其下属的一切活动，从而导致分权。

4. 组织环境

组织设计的重要任务之一就是要使组织内部结构适应于外部环境。组织环境可以按不同标准划分为不同的类别。对于组织结构设计工作来说，最为重要的是环境的不确定性。组织环境不确定性程度高，决策者往往难以获得确切可靠的关于环境因素的有关信息，无法把握外部条件的变化方向和速度，因而组织生产经营活动的风险性就大；反之，组织环境不确定性程度低，则外部环境的变化不大，或者比较容易了解和把握外部因素对组织的影响，因而组织经营的风险性较小。

5. 权力控制

除了战略、规模、技术、环境等对组织设计有一定的影响外，权力控制也是影响组织设计的关键因素。1972 年，英国组织学家约翰·理查德（John Richard 1913 年 - 1991 年）在《组织结构、环境和绩效：战略选择的作用》中提出了有关权力控制对组织结构影响的理论。他认为，组织中存在不同的权力主体，组织设计往往是支配权力集团决策的结果，同时，在决策中也集中地反映了支配权力集团的利益和倾向。

11.2.2 组织设计的原则

组织设计并没有一个固定的模式，应该因具体情境而异。但是，有些基本原则却是一切组织设计活动都应当共同遵守的。具体地说，在进行组织设计时，应该遵循以下原则：

1. 权责对等原则

职权是为了担负责任所应该具有的权力，组织中的每一个职位的任职者都具有相应的权力，由于权力职位之间的相关性，因而人们往往把职位上的权力简称为职权。职责是组织成员在一定职位上应该担负的责任。为了能够完成其职责，又不至于滥用权力，要求职权与职责对等，有职无权是无法完成职责的。也就是说，分派的职责和赋予的职权必须相匹配，职权过大，会滥用职权，职权过少，则会影响职责的完成。在组织结构设计中，既要明确规定每一管理层次和各个部门的职责范围，又要赋予其完成职责所必需的管理权限。强调从事不同工作和任务的人，其权力和责任应该是有区别的。授权的时候，应该授予相称的职责。对管理人员而言，要明确其直接责任和领导责任；对员工而言，则要明确规定其工作责任。同时也要注意组织权责分配的均衡性，即同一级机构、人员之间的工作量、职责、职权等方面应大致平衡，不宜偏多或偏少，避免苦乐不均、忙闲不均等不良现象的出现。

2. 统一指挥原则

组织内部的单位和职位之间存在着层级关系，这就产生了上级如何指挥下级的问题。因而，在进行组织设计时，必须贯彻统一指挥的原则，组织的各级机构以及个人必须服从一个上级的命令和指挥，只有这样，才能保证命令和指挥的统一，避免多头领导和多头指挥。统一指挥原则下的指挥链是决定权力、职责的正式渠道，根据这一原则，“我的下级的下级不是我的下级”，每个下属应当而且只能向一个上级主管直接负责，不能向两个或者更多的上司汇报工作，其他上级单位无权指挥本单位或本职务。否则，下属可能要面对来自多个主管的相互冲突的要求或优先处理的要求。因而，每个单位或职位只向其直接领导报告工作，不能越级报告工作，但可以越级申诉；每个单位或职位只能指挥其直接领导下的单位或职位，不能越级指挥，但是可以越级检查。

3. 精干高效原则

组织设计必须将组织的精干高效放在首要地位，力求减少管理层次，应精简管理机构，精减人员，充分发挥组织成员的积极性，提高管理效率，更好地实现组织的目标。要做到这一点，需要做到行动因事而异，岗位因职配人，先要有事，然后才设机构，才配备人员。并且，要尽量减少管理层次，员工配备也要精干。一般而言，管理层次多，管理人员就会增多，相互之间的协调工作就会增多，花费的精力、时间和费用都要增加；上下级之间信息的传递就容易发生遗漏或失误，指令的下达和情况上报也比较迟缓，办事效率相应地就会降低，而且极容易助长官僚主义。相反，管理层次少，组织机构可以相对地简单些，所需的管理人员、时间和费用要少得多，上下级之间的联系和信息传递的渠道可以缩短；由于掌握情况及时，上级决策就快，从而可以提高工作效率。

4. 目标导向原则

组织目标规定着组织运行的基准和方向，涉及组织的各项管理工作以及适应环境和各种条件变化的能力。组织结构的设计和组织形式的选择必须有利于组织目标的实现。组织内部各单位目标要围绕组织目标来建立，而单位内部的职位目标又要围绕单位目标来建立。这就要求在组织设计中要因事设机构、设职位，做到人与事高度配合，避免出现因人设事、因人设职的现象。组织内部各级、各部门以至于每个组织成员，都要认识到自己的工作在实现组织管理目标中的地位和作用，确定各级、各部门以至每个成员的行动目标。

5. 分工协作原则

组织设计要确保组织内既有合理的分工又有分工基础上必要的协作。组织机构之间的分工不能过细，这样可以避免增加机构、浪费人力资源以及出现部门之间责任不清和职能交叉等情况。而且，分工过细势必增强管理协调的难度，会对协调众多组织成员的工作活动提出更高要求。所以，应根据组织的具体情况从各项管理职能的业务性质出发，在机构之间进行合理的分工，划清职责范围，提高管理专业化程度，以达到提高工作效率的目的。同时，在分工的基础上，必须加强协作、相互配合，因为各项专业管理工作之间都有着内在的联系。在实现组织目标的过程中，为了使各个机构及其各项专业管理工作能够协调一致，必须加强它们之间的横向联系，注意综合管理的问题。

11.2.3 管理宽度与管理层次

组织设计的基本内容是划分组织层次，解决组织的纵向结构问题。随着生产的发展、科技的进步和经济的增长，组织的规模越来越大，管理者与被管理者的关系随之复杂化。为了处理错综复杂的管理关系，管理者需要花费大量的时间与精力。而每个管理者的能力、精力与时间又都是有限的，主管人员为有效地领导下属，必须考虑能够有效管理直接下属的人数问题。当直接管理的下属人数超过某个限度时，就必须增加一个管理层次，通过委派工作给下一级主管人员而减轻上层主管人员的负担。如此下去，就形成了有层次的组织结构。组织结构层级化和分部门化的基本问题是处理好以效率为中心的层级隶属的程度与部门设置的限度，也就是处理好管理层次与管理宽度之间的关系问题。

管理宽度也称管理跨度，是指一名领导者直接领导的下级人员的人数。从形式上看，管理宽度仅仅表示了一名领导人直接领导的下级人员的人数，但由于这些下级人员都承担着某个部门或某个方面的业务，所以，管理宽度的大小，实际上意味着上级领导人直接控制和协调的业务活动量的多少。管理层次也称组织层次，是指组织的纵向垂直层级数，从组织最高一级到最低一级的每一个组织等级都被视为一个管理层次。

管理宽度与管理层次之间的关系十分密切。一般说来，在工作量一定的前提下，管理宽度与管理层次成反比例关系:层次多则宽度小，层次少则宽度大。管理层次多而宽度小的组织，呈现高耸型结构;管理层次少而宽度大的组织，则呈现扁平型结构。管理宽度与管理层次之间存在互相制约的关系，其中起主导作用的是管理宽度。同时，管理层次对管理宽度也存在一定的制约作用。因为，与管理宽度相比，管理层次具有较高的稳定性。一个组织不可能也不应该频繁地改变管理层次，一个组织一旦根据管理宽度的要求设立了若干管理层次，只要组织的管理宽度没有发生全局性的且比较大的变化，管理层次就不宜改变，这就要求管理宽度在一定程度上服从既定的管理层次。

不存在一种普遍适用的管理宽度，它的大小取决于若干基本变量，组织设计的任务就是找出限制管理宽度的影响因素，根据它们影响强度的大小，具体地确定各级各类组织与人员的管理宽度。一般说来，影响管理宽度大小的因素可以归结为：

(1)主管人员与其下属双方的素质和能力。如果组织成员的素质高、能力强、经验丰富，管理宽度就可以大一些;反之，则管理宽度应适当减小。

(2)上下级管理工作的复杂性、变动性和下级人员工作的相似性。如果面对的问题是复杂的、较困难的或涉及方向性战略时，则管理宽度不宜过大。如果许多问题的处理不易标准化或者管理基础差，实现日常管理工作科学化与规范化尚需长时间的努力，管理宽度也应适当减小。如果组织机构内工作程序化、标准化的程度较高，可适当加大管理宽度，但这有赖于工作程序和规章制度本身的科学性、合理性及可操作性。

(3)授权。适当的授权可减少主管的监督时间和精力，增大管理宽度。下级人员职权合理与明确，也可增大管理宽度。

(4)计划的周全性。事前有良好的计划，可增大管理宽度。缺乏系统的、正式的、进度明确的计划，则无法增大管理宽度。

(5)组织环境和组织自身的变化速度快慢。在组织环境和组织变化速度快的情况下，为了提高组织的灵活性，可适当加大管理宽度。

(6)工作条件，包括助手的配备情况、信息手段的完备情况和信息沟通的效率与效果、组织运行管理的自动化水平、工作地点的接近性、地理交通状况等对管理宽度均有影响。如，管理人员在组织机构中的地位层次越高，直接控制的人数就应越少。所辖地域近可多管，地域远则少管。

(7)组织文化，如组织中的权力哲学，管理者及其下属的倾向性——对权力的态度，组织的凝聚力强弱等均影响管理宽度。

11.2.4 部门划分

对于组织结构设计而言，部门划分主要是解决组织的横向结构问题。所谓部门划分又称为部门化，是把完成组织目标所必须开展的各项活动加以归并组合而交给不同的单位或部门去承担的做法。部门划分的基本方法有如下几种：

1. 按职能划分部门

这是应用最广泛的一种部门划分方法，几乎可以在所有类型组织的结构中找到它的踪迹。任何一个组织的存在目的都是要创造某种为他人所需要的物品或服务，所以，一切组织都有着一些基本职能。以组织的基本职能为依据，可以将组织划分为一系列不同的部门。按照职能划分部门，有利于确保组织的主要活动得到重视；由于遵循了专业化原则，因此有利于提高人员、资源的使用效率，同时也简化了培训工作；由于最高主管要对最终成果负责，因此为高层实施严格控制提供了手段。但是，按职能划分部门的方式也有着许多缺点：它容易使人们局限于自己所在的职能部门而忽视了组织的整体目标，部门间的协调往往比较困难；只有最高主管才能对最终成果负责，因而对各部门的绩效和责任很难进行评价，也不利于培养综合性的、全面的管理人才。

2. 按组织所提供的服务或产品划分部门

这是许多开展多样化经营的大组织经常采用的部门划分方式。它实际上是从按照职能划分部门的组织中逐步发展起来的。因为，随着组织规模的扩大和服务、产品品种的增加，管理工作日益复杂，各部门主管的工作负担日益加重，而管理宽度的客观限制又使他们难以通过增加直接下属的办法来解决问题，此时，按照产品或产品系列来重新划分组织部门就成为必要。按照产品划分部门有利于组织采用专门设备，促进协调，充分发挥人员的技能和专业知识，也有利于产品和服务的改进和发展；能够明确责任；有利于锻炼和培养独当一面的总经理型人才。但是，这种部门划分也有一些不足：它对分部主管人员的全面管理能力要求高；各分部的独立性较强而整体观念较弱；各分部内都需要保持职能部门或职能人员，从而造成资源重复配置、管理费用增加。

3. 按地域、区域划分部门

这是管理活动在地域上比较分散的组织所常用的一种部门划分方法。其做法是将某一地区的业务活动集中起来，并委派相应的管理者，形成区域性的部门。按照地域划分部门，有利于鼓励地方参与决策，促进地区活动的协调；有利于管理者因地制宜地制定管理决策和方针；有利于降低管理成本；有利于培养能力全面的管理者。这种方法的主要缺点是，由于机构重复，使得费用增加，总部对地方控制的难度较大，要求管理者具有全面的管理能力。

4. 按服务对象划分部门

有许多组织按照自己所服务的对象来划分部门。这种方法是将与某一特定服务对象有关的各种活动结合起来，并委派相应的管理者以形成部门。按照服务对象划分部门的目的是为了更好地迎合特定群体的要求。采用这种方法有利于重视服务对象的需要，增加服务对象的满意程度，并有利于形成针对特定服务对象的技能和诀窍。不足之处主要是，按照服务对象组织起来的部门常常要求特殊对待而造成部门间协调困难，同时管理者也要熟悉特定服务对象的情况。

此外，在一些组织中，还有一些常见的部门划分方法。比如，在一些技术含量较高的组织中可以按照技术或设备划分部门；在一些需要轮班作业的组织中则可以按照时间划分部门；在一些简单劳动特征较为突出的组织中还可以按照人数划分部门。

在组织结构的设计中，部门划分必须与职权联系在一起，在一定程度上，部门划分的目的就是要解决好职权的问题，所以，与部门划分相伴随的是职权划分。一般说来，组织的职权有直线职权、参谋职权和职能职权三种类型，在进行组织设计时，可以通过部门划分来区分并处理好部门间的职权关系。除此之外，还需要对部门内的这三种职权进行分类，把它们与相关的职位和人员联系起来。

总之，组织设计需要正确处理直线人员、职能人员与参谋人员的关系，在充分发挥直线职权而保证组织目标实现的前提下，注重发挥参谋职权中的协助和建议权，以求直线主管人员做出的决策更加科学合理。

【思考题】

1. 什么是组织、组织工作？各有什么特征？
2. 试概述组织结构理论的发展。
3. 什么是组织结构？其本质何在？
4. 简述直线型、直线职能型、事业部制组织结构的优缺点。
5. 影响组织设计的因素有哪些？请分别举例说明。
6. 组织设计应遵循什么原则？
7. 试阐述管理宽度与管理层次的关系。

【案例分析】

布瓦蒙多是一家生产表壳的工厂，马赛尔·巴布是其创办者。1940 年法国战败后，由于在瓦伦斯找不到机械工，巴布到街上招募了许多人，这些人年龄都在 30 岁以下，他主动提出教他们制造表壳，前提是他们同意和他一道寻找一种“废除雇主和雇员界限”的组织机构。这样，就创造了布瓦蒙多工作公社。

公社的最高权力集中在全体成员大会，大会每年召开两次，只有一致通过的决议才对成员有约束力。全体成员大会选举一名公社主席，他不仅是技术上合格的人，也是“一个带头人”，一个榜样，一个教育人、无私、乐于为人服务的人。他拥有全部行政权力，任期 3 年，之后，他回到原来的工作岗位。主席对全体成员大会有否决权。如果大会不想放弃决定，就得举行信任投票。如果主席得不到一致的信任票，他就得选择：要么与大会意见保持一致，要么辞职。全体大会选举议事会委员，其任务是给公社主席提建议，委员任期 1 年，在议事会内，部门经理和 8 名委员及公社主席一起组成管理委员会，委员会每周开会一次。公社内的一切负责岗位，包括部门经理和工头，都完全通过“双重信赖”来指定。全体成员每周举行一次碰头大会，其目的在于使每个人知道公社内正在发生的事情，并使大家保持联系。

布瓦蒙多有两大部门:社会部和工业部。后者的组织结构如下:(最多)10人组成技术组;几个组构成一个科，一个车间;几个科或车间组成一个部。每组的成员都一致对科(车间)负责，几个科(车间)对部负责。而社会部处理技术性问题之外的一切活动。

公社最主要的特色之一是成立了邻居小组，由五六个住处邻近的家庭构成，选举产生组长，不定期地在某一家庭聚会，提出问题，就不满意的事情发表意见，或提建议。会议细节全部记录，送交公社主席，由他进行汇总归纳，然后由各个部门的负责人来回答。

资料来源:[美]E. 弗洛姆. 健全的社会. 247 ~253 页. 贵阳:贵州人民出版社,1994。

【拓展训练】

设计组织结构

1. 实训目的

掌握组织结构的类型及其特点

2. 实训内容与要求

把学生分为若干个小组，每组5-8人，要求每组创办一家模拟公司，结合所学组织结构内容，构建公司组织框架，并制定组织目标和相关行动方案。以实训报告的形式上交，教师在课内组织讨论，并评价各自优劣。

3. 实训考核

教师依据实训报告和讨论课上学生的表现给出成绩。

■ 第12章　权力与组织政治

12.1　权　力

12.1.1 权力的概念

1. 权力的定义

权力，也称为组织权力，是组织生活中存在的一种现象，渗透于社会生活的各个角落，包容着人与人之间的各种交往和社会组织的运行。托马斯·霍布斯(Thoms Hobbes,1588 ~ 1679)在《利维坦》中写道:"我指出一个全人类的普遍倾向，那就是永不停息地追逐权力的愿望，到死方会停止。"这充分地揭示了人们对于拥有权力的渴望和坚决。就像被誉为"历史之父"的希罗多德说过的那样,"学富五车却无能为力，这是人类最大的痛苦。"然而，当人们描述权力时，却会非常谨慎地选用那些晦涩的语言，甚至不愿意谈论权力。肯定地说，政治行为对于一个组织可能是非生产性的，人们也可能以不公平甚至有害的方式去使用权力。但仅仅拒绝权力或政治行为的存在是不能改变现实的。人们应该尽量避免以不公平或有害的方式来运用权力，并尽量避免政治行为对个人和组织的伤害。因此，要充分理解组织行为，同时了解政治行为也是必需的。

著名的社会学家马克斯·韦伯(Max Weber, 1864 ~ 1920)从社会学角度对权力所下的定义为:一个人或几个人所拥有的机会，这些机会使他们通过集体行为，甚至在他人的反对下，实现自己意志的可能性。著名未来学家阿尔文·托夫勒(Alrin Tottler)则将权力定义为一种"利用暴力、财富或知识使别人按自己需要和愿望行事的能力或力量。"对于权力问题有专门研究的组织行为理论家杰夫瑞·费伏尔则将权力定义为一种"影响行为、改变事态进程、克服让人们进行他们本不会做的事情的潜在力量"。

综合上述定义，我们认为，权力是指个人或群体影响或控制其他个人或群体行为的能力。它是组织发挥作用、行使职能的重要方式和根本保证，是影响组织士气和氛围的重要因素。根据这个定义，人们可以得出权力具有三个基本特征:首先，权力是潜在的，权力并非改变他人态度或行为的具体行动，而是实施这些行动的潜在力量，即只有使用时才会发生作用；其次，权力具有依赖性，即只有当其他个体或群体依赖掌握某种资源的个体或群体时，权力才会存在；最后，权力是动态的，当组织的外部环境发生变化，组织中不同子系统、不同的个人都有可能成为权力的所在。在组织历史中的某处时间点上有权力的个人、部门，或工作单位在另一时间点上可能是就是无力的。权力产生的前提是一方或双方意识到对方的存在，特别是一方意识到他有赖于另一方提供的某种有价值的资源。在很多情况下，拥有某种权力的人不知道自己拥有这种力量，因而并未行使自己的权力；或者受对方影响的一方也可能不知道对方拥有这种力量，因而没有表现出敬畏或服从的态度。

由于专门化分工的普遍性和资源的有限性，使得组织中遍布着各种相互储存的权力关系，所以组织权力可以说是组织与生俱来的一部分。在权力关系中，除了强势方会对弱势方产生影响外，弱势方同样会对强势方产生一种反作用力。只有在权力和反权力的共同作用下，才能有效地维系双方的互动。图 12－1 是关于权力关系的模型。图中，个人 A 对个人 B 拥有权力，属于权力关系的强势方，因为他不仅可以通过互动影响个人 B，还可以直接干预个人 B 目标的实现。而个人 B 虽然不能干预个人 A 目标的实现，却也可以通过人际互动实现自己的反权力作用。

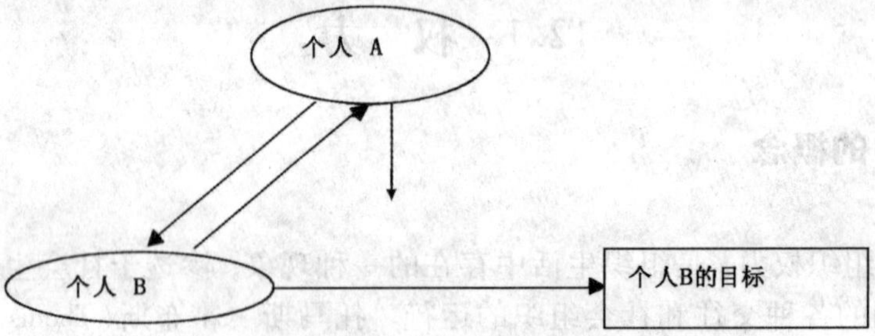

图 12－1　权力关系模型

在实践中，人们经常将权力与领导联系起来。在组织中，领导和权力是密切相关的。领导是指影响一个群体实现目标的能力，权力是影响或控制他人行为的能力。领导者要达到一定的目标，权力是促使他们达到目标的手段。但二者又有区别。区别之一在于目标的相容性。权力不要求构成权力关系的双方有一致的目标，只需要有依赖性；相反，领导则需要领导者和被领导者双方对目标有一致的看法。区别之二在于影响的方向。领导一般侧重于自上而下对下属施加影响，而尽量减少对水平或向上的影响。

与权力相对应的另一个词是职权。职权是赋予某个正式职位的合法权力，它与企业组织的结构和管理联系在一起。职权的范围要小于权力。组织职权存在于上下级之间，而权力可以存在两个人或更多人之间，可以在纵向和横向上使用，并不仅仅局限于企业的所有者或管理者。一般而言，企业中的管理者凭借他们的职权或权力，为企业中的员工制定并推行规则。正式职权作为权力的一种，经常与组织结构和管理层次联系在一起，但职权和权力这两个名词常常彼此相互交织。管理者如何能够有效地运用他的职权取决于他的理解力，而权力的实质内容就是向他人施加影响的能力。从接受论的角度出发，现代企业组织中，一个拥有正式职权的人有可能没有真正的权力，原因就在于他的下属没有接受或理解他的指令。

2. 权力的关键

组织中人们能够施展权力是因为其他人依赖他们。所以权力要存在，就要有依赖存在。组织成员为了相互合作、信息交流和薪水这类奖励而相互依赖。而且，满足社会需要也需要来自于组织成员的有力支持。

当你掌控的资源是重要的、稀缺的且是不可替代的，那么人们对你的依赖就产生了。而资源的重要性、稀缺性和不可替代性三者共同决定了权力与依赖关系的性质和强度。

(1)重要性。组织中的人必须认识到重要性。如果没有人想得到你所拥有的资源，就没有人对你产生任何依赖性。所以要想产生依赖性，必须使他们感觉到你掌握的资源很重要。领导者所掌握的资源是重要的，同样一种资源在不同的企业中它的重要性是不一样的。如，对于工程师这个群体，其在英特尔公司比起宝洁公司来说权力就更大。因为英特尔公司是以技术为导向的一个企业，它的企业之所以能保持领先优势，在于它的质量和技术，那么企业对于这样一群工程师依赖性就很强。而宝洁公司是一家以市场为导向的公司，在这家企业市场部的工作人员，做销售的人权力就较大。

(2)稀缺性。“物以稀为贵”说的就是这个道理。有的资源是不可替代的，不可替代资源更具稀缺性。在一家企业中，如果某位员工掌握的技术是独门的，这就说明该员工在这个企业很稀缺，具有不可替代性。企业对他有一种很强的依赖性，那么他对企业就有很强的影响力，或者说权力很大。同样，越稀缺的职业在市场上就越宝贵。

(3)不可替代性。一种资源越是没有替代品，那么由于实现对它的控制而带来的权力就越大;反之，则越小。假如某一部门的任务不能由其他部门、个人，或者企业外部某些部门来完成，程度越高，那么，该部门潜在的权力就越大。在篮球比赛中有一个著名的“不在场”规律:当你想知道一个球员在球队中是否发挥重要作用时，就去看当他缺席比赛的时候球队成绩怎样。假如由于他的缺席，球队的成绩一落千丈，人们就知道这个队员是球队的核心队员，因为他的作用无人可以替代，这种不可替代性毫无疑问会增加他在球队中的影响力。

总之，组织中，如果某个部门能够解决重要问题，而它所具有的专业知识技能独特且不可替代，那么组织内其他部门对它的依赖程度就会高，拥有该专业知识技能的个人或部门就会获得更大的权力，且对组织决策也会有较大的影响力。

12.1.2 权力的来源

权力从何而来，是什么赋予个体或集体以影响他人的能力？我们首先将权力的源泉划分为两大类:正式权力和个人权力。

1. 正式权力

正式权力以个体在组织中的所处的位置为基础。正式权力包括强制性权力、奖赏性权力、法定权力、信息权力。

(1)强制性权力。这是最为普遍存在的权力形式，这种权力来源于恐惧。具有强制性权力的人有能力对另一个人施加惩罚或给此人造成不良的后果，或至少可以通过恐吓对方来相信自己可以给予惩罚或带来不愉快的结果。对于大多数人来说，对权力的负面印象就源于这种形式的权力。从组织的角度来说，如A能解雇B或使其停职、降级，并且B很在乎他的工作，那么A对B就拥有了强制性权力。在一个组织中，管理者经常具有强制性权力。他们对下属开除、降级或减薪，尽管工会和法规在一定程度上剥夺了这种权力，但管理者还可以用这些惩罚性的后果直接或间接地恐吓雇员。强制性权力虽然在很多时候因为威慑而有效，但绝对不等于领导力。美国前总统艾森豪威尔曾说过：“你不能用打击他人脑袋的方式来领导，那是攻击，不是领导。”另外，团队中的同伴压力有时也有助于发挥强制权力的作用，研究发现，借助于团队成员之间的相互监督能够有效实现工作激励，提高团队成员的出勤率和绩效。

(2)奖赏性权力。这是决定给予还是取消奖励、报酬的权力，是一种通过提供益处对他人施加影响的权力。奖赏性权力基于个人控制资源和奖赏他人的能力。奖励性权力与强制性权力相反，人们服从一个人的愿望或指示是由于这种服从能够给他们带来益处。在组织中，管理者拥有许多潜在的奖赏资源，诸如加薪、晋升、表扬、改善工作条件、休假等。奖赏性权力建立在利益性遵从的基础上。当下属意识到服从领导者的意愿能带来更多的物质或非物质资源的满足时，就会自觉受其领导，领导者也因此享有权力。在组织中，领导者对奖酬的控制力越大，他对下属人员的奖酬方面拥有的权力就越大。

(3)法定权力。通常是指在正式的群体和组织中，一个人由于其在组织结构中的正式职位而获得的权力。这是组织内各等级领导职位所具有的正式权力，其核心是指挥的权力，这和通常所说的权威几乎相同，并且和奖赏性及强制性权力密切相关，因为具有法定权力的人同时也处在具有惩罚和奖赏能力的位置上。但是，法定权力与奖赏性和惩罚性权力的不同之处，在于它不依赖于与其他人的关系，而是基于这个人所拥有的位置或角色。比如，人们具有法定权力是因为他们的头衔或位置，而不是他们的人格。

(4)信息权力。这一概念源于对组织或群体中信息的控制和发布。身处某一领导岗位的人一般都会被赋予一定的信息“知情权”和使用权。这样，信息性权力就成为正规的等级权威的一种补充形式。掌握并能获取重要知识信息的渠道就等于掌握了权力。会计在组织中的人际权力一般不会很大。但会计因其掌握了重要信息资料所以能提供必要信息的人就是掌握了这方面权力的人。会计的职位并不能反映其真实权力。个人的实权不仅仅取决于其职位，还与其掌握相关知识信息情况有关。

2. 个人权力

(1)专家性权力。来源于专长、技能和知识。当某人拥有专门的技能或知识，足以处理某些事情而使他人信服时，此人就具有专家权。专业知识是权力的主要来源之一，特别是在技术导向的社会中。专家往往通过自己特殊领域的专长来影响他人。古希腊哲学家苏格拉底曾经这样描述过具有知识的人所产生的影响力：“无论在什么情况下，人们总是最愿意服从那些他们认为是最棒的人。”所以，当人生病的时候，他们最容易服从医生，在轮船上则服从领航员，这些人都是他们各自领域里最有技能的人。在知识经济日益发展的今天，拥有专家性权力的普通员工会越来越多，他们将专业知识转化为生产力，影响着组织目标的实现。

(2)参照性权力。这是凭借他人的认同和尊重发挥影响的能力。可以看出，参照权的基础是对于拥有高技术个人的认同。从某种意义上来说，这也是一种超凡的魅力。如果景仰一个人到了要模仿他的行为和态度的地步，那么这个人对你就拥有了参照性权力。名人是众所瞩目的焦点，拥有大量的“追星族”，因此，名人具有较大的参照性权力，这就成为企业做明星广告的原因。具有优质品质包括诚实、正直、自信、自律、坚毅、刚强、宽容、专注等。实际上参照性权力就是人们通常所说的“榜样的力量”。

(3)魅力性权力。它实际上是参照性权力的一种延伸，但它根植于个体的人格特点与人际风格，建立在群众对个体的崇敬与喜爱的基础之上。具有超凡魅力的领导者拥有伟大的能力以赢得下属的信任、信心和尊重。魅力性权力是由追随者的承认决定的，追随者深为领导者所致力的使命而感动，领导者在他们的心中显现出一种超越性力量，这种力量使得他们愿意服从和奉献。具有魅力性权力的领导具有把人们吸引在周围成为他的信徒的能力，多数情况下是通过追随者或亲信的支持来统治，而非通过既有的行政僚属、组织架构来运作。

3. 影响组织权力发挥作用的权变因素

组织权力的来源影响其发挥。除此之外,权力本身的一些权变性也会影响权力作用的大小。

(1)可替代性。就是权力拥有者被他人替代的可能性，或者说是指权力的受众选择余地的大小。当权力拥有者垄断资源时，其权力最大。为了提高自身的不可替代性以增加权力，权力拥有者常常会采取各种手段来表明或暗示自己拥有独一无二的资源。

(2)中心性。是指权力拥有者和他人相互依赖的程度。中心性有两个维度:一是权力影响的范围;二是权力影响的速度。随着中心性的增加，权力的影响力会增强。

(3)自主性。是指无需参照具体规则或征得他人许可进行决策的自由度。缺乏自主性会大大削弱权力的行使力度和速度，甚至使权力名存实亡。一些管理者甚至是领导者在各种规则和要求面前感到束手无策，就是缺乏自主性的表现。

(4)可见性。是指权力及其来源为他人知觉和意识到的程度。只有当自身的权力或其基础为人所知时，才能有效地发挥作用。因此，将自己拥有的权力公布于众，有效行使权力，扩大交际范围和频率，将自己的优势和特长充分展现出来，通过各种线索，如文凭、荣誉称号、衣着打扮、办公室规模及布置等传达自己拥有某种资源的信息等，都可以达到提高权力可见性的目的。

12.2　权　术

12.2.1 权术:权力的战术

在中国的古代汉语中，“权”最初的含义是指古代衡器及其称量行为。例如《汉书·律历志上》曰:“权者，铢、两、斤、钧、石也，所以称物平施，知轻重也”，其“权”意指古代衡器——秤锤。《孟子·梁惠王上》曰:“权,然后知轻重。”这里的“权”即指称量行为。后人将“权”引申为权宜、权变，即衡量是非轻重，因时制宜，并包含有审时度势、酌情变通、通达权变等意。“术”为方法、手段、策略。因此，所谓“权术”即权变之术。就其本意而言，是因人、因时、因事而灵活运用的谋略、手段。但是随着人类社会生产力发展到一定阶段尤其是在封建社会，社会的公共权力被极少数统治者掌握时，权术逐渐兴盛并广泛地运用在政治斗争的场合。因而使权术一词获得了其特定的狭义即政治权术的专有含义。所谓政治权术，就是为了达到夺取并巩固政权，或获取并巩固权位(君权、官位)等政治功利目的而采取的具有隐晦秘密特点的谋略、手段等。在组织中，权术(power tactics)指的是员工如何将权力基础转化为具体的行动，也可称为权力的战术。

研究指出，权力拥有者在试图去行使权力，或对别人的行为施加影响时，几乎都会采取标准化的方式。有一项研究调查了一百多位经理人，询问其如何影响老板、同事或部属，研究结果发现主要有七种权术或影响策略。

一是合理化。这是一种比较常用的表达方式，用事实和数据来表达想法，想办法让别人觉得这是合情合理的，从而接受你的想法。

二是友情。在提出一个要求和请求之前，先对对方进行正面的表扬，让对方对你觉得有好感、尽量表现出很好的友谊，或者是谦虚的态度，这就是一种友情。例如要试图影响自己的领导者，那么要尽量动用这种友情的方式。

三是结盟。如果想影响组织中更多的人物，与其他的部门经理或者领导在一起结盟是一个比较好的方法。你的员工会认为你是在支持他们，这个时候你的影响力和领导力已经在扩大了。

四是谈判。双方坐下来，以双赢的方式进行谈判，这种方式给员工一种平等的感觉，有利于问题的解决。

五是硬性指示。这里使用的是强制性权力，就是下达命令要求员工什么时候必须完成。如果第一次没有完成再给予提醒，这就是硬性指标。

六是高层权威。对于员工的工作总是得到高层领导者的支持。通过这一点来影响你的下属，提高下属工作的积极性，有助于工作的高效完成。

七是规范的约束力。规范的约束就是用制度、规则来约束企业，使其有一个统一的、有效的制度化和体系化的标准。

以上七个维度的权术并不是均等的被运用。如表 12－1 所示。不管用于影响上级还是下级，合理化这一维度是最为常用的策略。此外，研究者还发现了影响权术选择的五个权变因素：管理者的相对权力、管理者试图影响他人的目的、管理者预期到被影响者愿意服从自己的可能性、组织文化和跨文化差异。

表 12－1　权术的使用：按使用频率高低排列的权术

	管理者影响自己的上级时	管理者影响自己的下属时
↑ 高常用	合理化	合理化
	结盟	硬性指示
低常用 ↓	友情	友情
	谈判	结盟
	硬性指示	谈判
	高层权威	高层权威
		规范的约束力

资料来源：【美】斯蒂芬·P. 罗宾斯著，孙健敏、李原译。组织行为学，北京，中国人民大学出版社，2005。

12.2.2 群体中的权力——联盟

获得影响力的最自然的方法是成为权力的执掌者，因此，那些试图拥有权力的人将会致力于建立个人的权力基础。但在多数情况下，这样做是很困难的，要冒一定的风险，代价太大，而可能性又很小。在这种情况下，努力的方向就可能变为个人或更多的人的联盟。他们通过结合在一起，可以把资源集中起来，从而建立他们权力的基础，提高各自的收益。因此，联盟就是指一群具有共同目标并且试图对组织中的决策施加影响的个人所组织的利益群体。联盟的成员可能来自遍布组织的各个部门。组织内外老资格的提供信息的人所提供的各种信息，有助于对联盟进行识别。过去的重大决策的各种报告，也是一种有用的信息来源。那些经常对重大决策施加影响的稳定的人员群体，也就是联盟。

首先，组织中的联盟，往往追求更大的规模。在政治学理论中，联盟是朝另一个方向发展，它们努力减小规模。它们的规模只要求能施加权力以达成自己的目标即可。但立法机关和组织不一样。具体来说，组织中的决策并不以从多种选择方案中做出抉择而结束，选出方案还必须付诸实施。在组织中，决策的实施和对决策的承诺的重要性绝不亚于决策方案本身。因此，对于组织中的联盟来说，寻求广泛的民意支持是很有必要的。这意味着扩大联盟范围，尽可能多地把感兴趣的人拉进来。当然，这种寻求一致性的扩展联盟的做法，在那些重视合作、承诺和参与决策的组织中更容易出现；而在专制的和族长控制的组织中，很难看到这种寻求扩大联盟规模的现象。

其次，另一个关于联盟的预测涉及组织中的相互依赖的程度。如果组织中工作任务繁重，资源相互依赖的话，那么组织中联盟的数量也相应较多。相反，如果组织中资源充足，下级部门可以自我控制，那么部门之间的相互依赖就比较弱，而联盟的现象也会少得多。

最后，联盟的形成还受到人所从事的实际任务的影响。群体任务的常规性越强，联盟的可能性就越大。人们所做的工作常规性越强，他们相互之间的可替代性就越强，于是他们的依赖性就越强。为削弱这种依赖性，他们可以求助外部。因此，人们可以看到，工会对低技能和非专业人员的吸引力远大于对高技能和专业人员的吸引力。当然，如果高技能的和专业性较强的员工的供给已大于对他们的需求，或者组织已经将传统上非常规的工作标准化了，人们可以预期，从事这些工作的人会发现工会更有吸引力。

12.3　组织政治

12.3.1 组织政治的含义及利弊

人类自有组织以来，就有政治行为的存在，然而，政治行为作为一个重要的概念和建立独立的研究领域，其历史并不长。虽然在日常生活中有大量行为都被人们称为政治行为，但围绕这一概念的确切含义，各种观点之间仍然存在着很多分歧。

对于政治行为的内涵，现有的研究中有两种通行的解决方法：一种是分类、列举的方法，把政治行为分为政治斗争、政治统治、政治管理和政治参与。避开定义的问题还有一种做法则是抽取政治行为的若干本质属性，作为政治行为的定义。较有代表性的观点有以下几种：其一，侧重从心理过程解释政治行为的形成机理，根据政治主体和政治环境的互动关系来界定政治行为，强调政治行为是政治主体的集中表现，同时又受到客观规律的制约。其二，认为政治行为是人们关于政治生活的各种活动，主要指可见的政治行为，如竞选、抗议、罢工等。其三，政治行为既包括可观察到的人的行动，也包括人的内心反应，如思想、态度、知觉、信仰等，是“与治理过程有关的人的思想和行动”。其四，可从政治行为特有的手段、目的入手，将政治行为界定为“政治主体围绕政治权力而展开的分配权威性价值的活动”。

斯蒂芬·P·罗宾斯（Stephen P. Robbins）从组织行为的角度考察组织政治，将组织政治定义为那些在组织正式角色中并不要求的活动，但它们会影响到组织内部的利益分配。这一定义涵盖了大多数人在涉及组织政治行为时所包含的关键因素。组织政治往往是通过一定手段来影响他人以达到个人目的的活动，是组织根深蒂固的一部分，对气氛和士气具有重要影响。在多数情况下，尤其是在以牺牲他人或组织利益为代价攫取个人权力时，组织政治无益于甚至有害于组织发展。为了获取权力而从事大量的组织政治活动往往会浪费工作时间，干扰正常的工作秩序和进程。同时过多的组织政治行为还会降低组织成员之间的信任感，阻碍组织沟通，损害组织凝聚力。在充斥着组织政治活动的团队中，员工经常处于应激状态，工作热情下降，人员流动增多。然而，并非所有的组织政治行为都有损于组织发展，例如，员工在工作环境中注意自己的衣着打扮、仪表仪容和言谈举止，与上司打交道时注意方式方法，采取一定方式传达主张和建议等，尽管也是为了达到个人的目的，却可能有益于组织的管理和发展。有人指出，组织政治是组织变革的前提和重要部分。

对于组织政治行为，一般应考虑以下三个基本原则：(1)实用原则，即考虑政治策略或行为是否能够为组织或组织中的大多数人带来最大利益；(2)权利保障原则。即考虑该政治策略或行为是否侵犯了他人的合法权利，是否违背道德规范；(3)公平分配原则，即考虑该正当策略或行为是否能够实现公正无偏的利益分配。

12.3.2 组织政治行为的引发因素

组织中政治行为发生，有些是由个人特点引发的，有些是组织文化或组织环境导致的结果。

1. 个人因素

在组织中，有些人很可能会比其他人更偏向于从事政治行为。引发这些人愿意较多地从事政治行为的因素，就性格特征而言，有高度自我监控、内控型性格及高度权力需求的人。此外，个人在组织中所做的投资、知觉到出路的多寡，以及对政治行为是否成功的预期等因素，也会影响其采取不正当政治行为的意愿。

(1)权力需求。这是一种希望影响和领导他人，以及希望控制当前环境的动机和基本愿望。对权力具有高度需求的人很可能在组织中去从事政治活动。对权力的需求有两种不同的体现形式，即个人权力和制度权力。一方面，强调个人权力的领导者努力去支配别人。他们要求下属对自己忠诚。一旦这种类型的领导离开组织时，工作班子可能会崩溃。另一方面，强调制度权力的领导者使其下属产生对组织的理解和忠诚，从而创造一种有效工作的良好风气和文化。一些研究表明，与男性领导者相比，女性领导者在权力制度方面具有更大的需求，而在个人权力方面需求较小。

(2)马基雅维里主义。尼科洛·马基雅维里是16世纪意大利著名的哲学家和政治思想家，在世界政治思想史上占有很重要的地位，其主要理论是“政治无道德”的政治权术思想，在他的著作中包含了一系列对于获取和掌握政治权力的建议。许多世纪以来，人们把那些要达到自己的目的，缺乏对常规的关心，而不惜在人际关系中使用欺诈和机会主义手段，审视和摆布别人的人称为“马基雅维里主义者”。曾有研究表明，在组织中，马基雅维里主义与政治行为密切相关，它是许多组织中具有政治行为有效的预报器。

(3)较高的内控点。内控得分高的个体相信事件的结果源于自己的行为，而外控得分高的个体认为别人、命运、机遇决定着事件的结果。因此，内控型人比外控型人更可能表现出政治行为。内控型人往往假定自己的努力将会成功，因此他们从事政治活动的偏好更为强烈，而且更可能试图去影响他人。

(4)冒险倾向。在冒险的意愿或冒险的倾向上，个体间存在着较大差异。一些人是风险回避者，而另一些却是风险的爱好者。从事政治活动往往要冒风险，它可能会带来与当初目的相反的结果，因此避免冒险倾向的风险回避者比具有明显冒险倾向的风险爱好者更不愿意从事政治行为。

2. 组织因素

政治活动更多地源于组织特征，而非个人的差异。因此许多组织的员工都具有以上列举的个性特征，但采取政治行为的程度和技巧却相去甚远。虽然个体差异在促进一个组织政治化倾向中所起到的作用不可忽略，但事实证明，特定的情境和文化更有助于政治行为产生。有研究表明，当决策制定和执行过程具有高度的不确定性和复杂性，而个人和群体之间又为争夺稀缺性资源而开展十分激烈的竞争时，管理者和员工倾向于采取政治行为的可能性较高。反之，在比较稳定而不太复杂的环境里，在决策过程很透明、竞争行为很少时，极端的政治行为就不太可能会发生。

斯蒂芬·罗宾斯认为，滋生政治行为的组织具有如下特征：缺乏信任、角色模糊、绩效评估体系不明确、零总和的报酬分配体系、民主化决策、在高度压力状态下完成工作以及自私的高层管理者。

(1)组织中政治行为发生的频率和组织信任度成反比。组织信任度越低，政治行为就越容易发生，非法的政治行为相应就越多；而高的信任度一般来说可以抵制政治行为的发生，特别是非法的政治行为。

(2)角色模糊就意味着对员工行为的范围、职权缺乏明确的界定。因此，员工的政治行为的范围和功能几乎不会受到什么限制。因为政治行为是指那些正式角色要求范围之外的行为，角色越模糊，越容易使人卷入政治行为而不易察觉。

(3)组织在绩效评估中所用的主观标准越多，且强调单一的衡量，或者行为和评估之间的时间拖得越长，则员工参与政治行为且能蒙混过关的可能性就越大。主观的绩效评价标准缺乏精准性，使用单一的评价标准使得员工只致力于达到这一目标，而以牺牲其他重要的工作内容的良好绩效为代价。从员工开始工作到对其工作进行评估，这一时间的长度也是相关的原因。这个时间越长，员工越不容易对自己的政治行为承担责任。

(4)零总和或非得即失的报酬分配方式是将报酬分配量看成固定的数额，任何个人或群体的所得必须以另外一个人或群体的所失为代价，即我得你必失。因此，如果组织采取零总和或非得即失的报酬分配体系，那么员工更容易卷入政治行为。

(5)民主化决策可以降低组织的专制化程度。管理者为了谋取权力往往会付出高昂代价，必然不愿意与他人共享权力，实现民主化决策。这样就导致领导者有可能利用团队、委员会、讨论大会和小组会议作为他们施展手腕、玩弄权术的竞技场。

(6)如果组织以高压手段追求高绩效，就容易使员工感到干好工作的压力越大，他们就越有可能卷入政治行为。如果一个人觉得他一生的事业，都取决于他下个季度的销售额或产量报告，那么他就会想尽一切办法确保结果对他有利。

(7)自私自利的高层管理者会诱导员工从事政治行为。当员工看到管理者热衷于政治行为，并获得成功或一定回报，那么组织中就会形成接受和支持政治行为的氛围。在这种情况下，高层管理人员的政治行为不言而喻地表明这种行为是可接受的，这就等于允许低层次的员工使用政治行为。

12.3.3 组织政治行为的类型

1. 组织政治行为的类型及表现

研究者们对组织环境中的各种政治行为进行了分类，主要包括六个方面：

(1)攻击或责备他人。攻击或责备他人是最直接的组织政治手段，通过贬低他人，将问题的责任归咎于他人，为自己的过失寻找借口，以维护自身的形象，体现自身的优点和长处。

(2)控制信息。信息不仅是组织权力的来源，而且也可以充当组织政治的工具。这主要表现在：通过控制信息的流通限制对手自身的权力基础；通过操纵资料来突出自身的优点，掩饰不足；通过秘藏资料信息来强化自身的不可替代性，提高权力的影响力；通过控制信息沟通的渠道来维护自身的地位和利益。

(3)形成联盟或帮派。所谓联盟或帮派是指试图通过组织内成员资源共用、权力共享的方式来影响他人的非正式团体。当就某个共同目标达成一致时，且单独行动无法实现目标时，容易结成联盟或帮派。通过数量上的优势和资源上的集结，联盟可以实现单人无法独立实现的目标，并且可以扩大影响。虽然形成联盟或帮派有时是基于良好的意愿，但通常是为了实现少数人的目标，而且无形之中会给他人带来压力。

(4)培植网络、积聚人气。通过培植人际关系网来实现自己的目标，也是常见的组织政治手段。可靠的人际关系网能帮助人们获得有价值的信息，扩大自身的专家权力基础；广泛的人际关系网有助于培养同盟和支持者，为项目的实施提供帮助；稳定的人际关系网有助力于成员增强自身的权力，提高威信和声望。

(5)施恩图报。以德报德是人际互动的基本原则。通常人会对曾经帮助过自己的人心存感激，在他们需要帮助的时候会更乐意去成人之美。因此，通过小恩小惠等方式拉拢人心，以图对方在必要的时候给自己以更大的回报，也是常见的组织政治手段。

(6)印象管理，是指努力打造正面公众形象的一系列活动。当有意识地通过印象管理来迎合他人的要求来达到自己的目的时，印象管理可被视作一种组织政治手段。

2. 印象管理

印象管理是指有目的地控制他人对自己的印象的过程。高自我监控者最关心印象管理。印象管理的范围很广泛，不仅指正式的场合，凡是在交往过程中，行为者选择一定装束、适当的文明举止、得体的表情或态度，以使知觉者对自己产生某种特定的看法，这些都是所谓的印象管理。

人们做出印象管理的努力有多种原因：首先，他们这样做可能是为了职业发展。通过改变自己的形象，他们认为自己更有可能获得奖励、好的工作和晋升。他们也可能通过印象管理提升自尊。当某人在组织中拥有正面印象时，他会通过礼貌、尊重等让人意识到这种印象。印象管理的另一个原因是获取权力和控制。研究表明，组织中大部分行为发生的动机是组织成员希望通过这些行为给别人留下某种印象。印象管理现象直到最近才引起组织行为研究者的关注。但由于它具有普遍性，因此是非常重要的研究课题。

社会情境是舞台。不同的情境，有不同的印象管理的方式。在组织中，得到他人的积极评价会给自己带来好处。比如求职应征时，可以使自己被录用的机会更大；在绩效评估时，可以提高评估等级，进而获得职务的提升等有利于自己的结果。美国著名形象设计师莫利先生曾对美国财富榜前300位中的100位执行总裁进行过调查，97%的人认为懂得并能够展示外表魅力的人，在公司中有更多的升迁机会；100%的人认为若有关于商务形象的课，他们会送子女去学习；93%的人相信在首次面试中，申请人会由于不合适的穿着而被拒绝，92%的人认为不会选用不懂穿着的人做自己的助手；100%的人认为应该有一本专门讲述职业形象的书以供职员们阅读。

如果你想控制他人对你的印象，你可以使用哪些技巧呢？

(1)从众。同意别人的观点以获得他的赞同。例如，一个管理者告诉他的上司："你的西部地区机构重组计划绝对正确，我再赞成不过了。"个体如果表示与他人有相同的看法和行为，等于支持别人的观点和行为，而人们喜欢那些在信念、态度和行为方面与自己相似的人，因此他们往往会给对方留下好的印象。

(2)借口。解释造成困境的原因，以降低他人对事态的严重性的估计。例如，销售主管对上司说："我们未能及时登出那些广告，但是没人对那些广告做出什么反应。"

(3)道歉。主动承担不良事件的责任，及时请求谅解。这样的道歉不仅可以让人感到他的确有悔恨之意，而且也会让人觉得这样的事情以后不会再发生了。某些情况下如果先解释原因，往往会引起对方的反感，而如果先表示歉意，再做出适当的解释，则更容易让人接受，而不至于影响自我的形象。

(4)宣扬。对有利的事进行解释，以扩大对自己有利的影响。

(5)吹捧。赞扬他人的优点，使别人觉得自己有眼力，惹人喜欢。例如，一个新来的销售员对他的同事说："你对那个客户的投诉处理真是太高明了，我永远也做不到那么好。"人们很难不喜欢那些高看他们的人，所以恭维、吹捧是可行的。但恭维要真诚、自然，而且在对方需要时使用效果最好。

(6)恩惠。为别人做点好事以获得别人好感。例如，销售人员对潜在客户说："我这儿有两张今晚的戏票，我没时间去，给你吧！权当我对你花时间和我交谈的感谢。"互惠互利原则是人类社会生活的重要法则，"投之以桃，报之以李"，人们往往喜欢那些给予自己好处或为自己办好事的人。

(7)拉关系。通过操纵与自己有关的人或事的信息来加强或保护自己的形象。例如，一位面试官对考官说："多巧啊，你的老板和我是大学的室友。"

必须要注意的是，印象管理并不一定意味着给别人留下虚假印象。无疑，某些印象是为了误导别人而设计的，但是毫无顾忌地给人留下虚假印象往往会严重损害你的信用和名声。研究表明求职者在面试中，只要他们有效地使用印象管理技巧，就可以获得面试官的好评，而且更容易获得成功。印象管理技术在个体求职面试中发展出两种技巧：一种是求职者使用印象管理技术将谈话的焦点集中在自己身上，被称为控制型；另一种是求职者使用印象管理技术将谈话的焦点集中在面试考官上，称为顺从型。在面试中，积极的控制型技术比顺从或讨好考官的顺从型技术效果更好。如果求职者在面谈时使用自我强化、自我推销和其他积极的控制型技巧，这样可以反映出求职者的自信心和创新精神，那么面试者往往对运用控制型的求职者的动机、热忱，甚至专业技术等方面给予较高的评价，从而使求职者更容易得到工作。

3. 防御性行为

组织中的政治行为包括自我利益保护以及晋升。为避免行动、责备或变革，个人常常卷入反应性或保护性的“防御”行为中。

有的时候，最好的政治策略是避免任何行为，也就是说，最好的举动就是没有举动，这就是回避行为。但是，角色期待常常迫使一个人至少要表现出正在做事的样子。回避行为有六种最普遍的方式：

（1）服从：你可以这样说：“有关规定清楚地指出……”或“我们向来都是这样做的”。严格地遵从规则、政策和先例，可避免考虑不同事件的细微差别。

（2）推卸责任：把某项工作或决策的责任转嫁到别人身上。

（3）装聋作哑：这是从策略上表现无能的一种方式。你可以通过谎称无知或无能来回避某项不喜欢的工作。

（4）物化人格：把其他人当作事物或数字来对待，与问题保持距离，避免不得不考虑某个人的个人因素可能对他们产生的影响。

（5）拖延和掩饰：拖延是延长工作时间使你显得很忙。例如，将一项只需要 2 个星期的工作延长至 4 个月。掩饰是指掩盖绩效和产量的任何变化。这种方式都是为了使你显得很忙碌，总在工作。

（6）耍花招：这种故意拖延步伐的技巧要求你在公开场合表现得多少富有支持性，而私下里什么也不做。

避免因为实际的或将要产生的消极后果而招致的责备，则可以采用下面六种方式 ：

（1）缓冲：这是一种显示而又不露马脚的好方法。它所描述的行为是严格地为活动寻找证据，以反映你有能力和考虑问题周到全面的形象。

（2）安全行事：它包含回避可能对你不利的情境。它包括只承担那些成功可能性较大的项目；把有风险的决策交给上司拍板；在冲突时保持中立。

（3）辩解：这个技巧包括为了减轻对消极后果承担责任而寻求解释，或通过道歉表示悔过。

（4）找替罪羊：这是一种古老的方法，把对消极后果的责备推到不该受到责备的外部因素上。

（5）歪曲：这个技巧即通过曲解、夸大、谎报、有选择地透露或故弄玄虚等方法控制信息。

（6）增加承诺：为最初就蹩脚的决策和失败的行为开脱的一种方法是增加对决策的支持。通过对先行行动增加资源上的投人，可以表明先前的决策并没有错。当你在“犯错误之后继续投入”时，可以证明你对过去行动的信心和行为的一贯性。

而对那些感到个人受到改革威胁的人常常采用的两种防御方式是抵制变革和保卫领地。抵制变革，是包括某种形式的过度服从、故意拖延、安全行事和误报等各种行为的总称。保卫领地是保卫自己的地盘，不让他人侵入。如采购主管可以会对生产线上的人说：“和客户邮电是我们的工作，不需要你们指手划脚。”

从短期来看，广泛使用防御性行为可以很好地增进个人利益。但从长远看，它迟早会成为一种倾向。因为这种行为往往会随着时间的推移变成为一种长期的甚至病态的行为。那些总是采取这种行为的人最后发现，这是他们所知道的唯一反应方式。就这一点来讲，这样将使他推动同事、上司、下属和客户的信任和支持。但是某种程度上，防御性行为可能是组织中谋求生存和发展的有效手段，因为管理者总是无意中默许甚至有意鼓励这种行为。

对于组织来说，防御性行为往往会降低组织的有效性。从短期来看，这种行为会拖延决策，增加个人和群体之间的紧张气氛，减少冒险的成分，降低贡献和评估的可靠性，妨碍组织的变革；从长期来看，防御性行为会导致组织的僵化和停滞不前，与组织所处的环境割裂开来，形成政治倾向浓烈、员工士气低下的组织文化。

12.3.4 政治行为的道德问题

让·雅克·卢梭在《爱弥尔》中写道："那些把政治与道德分开的人，对这两者永远都不会理解。"所以，在对权力和政治的探讨中通常都会认为，假如个人只在正式范围内使用权力，而且没有超越政策、规定、程序和组织目标规定的范围，那么他的这种权力只是非政治权力。如果权力运用走出了正式权力范围以及政策、规定、程序和组织目标规定的界限，那么这种权力就有政治权力的性质了，此时首选问题会随之产生。虽然没有明确的界限来区别道德和非道德的政治行为，但人们需要考虑政治行为的首选问题。图12－2用道德活动决策树来说明这一问题。

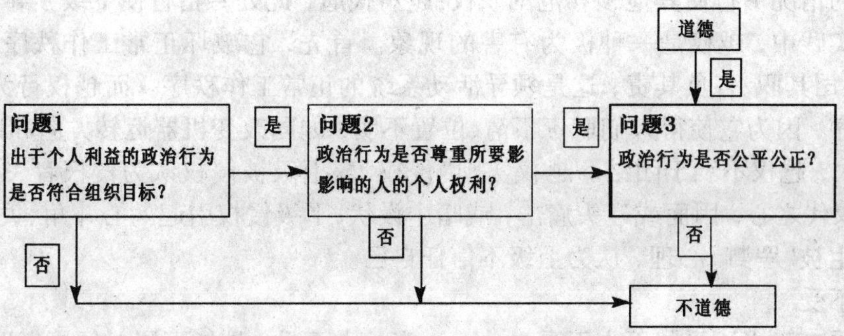

图12－2 指导首选活动的决策树

第一个问题是出于个人利益的政治行为是否符合组织目标。符合首选要求的政治应该是非功利性的，这就要求政治行为所诉求的个人利益与组织目标是一致的。如果政治战略和与其相关的策略不是为组织目标服务的，或者至少不是为单个政治发起人以外的更大的人员群体服务的话，那么这些政治战略和政治策略都是不道德的。

第二个问题是政治行为是否尊重所要影响的人的个人权力？道德标准政治行为以尊重他人的权力为边界，如果运用权力和政治行为的时候侵害了其他人的权利，那就是不道德的。例如，领导为了更全面地了解下属而私自进入员工的邮箱，这就是侵犯了员工的隐私，因而这种行为是不道德的。

第三个问题是政治行为是否公平、公正？公平、公正原则要求组织提供公平待遇，公平薪资以及对于规则和办事程序的公平管理。部门领导对自己喜欢的员工夸大其绩效，而对自己不喜欢的员工则贬低其绩效。然后以这些绩效考核结果为据给前者大幅度提薪，而后者什么也得不到，那么这种行为就是典型的不公正行为。

12.3.5 建立最佳的领导团队应避免的问题

1. 权力分配不当

领导者的权力分配不当，就是权力与职位、职责不相匹配，也就是破坏了职权一致、责权对等、层级分明原则，从而造成有职无权、职大权小，无职有权、职小权大，有权无责、有责无权，权小责大、权大责小，责权不清、推诿扯皮等等现象。

领导权力分配一般有两层含义，一是权力在组织中的分布，这是从组织结构角度对权力的分配；二是指权力的授给，是从事务和工作的需要出发，领导者根据实现任务和完成工作的需要将其权力的一部分授给下属。一般来讲，第一层权力分配因为是按照组织结构和组织形式进行的，所以每一职位权力的大小和责任的轻重都有相对稳定的规定；相对于第一层权力分配，第二层权力分配在权力和责任的大小上都有相当的灵活性。这样看来，第二层权力分配较为容易出现权力分配失当现象，第一层权力分配则较少。

2. 领导权力错位

权力错位即领导者的越权，指领导者实际行使的权力超越职位相应权力的现象。越权，广义讲既有范围上的越权，又有使用上的越权。

范围上的越权，又分为僭越本分、兼理旁涉与越俎代庖三种情形。僭越本分，原指不守本分，冒用上级名义、礼仪和器物，此处用以指行使上级领导职权；兼理旁涉，指在未被委托和接受代理的情况下行使其他领导范围职权；越俎代庖，此处专指行使下级领导者的职权。

在领导实践中，越权是一种极为有害的现象。首先，它破坏正常工作秩序。分级领导、分工主管、各司其职、各负其责，这是领导活动系统的正常工作秩序。而越权行为破坏了这一正常工作秩序，因为它使得人们职责不清、位置不明，如同改变机器运转方向和速度，必然失去功能。其次，越权不利于团结。越权实则“侵权”。上级被侵权认为侵权者飞扬跋扈、颐指气使，定有取代之心，因而或迎头痛击，或暗中设伏；平级侵权引起勾心斗角、关系紧张；下级被侵权则产生被“罢黜”心理，认为上级不信任自己。

3. 权力不受

权力不受有正当不受与无由不受之分。正当权力不受，是指下属对领导者职业特权与越权行为的抵制。人们熟知的“将在外，君命有所不受”，就是孙子对齐威王越权行为的抵制。而对领导者职业特权的抵制，则是人们极为赞扬的，因为它是同以权谋私现象的一种难能可贵的斗争。无由权力不受，是指下属对领导者职位权力的抵制。这种抵制是不能容许的。有人认为，你领导对了我就听，你领导错了我就不听。这个问题较为复杂，但并不是一本糊涂账。这里必须弄清楚“领导错了”是什么意思。如果仅是你认为的，那不能算数。比如领导者的决策，即便真的错了，从决策与其实施之初看，人们无法认定其错，又没有更好的决策出台，那下属还是要依计而行的。

4. 领导权力变异

领导权力变异，主要表现为使用权力的“越位”现象，即无限制地使用权力，将权力泛化到自己的职业中去，从而使自身职业的服务功能（职业规范所规定的应该做的乃至必须做的本职工作）转化为职业特权。

所谓职业特权，是指超出职业规范的规定，利用职业之便实施对他人的控制能力。职业特权不只属于领导权力变异，每个有职业的人都有可能获取职业特权。比如旅客列车上卧铺车厢的列车员，他手中有少数机动卧票。按其职业规范规定，这是为解决有特殊需要的旅客（如急症患者）的困难所赋予他的职业权力。可他却超越这个规定，将这几张卧票部分乃至全部出售给肯拿出一定好处费的人，这就使他的职业服务功能变成了职业权力。

职业特权的实质，是以权谋私。少数领导者利令智昏、见利忘义、见利忘法，最后终将自食恶果，走上人民的审判台。领导者的职业特权，在现实生活中造成极大危害，它不仅直接造成国家、集体、人民群众的有形财产损失，还使按规定该办的事办不成，严令禁止的事却畅通无阻，更严重的是它败坏了社会风气和党风，破坏党和政府与人民的关系，必须坚决反对。

5. 领导权力旁落

权力旁落不同于上述第二层权力分配即权力授给，后者是领导者有意识的、明确的授权行为，是根据实现任务和完成具体工作的需要采取的必要措施；而前者没有明确的授权行为，是在长期过程中，领导者的权力被他人逐渐蚕食后形成的不正常局面。

领导权力旁落，一种是表现为领导者的无奈、认可、默许，另一种则表现为领导者与权力蚕食者的激烈"夺权"冲突。不管哪种表现形式，权力旁落的领导者都只是个牌位，形同虚设。这样的领导者"门庭冷落"，很少有人向他请示、汇报工作，他的指示无人照办，指挥失灵。

【思考题】

1. 分析组织权力的概念及其发生作用的机制。
2. 组织政治行为的利与弊表现在哪些方面？
3. 权力应该如何被运用？
4. 常见的组织政治行为有哪些？如何管理组织政治行为？

【案例分析】

琳达是一家相当大的金融机构的总裁助理。她和其他14位顾问、研究助理在一个办公室工作。表面看起来，顾问和研究助理没有实权，他们的工作通常是由背景资料、准备进度报告、汇总分析以及向组织执行委员会提供一般的程序性意见等组成。琳达的主要职责是协助总裁准备执行委员会的会议议程。为了获得控制会议议程的权力，总裁和顾问对报告进行充分的准备然后才会对问题进行讨论，而且只有在征求了顾问的意见和看法后，讨论的计划和策略才会得到执行。这就意味着，通过控制讨论的内容和时间，使总裁获得了走出法定职权所赋予的权力。他只有在事先做好了基础工作并准备好了支持他意见的材料时，才会把问题提出来。这样就使得其他执行人员感到提出新的问题进行讨论变得很困难。实现规定的会议议程已经为决策过程提供了参照的模式，就像许多其他程序一样。如果其他的执行人员坚持讨论某些特定的问题，就会被认为是一种不合适、不理智的行为。在这样的环境条件下，琳达在影响决策方面显得比许多职位级别更高的经营执行人拥有更大的权力。因此，总裁和琳达就牢牢掌握了影响决策结果的权力。

讨论：

1. 你对总裁和琳达的行为有什么看法？
2. 总裁和琳达是有效地使用了权力吗？
3. 该机构总裁的领导行为会对机构的运行带来什么结果？

【拓展训练】

自我训练：理解权力动力

1. 成立小组

每个学生给老师交1元钱，然后，老师根据一定的标准将学生分成三个小组，并给他们安排各自的工作场所，让他们阅读以下工作守则和工作任务。老师收到的那些钱也被分成三份，钱数的三分之二给最高组，三分之一给中间组，最低组则什么也没有。

2. 练习过程

各小组进入分配给他们的工作场所，用30分钟完成他们的任务。

(1)工作守则。最高组的成员有权力自由出入各组的工作场所，他们可以随时就自己感兴趣的问题与其他人进行交流。中等组的成员如果愿意的话可以自由进入最低组的工作空间，但要进入最高组的工作空间必须先征求他们的同意，当然也可能会被拒绝。至于最低组的成员，除非受到最高组的特殊邀请，否则不能以任何方式打扰最高组；最低成员有权敲开中等组的门，请求与他们交流，同样，也可能被拒绝。只要最高组的成员愿意，他们有权力在任何时间修改规则，不管别人是否注意到。

(2)任务。

最高组：负责管理全体人员的工作效率，从这一练习中总结经验，并决定如何使用他们的钱。

中等组：协助最高组向整个组织提供福利待遇，并决定如何使用他们的钱。

最低组：确定他们拥有的资源，决定如何最好地进行学习以及获得组织的整体绩效。

(3)三个小组选派两名代表到讲台前讨论以下问题：

①总结在三个小组内部和三个小组之间发生的事情。

②最高组和最低组的表现有什么差异？

③从这一实验中我们对于权力有什么认识？

④你认为这一练习与组织中资源分配决策的实际情况存在多大的一致性？

■ 第 13 章　领导理论

13.1　领导者的影响力

13.1.1 领导的含义及实质

领导是管理工作中的一项重要职能，领导职能贯穿于管理工作的各个方面。目前，各种社会组织之间的竞争日益激烈，领导的作用更加突显。

关于领导的含义，很多学者提出了他们各自的看法。约翰·科特指出，领导一词在日常生活中有着两种截然不同的含义。有时，领导指的是有助于引导和动员人们的行为和(或)思想的过程；有时，它指的是处于正式领导职位的一群人，希望他们起着引导和动员人们行为或思想的作用。实际上，并非处于领导职位的每个人都具有领导才能。

约翰·纽斯特罗姆和基斯·戴维斯指出，领导是影响和支持其他人为了达到目标而富有热情地工作的过程。在帮助个体或群体确认目标以及激励和协助他们达到一定目标的过程中，领导是一个重要的因素。

哈罗德·孔茨和海因茨·韦里克指出，我们把领导定义为影响力，这是影响人们心甘情愿地和满怀热情地为实现群体的目标而努力的艺术或过程。领导者的行动即在于帮助一个群体尽其所能地实现目标。领导者并不是站在群体的后面推动和激励，而是要置身于群体之前，促使群体前进，鼓舞群体为实现组织目标而努力。

斯蒂芬·罗宾斯指出，我们把领导定义为一种影响一个群体实现目标的能力。这种影响的来源可能是正式的，如来源于组织中的管理职位。由于管理职位总与一定的正式权威有关，人们可能会认为领导角色仅仅来自于组织所赋予的职位。但是，仅仅由于组织提供管理者某些正式权力并不能保证他们实施有效的领导。那些非正式任命的领导，即影响力来自于组织的正式结构之外的领导，他们的影响力与正式影响力同等重要，甚至更为重要。也就是说，一个群体的领导者可以通过正式任命的方式产生，也可以从群体中自发产生出来。

综上可见，领导是引导和影响人们为实现组织和群体目标而作出努力与贡献的过程，是为完成组织目标而影响他人的能力。从本质上而言，领导是一种影响力或者说是对下属施加影响的过程，这种影响力或通过这个影响过程，可以使下属自觉地为实现组织目标而努力。领导的实质是组织成员的追随与服从。正是组织成员的追随与服从，才使领导者在组织中的地位得以确定，并使领导过程成为可能。

领导的影响力有两个基本来源：一是职权，即领导者的地位权力，它是伴随着工作岗位而拥有的正常的权力，是由组织正式授予管理者的权力，与特定的个人没有必然的联系，职权是管理者实施领导行为的基本条件；二是威信，是伴随着领导者个人的素质而形成的影响力，它是建立在他人认同的基础之上的，与其在组织中的必然联系。威信可使他人自觉地服从指挥。

领导包含的影响过程得到越来越广泛的认可，而领导和管理之间是否有区别是其中的热点话题之一，很多专家、学者在这方面有不同的看法。美国哈佛商学院领导学教授约翰·科特提出领导和管理具有不同的功能：管理是用于应对复杂性的，领导则是应对变革的。管理者通过制定正式计划、设计规范的组织结构以及监督计划实施的结果，使组织达到有序而一致的状态。领导者通过开发未来前景而确定前进方向，他们把这种前景与他人交流，推动组织进行建设性的变革，并激励他人克服障碍达到这一目标的实现。斯蒂芬·罗宾斯认为：管理者和领导者是完全两类不同的人。管理者即使不能说以消极的态度也是以非个人化的态度面对目标；领导者则是以一种个人的、积极的态度面对目标。

管理者倾向于把工作视为可以达到的过程；领导者的工作则具有高度的冒险性，他们常常倾向于主动寻求冒险，当机遇和奖励很高时尤其如此。管理者喜欢与人打交道的工作，避免单独行动，离开群体他们会感到焦虑不安，他们根据自己在事件和决策过程中所扮演的角色与他人发生联系；而领导者则关心的是观点，以一种更直接的方式与他人发生联系。简言之，领导与管理的关系可理解为“思想”与“行动”：管理是有效地把事情做好，领导则是确定所做的事是否正确；管理是在成功的阶梯上努力往上爬，领导则指出所爬梯子是否靠在正确的墙上。明确领导和管理的区别有助于领导者对自己的角色进行定位，从而使领导者更加关注领导者应该做的事。

13.1.2 领导影响力的构成及影响因素

领导影响力主要来源于权力影响力和非权力影响力两个方面。

1. 权力影响力及其组成因素

权力影响力是一种法定权，它是由组织正式授予管理者，并受法律保护的权力。这种权力与特定的个人没有必然的联系，它只同职务相联系。

(1)支配权。即管理者在一定的职责范围内具有确定目标、建立机构、制定规章、开展活动的决策与指挥权，及对下属的人事调配权。这种支配权是管理者的地位或在组织权力阶层中的角色所赋予的。

组织正式授予领导者一定的职位，从而使领导者占据权势地位和支配地位，使其有权对下属发号施令。

(2)强制权。强制权是和惩罚权相联系的迫使他人服从的力量。在某些情况下，领导者是依赖于强制的权力与权威施加影响的，对于一些心怀不满的下属来说，他们不会心悦诚服地服从领导者的指示，这时领导者就要运用惩罚权迫使其服从。这种权力的基础是下属的惧怕。这种权力对那些认识到不服从命令就会受到惩罚或承担其他不良后果的下属的影响力是最大的。

(3)奖励权。奖励权采取奖励的方法来引导下属作出所希望的行动。在下属完成一定的任务时给予相应的奖励，以鼓励下属的积极性。这种奖励包括物质的，如奖金等，也包括精神的，如晋职等。依照交换原则，领导者通过提供心理或经济上的奖酬来换取下属的遵从。

2. 影响权力影响力的主要因素

(1)传统的观念。几千年的社会生活，使人们对领导者形成了这样一种心理观念，即认为领导者不同于普通人，他们或者有权，或者有才干，总之是比普通人要强。由此产生了对领导者的服从感。由于这种传统观念从小就影响着每一个人的思想，从而增强了领导者言行的影响力。

(2)职位因素。由于领导者凭借组织所授予的指挥他人开展具体活动的权力，可以左右被领导者的行为、处境，甚至前途、命运，从而使被领导者对领导者产生敬畏感。领导者的职位越高，权力越大，下属对他的敬畏感越强，领导者的影响力也越大。

(3)资历的影响。一个人的资历与经历是历史性的东西，反映了一个人过去的情况。一般而言，人们对资历较深的领导者，心目中比较尊敬，因此其言行也容易在人们的心灵中占据一定的位置。

权力是通过正式的渠道发挥作用的。当领导者担任管理职务时，由传统心理、职位、资历构成的权力的影响力会随之产生，当领导者失去管理职位时，这种影响力将大大削弱甚至消失。这种权力之所以被大家所接受，是因为大家了解这种权力是实现组织共同目标所必需的。

3. 非权力影响力及其组成因素

非权力影响力不是由领导者在组织中的位置产生的，而是由领导者自身的特殊条件产生的。这种权力不随职位的消失而消失，这种权力所产生的影响是以组织成员发自内心的、长时间的敬重与服从。非权力影响力包括专长的影响力、品质的影响力。

(1)专长的影响力。专长的影响力是指领导者具有各种专门的知识和特殊的技能或学识渊博而获得同事及下属的尊重和佩服，从而在各项工作中显示出的在学术上或专长上的一言九鼎的影响力。这种影响力的影响基础通常是狭窄的，仅仅被限定在专长范围之内。

(2)品质的影响力。品质的影响力是指由于领导者优良的领导作风、思想水平、品德修养，而在组织成员中树立的德高望重的影响力。这种影响力是建立在下属对领导者承认的基础之上的，它通常与具有超凡魅力或名声卓著的领导者相联系。

4. 构成非权力影响力的主要因素

(1)品格。主要包括领导者的道德、品行、人格等。品格是一个人的本质表现，好的品格能使人产生敬爱感，并能吸引人，使人模仿。

(2)才能。主要反映在工作成果大小上。一个有才干的领导者，会给事业带来成功，从而使人们对他产生敬佩感，吸引人们自觉地接受其影响。

(3)知识。一个人的才干是与知识紧密联系在一起的。知识水平的高低主要表现为对自身和客观世界认识的程度。知识丰富的领导者，容易取得人们的信任，并由此产生信赖感和依赖感。

(4)感情。感情是人的一种心理现象，它是人们对客观事物好恶倾向的内在反映。人与人之间建立了良好的感情关系，便能产生亲切感；相互的吸引力越大，彼此的影响力也越大。

因此，一个领导者平时待人和蔼可亲，关心体贴下属，与群众的关系融洽，他的影响力就往往较大。

由品格、才干、知识、感情因素构成的非权力影响力，是由领导者自身的素质与行为造就的。在领导者从事管理工作时，它能增强领导者的影响力。在不担任管理职务时，这些因素仍会对人们产生较大的影响。由于这种影响力来源于下属服从的意愿，有时会比权力显得更有力量。

13.1.3 领导者的作用

在带领和指导群众为实现共同目标而努力的过程中，领导者要发挥指导、协调和激励的作用。

1. 指导作用

在人们的集体生活中，需要有头脑清晰、胸怀全局、能高瞻远瞩的领导者来帮助人们认清所处的环境，明确活动的目标和实现目标的途径。因此，领导者有责任指导组织各项活动的开展。其中包括明确大方向，并指导下属制定具体的目标、计划及明确职责、规章、政策；开展调查研究，了解组织和环境正在发生和可能或将要发生的变化，并引导组织成员认识和适应这种变化。

2. 协调作用

在集体生活中，即使有了明确的目标，由于每一位成员的能力、态度、性格、地位等不同，加上各种外部因素的干扰，人们在思想上发生各种分歧、行动上出现偏离目标的情况也是不可避免的，因此，需要领导者来协调人们之间的关系，把大家团结起来，朝着共同的目标前进。

3. 激励作用

对于大多数人来说，劳动仍然是谋生的手段，人们的各种需要的满足还受到各种条件的限制。当一个人在生活、工作、学习中遇到困难、挫折或不幸，某种物质的或精神的需要得不到满足时，就必然会影响到其工作热情。

这就需要有通情达理、关心群众的领导者来为他们排忧解难，以高超的领导艺术诱发下属的事业心、忠诚感和献身精神，充实和加强他们的积极进取的动力。

由此可见，领导的作用是带头、引导、指挥、服务，是帮助下属尽其所能以达到目标。领导不是在群众的后面推动或鞭策，而是在群众的前面促进、鼓励群众达成组织的目标。

13.2 领导者素质及其理论

13.2.1 领导者素质

1. 领导者素质

所谓领导者素质，是指领导者在一定先天禀赋的生理素质的基础上，通过后天的时间锻炼和学习所形成的、在领导活动中经常发挥作用的本质要素

2. 领导者素质特征。

领导者素质具有时代性、综合性、层次性的特征。

(1)领导者素质的时代性。不同的时代对领导者的素质有不同的要求，而领导者的素质

既有稳定性的一面，一经形成，便相对稳定地发挥作用；又具有变动性的一面，或是积极地上行变化，或是消极地下行变化。

(2)领导者素质的综合性。领导者不是具体解决某方面问题的“硬专家”，而是综合处理多方面问题的“软专家”，所以必须具有解决工作问题和协调人际关系的综合素质。美国管理学家华伦·班尼斯有一个形象的比喻，即领导者必须靠三条腿来支撑：一是坚定的雄心壮志；二是领导工作的才能；三是优秀的领导品质。这是领导者素质的最基本结构。

(3)领导者素质的层次性。对于处于不同层级、肩负不同责任的领导者的素质要求是不同的。法约尔曾经提出一个重要论点：管理人员的能力和素质具有“相对重要性”，即随着领导者等级地位的提高，管理能力的相对重要性增加，技术能力的重要性减少。罗伯特·卡茨认为，领导者必须具备三种技能，即技术技能(专业业务能力)、人际技能(处理人际关系的能力)、概念技能(抽象和决策能力)。如果把领导者分为低、中、高三个层次，那么三种技能的结构比例如下：低阶层是47∶35∶18；中阶层是27∶42∶31；高阶层是18∶35∶47。

3. 领导者素质理论

领导者素质理论是探讨领导者素质与领导绩效之间的相关性，其科学价值在于对实践的指导作用。这主要表现在：第一，领导者素质是培训和考察领导者的依据；第二，领导者素质是领导者自身为之努力的方向。

13.2.2 中国古代领导者素质理论

中国古代历史文化典籍中，有很多关于领导者素质的论述，这是中国传统文化的一大特色和宝贵精神财富。

1. 儒家关于领导素质的理论

孔子是儒家的创始人，早期积极入仕，探讨从政的方法，对学生施以“政事”教育，他对于领导者素质的认识散见于《论语》中对“君子”、“士”的谈论中。今天，孔子七十五代孙孔健博士对此加以研究，使之系统化。孔健把领导者分为两种类型，一种是“中庸型”领导者。孔子思想以仁为核心，以礼治为表现，具体办法就是“中庸”：惠而不费，劳而不怨，欲而不贪，泰而不骄，威而不猛，和而不同，矜而不争，群而不党，持其两端用其中，过犹不及。这种领导者是孔子心目中理想的领导者。另一种类型的领导者是“狂狷型”。所谓“狂狷”，就是“不得中行而与之，必也狂狷乎？狂者进取，犯者有所不为”。狂狷型的领导者既有很高的志向，富有进取心，又能廉洁自重。孔健认为，这种类型的领导者符合时代的要求，因为我们所处的时代是变革的时代。

孔健把“温、良、恭、俭、让、宽、信、敏、惠”作为领导者素质的九个方面。

通观孔、孟、荀三家以及后世儒家的论述，他们都认为领导者要以主体生命的修炼，作为解决问题的大计。根据台湾著名学者吴琼恩的研究，包括以下几个方面。

第一，领导者应该是“全人”，它不仅包含“通才”，而且也包含着做人修养达到的很理想的“高峰境界”，兼具“智仁勇”均衡发展之意。荀子曰：“君子知乎不全不粹之不足以为美也。是故权力不能倾也，群众不能移也，天下不能荡也。生乎由是，死乎由是，夫是之谓德操。德操然后能定，能定然后能应。能定能应，夫是之谓成人。天见其明，地见其光，君子贵其全也。”但是当代领导者往往注重角色功能的分工，易形成物化的思维模式或“功能性短视”。

第二，领导者应该有忧患意识。“作易者其有忧患乎”，所谓忧患简言之即居安思危，危机未来之时，必须兢兢业业，努力于道德修为，否则面临危机时会措手不及。

第三，领导者要有责任意识，而责任意识则是面对客观结果不如预期所料时的道德承担，这是一种“反求诸己”、不怨天尤人的道德情操，也是作为领导人所必须具备的基本素质。这种责任意识不仅是指在制度上法律上应负的职责，即使无此责任加之，也要进一步承担道德的责任，此处方显政治家的人格特质。

第四，领导者要以道治国。儒家的管理哲学是超越实证主义和实用主义的，所谓“下学而上达”，即从形而下的层面学起，再通达于形而上的层面，即道的境界，所以是“超越理性的管理”。这种形而上的道，不是以专门知识或技术来领导，而是一种讲礼仪的全人之道，或做人之道为先的哲学。

第五，领导者要言行一致。语言沟通的能力，在孔子思想中，是“德行、语言、政事、文学”四种能力之一。

2. 法家关于领导者素质的理论

法家论事治国，从客观的后果确定是非曲直。商勒重视政治制度和法制建设；申不害强调玩弄权术和政治手腕；慎到重视权势。韩非子综合三家理论，他进一步提出了法、术、势结合的领导素质论，建立了一套中央集权富国强兵的统治术。

(1)领导者要有用“法”的能力。韩非子认为，领导者治理国家，第一项任务是能“明法”，即颁布条律，申明法纪，“使人臣虽有智能，不得背法而专制；虽有贤行，不得逾功而先劳；虽有忠信，不得释法而不禁”。并且，领导者要做到严格执法。领导者要有用“术”的技巧。

(2)韩非子认为，领导者治理国家不能单靠成文的法规，还必须运用不便讲明的政治手腕和阴谋权术。这包括：

第一，御臣七术。一是多方了解其人；二是严惩不手软；三是赏赐讲信用；四是考察言行是否一致；五是以假诏测其行动；六是明知故问以探明真假；七是将事情反说以看其表现。

第二，治国韬术。一是亲自掌握赏罚大权；二是利用专人监视，专责考察大臣以防奸；三是切不可赏无功而诛有功；四是用刑要适当；五是循言责实用人才；六是君主隐蔽意图，无为而治；七是以洞察下情为要务；八是保住权位，维护各司其职的等级制度；九是识伪诈，赏告奸，以人治人，警惕近臣；十是诛戮不能遂民心者。

第三，控制下属。为了控制下属，韩非子认为领导者可以：一是以其亲戚妻儿为人质；二是以高官厚禄稳住下属；三是上下牵连，抑制不满；四是在名实相符时可杀之。

(3)领导者要有用“势”的谋略。韩非子认为，为了控制臣下，君主必须有保持自己绝对权势的能力，权势不可以借人。要保住权势领导者必须运用以下谋略：其一是实行“独断”统治，“能独视者眼明，能独听者耳聪，能独断者，可以为天下主”。其二是绝对不可相信任何人，对于自己的妻子儿女也应保持距离，特别要提防近臣和亲信。其三是以迅雷不及掩耳之势动用杀伐权，“主君用刑，若电着雷”，使大臣们感到恐惧。

领导者要处理好用法和用术的矛盾，尤其用权术时，不露声色，表面上无为而治。“人主之大物，非法则术也。法者，编著之图籍，设之于官府，而布之于百姓也。术者，藏之于胸中，以偶众端，而潜御群臣者也。固法莫如显，而术不欲见。是明主言法，则境内卑贱莫不闻知也，不独满于室；用术，则亲爱近习，莫之得闻也，不得满室。”总之，确保权势的重要谋略是：独自决断，独揽权柄，深藏不露。

韩非子关于领导者法、术、势三方面的素质理论为建立中央集权的统一国家奠定了政治基础，也成为两千多年来领导者修养的典范。自古以来，中国的名臣将相通常采用“外儒内法”的策略来进行领导和管理，罕有单纯用某一方面而功成身退者。领导者在实践过程中，以儒家精神表现于外，法家精神则存之于心。这在以后领导者采取儒法并重的领导过程中得到显现。

13.2.3 领导的特质理论

对领导者的研究有多种途径，主要有领导素质的研究、领导行为的研究、领导情境(权变)的研究途径。它们之间的相互关系见表13－1。

表13－1 不同的领导理论之间的比较

领导理论	基本观点	研究基本出发点	研究结果
领导素质理论	领导的有效性取决于领导者的个人特性	好的领导者应具备怎样的素质?	各种优秀领导者的图像
领导行为理论	领导的有效性取决于领导行为和风格	怎样的领导行为和风格是最好的?	各种最佳的领导行为和风格
领导权变理论	领导的有效性取决于领导者、被领导者和环境的影响	在怎样的情况下，哪一种领导方式是最好的?	各种领导行为权变模型

从领导理论变迁的历程来看，自20世纪开始，管理学家、心理学家们就对领导者素质进行了大量研究，希望发现领导者与非领导者在个性、能力、智力、生理等因素方面的差异，从而比较领导者与非领导者具有哪些人格特质，这称为“领导的特质理论”。

领导特质理论按其对领导特性来源所作的不同解释，可分为传统领导特质理论和现代领导特质理论。

传统领导特质理论认为，领导者所具有的品质是天生的，是由遗传决定的，只要是领导就一定具备超人的素质。

从20世纪七八十年代起，人们对领导素质的研究进入一个新的阶段。这一时期，领导者素质的研究有以下三个特点：

⑴试图在新的历史条件下，确定那些被公认为领导者的个体身上所隐含的一系列特质，认为领导者是内在素质和外在风格的统一体。领导者素质的研究不但强调领导者的实质，也强调领导者的外在表现，如形象、魅力、风格等。

⑵对领导者的研究已从行为实验室进入了化学实验室和自然科学领域，以寻找与领导者素质有关的生物学根源、先天遗传的禀赋因素，以及儿童早期生活环境和经历对其影响。有越来越多的证据表明，领导者素质与先天遗传的因素有关，但不是决定性的。

⑶领导者素质主要是后天学习和实践的结果。优秀的领导者，特别是高阶层的领导者，绝不是“培养”出来的，而是“实干”和“竞争”出来的，他们的领导素质中共同的财富就是经验。而这种经验只有在工作第一线才能学到，是在不同的岗位上长期历练，从正面和反面学习的结果。

斯托迪尔曾经整理了1904～1947年间有关领导者特质的120篇文献，发现有的领导特质与领导有效性有关，如智力、自信、主动精神，关心下级人员的需要，勇于承担责任，以及占据支配和控制地位(有知名度和社会地位)。到1974年，斯托梯尔再次对20世纪50年代至70年代间的163篇文献进行分析，发现除上述特质外，还有一些特质不能忽视，如面对复杂的情况善于应变，注意外部环境的动向，有雄心，渴望取得成就，果断，善于与人共事，当机立断，忠诚可靠，充满活力，能承受压力等。此外，还有一些技巧也在领导者身上存在，如聪明灵巧，观点清楚，有创新意识，有交际手段，口才流利，明确团体目标与任务，有组织能力，有说服力，容易相处等。

在关于领导者素质的研究中，美国心理学家吉赛利的研究有较大影响。他于1971年出版的《管理才能探索》一书中认为，有八种素质特征和五种激励特征同能否成为有效的领导者有关。八种素质特征是：才智、语言和言辞方面的才能；首创精神，开拓新方向，创新的愿望；督察能力；指导别人的能力；自信心，自我评价较高；平易近人，能为下属所亲近；决断能力；男性或女性：成熟程度。五种激励特征是：对工作稳定的需求；对金钱奖励的需求；对指挥别人的权力的需求；对自我实现的需求；对事业成就的需求。

概括地讲，素质研究以领导者的个性、生理、智力等因素为观测点，企图界定有效领导者的标准，以作为选拔领导者的依据。该研究一般从以下五个方面入手：(1)生理特质，如领导者的体格、心理。(2)个性特质，如自信、热情、外向、正直、勇敢、独立性和内控性等。(3)智力特质，如记忆力、判断力、逻辑能力、反应灵敏程度等。(4)工作特质，如责任感、首创性和事业心等。(5)社会特质，如沟通能力、指挥协调能力、人际关系能力等。

巴斯(Bass)通过研究认为，有效领导者的特性是：在完成任务中具有强烈的责任心，能精力充沛地执著追求目标，在解决问题中具有冒险性和创造性，在社会环境中能运用首创精神，富于自信和特有的辨别力，愿意承受决策和行为结果，愿意承受人与人之间的压力，愿意忍受挫折和耽搁，具有影响其他人行为的能力。

表13－2　领导者的个人特性

生理特性	个性	社会特性
活动	警觉	谋求组织中合作的能力
精力	创意、创造力	受欢迎程度、声望
社会背景	个人整合能力、伦理导向	社会和人际交往技巧
活动能力	自信	社会参与
聪明才智和能力	与工作相关的特性	外交风范
判断、决断	实现的愿望、出类拔萃的愿望	
知识	为完成目标承担的义务	
讲话的流利程度	完成任务的愿望	

领导特质理论系统地分析了领导者应具备的条件，向领导者提出了要求和希望，这对培养、选择和考核领导者也是有帮助的。

这一研究的缺陷主要是：并非所有领导人都具有这一切品质，许多凡人也可能具备其中的大部分或全部品质；同时，对一个人应该具备的任何品质达到多大的程度没有加以说明。另外，不同的研究对哪些品质是领导品质结论并不一致，对品质同实际的领导情况是什么关系也不一致。

目前，关于领导者素质的研究仍在继续进行，并且取得了很大的成绩，但由于领导类型的多样性和领导情境的复杂性，要开列出一个一般的、普遍适用和有效的领导者素质清单是困难的。

13.3 领导行为理论

13.3.1 勒温理论

关于领导方式的研究最早是由心理学家勒温(P. Lewin)进行的,他以权力定位为基本变量,通过各种试验,把领导者在领导过程中表现出来的工作方式分为三种基本类型:专制型方式、民主型方式、放任型方式。

1. 专制型方式

专制型领导方式是指以力服人,靠权力和强制命令让人服从的领导方式,它把权力定位于领导者个人手中。专制领导方式的主要特点是:独断专行,从不考虑别人的意见,所有的决策由领导者自己做出;领导者亲自设计工作计划,指定工作内容和进行人事安排,从不把任何消息告诉下属,下属没有参与决策的机会,而只能察颜观色、奉命行事;主要靠行政命令、纪律约束、训斥和惩罚来管理,只有偶尔的奖励;领导者很少参加群体活动,与下属保持一定的心理距离,没有感情交流。

2. 民主型方式

民主型领导方式是指以理服人、以身作则的领导方式,它把权力定位于群体。其主要特点是:所有的政策是在领导者的鼓励和协助下由群体讨论决定的;分配工作时尽量照顾到个人的能力、兴趣,对下属的工作也不安排得那么具体,下属有较大的工作自由、较多的选择性和灵活性;主要以非正式权力和威信,而不是靠职位权力和命令使人服从,谈话时多使用商量、建议和请求的口气;领导者积极参与团体活动,与下属无任何心理上的距离。

3. 放任型方式

放任型领导方式是指工作事先无布置,事后无检查,权力定位于组织中的每一个成员,一切悉听尊便,毫无规章制度的领导方式。实行的是无政府管理。

勒温在试验中发现:在专制型领导的团体中,各成员之间攻击性言论显著;成员对领导服从但表现自我或引人注目的行为较多;成员多以"我"为中心;当受到挫折时,常彼此推卸责任或进行人身攻击;当领导不在场时,工作动机大为下降,也无人出来组织工作。而在民主型领导的团体中,成员间彼此比较友好;很少使用"我"字而具有"我们"的感觉;遇到挫折时,人们团结一致以图解决问题;在领导不在场时,就像领导在场时一样继续工作;成员对团体活动有较高的满足感。

根据试验结果,勒温认为,放任型领导方式工作效率最低,只达到社交目标而完不成工作目标;专制型领导方式虽然通过严格的管理达到了工作目标,但群体成员没有责任感,情绪消极,士气低落,争吵较多;民主型领导方式工作效率最高,不但完成工作目标,而且群体成员之间关系融洽,工作积极主动,有创造性。

13.3.2 四分图理论

1945年美国俄亥俄州大学商业研究所发起了对领导行为进行研究的热潮。一开始,研究人员设计了一个领导行为描述调查表,列出了1000多种刻画领导行为的因素;后来霍尔平(Halpin)和维纳(Winer)将冗长的原始领导行为调查表减少到130个项目,并最终将领导行为的内容归纳为两个方面,即以人为重和以工作为重。

以人为重,是指注重建立领导者与被领导者之间的友谊、尊重和信任的关系。包括尊重下属的意见，给下属以较多的工作主动权，体贴他们的思想感情，注意满足下属的需要，平易近人，平等待人，关心群众，作风民主。

以工作为重，是指领导者注重规定他与工作群体的关系，建立明确的组织模式、意见交流渠道和工作程序。包括设计组织机构，明确职责、权力、相互关系和沟通办法，确定工作目标和要求，制定工作程序、工作方法和制度。

他们依照这两方面的内容设计了领导行为调查问卷，发给企业，由下属来描述领导人的行为如何。调查结果表明，以人为重和以工作为重并不是一个连续带的两个端点，这两方面常常是同时存在的，只是可能强调的侧重点不同，领导者的行为可以是这两个方面的任意组合，即可以用两个坐标的平面组合来表示，如图 13－1 所示。由这两方面形成四种类型的领导行为，这就是所谓的领导行为四分图。

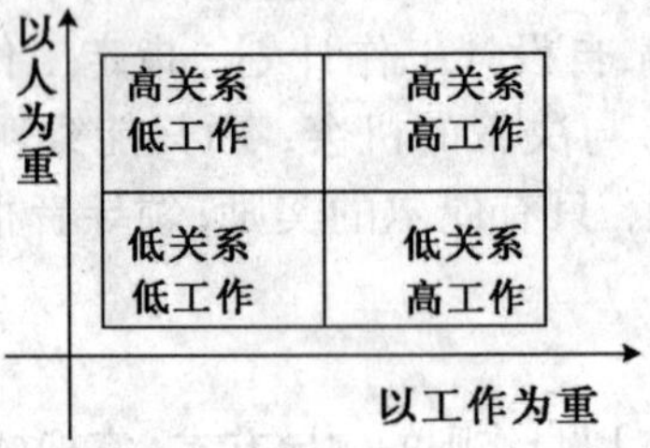

图 13－1　领导行为四分图

该项研究的研究者认为，以人为重和以工作为重，这两种领导方式不应是相互矛盾、相互排斥的，而应是相互联系的。一个领导者只有把这两者相互结合起来，才能进行有效的领导。

13.3.3 管理方格图理论

在俄亥俄州立大学提出的领导行为四分图的基础上，美国著名行为科学家布莱克（Robert R. Blake）和莫顿（Janes S. Moaton）在 1964 年出版的《管理方格》一书中，提出了管理方格图理论，又称管理坐标理论。他们将四分图中的以人为重改为对人的关心度，将以工作为重改为对生产的关心度，将关心度各划分为九个等分，形成 81 个方格，从而将领导者的领导行为划分成许多不同的类型，如图 13－2 所示。在评价管理人员的领导行为时，应按他们这两方面的行为寻找交叉点，这个交叉点就是其领导行为类型。纵轴的积分越高，表示他越重视人的因素，横轴上的积分越高，就表示他越重视生产。

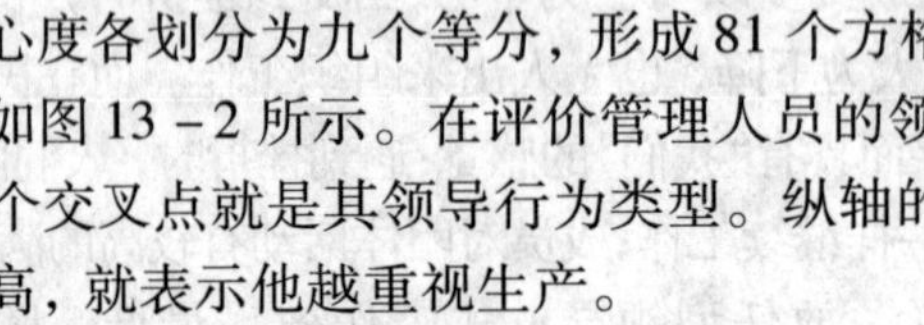

图 13－2　管理方格图

布莱克和莫顿在管理方格中把领导风格分成五种基本类型。

(1.1)为贫乏的管理，采取这种领导方式的管理者希望以最低限度的努力来完成组织的目标，对职工和生产均不关心，这是一种不称职的管理。

(1.9)为俱乐部式的管理，管理者只注重搞好人际关系，以创作一个舒适的、友好的组织气氛和工作环境，而不太注重工作效率，这是一种轻松的领导方式。

(9.1)为任务式的管理，管理者全神贯注于任务的完成，很少关心下属的成长和士气。在安排工作时，尽力把人的因素的干扰减少到最低限度，以求得高效率。

(9.9)为团队式管理。管理者既重视人的因素，又十分关心生产，努力协调各项活动，使它们一体化，从而提高士气，促进生产。这是一种协调配合的管理方式。

(5.5)为中间式管理，管理者对人和生产者有适度的关心，保持完成任务和满足人们需要之间的平衡，既有正常的效率完成工作任务，又保持一定的士气，都过得去但又不突出。实行的是中间式管理。

到底哪一种领导方式最好呢？布莱克和莫顿组织了很多研讨会。绝大多数参加者认为(9.9)型最佳，也有不少人认为(9.1)型好，其次是(5.5)型。

这种管理方格图理论，对于培养有效的管理者是有用的工具，它提供一种衡量管理者所处领导形态的模式，可使管理者比较清楚地认识到自己的领导行为，并指出改进的方向。布莱克和莫顿据此提出一套培训管理人员的方法。

13.4 领导权变理论

许多管理心理学家认为，管理者的领导行为不仅取决于他的品质、才能，也取决于他所处的具体环境，如被领导者的素质、工作性质等。事实上领导品质和领导行为能否促进领导有效性，受环境因素的影响很大。有效的领导行为应当随着领导者的特点和环境的变化而变化，即

$$E=f(L,F,S)$$

式中，E代表领导的有效性，L代表领导者，F代表被领导者，S代表环境。

这种认为领导行为应随环境因素的变化而变化的理论就是领导权变理论。它所关注的是领导者与被领导者及环境之间的相互影响。这方面比较有代表性的理论有以下几个。

13.4.1 费特勒模型

美国伊利诺大学的费特勒(Fred. E. Fiedler)从1951年开始，首先从组织绩效和领导态度之间的关系着手进行研究，经过长达15年的调查试验，提出了“有效领导的权变模式”，简称费特勒模型。他认为任何领导形态均可能有效，其有效性完全取决于是否与所处的环境相适应。他认为不存在一种普遍“适用的”或“最好的领导方式”。理想的领导方式取决于组织的环境、任务、领导本人、下属的行为及领导对下属的关心等因素。

费特勒以一种“你最不喜欢的同事”(LPC)量表来反映和测定领导者的领导风格。他把领导方式假设为两大类：以人为主(大于64)和以工作为主(小于57)。

一个领导如果对其最不喜欢的同事能给以好的评价，则被认为对人宽容、体谅，注重人际关系和个人的声望，是以人为主的领导；如果领导者对其不喜欢的同事批评得一无是处，则被认为惯于命令和控制，是只关心工作的领导。与此同时，经过试验，费特勒把影响领导

有效性的环境因素归结为以下几个方面：

(1)领导者与下属之间的相互关系。指领导者得到被领导者拥护和支持的程度，即领导者是否受下属的喜爱、尊敬和信任，是否能吸引并使下属愿意追随他。领导者与下属之间相互信任、相互喜欢的程度越高，领导者的权力和影响力也越大；反之，其影响力就越小。

(2)职位权力。指组织赋予领导者正式地位所拥有的权力。权力是否明确、充分，在上级和整个组织中所得到的支持是否有力，直接影响到领导的有效性。一个领导者对其下属的雇佣、工作分配、报酬、提升等的直接决定性权力越大，其对下属的影响力也越大。

(3)任务结构（高、中、低）。指下属所从事的工作或任务的明确性。如果所领导的群体要完成的任务是清楚的，组织纪律明确，成员有章可循，则工作质量比较容易控制，领导也可更加有的放矢，反之，工作规定不明确，成员不知道如何去做，领导者就会处于被动地位。

费特勒将这三个环境变数任意组合成八种群体工作情境，对1200个团体进行了观察，收集了把领导风格与工作环境关联起来的数据，得出了在各种不同情况下使领导有效的领导方式，其结果如图 13－3 所示。

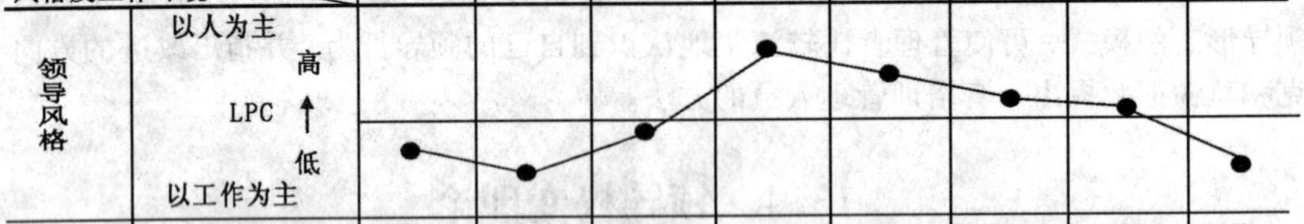

领导风格及工作环境 \ 序号		1	2	3	4	5	6	7	8
工作环境	上下级关系	好	好	好	好	差	差	差	差
	任务结构	明 确	明 确	不明确	不明确	明 确	明 确	不明确	不明确
	职位权力	强	弱	强	弱	强	弱	强	弱
	情境有利性	有利	有利	有利	适中	适中	适中	适中	不利

图 13－3　费特勒模型

费特勒的研究结果表明：根据群体工作情境，采取适当的领导方式可以把群体绩效提高到最大限度。当情境非常有利或非常不利时，采取工作导向型领导方式是合适的；但在各方面因素交织在一起且情境有利程度适中时，以人为重的领导更为有效。

许多情况证明费特勒的模型是不错的，但费特勒模型并没有解决一切有关领导效能的问题，对费特勒模式的主要批评在于："最难共事者问卷"有问题；情景因素不确切，忽视了领导风格可影响并相互作用于情景；忽视了大多数领导者的领导风格是多维的。

尽管如此，费特勒模型还是有意义的。

首先，费特勒领导方式权变理论将领导行为和情境的影响、将领导者和被领导者之间关系的影响联系起来，表明不存在绝对最佳的领导风格，管理者应视具体情况而进行选择。企业领导人必须具有适应力，自行适应变化的情况。

其次，它启发管理者根据条件选配领导人，如在情况最有利或最不利时，应任命以工作为中心的管理者，采取指令型领导方式为好；而处于中间状态工作环境时，则任命以员工为中心的管理者，采用宽松型领导方式为好。

第三，该理论还强调为了领导有效需要采取什么样的领导行为，而不是从领导人的素质出发强调应当具有什么样的领导行为，这无疑为研究领导行为提供了新方向。

此外，费特勒认为领导者的领导方式是由其个性所决定的，基本上是固定无法改变的。所以他还主张有必要改变环境以符合领导者的风格。费特勒提出了一些改善领导关系、任务结构和职位权力的建议。领导与下属之间的关系可以通过改组下属构成加以改善，使下属的经历、文化水平和技术专长更为合适；任务结构可通过详细布置工作内容而使其更加定型化，也可以对工作只作一般性指示而使其非程序化，领导的职位权力可以通过变更职位、充分授权，或明确宣布职权而增加其权威性。

13.4.2 不成熟—成熟理论

“不成熟—成熟理论”是由美国学者克里斯·阿吉里斯(Chris Argyris)提出的，其目的在于探索领导方式对个人行为和下属在环境中成长的影响。阿吉里斯认为，一个人由不成熟转变为成熟，主要表现在以下七个方面：

1. 由被动转为主动；
2. 由依赖转为独立；
3. 由少量的行为转为能做多种行为；
4. 由错误而浅薄的兴趣转为较深和较强的兴趣；
5. 由只知眼前到能总结过去、展望未来；
6. 由附属地位转为同等或优越的地位；
7. 由不明白自我到能明白自我、控制自我。

阿吉里斯认为，每个人随着年龄的增长，会逐步从不成熟走向成熟，但成熟的进程不尽相同。领导方式是否得当对人的成熟进程很有影响。如果把成年人当小孩对待，总是指定下属从事具体的、过分简单的或重复性的劳动，使其无法发挥也不必发挥创造性、主动性，这会束缚他们对环境的控制能力，从而阻碍下属的成熟进程；反之，如能针对下属不同的成熟程度采取不同的领导方式，对不成熟的人适当指点，促其成熟；对较成熟的人创造条件，增加其责任，给予更多的机会，便会激励其更快地成熟。

13.4.3 途径—目标理论

加拿大多伦多大学教授罗伯特·豪斯(R. J. House)把激发动机的期望理论和领导行为理论结合在一起，提出了途径—目标理论。根据该理论，领导者的责任是激励下属去获得个人和组织目标。如图13－4所示，领导可通过下列两种方式中的一种激励员工：一是说服下属怎样做可以获得奖励；二是增加下属感兴趣的奖励的分量。第一点要求领导者与下属一起工作，以使其明白何种行为将会得到肯定与奖励。增加奖励分量意味着领导者必须与员工交流以了解何种奖励是员工珍惜的，是工作本身的满足感还是加薪或升职？领导者的工作就是增加员工的个人回报，并使得获得回报的道路更加平坦。

作为权变理论中的一个模型，它有三种权变因素：领导风格和行为、情境权数、满足下属需求的奖励。它与费特勒理论的不同在于：途径—目标理论要求领导改变自己的行为来适应环境的变化，而费特勒理论的前提是领导应随环境的变化改变自己的领导方式。

领导者可以而且应该根据不同的环境因素来调整自己的领导方式和作风。领导方式是由环境因素决定的，环境因素包括两个方面：一是下属的特点，包括下属受教育的程度，下属对于参与管理、承担责任的态度，对本身独立自主性的要求程度等，领导者对于改变下属的特点一般是无能为力的，但可通过改变工作环境来充分发挥下属的特长；二是工作环境特点，主要指工作本身的性质、组织性质等。

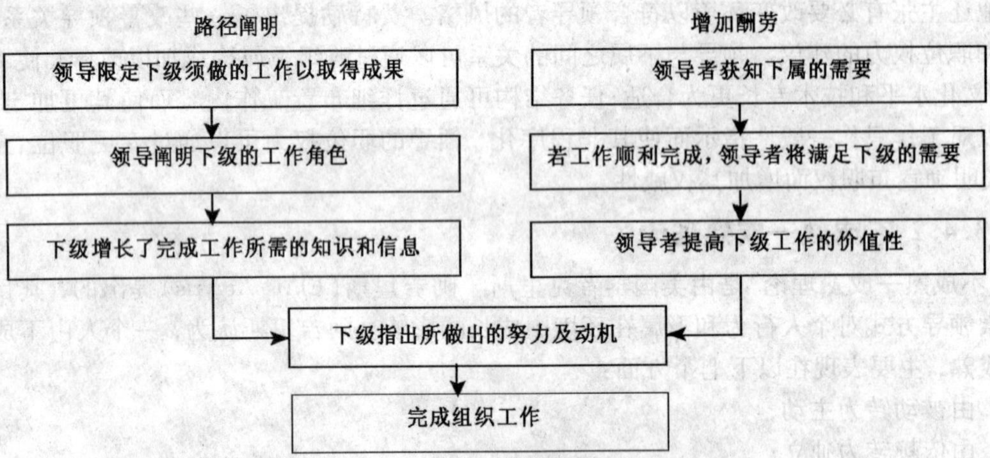

图 13－4　途径—目标理论中领导的作用

途径—目标理论认为，对于一个领导者来说，没有什么固定不变的领导方式，要根据不同的环境选用适当的领导行为。领导行为可分为四类：

1. 支持型领导

领导行为表现为关心下属福利和个人需求。领导行为公开、友善并容易接近。领导者创造出一种团队的气氛并平等对待下属。这种领导方式特别适用于工作高度程序化，让人感到枯燥乏味的情境。既然工作本身缺乏吸引力，下属就希望上司能成为满意的源泉。

2. 指导型领导

对下属行为进行严格定义，领导者经常做计划、按日程、设定业绩目标和行为准则，强调严格遵守规章制度。当工作任务模糊不清、变化大或下属对工作不熟悉，没有把握，感到无所适从时，这种领导方式是合适的。

3. 参与型领导

鼓励下属参与任务目标决策和解决具体问题。这种领导经常征求下属意见，在决策时鼓励他们参与，并在下属的工作场所中与他们交谈。他们鼓励群体参与讨论和提交书面意见。当任务相当复杂需要组织成员间高度的相互合作时，或当下属拥有完成任务的足够能力并希望得到尊重和控制时，采用这一方式是比较合适的。

4. 导向型领导

领导为下属设置明确并具有挑战性的目标。这种领导强调高质量的业绩和不断改进现有业绩。他们对下属很信任并能帮助下属学习如何实现较高的目标。

途径—目标理论的两大情境权变因素：一是群体成员中的特性，如下属的主动性，能力、技巧、需求以及激励等因素。如果下属的能力和技能很低，领导就要考虑提供一些额外的培训，以使该员工改进自己的业绩；如果下属是以自我为中心的，领导则需用奖励来激励。二是工作环境，包括任务结构性的程度、正式授权系统的实质以及工作群体本身。任务结构性包括任务定义的范围及对工作和工作过程的明确描述；正式授权系统包括经理使用合法权力的多少和政策及规章限制员工行为的程度；工作群体特性指下属的受教育程度和他们之间的关系质量。

途径—目标理论中奖励的使用，是指领导者的责任之一就是为下属指明受到奖励的途径和如何增加被奖励的数量以增强满意度和工作业绩。在某些环境中，领导要与员工一起工作，以帮助下属获取完成任务及得到奖励的知识和信心。在其他环境中，领导可能要开发出新的奖励来满足下属的特殊需求。

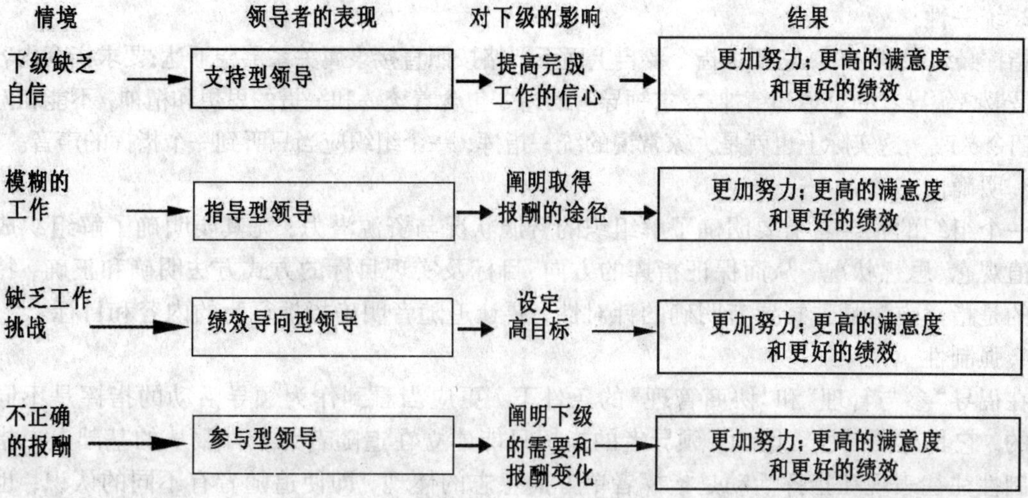

图13－5　途径—目标情境和期望的领导行为

图13－5是领导行为如何适应环境的4个例证。在第一种环境中，下属缺乏信心，于是，支持型领导为下属提供社会支持以鼓励他们采取适宜的工作方法，获取报酬。在第二种环境中，工作本身是模糊的，员工的工作表现出缺乏效率。指导型领导向下属发出指示并澄清工作任务，以使他们知道应怎样完成工作从而获得报酬。在第三种环境中，下属未受到来自工作任务的挑战，于是，领导者就可以使用成就导向型的行为为员工设置较高的目标。这样就向员工清楚地指明了获取报酬的途径。在第四种环境中，领导给予了下属不正确的报酬，因此，参与型领导方式在改变这一不正确的报酬时发挥作用。领导者通过了解下属的需要，从而改变薪酬的支付方式或结构。在所有的四种情况中，将领导行为与环境相结合，由此使下属明确怎样做才能获得报酬，或是使报酬符合下属的需要，这会激励下属更加努力工作。

途径—目标理论分析方法虽然复杂，但其所得出的结论大部分是鼓舞人心的。使用这一模式来精确分析领导风格并预测员工行为是很难的，但是将领导行为与不同的环境相结合以激励员工，却为领导者提供了一个激励员工的新思维方式。

13.5　领导活动中的指挥

13.5.1 指挥的特点

指挥是领导活动的一个重要特征，它是领导者凭借自身的权力和影响力对下属进行调度并指导他们为实现组织目标而展开活动的行为。指挥的特点是：

1. 权威性

权威是领导者影响、改变追随者行为的力量，任何指挥活动都离不开权威。充分的权威可以使追随者完全服从指挥，有限的权威只能使追随者有限服从指挥，没有权威，指挥即不复存在。这里的权威包括“硬权威”和“软权威”两种。由正式组织所赋予的职位权力带来的权威可称为“硬权威”，它是权威的最基本构成部分；由领导者自身素质带来的权威可称为“软权威”，它是硬权威的必要补充。有效指挥不仅需要领导者依法运用职位权力，同时也需要依靠良好的个人素质去影响追随者。

2. 统一性

指挥必须做到统一，它要求指令要自上而下严格按照直接隶属关系层层下达；要求指令内容反映的是最高领导者的思想和精神；要求领导者的指令包含着统一和一贯的思想和精神，不能相互矛盾和朝令夕改。这实际上也就是大家常说的统一指挥，一个组织应当只听到一个指挥的声音。

3. 明确性

一个组织的领导者需要明确了解组织的资源状况与资源潜力，尤其要明确了解组织成员的价值观念、思想状况，从而保证指挥的方向、目标及实现目标的方式方法明确和正确，特别重要的是指挥方法的选择要有明确的针对性，要让追随者明确指挥行为的内容和目标。

4. 强制性

在倡导“参与管理”和“协商管理”的条件下，更应当看到作为领导活动的指挥是不同于管理的，它具有强制性。因为，领导者的指挥只能建立在追随者无条件服从的基础上。指挥的强制性往往表现在指挥活动是指挥者单方面意志的体现，即使追随者有不同的认识，也只能在思想上保留而在行动上却必须服从。虽然在实际的指挥活动中，领导者应当充分理解和尊重追随者，采纳追随者的意见，考虑追随者的利益，但这并不排斥指挥的强制性。

领导者在行使指挥权力时，需要注意指挥的目标与手段的合理性。因为，目标与手段是否合理对指挥的实现程度具有决定作用。首先，目标的合理性直接影响到追随者对待指挥的态度和行为，只有合乎组织整体需要的指挥活动，才能得到追随者的拥护与支持并自觉服从。所以，目标的合理性也最终决定着指挥者自身的权威性。其次，在目标正确的情况下，还必须保证手段的合理性。与目标相比，手段是第二位的，为达到同一目标可以灵活选择手段，但这种灵活绝不等于随意。选择手段的标准一是看它在实现目标中有多大积极作用，有多少消极影响；二是看追随者的习惯、素质与接受能力。

领导者在从事指挥活动时，可以凭借组织分配的职位权力，因为这种职位权力能够赋予领导者职务权威和法律权威，能够对追随者发挥合理合法的影响。但是，作为领导活动的指挥，在很大程度上必须建立在领导者自身的权威基础上，领导者个人的品格、能力、专业知识、作风等，对指挥的实现程度有着更大的影响，如果领导者拥有较强的人格权威和技术权威，他的指挥行为的实现也就会达到很高的程度。也就是说，指挥者良好的品格能够在潜移默化中影响和感染追随者，使他们敬之爱之，主动接受指挥；指挥者高超的指挥能力可以使追随者对其尊敬佩服，自愿接受指挥；指挥者渊博的专业知识能够使追随者坚定信心，充满希望，自觉服从指挥；指挥者作风扎实，密切联系群众，则可以激发追随者的热情，充分调动他们实现组织目标的积极性。

13.5.2 指挥的原则

虽然指挥是领导活动的一项重要内容，一些管理学理论甚至认为指挥是管理的灵魂，为管理确定方向，但是，对于组织管理来说，指挥在很大程度上又应当被看作是对管理的补充。

领导者的指挥活动应当有节制，不能过多地介入管理过程，过多过滥的指挥活动往往会束缚住管理者的手脚，甚至可能会对管理者的职位权力造成侵害，会使管理者丧失积极性和主动性。过多过滥的指挥活动会使领导者陷入繁杂的事务之中。一个好的领导者只有从琐碎的事务中解脱出来，才能集中时间和精力考虑处理组织运行中的重大问题。从另一个角度来看，领导者权威的流失往往也是由于过多过滥的指挥活动所致。这是由于他们没有正确地开展指挥活动，过多地行使了指挥权。人们常说领导者应当抓大事，所指的就是要求领导者不要用自己的指挥活动去干涉管理者的具体工作，而是应当对其指挥活动进行自我节制。具体地说，指挥活动应当遵循以下原则进行：

1. 尊重管理者和管理权

组织目标的实现和组织体系的有序运行所依赖的是完整的管理制度和管理者的日常管理活动。领导者在指挥的时候，必须首先保证自己的指挥活动不能与管理制度相冲突，在此前提下，要尊重管理者的职位权力，特别是要尊重管理者在管理制度框架中所开展的管理活动，即使指挥活动涉及对管理者管理行为的纠正以及其职位权力的调整，也需要充分尊重管理者的人格和利益。

2. 以组织总体目标为依据

组织的总体目标可能是由领导者所确定的，但是，一经组织全体成员所认可和接受，就必须得到维护，成为组织不懈追求的对象，领导者指挥活动的开展必须在此前提下。虽然下达目标任务是指挥的一项重要内容，但是，组织总体目标的相对稳定性是不能怀疑的，领导者的指挥活动较多地是对组织总体目标下的分支目标的调整，而且这种调整要有利于总体目标的更有效实现。

3. 要有统一性

现代组织的领导者在每一个层级上都是一个领导群体，是由多个领导者个人所构成的一个领导层。指挥行为可能由领导者集体发出，也可能由单个领导者发出，但是，无论指挥行为是由谁发出，都必须是统一的指挥活动的组成部分。这实际上就是人们常说的行为层面上的统一领导、统一指挥。法国管理学者法约尔曾列举了需要克服的多头指挥现象，比如，为争取时间尽快制止某一不合理行为，高层领导者跨越层级向间接下属发布指令；两位领导者在同一时间对同一下属拥有同样的权力，同时下达指令；两个部门的领导者就同一工作内容分别下达了不同的指令；职权关系不明确，常常产生二元领导弊端，等等。所以，统一领导要求同一项工作或将要达到同一目标的活动只能归一个领导者负责，而统一领导又使指挥系统成为一个相对封闭的系统，有利于与外部的交流合作，也有利于系统内部实现协调。如果说领导之间因争权夺利而失去统一领导、统一指挥，那就更不应该了。

4. 强制与说服相结合

指挥在根本上属于强制性下达指令、推行指令的领导活动，它要求追随者或组织成员无条件服从并执行，领导者事实上也是指挥权力的化身。但是，为了充分调动追随者或组织成员的积极性，更有效地实现组织目标，必须把强制和说服教育结合起来。人是有思想情感的，领导者在下达和推行指令的过程中，必须运用启发、诱导等说服教育措施，使下属人员真正理解指令的内容，充分认识落实指令的意义，自觉自愿地做出自己的贡献，化强制行为为主动行为，从而最大限度地调动人员的工作积极性。

此外，领导者还应当学会适情选择指挥方式，根据指挥对象和内容的不同去选择适当的方式。比如，可以选择口头指挥，也可以运用书面指挥，还可以运用会议指挥，或者把这些方式加以综合运用。总之，应该根据需要去选择指挥方式，以求达到最有效的指挥效果。

【思考题】

1. 什么是领导？其主要的实质是什么？
2. 领导影响力的构成及影响因素有哪些？
3. 领导者应具备哪些素质特征？
4. 领导活动中的指挥应该遵循哪些基本原则？

【案例分析】

李·艾柯卡的领导艺术

李·艾柯卡是美国当代最优秀的企业家之一。他先后任福特汽车公司的总裁和克莱斯勒汽车公司的董事长，他因领导才能出众、管理成就卓著而蜚声美国。第一次是在1964年，他因为在福特汽车公司推出野马牌畅销车而闻名全美国。第二次是1985年4月，《时代》的封面上登了他的肖像，通栏大标题是："他一说话，全美国都洗耳恭听！"

人们在总结艾柯卡的成功之道时，都十分看重他的知人善任和人际交往的魅力。用艾柯卡自己的话来说："我设法寻求那些有劲头的人。那样的人不需要多，有25个我就足以管好美国政府。在克莱斯勒，我大约有12个这种人。""我见过许多比我精明的人和许多对汽车行业懂得比我更多的人。然而，我已超过他们，为什么？因为我厉害吗？不，待人粗暴而轻率的人成功的日子是不长的。"

艾柯卡用好这12个人的关键在于他的知人善任。首先，他善于了解部下的心理，并且注重针对他们的心理讲话。他说："使用听众自己的语言同他们讲话是重要的，这件事如果做得好，他们就会说'上帝，他说的就是我想的'。他们一旦开始尊重你，就会跟你到底。他们跟随你的原因不是因为你有什么神秘的方法，而是因为你在跟随他们的想法。"其次，他尽力鼓励部下提出实际的想法和建议。在他们拿出具体办法前，他尽量做到不去干预和影响他们的设想。他还习惯在与下属交谈后，让对方将所说的意见或建议写成书面文字，使这些想法具体化，以弥补口头交谈的缺陷，防止自己只是被娓娓动听的语言所打动而采纳了不成熟或者不切实际的意见。

艾柯卡还十分注重保护下属的积极性，当某位下属的意见没有被采纳时，他总是会让对方知道自己的建议是十分有效的，只是由于条件限制而不能立即被实现，以此鼓励下属今后再提出新的建议。当需要对下属进行表扬或批评时，他使用这样的原则："假如你要表扬一个人，请用书面方式；假如你要使被批评者不至于过分难堪，那么，请用电话。"书面表扬能体现对成绩的看中和充分肯定。当下属的工作中出现失误时，过分的难堪则会大大地挫伤乃至毁灭他们的积极性。

艾柯卡在任福特公司总裁时，他的周围聚集了一大批优秀的管理人才。而当他离开福特到克莱斯勒汽车公司任董事长时，这批人又纷纷涌向克莱斯勒，他们放弃了福特的优厚待遇，谢绝了福特的一再挽留，而甘愿和艾柯卡一起冒风险。由此可见，艾柯卡的用人艺术为企业产生了强大的凝聚力。

艾柯卡认为，拥有人才，却不善于使用人才，发挥人才的作用，这是一些领导者不能有效开展工作取得成绩的原因所在。在实践工作中，一些领导者也知道人才的重要性，懂得拥有人才就拥有一切的道理，因此总是千方百计地广招贤才。然而，他们却不知道哪些人才能够为我用，怎么去用。他们在用人方面往往忽略了人才不在多，而在于精这点，人才需要合理的搭配和使用，还需要尊重，人才的积极性需要保护和调动。一些领导者身边虽然不乏优秀的人才，但不善于合理使用，要么疏于管理，放任自流，以至于各自为政，另立山头，难以实现组织的整体目标；要么视部下为自己的附属物，动辄训斥，搞长官意志，结果关系越弄越僵。思想不统一，行动自然不能一致，其结果，必然导致工作无法开展，人才难展其才。

艾柯卡指出，领导者在工作中要设法寻找那些有才能、有干劲、有创造精神的人，这样的人不仅可以有效地帮助领导者实现目标，而且常常可以起到以一当十，事半功倍的效果。

20世纪70年代，克莱斯勒公司因管理不善以至亏损日益严重，到1979年亏损达到11亿美元，而濒于倒闭。艾柯卡在接管克莱斯勒汽车公司的时候，为了开源节流，渡过难关，他决定缩减员工薪金12亿美元，其中最高层经理人员减薪10%，而他自己的年薪只有象征性的1美元。由于他能够以身作则，得到了工会和全体员工的理解和支持，公司上下一心，共渡难关，使克莱斯勒汽车公司起死回生。艾柯卡在他的自传中说：

"领导者意味着树立榜样。当你自知处于领导地位时，人们就仿效你的一举一动。我倒不是说，他们要干扰你的私生活，即使客观上有几分是这样。但是，领导人的谈话，人们听着；领导人的行动，人们注意着。因而，对任何自己所说的话和所做的事，你都要小心谨慎才好。我每年拿1美元不是为了做一个殉道者。我这么做是因为我必须进入战壕。我这样做了，去找工联主席道格·弗雷泽时我就好说话了。我可以问心无愧地正视着他说：'现在我要求你的会员以及你自己分担点责任。'他不可能回答我说：'你这滑头，你自己牺牲了什么？'这就是我为什么这样做——出于良好的经过周密的考虑和注重实效的原因。我要使我的职工和我的供应商都会这样想：'他已经为我们树立了榜样，我们要效法他。'

"我把这种做法叫做牺牲均等，当我开始做牺牲时，我看到凡是需要的地方别人也在作牺牲，也正是这样，克莱斯勒才渡过危机。"

■ 第14章　组织变革与发展

14.1　组织合理化的标准

组织的合理化，就是通过组织的改革和调整，完善组织管理的目标、方法、结构和力量配备等，使各级各类组织很好地适应社会生产实践的要求，满足事业发展的需要，从而创造出更好的经济效益。组织的合理化过程，就是依据组织的内外环境，经由改善组织建设的途径，使组织的结构和功能达到最佳状态的过程。组织的建立是否合理，应从组织结构是否完善、组织功能是否优化和人们对组织满意程度的高低等方面来衡量。

14.1.1 组织结构的完善标准

组织的结构有五个方面的因素，即责任、权力、职务、人员和单位，它们是组织赖以存在的基础。组织的合理化，首先就是要依据一定条件下的组织规律，将上述要素合理地进行编配，既要使每个要素的地位、特性都能在它们的相关联系中得到适当的体现，被有机地组织起来，又要使整个组织具有充沛的活力，能体现和适应社会生活进步的要求。组织结构的完善具体地体现在以下一些方面。

1. 人、事的科学编配

以事寻人，知人善任，是组织完善的基本要求。合理化的组织，必须根据各项工作所需要的德、才、学、识和心理气质去安排相应的人员，做到人员的品质构成、知识构成、经验构成和心理构成能与他们所担负的责任相一致。组织中应无大才小用的浪费现象，能让职工扬长避短，在最适合他们干的事业中各尽所能，多做贡献。人、事的科学编配还有一个量的平衡问题，组织的合理化要求以任务定员，做到组织内人人有事干，事事有人干。组织臃肿，人浮于事，会导致精神涣散、工作松弛、效益低下的现象；而事多人少，也同样会损害职工的积极性和组织的效益。

2. 责、权、利的一致

组织内的责，其形式是职位，其内容是责任。职位是组织体系内纵向分工和横向分工的结合点，是组织网络中的纽结。组织依靠各种职位及其所负的责任，把上下左右联结起来，形成组织的结构和责任的体系。职权，是担负一定职责的人为履行其责任所拥有的权力。利益，是人们在付出一定劳动、完成一定任务之后，社会及组织给予的承认和报酬。责、权、利存在着相互依赖的关系，责任是取得权、利的前提和基础，权和利是履得责任的保障和结果。有责无权，责任要落空；有权无责，权力会失控；有责、有权而无利，责任的履行和权力运用会缺乏内在的动力，组织也会失去活力。因此，组织的合理化，要求管理者在管理工作中实行以责授权，以责定利，责权利相统一的原则。

3. 组织运转的统一灵活

合理化的组织既能统一指挥，保障上下左右协调一致，又能使各个子系统自负其责，活动自如，具有高度的灵活性。这种指挥的统一性和各项具体工作的灵活性相结合的原则，体现了我国统一领导、分权管理、自主经营的新管理体制的要求。为了实现统一指挥，首先，应当坚持个人服从组织、下级服从上级的组织原则。上级要认真地行使指挥的权力，下级要自觉接受上级的领导。在组织管理中，下级只能接受一个上级的直接指挥，上级不应越级指挥，下级也不能超越直接上级接受更高一级的领导。其次，上级在实行对下级的领导时，要注意协调统一，不能各行其是。再次，领导者要善于解决个人与组织、下级与上级、团体与团体之间的冲突，能把各方面的需要、利益与目标协调和统合起来，借以达到意志和行动的统一。最后，必须建立健全合理的规章制度，使管理活动以及信息沟通程序化、标准化和规范化，实现组织中各层次、各部门之间纵横两个方面的协调，把责任、权力、职务、人员、单位有机地编织起来，置它们于一种有秩序、可控制的状态中。

4. 管理幅度合理

管理幅度表现组织的横向分工，又制约着组织的纵向联系。在既定的人数内，管理幅度大，纵向的层次就少，反之层次就增加。管理者及其下属人员问题的发生率，管理业务标准化的程度，管理机构及其业务活动的空间距离，管理工作的社会政治、经济和技术环境，管理的社会分工状况等等，都会从不同的方面影响组织管理的幅度，其中，对管理幅度影响最大的是管理活动本身的状况。

14.1.2 组织功能的优化标准

1. 正确认定目标的能力

目标，作为组织活动的中心，能否得到合理的确认，是衡量组织的成熟程度和有效性的重要指标。一个功能健全的成熟组织，在确认组织的目标时应该做到以下几点。

第一，它提出的目标必须建立在对组织的特征和组织的内部环境与外部环境相互关系的真正理解基础之上。组织的目标必须与组织的优势和组织在社会生活中的地位、作用、义务、分工、前途，以及与组织发展的根据和条件相一致，具有适宜性和可行性。

第二，组织的目标必须与社会目标相一致，具有方向上的正确性和价值上的社会性。

第三，组织的目标必须符合国家法律和政府的政策，具有政治上的合法性和道德上的正义性。

第四，组织的目标必须得到组织成员以及组织的各个子系统的深入理解和共同拥护，能为大家积极分担并努力付诸实践，具有广泛的群众性和高度的整合性。

如果一个组织能在以上四个方面把自己的目标确定下来，就说明这个组织的行为符合整个社会发展的目标，进而也表明这个组织在思想上具有健全的认知功能，具有科学的决策能力。

2. 有效达成目标的能力

能否按期、按质、按量地达到组织确定的目标，这是组织功能的实践表现。完成组织目标需要有合理的组织结构、精明的管理人员、优良的经营方式、健康的心理气氛、艰苦的劳动实践、必要的财和物的条件，以及职工的一定水平的技术素质。一个合理化的组织是一个能够有效地达成目标的组织。组织达成目标的能力可以用以下一些指标衡量。

第一，时间指标。看组织是延期、如期还是提前达到了预定的目标。在正常情况下，如期或者提前达到了目标，则表明组织的功能是健全的，否则就表明组织的功能不够健全。

第二，质、量指标。高标准地、全面地完成了组织目标所规定的各项任务，即表明组织的功能健全；反之表明组织在一些具体环节上有不健全的因素。

第三，成本效益指标。能把人、财、物等因素有效地组合起来充分发挥它们的效用，用较少的支出办成更多的事情，说明组织活动具有较好的创益功能。

3. 高度的社会负责能力

一个合理化的组织，在其意识和行为中，应当努力培养和积极保持向社会负责的能力。这种负责能力具体体现在下列两个方面。

第一，在实践中把社会的全局利益、长远利益放在首位。组织在提出和达到目标的过程中，在采取各种活动计划和实践手段时，不做有损于社会和人民的事情。

第二，能维护和改善组织的生存环境。任何组织都处在相互作用、相互交往的复杂社会关系中。组织不能以损害他人利益去满足自己的需要，而只能在满足他人和社会需要的前提下，去争取自己生存和发展的良好环境。

14.1.3 组织内气氛和谐标准

合理化的组织在处理组织内的相互关系时，能够合情合理，充分尊重人们正常生活的个体心理和社会心理的原则，创造出一种和谐的气氛来。这种和谐的气氛表现在以下几个方面。

1. 职工对组织有明确的本体意识

合理化的组织能引导职工正确地认识组织的结构、地位、作用、使命、目标、特征、现状和前途，以及组织内外环境的相互联系和变化趋势，并自觉地适应这些因素在变化、发展中对自己所提出的要求。在权利与义务、纪律与自由等问题上能摆正个人与组织的关系，积极地服从和服务于组织的共同事业，对组织具有强烈的归属感和责任感，形成巨大的内聚力。

2. 具有良好的合作意识

在合理化的组织中，上下级、同事之间，有一致的目标、共同的语言和协调的行动。在工作中大家能相互关心、相互支持、相互谅解；组织成员尽管分工、地位、作用各有不同，但在工作、生活、交往等方面能维持良好的心理平衡，大家同心同德，同舟共济，具有坚强的战斗力。

3. 组织成员能保持高度的主人翁精神和积极的上进心

在合理化的组织中，能实行广泛的民主管理，上级主管者能让下级和广大职工合理地分享信息、分享权力、分享工作的成果，职工能主动关心组织，具有强烈的参与意识，大胆提出各种建议，并能严格约束自己。由于责、权、利相统一，和个人、集体、国家利益相结合的原则得到了有效的贯彻，因而职工的合理需要能得到满足，积极性能保持持久；由于目标明确，分工合理，沟通顺畅，关系融洽，思想管理细致，因而职工心情舒畅，情愿为组织多做贡献。

14.1.4 组织合理化的心理原则

1. 目标认同原则

组织是为了完成某种目标而建构起来的，要服从目标，为实现目标服务。适合的目标具有整合动机、指引方向、激励士气的心理作用。管理人员必须采取有效措施，使组织的目标被组织成员广为了解、赞同，并为之实现而努力奋斗。在确立目标时要注重以下几个因素。

(1) 目标必须具体。管理者对于制定目标的根据，以及完成目标的意义、要求、可能性、阶段、时限、条件应全面地揭示出来，并向职工阐述清楚，使他们把对组织目标的拥护建立在全面了解目标的坚实基础之上。

(2) 目标的难度要适中。既有一定的困难性，以造成职工的心理压力和挑战意识，但又不能难度太高，以免产生“可望不可及”的懈怠心理，要让职工意识到组织的目标通过努力是能够实现的，以提高他们的期望值。

(3) 要注意目标的可接纳性。即要使职工的个人利益、个人目标与组织目标尽量相一致，使各单位的团体目标与整个组织的目标尽量相一致，使目标指引个人和团体，个人和团体认同目标，并把自己的努力与实现组织目标高度统一起来，以此造成强烈的目标意识和高昂的工作热情。

(4) 及时反馈信息。对目标执行情况及时进行反馈，使职工不偏离目标轨道，并根据有关信息矫正方向，自觉地完成目标。

2. 隐结构与显结构相一致的原则

所谓隐结构是指人们在个性、能力、气质、情感等方面的相互关系；而显结构是指组织中的建构关系以及个人在正式组织中的角色关系。要实现隐结构与显结构一致，就要考虑到每个人所担负的职务角色或责任角色要与他的心理因素协调，还要考虑到工作人员的编配、组织单位的划分和相互联系的建立要与集体成员的心理结构以及各集体之间的心理气氛相统一。在考虑隐结构因素的合理编配以及它与显结构的一致性时，应当处理好以下几个问题。

(1) 要注意气质互补。一个集体如果尽是一种气质的人，往往不容易处理好相互关系，而将气质不同的人搭配在一起，能产生相辅相成的作用。

(2) 注意知识、经验的互补。如果组织成员水平一致，彼此的特长又很相近，就难以协调，也不利于解决工作中各方面的复杂问题。而相互之间各有高低长短，则能取长补短，相互吸收，发挥出更好的整体功能来。

(3) 注意组织成员在非正式组织中实际的地位、角色和作用。在分责授权、组建集体时，让基层的负责人直接由群众选举，或者在广泛征求群众意见后再慎重任命，这样有助于组织内部的协调统一。

3. 合理授权原则

对领导者来说，授权是发挥组织职能、进行管理的手段；对于接受权力的下级来说是完成任务的条件。领导者授权给下级，不仅体现了上级对下级所交任务的严肃性，更体现了上级对下级的信赖、尊重、支持和鼓励。授权能有力地激发下级的工作热情，唤发起主人翁责任感，使他们努力工作，积极为组织和上级分忧解难，并能使下级得到多方面的锻炼，更快地成熟起来。但授权要合理，否则就不能唤起良好的心理反应。

(1)要注意责权相称。责大权小任务难以完成，责小权大会出现失控。

(2)要注意自上而下逐级授权，而且越到下面授权越小。因为越级授权往往会使直接下级产生反感，以为领导不信任自己，而处在低层的工作人员，一般较少有全局工作的经验，也不可能负上级单位之责，因此授权太多既无必要，也会使下级难以掌握。

(3)既要对下级采取诚心信任的态度，又不要撒手不管。领导者不真正地相信下级，就不可能有实实在在的授权。如果撒手不管，也会使下级在困难时得不到应有的支持，或者出了差错、遇到疑难时，缺乏敢担风险和积极开拓的精神，因而也难以把工作做好。

4. 信息沟通原则

组织管理的一个重要任务，就是要组织好信息的沟通和信息控制。该让下级知道的事情而不及时传达或者封锁起来，不仅会延误工作，而且会使下级人员胡乱猜测，形成盲目性、离散性，因而难以统一行动。而如果不该让下级知道的事情，通过不正当的途径下传了，不仅有违组织纪律，而且也会在下级人员中产生不必要的情绪波动和思想混乱，甚至损害组织和领导者的威信。在传递信息时，尤其在传达领导意见时，要特别注意政令一致。如果领导者各执己见，向下级传达相互矛盾的意见、指示，就会使下级无所适从，或者各行其是，造成混乱而丧失权威的无组织状态。另外，领导者还要随时注意收集来自下级和群众中的各种信息，下情上达。它是使领导者减少盲目性、避免官僚主义的条件，是帮助群众解决实际问题的认识前提，是缩短上下距离、密切相互关系的保证。

5. 心理平衡原则

一个组织中，有各种各样的岗位，有形形色色的人员，有先进和落后的区别。在这种充满差异的环境里，维持职工的心理平衡十分重要。在这方面，领导者应当处理好以下几个问题。

一是培养良好的工作意识。领导者要让大家认识到组织分配给自己的工作，是共同事业的需要，工作差别只是分工不同，各项工作都具有重要的社会价值。领导者则应该努力缩小职工在工作中的轻重简繁、工作条件的好坏、实惠的大小等方面的差别。同时，也应当认真贯彻按劳分配原则，奖勤罚懒，奖优罚劣，鼓励人们多劳多得。此外，还需努力改善工作条件，减轻职工在劳动中过于繁重的身心负担。

二是要建立良好的人际关系。领导者要善于引导大家互相尊重，多看他人的长处和贡献，多查自己的短处和差距，严于律己，宽以待人，体贴、关心他人。这样才能减少相互关系中的各种磨擦，防止或妥善地解决各种人际矛盾。

三是领导者在处理各种问题时，要注意尊重他人、尊重下级，重视部下与职工的心理感受，不操之过急，不期望过高，不滥施权威，不厚此薄彼。尤其在给人以严厉批评或较重的处罚时，除了弄清事实原委和责任而外，事先要有及时而充分的警示，事后要做好教育工作。如果处理失当，或简单粗暴，则容易产生对抗情绪，甚至会引起人们对坏现象的同情感。因此，要使职工心理平衡，领导者先要平衡自己的心理。

14.2　组织的变革

14.2.1 组织变革的动力

组织变革的动力来自多方面，既有外部因素，又有内部因素，概括起来有以下几个方面。

1. 环境

环境可分为一般的环境和特殊的环境。一般的环境是指对任何组织都有同样影响的环境，如技术、经济、法律、政策、文化等因素。特殊的环境是指与某一组织有关的更为特殊的一些因素，也即任务环境。这些都会引起组织的变革。

2. 技术

技术系统是组织变革的一个明显的推动力。机械化、自动化、计算机化对于组织的变革有着广泛的影响，这些新技术的采用常常对组织的结构和社会心理系统等方面的改革产生很大的作用，对于不稳定的动态环境，技术因素就显得更加重要。

3. 结构

组织内部结构如果设计的不合理或原有结构已不适应新的发展变化，就需要对结构进行调整。结构的调整主要是指对权责体系和部门体系的调整。经过结构调整将对现有部门进行重新划分或合并，将进一步明确职责权限和相互关系。因此，组织结构调整与完善的要求必然会引起组织的变革。

4. 社会心理因素

只有充分地利用组织和企业中人的因素，才能成功地实现预定的目标。组织成员的士气、动机、态度、行为等的改变，对于整个组织有重要的影响。如果组织的技术改革要求下级支持，而下级根本没有积极性，技术改革就不会有效果，甚至会产生消极后果。在这种情况下就需要组织变革。

5. 管理

管理部门要保证任务的完满实现，就需要对企业和组织的生产、工作作出有效的预测和计划，对工作的各种要素和生产的各个环节进行组织和指挥，对组织成员进行联系实际的教育与鼓励，对企业不断进行积极的挖潜和创新。这些管理活动的状况如何，是组织变革的重要动力。

14.2.2 组织变革的过程

组织是一个复杂的过程，在变革过程中，大致要经过以下几个阶段。

1. 确定问题

当组织变得没有活力和无效率时，组织当局应该研究和分析造成这种状况的原因，是暂时的还是长期的。通过分析找出各种问题并确定其重要程度。确定问题可以通过情报系统提供的信息对内外环境的变化进行分析，也可以采用心理学的调查方法，如市场调查、消费行为调查、民意测验等。在确定问题阶段，不仅要对正在发生的环境变化作出正确的估价，而且要注意这种变化对组织以及对整个社会的影响，判断这种影响会对其他环境因素带来什么变化。

2. 组织诊断

当确定问题并分析了内部和外部环境的变化对本组织的影响之后，组织可借助于许多工具和方法，对组织当前的状况进行诊断。这种诊断可以确定组织是否能应付环境的变化，并进一步确定问题的所在。常用的组织诊断方法有：

⑴组织问卷法：即主要是了解各类人员的职位及其功能，包括各类人员的职位、工作部门，和性质、责任与职权的大小、工作流程等。

⑵组织图表及职位说明法：即用图表的方式表示某一时间内的组织直线职权与主要机能，组织间的纵横关系，以及工作名称、主要功能、职责、权力，该职位与公司、企业其他职位的关系，与外界人员的关系。

3. 实行变革

在确定问题和对组织存在问题进行诊断分析的基础上，研究如何进行变革。实行变革不是一件容易的事情，必然会受到来自各方面的阻力。因为变革很可能会打破旧的观念，改变现行的规章制度、工作程序和管理方式，调整组织机构不仅会扰乱原来已熟悉了的工作习惯，甚至会威胁到一些领导干部的权益，而且还要冒一定的风险。对于广大组织成员来说，由于不了解环境的变化和变革的必要性，也可能对变革不理解而持消极态度。

因此，为了实行变革，首先要进行宣传教育，提高对变革意义的认识，使全体成员都能积极参与到变革中来。在提高认识，消除阻力的同时，要研究和制定切实可行的变革计划。这种变革计划的制定是依据对组织的诊断结果。为了使变革计划切实可行，同时也为了使变革能顺利进行，必须让组织成员都能参加到计划的讨论和参与决策过程，使变革的计划成为全体成员的计划。在变革计划制定之后，先在部分单位进行试行，以检验计划的可行性。根据试行的结果对计划进行修改补充，取得经验后再在全组织试行，在实行中不断改进。

4. 变革效果评估

变革的成败取决于变革效果。因此，在变革实行的过程中，必须十分重视变革效果的反馈，并对反馈的结果进行研究分析，不断整理变革中出现的问题，以使变革顺利进行，最后达到变革的目标。为了获得反馈信息和对变革效果进行评估，同样要采用上述的调整研究的方法。即对外要进行定期的市场调查、消费者行为调查、社会心理调查和民意测验等；对内需进行态度、士气和满意度调查方法与社会调查方法，以及其他软科学的研究是不可缺少的工具。

14.2.3 组织变革的理论与步骤

西方管理心理学家对组织变革的过程，进行了总结并建立起了相应的理论形式。

1. 勒温（Kurt. Lewin，1890～1947）的变革步骤

勒温认为组织变革应包括三个步骤，即解冻、改变、再冻结。他特别重视组织变革过程中的心理机制，这三个步骤就是他针对职工的心理态度和行为提出来的。

（1）解冻。即激励要求变革的动机。要使职工们认识到照老办法下去不能达到希望的结果。为了做到这一点，就要使职工感到变革的迫切性，只有当职工自己认识到旧观念、旧行为实在行不通，迫切要求变革，愿意接受新的东西时，变革的实行才有可能。另外，还要创造一种心理上的安全感，扫除害怕失败、不愿变革的心理障碍，使得职工感到变革安全，感到有能力进行变革。

（2）改变。即指明改变的方向，实施变革，使职工形成新的态度和行为。这一步骤中，应该注意职工的以下几个心理过程。首先，学习一种新的观念，或确立一种新的态度的最有

效的方法之一就是看其他人是如何做的，并且以这个人作为自己形成新态度和新行为的榜样。用心理学术语讲就是对角色模范的认同。其次，由于职位的不同、工种的不同等等，以角色模范学来的东西不能生搬硬套。因此就必须从客观情况出发，对于多种信息加以选择，并需在复杂的环境中筛选出有关自己特殊问题的信息。勒温认为，变革是个认知的过程，它由获得新的概念和信息得以完成。但上述过程完成的前提条件是职工有真正愿意变革的动机，否则，上述的"认同"，"信息的选择"和"在环境中筛选"都只能是一句空话。

(3)再冻结。即利用必要的强化方法使新的态度和行为方式固定下来，使之持久化。大家经常可以发现，引导形成新态度和新行为的方案在开头很见效，但当受培训的人回到了老地方，从事原来的工作，效果就不能持久。这样，为了确保变革的稳定性，就要注意以下几点。首先，要使职工有机会检验新态度和新行为是不是符合自己的具体情况。职工从自己的实际情况出发，开头可能只是学习角色模范的一小部分优点。虽然起步很小，但应该给予强化，应当用鼓励的办法使之保持持久。切不能因为变革开始显得很微小，很缓慢，而操之过急，求全责备。其次，职工应当有机会检验与他有重要关系的其他人是否接受和肯定新的态度。大家知道群体在强化一个人的态度和行为方面的作用是很大的。所以勒温认为，变革计划也应包括那些职工所处的群体，群体的成员彼此强化新的态度和行为，可以使个人的新态度和新行为保持得更持久。

2. 卡斯特(Fremont E. Kast)的变革步骤

⑴对组织作一回顾、反省、批评，对组织的内外环境进行研究。

⑵觉察问题，认识到组织确实需要变革。

⑶辨明问题，找出现在的状态与所希望的状态之间的差距，分析所存在的问题。

⑷产生可供选择的多种方法，对这些方法进行评定，讨论怎样行动以及测量成绩的方法，经过讨论作出选择。

⑸实行变革，指根据选择的方法及行动的方案，实施变革，这是具体行动阶段。

⑹根据变革的效果，实行反馈。即评定效果与计划有什么差距和问题，若有问题，根据上述步骤再次循环。

3. 夏恩(Shane)适应循环的方法

(1)适应循环的过程。此过程分为六个步骤。第一步为洞察内部环境及外部环境中产生的变化；第二步为向组织有关单位提供有关变化的确切情报资料；第三步为根据输入的情报资料改变组织内部的生产过程；第四步为减少或控制因变革而产生的不良副作用；第五步为输出变革产生的新产品及新成果等；第六步为经过反馈，更进一步观察外部环境状态与内部环境的一致程度，评定变革的结果。

(2)适应循环可能遇到的困难及其解决办法。组织适应环境的过程，倘若能顺利进行当然最为理想。但前面所列的六个步骤中，每一个步骤都有可能碰困难，需要解决的办法。

①组织无法洞察环境中的变化，或作出了错误的诊断。为了解决这一困难，可以运用市场调查、顾客心理学、民意调查等新方法。

②有关单位无法掌握确切的情报资料。有时调查部门或参谋单位所提供的资料，无法被上级的决策单位所采纳，因为接受下级提供的新资料及意见，有时可能对主管部门的自我概念、原有态度及现行的工作程序、管理方式等产生一种威胁。要解决这一困难，一方面主管部门应主动提高自己对变革的认识；另一方面采用各种方式收集情报和资料，也可以请其他单

位的管理专家或心理学家帮助了解情况，并共同讨论和研究，解决存在的问题。

③无法使生产系统作必要的改变。要使组织内部进行实际的变革，这比只了解改变的必要性难得多，因为不管是增加生产还是改变工作方式，或采纳新技术，如果执行不当，都将遭到抵制。同时，组织内的各部门自成一个体系，有其自己的工作方式、人际关系、行为规范、价值观念以及应付环境的方法。因此，组织的负责人不能采取简单命令的方式要求改变，而应该在引导教育的同时，协助各单位了解改变的必要，让各单位参与决策过程，大家讨论应该如何施行必要的变革。

④忽略变革的结果对其他单位所产生的影响，或无法将本身的变革固定下来。例如某一部门在其管理上作了一些改革后，影响了其他部门，使得不能协调工作，最后为了保全整个组织的工作积极性，不得不放弃该项改革。因为组织的各部门是互相连锁的，上下左右任何一项改革不但应考虑这种连锁影响的作用，同时也应该利用此连锁关系，将一项好的改革推广到其他单位。一般来说，组织最高阶层的态度改变，容易扩展到下级，所以，一项改革必须由领导部门率先推行。

⑤无法将新的产品及新的成果或新的情报资料输出到外界。新产品等输出外界，既是满足人民和生产的需要，也是个开拓市场的问题，除了产品、服务等的数量、质量外，还得靠宣传能力。

⑥无法得知改革是否成功的反馈。这与第一项的察觉环境中的变化问题一样，对外需要定期进行市场调查、民意调查；对内要进行态度、士气调查。或专门设立一个小组进行调查，评估变革是否成功，还是否有修正的必要。

夏恩主张的变革方法和卡斯特主张的变革方法，大同小异，只是夏恩重视信息的传递，即消息情报传递的过程，并指出解决每个过程出现困难的方法，这是夏恩理论的长处。

14.2.4 组织变革的系统模式

1. 格雷纳变革模式

此模式是一种按权力分配来划分的组织变革模式。该模式认为一般组织的权力分配情况可分成三种：独权、分权和授权。这三种权力分配可以有七种不同的变革方式。

(1)独权。在传统的组织管理中，其领导方式一般都是把权力集中于一人身上。因此，在这种管理方式下，组织变革有三种方式。

①命令式：最高权力者宣布变革决定，由下级人员去执行。

②取代式：更换组织中不称职的重要职位者，以他人代之。

③结构变革：改变组织的计划、技术与结构的关系，以影响组织成员的行为。

(2)分权。这是指权力分享，即让下级参与变革的决策，有两种变革方式。

①团体决策的变革方式。上司拟定几种解决问题的方案，由组织成员共同参与决定选取哪一种变革方案。

②团体问题解决方式。变革方案由团体讨论决定并提出解决问题的方法。

(3)授权。这是将权力和责任转交给下属，由他们自己去决定变革什么和如何变革，也有两种方式。

①个案讨论的变革方式。上司只对讨论作指导，而不把自己的意见强加给团体，鼓励成员提出自己的看法，由他们自己决定适当的变革方案。

②敏感性训练的变革方式。这主要是为了改变人际关系，从而增进工作的绩效。

格雷纳的变革模式侧重在变革的权力方式上面，是证明哪一种权力方式容易使变革取得成功。并根据对许多组织变革的研究，发现组织变革的成功方式是采用分权式的变革，而不是独权方式或授权方式。

2. 李维特的系统变革模式

这个系统模式认为组织是一个系统，包括结构、技术、人员和任务四个因素。这四个因素相互作用、相互影响，从而使组织成为一种动态的系统，其中一种因素的变化，就会牵动整个组织而引起其他因素的变化。如果改变组织结构，会影响到职工的态度与人际关系，同时也会造成技术系统的改变，因为某些新技术只适用于分权的组织，某些只适用于集权组织。如果改变技术因素，就会影响工作绩效，同时对结构和人员也有很大的影响。电脑化进入管理，很可能使决策和职责发生变化，由于自动化的引进，机器代替了人，人员的态度也会受到影响。如果变革“人的因素”，鼓励组织成员参与管理，使工作扩大化和丰富化，这必然会引起组织结构的改变和技术方面的突破。

由此可见，在组织系统的四个因素中，变动任何一个因素，都可能牵动其他因素。当然，这并不是说不能就其中某个因素进行变革，而是说在变革某一因素时，必须注意其他因素的变化，同时也要注意各种因素与环境的相互影响。

3. 情境变革模式

情境变革模式认为，组织变革的方式取决于组织成员的技术能力和人际关系能力的组合。这种组合如图 14－1 所示。

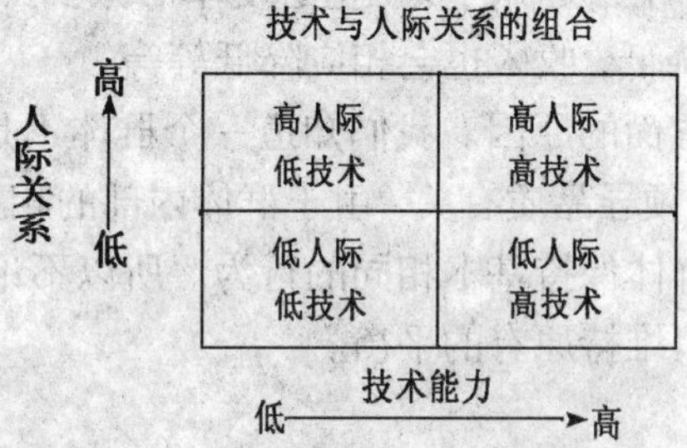

图 14－1

根据这种不同组合，情境变革模式提出了四种不同的变革形态。

(1)自然性变革。当组织成员是低技术能力和低人际关系的组合时，采用自然性变革方式最有成效，其他变革策略都不会取得成效。

(2)指导性变革。当组织成员是高技术能力和低人际关系的组合时，采用指导性变革方式最有成效，其他方式的变革不是要花太多的时间，就是管理者要具备多方面的技术，因此不太有效。

(3)合作性变革。当组织成员是高人际能力和低技术能力组合时，采用合作性变革最有成效。其他变革方式不太有效。

(4)计划性变革。当组织成员是高技术能力和高人际关系能力的组合情况时，采用计划性变革方式最有成效。

4. 干预变革模式

这种模式的特点是由组织自己制定变革方案，并对它所承担的一切负责。而干预人员(顾问、咨询专家)只是帮助委托者制定方案。干预人员的基本任务有三点：第一是获取有根据和有使用价值的信息、资料；第二是创造一些条件使委托者能进行自由选择；第三是帮助委托者使组织内的力量都集中于他们的选择。

获取有根据和有使用价值的信息，是进行“干预”的基础，委托者很可能不会意识到如何去获得对组织变革来说是有根据和有使用价值的信息。干预者可以通过一些技术和手段来获得这些信息，这些信息的综合过程就是诊断过程，诊断应该是委托者和干预人员联合的产物。自由选择是组织成员能够自己作出他们认为是有意义的选择，通过自由选择来确定能满足他们所需要的变革方案。所以，自由选择是把决策的权力给予委托者，鼓励他们自治，对自己的命运负责。为了能进行自由选择，委托者必须制定他们所希望达到的目标，绘制行动选择方案的过程图。

14.2.5 克服对变革的抵制

1. 抵制变革的原因

首先，对组织变革的抵制有心理方面的原因。组织变革的进行，有可能在某种程度上影响个人的安全感。在变革之前人们的工作常常是熟悉的、稳定的，这在心理上有一种安全感。当人们面临变革时，这种职业认同受到一定影响，于是产生对变革的抵制。有的管理人员觉得管理部门要进行变革，就意味着自己没有做好工作，因此会产生抵触态度。另外，人们习惯于稳定的惯常的工作模式，一旦打破这种工作模式，实行新的变革，就会产生某种压力和不满意感，从而抵制变革的进行。

其次，抵制变革有经济上的原因，即担心变革会影响自己的收入。例如职工担心技术改革后自己失去原有的工作职位；计时工资制的职工担心变革后减少工作时间，使自己少拿钱；管理人员担心变革后自己的职务会降低，收入也会相应降低等等。

最后，抵制变革还有群体方面的原因。我们知道一个群体不是简单个体的集合，它的功能与共同标准、态度、目标、规范和领导品质有关，由于群体内部的相互作用，群体会形成一种平衡并倾向于维持这种平衡，使得群体保持基本相同的行为。所以不论何时，当对群体实行变革时，群体常常会采取行动反对它，以维持原有的平衡。

2. 克服对变革的抵制

(1)参与。心理学研究表明，人们对某项事情参与的程度越大，他就越会承担责任，把这件事当作自己的事。因此，当有关的人员能够参与有关变革的设计和讨论时，抵制的情况就较少发生，变革就容易顺利进行。

(2)委任。群众选举产生的领导，其领导行为容易为群众所接受。由这种领导实行变革时，受到的抵制就较少。同时，领导要身体力行，作出表率，重视变革过程中的思想教育工作。

(3)合理安排变革的时间和进程。一般来说，领导常常低估充分实行变革所需要的时间，他们没有认识到大部分工作是密切配合的。职工之间、职工与上级之间的连锁关系的模式需要一段时间才能建立起来。因此，管理部门和领导要清楚地懂得人际关系影响着变革的速度。否则即使推行了变革，以后反而需要更多的时间和精力去克服遗留的问题。

(4)恰当处理个体对变革的抵制。心理学家认为，个体的行为是由很多因素决定的，这些因素的力量通常是相对平衡的。因此，要引起个体的改变，就必须使其中一种或几种因素发生改变，增强或者减弱影响该个体的一种或几种力量。作为管理者，应根据个体的具体情况，认真分析产生抵制的原因，并采取恰当方式消除抵制。

(5)合理利用群体动力。群体成员在群体中，会在很大程度上受到群体的影响。在组织变革中，如果能充分发挥群体的作用，就会比较容易地改变个体，进而使整个群体发生变化，使组织变革顺利进行。例如，可以发挥群体归属感的作用，使群体成员把群体看作是自己的群体，从而关心组织的变革和发展；可以利用群体目标，使之与变革的目标一致起来，从而较顺利地改变成员的态度；可以利用群体中的核心人物及其影响，通过他来强化群体的认同感，共同明确变革的目的；还可以从群体规范入手，建立有利于变革的新规范，从而消除对变革的抵制，顺利实现组织变革。

14.3 组织的发展

14.3.1 组织发展的概念和特点

组织发展是指通过长期的努力来改进和更新组织的过程，特别是实现更有效和协调的管理。进行组织发展，往往要在一些专家的指导和帮助下，运用管理心理学和其他学科的理论与技术，以实现预定的计划和目的。组织发展比较强调正式工作群体的作用，因此它的主要对象是工作群体，包括管理人员和职工，全面的组织发展还要包括群体间的相互关系以及整个组织系统的问题。

组织发展是提高企业职工积极性和自觉性的手段，也是增进组织效率的有效途径。其主要特点和心理学基础有以下几个方面。

1. 组织发展是一个相互作用的过程

组织发展活动有一定的目标，而且又是一个连贯的不断变化的过程。人们可以在这一过程中开诚布公地交换意见，学习新的知识和技能，解决相互之间存在的问题，明确群体和组织的目标。同时，组织发展并不是一次就可以完成的，它是一个不断提高，由低级向高级的过程。人们不应把组织发展只看成暂时地解决组织中存在问题的权宜之计，而应该认识到组织发展是要通过较长期的相互作用，经过一系列变革的活动，不断提高组织效能的。因此，要用动态的观点去认识组织发展。组织发展的相互作用过程解决了两方面的问题：一是解决了组织内现存的问题；二是使组织成员获得解决与管理将来可能出现的问题的能力。可见组织发展的关键部分之一是学习和解决问题，这是组织发展的一个重要基础。

2. 组织发展是以有计划的再教育手段实现变革的策略

组织发展的基本假设之一认为，规范形成了行为的基础，通过新的规范教育，可以使人们抛弃不适应于形势发展的旧规范，建立新的规范模式，从而达到组织发展的目的。在组织中，规范的基础是各成员的态度和价值体系。因而，组织发展就不只是改变有关的知识和信息交流等方面，而是包括了态度、价值观念、技能、人际关系和组织气氛等管理心理的各个方面。

3. 组织发展是一个动态的系统

系统分析的观点认为，在组织内部各种事件和结果不是孤立的，而是相互关联的，因此不但要了解事件的本身而且还要考虑它们之间的关系。组织所处的环境错综复杂，必须以多因素方式分析问题，才能对现实作出准确的描述。一个部门或一个方面所进行的组织发展，必然影响其他部门或方面，因此应预测所引起的多种效应。从整个组织系统出发进行组织发展，要力求协调，同步进行，搞好平衡，组合好新的利益结构，以达到稳定的状态。

4. 组织发展中要明确目标与计划的重要性

组织发展的大多数活动，都是制定实施目标与计划的过程，并且需要设计和主持各种学习活动来提高组织成员的制定目标和计划的能力。研究成果表明，明确具体的中等难度的目标比较能激发工作动机和提高工作的效率，这对于个人和组织都是十分重要的。目标制定活动，能够促进最大限度地利用各种资源，包括人和技术两个方面的潜力，还能够产生高质量的计划，并且提高组织成员的责任感和义务感。由于在组织的下层里，初级人员和群体并不具备较高的能力和较好的实施计划所要求的技能，因此组织发展的一个重要方面就是让组织成员学习和掌握各种技能，包括制定指标和计划，按照预定的目标确定具体的工作程序以及决策技能等。

综上所述，组织发展涉及到个人、群体和组织的各个方面。从组织发展的上述特点和基础可以进一步理解组织发展对于提高组织效率和组织成员积极性的重要作用。

14.3.2 组织发展的内容

组织发展一般可以分为两大类，即技术与结构方面的组织发展和个人与群体方面的组织发展。

1. 技术和结构方面的组织发展

技术和结构方面的组织发展包括社会技术系统和工作任务设计两个部分。社会技术系统的知识来源于两个方面的理论和实践：一是科学管理学和工业工程学，比较注重于企业的物理环境和工效；二是普通心理学和社会心理学，比较注重职工之间的关系和个人的需要。因此，社会技术系统的方式就是在改革工作环境和管理制度的同时，注意在职工之间和上下级之间建立积极合作的关系，并且满足所有成员的不同需要，把这两个方面很好地协调起来。

另外，工作任务的设计对组织的发展也具有重要意义。工作任务的设计，始于 20 世纪 20 年代科学管理运动，泰勒和吉尔布雷斯运用时间—动作分析的方法，系统地研究了不同类型的工作，以确定完成操作的最合理、最有效的基本动作。工作任务的设计，应注意工作的多样性、完整性和意义，有利于加强工作责任心和及时反馈工作结果。工作任务设计不但可以提高劳动生产率，而且可以增加生产的灵活性和改进职工的工作态度。因此，合理地、精心地设计工作任务，是组织发展中的一项重要任务。

2. 个人和群体方面的组织发展

个人和群体方面的组织发展，就是通过一些专门的程序，提高组织成员的心理素质和协调好人际关系，这样可以改进组织的绩效。具体有以下几个方面的内容和方法。

(1) 调查反馈。这种组织发展的基本方法，是通过问卷调查和分析某单位的工作，发现问题，收集解决问题的方法和意见，并把这些材料反馈给参加问卷调查的人。所调查的单位可以是工作群体和部门，也可以是整个组织。然后举行调查反馈的会议，运用所得到的资料，诊断所存在的问题，制定解决问题的行动计划。问卷可以包括三方面的问题，即领导管理过程中的问题，组织的沟通、决策、协调和激励方面的情况，以及职工对组织中各方面情况的满意感。实践证明，这种方法可以比较准确地发现所存在的问题，找到解决的办法，并且促进参加者的态度和行为的转变，改善整个组织的气氛。

(2) 过程咨询。这种组织发展方式主要涉及群体内部或者群体与顾问之间所发生的过程情况。过程咨询所实施的范围可以包括沟通、群体成员的角色、群体决策、群体规范与发展以及领导和群体之间的问题。一般来说，组织发展的过程咨询方式有以下几个步骤：一是最初接触，即委托人与顾问交换意见，介绍正常程序不能解决的问题；二是确定关系，即订立正式合同，以及就所希望的结果和期望达成一致意见；三是收集资料，进行诊断，即顾问通过问卷、观察和交谈等进行调查，作出初步诊断；四是进行咨询干预，即包括制定程序、反馈、指导，以及调整组织结构等方式；五是结束咨询、撤离，即在达到预定的目的的基础上，结束过程咨询，并商定今后需要时再进行咨询。实践表明，过程咨询有两个主要的优点：一是可以解决现代组织面临的重要的人际问题或群体问题；二是可以帮助组织自己解决存在的问题。但是过程咨询也有不足之处，如组织成员不能像在其他组织发展活动中那样广泛参与整个过程，而且过程咨询一般时间较长，费用较大。

（3）组队建设。组织是由为完成共同目标而一起工作的人组成的，因此，组织发展中有相当大的注意力集中于组队建设。组队既指班组，也包括具体的部门或群体。这种形式既可应用于群体内部，也可用于相互依赖的一些群体之间。组队建设的目的是以群体成员的相互作用来协调群体的步调，提高群体的工作效率。在组队建设过程中，整个班组或部门一起确定解决问题的办法，制定完成目标的计划，同时在各班组或部门之间举行会议，这可以在班组、部门之间建立合作，并把组织发展活动扩展到整个组织。组队建设可以在一种开诚布公的、合作的气氛中提高班组或部门的效率。它不但会改进沟通，而且使参加者体验到心理上的进步，增强处理人际方面问题的能力。人们可以运用这种方式，结合联系实际的思想教育，加强基层班组的建设，从而提高整个企业或组织的战斗力。

（4）目标管理。目标管理是组织发展中的一个重要内容。目标，实际上是一种期望达到的成就或结果，对于不同的文化背景，不同的企业，不同的组织，目标的性质也大有差异。目标对于组织或个人的努力程度和工作成绩都有十分重要的意义。目标管理就是通过制定和实施具体的目标而提高职工积极性和工作的效率。目标管理一般有以下几个步骤：第一，由管理部门提出总的目标，并决定成绩的客观标准或尺度以及考核办法。第二，从上到下制定目标管理系统，每个部门根据总目标和本部门的情况，确定各部门目标，即分解落实总目标。第三，确定个人目标，即各个人会同管理人员拟定自己的目标以及行动的计划，以形成一个目标的链条。第四，评价结果，定期对照目标，评定各人的工作成绩，评定中可以对所定目标作必要的调整，以适应变化了的情况，评定由管理部门和组织成员共同进行。

目标管理对于组织发展是比较有效的工具，其显著的优点是：改进了组织的计划和控制程序；提高了组织成员的动机、责任感和义务感；明确了各类人员的角色和应担负的责任；改进了组织中的沟通，特别是上行沟通和横向沟通。当然，目标管理需要管理人员有一定的订立目标的技能，并且能够指导下级人员定立和实施各自的目标。在进行目标管理的同时，还应配合适当的奖励制度，提高组织成员实现目标的积极性。

14.3.3 组织发展的新趋势

随着组织管理心理学研究的深入，组织发展这个领域也在不断增添新的内容，尤其是20世纪70年代以来，发展很快。其中，突出的例子，就是工作生活质量和新的组织管理方式的出现。

1. 工作生活质量

工作生活质量涉及到整个工作气氛，它不是一种单一的激励手段，而是综合运用各种激励因素，创造积极的组织气氛，提高组织的效能。特别是强调在管理部门和职工之间，要建立相互尊重和信任，共同决策和协调各项工作。

2. Z型组织模型

20世纪80年代初，日裔美籍学者威廉·大内在他所出版的专著《Z理论——美国企业界怎样迎接日本的挑战》一书中提出了这个理论。该书论述了第二次世界大战后日本工业发展速度远远超过美国，并对美日两国的组织管理方式进行了比较，建议在美国传统管理方式的基础上吸收日本的管理方式。Z型组织管理形式的主要内容有：第一，长期聘用职工，而不是像美国那样采用传统的短期雇佣方式；第二，较慢地作出工作评价和提升职务，而不采用以往的迅速评价和提升的方法；第三，工作任务专门化的程度适中，不主张采用高度专门化的职业设计；第四，对职工采取非正式的管理控制，但是主张运用十分明确的成绩测量手段；第五，全体一致地决策，而不是个人决定问题；第六，实行整体性的关心，包括职工的家庭。Z型组织模式引起了各国许多管理心理学家们的关注和兴趣。但是人们普遍认为，不论什么样的组织模型或者组织发展方式，都必须考虑社会背景。各国必须从本国国情出发，创造出适合本国国情的组织模式。

14.3.4 组织发展的干预途径

1. 技术和结构方面的组织发展

技术和结构方面的组织发展包括社会技术系统和工作任务设计及内容丰富化两个方面。其中，社会技术系统是通过协调技术系统和社会心理系统的交互影响，使组织中技术和结构与社会相互作用的各方面达到最佳的配合。工作任务设计和内容丰富化是通过增加整个任务的多样性、完整性和实际意义，加强工作本身的激励因素，来提高工作满意感和生产效率。

⑴社会技术系统。社会技术系统的知识来源于两个方面的理论和实践：一是科学管理学和工业工程学，比较注重企业的物理环境和工效；二是普通心理学和社会心理学，比较注重员工之间的关系和个人的需要。因此，社会技术系统的目标就是希望在改革工作环境和管理制度的同时，注意在员工之间和上下级之间建立积极合作的关系，并且满足所有成员的不同需要。

例如，20世纪70年代塔维斯托克研究所在一家纺织厂进行过一项运用社会技术系统理论进行组织发展的研究。该厂由于安装了自动纺织机并使工作任务高度专门化，降低了产品的产量和质量。心理学家对该厂进行了一系列的改革，重新设计了工作任务，把不同工作从九道工序减少到三个程序，并且使任务可以经常变换；他们还建立了半自动化生产的工作群体。在此以后的两年中，使生产率不断上升，废品率不断下降，员工的工作劲头也大大提高。这个例子说明，在技术革新和自动化生产的同时，应重视工作群体的建设，加强任务本身的变换。

⑵工作任务设计和内容丰富化。工作任务设计主要开始于20世纪的科学管理运动。当时，泰勒和吉尔布雷斯等运用时间和动作分析技术，系统地考察了不同类型的工作，以最大限度地提高工作效益。但是，通过工作任务设计来进行组织发展的研究，还是近年的事情。

工作任务设计不但可以提高产量和质量，而且可以增加生产的灵活性和改进员工的工作态度。研究表明，把流水装配线工作设计为比较独立而又相互衔接的工作，这样不仅使生产时间减少，产品质量提高，而且增加了员工之间的社会和工作方面的交往，提高了工作积极性，增强了组织的效能。

2. 个人和群体方面的组织发展

这方面的组织发展着重于组织成员和群体活动的整个过程，主要通过敏感性训练、方格训练、调查反馈、PAC相互作用分析法、过程咨询、团队建设等专门程序提高组织成员的心理素质与人际交往质量，来达到提高组织绩效的目标。

⑴传统方式的组织发展。早期所采用的实验室训练方法，如敏感性训练和方格训练以及调查反馈这三种技术都代表了传统的组织发展方式。

①敏感性训练。敏感性训练是使参加者深入地了解自己和其他人的感情和意见，并从中提高学习和认知的能力。敏感性训练可以通过解决自己在工作中的问题，促进个人的价值观念，培养参加者在实际环境中做出成绩的能力。

敏感性训练的主要对象包括员工、中层管理人员、学生以及具有不同文化背景和不同民族的人员。在敏感性训练中，参加的人员自由地讨论自己感兴趣的问题，自由地表达自己的意见，分析自己的行为和感情，并接受对自己行为的反馈意见（批评或者其他意见），从而提高对各种问题的敏感性。

通常员工可以自由参加这种训练，每次一般不超过15人。训练时间一般为3至14天，训练大致可以分以下几个阶段：

a. 不规定正式的讨论议程和领导，由参加者自由讨论，相互启发，增进彼此之间的了解。

b. 训练者不加评论地、坦率地谈出自己的看法，这是一方面的反馈。对于参加者的主要反馈，来自其他参加者当时的相应行为。

c. 着重增进人际关系，相互学习，促进新的合作行为的不断形成。

d. 根据实际工作中的情景和问题，巩固学习效果。

由于敏感性训练的具体办法各异，针对的问题也不同，因此对训练的评价并不一致。但是，敏感性训练作为管理心理学中的一种训练方法，只要指导正确，是可以解决组织与群体中人际关系方面的某些问题的。

②方格训练 。方格训练是从领导行为的管理方格理论发展而来的组织发展方式。布莱克等人的领导管理方格中，对人和生产都表现出最大的关心，因此这种管理方式就是方格训练的一项目标。

方格训练与敏感性训练的不同之处在于：敏感性训练是组织发展的一种工具或手段；方格训练则不只是工具或手段，而是组织发展的一项全面的计划。

方格训练包括六个阶段：

a. 实验室讨论会式的训练。介绍训练用的资料和几种领导作风的概念。

b. 小组发展阶段。同一部门的成员集中在一起，讨论打算如何达到方格中9.9的位置，并把上一阶段学到的知识运用于实际情景。

c. 群体之间的发展阶段。这个阶段开始了整个组织的发展，确定和分析群体之间的冲突和问题。

d. 订立组织目标阶段。讨论和制订组织的重要目标，增强参加者的义务感。

e. 完成目标阶段。参加者设法完成制订的目标，并一起讨论主要的问题。

f. 稳定效果阶段。即对思想和行为方面的训练结果做出评价。

这六个阶段所需的时间，按实际情况不同而异，有的可以几个月，有的需要进行3至5

年。研究表明，这种训练对于提高组织效率有显著作用，并得到广泛应用。据 1974 年的一项统计，美国至少已有 2 万人参加了公开的方格训练，还有 20 多万人参加了公司内部的方格训练会，方格训练成为最流行的组织发展方式。

③调查反馈。这种组织发展的基本方法，是通过问卷表调查和分析某单位的工作，发现问题，收集解决问题的方法和意见，并把这些材料反馈给参加问卷调查的人。所调查的单位可以是工作群体和部门，也可以是整个组织。可以通过举行调查反馈的会议，运用所得到的资料，诊断所存在的问题，制定解决问题的行动计划。这方面所采用的一些标准形式，是由美国密执安大学社会研究所研究和设计的。问卷包括三方面的问题，即领导管理过程中的问题，组织的沟通、决策、协调和激励方面的情况，以及员工对组织中各方面情况的满意感。实践证明，这种方法可以比较准确地发现所存在的问题，找到解决的办法，并且促进参加者的态度和行为的转变，改善整个组织的气氛。

【思考题】

1. 组织合理化的标准体现在哪些方面？
2. 组织变革的目标和意义是什么？
3. 组织发展干预技术有哪些？
4. 应当如何开展组织的发展与变革？

【案例分析】

深圳出台人事制度改革细则

2004 年，深圳市全面启动人事制度改革，事业单位全面推行职员制，机关事业单位推行雇员制。职员、雇员和公务员构成人事制度的三大体系。

关于职员制，深圳市公布了《事业单位职员职位分类实施办法》和《事业单位职员聘任实施细则》。职员制的聘任明确了回避制度。受聘人员与聘用单位负责人员有夫妻关系、直系血亲关系、三代以内旁系血亲或者近姻亲关系的，在办理聘用聘任事项时，应当回避。

关于雇员制，出台了《机关事业单位普通雇员管理细则》和《单位高级雇员管理实施细则》。雇员制在机关事业单位实行，分为普通雇员和高级雇员。普通雇员主要是工勤岗位，招聘原则上应当面向本市户籍人员，本市户籍人员无法满足岗位需要的，方可面向市外招聘。高级雇员应当是在其专业领域有突出造诣，在国内外具有较高声誉的专家、学者。在金融、贸易、物流、城市规划、高新技术、法律、医疗卫生、高等教育等领域承担管理、服务职能的机关事业单位，可以启用高级雇员。高级雇员应当面向境内外公开招聘或委托中介机构寻聘。普遍关心的高级雇员薪酬问题则没有明确规定。

此次出台的细则明确规定：事业单位受聘人员与聘用单位负责人员有夫妻关系、直系血亲关系、三代以内旁系血亲或者近姻亲关系的，不得被聘为该单位负责人员的秘书；不得从事人事、财务、监察职位的工作；也不得在有直接上下级领导关系的职位工作—深圳出台的人事制度改革细则，职员实行回避制度。

深圳市人事局局长张安仁将深圳市职员制改革的特色归纳为：全面推进，配套措施跟进，如将职员的录用、纪律、考核、任用、回避、交流等制度细化并法定化，依法管理、规范管理。雇员制度的特色是：雇员管理走向市场化、契约化和规范化；雇员“占编不入编”，即在编制内雇用，从制度上保证不造成新的机构臃肿和滥用；在机关和事业单位全面履行雇员制度，而新近推出的细则，则为改革的进一步推进解决了操作上的细节问题，易于实行。

问题讨论：

1. 深圳市的人事制度在体制上有哪些改革？

2. 雇员制的推行给公共部门的人事管理提出了何种挑战？存在哪些问题？有何对策？

3. 深圳市人事制度改革过程中会遇到哪些阻力？其改革的动力是什么？

4. 雇员回避制度给深圳市的人力资源管理带来哪些影响？腐败现象能够在改革中得到改善吗？

■ 第15章 组织文化管理

15.1 组织文化概述

15.1.1 组织文化的含义

20世纪80年代以来，组织理论和企业管理理论发展的一个显著特点，是对组织中的人有了更为深刻的认识，把人在组织和管理中的作用，提高到了前所未有的重要地位。

组织文化崭新概念的出现就是明显的标志，它贯穿于组织的全部活动，影响组织的全部工作，决定组织中全体成员的精神面貌和整个组织的素质、行为和竞争能力。

对组织文化的研究，将有助于我们对组织成员乃至整个组织行为的理解、预见和把握。

由于组织文化是社会文化的一个组成部分，所以在学习组织文化的有关内容之前，首先应当理解什么是“文化”。

文化的概念有广义和狭义之分。从广义上看，文化是人类在漫长的社会历史实践过程中所创造的物质财富和精神财富的总和；从狭义上看，文化是在历史上一定的物质资料生产方式的基础上发生和发展的社会精神生活形式的总和。

文化是人们所觉、所思、所言、所为的总和。狭义的文化可专指社会意识形态，即教育、哲学、文学、艺术等方面的精神财富；广义的文化可指人类社会历史实践过程中所创造的物质财富和精神财富的总和。

文化也有“感性”和“理性”：文化的“感性”层面指可以感觉的，具体实践中可以观察的（物质性）文化作品和社会行为方式、风俗、习惯和宗教仪式。文化的“理性”层面指那些在社会历史过程中形成的与众不同的价值观念、行为准则和思想意识。

文化概念存在着描述性和解释性：描述性概念——文化“感性”：行为、行动及其结果，即可观察的事实艺术品、工具、建筑艺术等，以及风俗、习惯、（组织）结构、机构、语言等等。解释性概念——文化“理性”行动，行为的原因，它们必须通过行动、行为的结果反映出来，共同具有的价值观念，意识，行为准则，例如：主观的权威准则，宗教信仰和世界观，动机模式等等。

关于什么是组织文化，国内外学者对此众说纷纭，很不统一。由于西方学者所概括的组织文化大都以企业组织为典型，因此它与企业文化在许多场合是一致的，是在同一意义下被使用的。对于组织文化或企业文化的概念，西方学者有不同的理解。

希恩在1984年对组织文化所下的定义是:“组织文化是特定组织在处理适应外部环境和内部整合过程中出现的种种问题时所发明、发现或发展起来的基本假说的规范。这些规范运行良好，相当有效，因此被用作教导新成员观察、思考和感受有关问题的正确方式。”

克拉克·霜恩则认为组织文化是“主要依靠符号来获得和传递的思想，感受和反应的方式”，其基本核心是传统意识和价值观。《管理意志》的作者马文·鲍尔提出的定义则是“我们处理周围事物的方法”。特伦斯·迪尔和阿伦·肯尼迪在他们专门论述企业文化的著作《公司文化》中却没有用简短的文字来完整地下一个定义，而是论述过程中从不同角度揭示了企业文化的内涵。例如书中说，“强有力的文化是一套非正式的规则，它指导员工的日常言行”，“是引导行为的强有力的工具”，它是以组织成员共有的“一整套价值观和信念为基础的”。

与外国学者不同，中国学者一般比较重视确定概念的定义，但是由于各人的知识、经验不同，认识各异，在组织文化或企业文化概念上的争论，自是更加纷繁。简而言之，至少有:

(1) 三层次说。认为组织文化是由三个层次内容组成:第一层次是文化的外显部分，指企业组织中的厂房、设施、机器、装备、产品、服务、厂容厂貌等外显的，物质形态的东西。较深一层的第二层次，称为制度文化，指组织的规章制度、公约、纪律等制度形态的东西。最深层次为核心层，称为精神文化，指组织的价值观念、信念、理想等精神形态的东西。这样三个层次总合起来，便是组织文化。

(2)两元说。认为组织文化是由组织中物质文化与精神文化两个方面因素总合而成。

物质文化指的是有形的，可见的东西。如机器、设施、厂容厂貌、商品包装、商标等，物质文化又称外显文化、硬文化或表层文化。精神文化指的是无形的，不可见的方面。如组织中的共同价值观、信念、传统、气氛、作风、行为准则，精神文化又称为隐形文化或深层文化、软文化等。

(3)精神文化说。认为组织文化是以价值观为核心的包括信念、作风、行为规范在内的各种精神现象。它体现在物质形态之中，并发挥其影响和制约作用，但不能把物质形态的东西包括在内。

由此可见，国内外学者对组织文化的理解可说是见仁见智，各有见地。不同意见的交流、切磋，对组织文化这门新学科的深入发展，无疑是有益处的。

组织文化通常是指在组织管理领域这个狭义范围内产生的一种特殊的文化倾向。它反映和代表了该组织成员的整体精神，共同的价值标准，合乎时代的道德和追求发展的文化素质。它是增强组织内聚力、向心力和持久力，保证组织行为的合理性，推动组织成长和发展的意识形态之总和。

组织文化的定义:“组织在长期的生存和发展中所形成的，为本组织所特有的，且为组织多数成员共同遵循的最高目标、价值标准、基本信念和行为规范等的总和及其在组织活动中的反映”。

组织文化是组织管理精神世界中最核心，最本质的东西。它形成于组织成长、变革和发展的长期实践，随着组织的发展而不断丰富。同时，组织文化又以观念形式、从非计划、非理性的因素出发来调控组织成员的行为。它是对组织管理中的标准管理和制度管理的补充和强化，潜移默化并贯注于组织成员的行为之中，使组织成员为实现组织目标自觉地组成团结协作的整体。因此，组织文化对组织的成长和发展具有决定性的意义。组织文化定义过宽、过窄都未必科学，应该给以一种适中的定位。

组织文化通常是指在狭义的组织管理领域内产生的一种特殊的文化倾向，实质上是一个组织在长期发展过程中，把组织成员结合在一起的行为方式、价值观念和道德规范的总和。它反映和代表了该组织成员的整体精神，共同的价值标准，合乎时代要求的道德品质及追求发展的文化素质。它是增强组织凝聚力和持久力，保证组织行为的合理性和规范性，推动组织成长和发展的意识形态的总和。

组织文化可以分为盈利性组织的文化和非盈利性组织的文化。前者就是近年来国内外管理学界和企业界重点研究的企业文化，自然也是组织文化理论的重点。

15.1.2 组织文化的特点

就像每个人都有自己个体的特征一样，一个组织也有其自身的特征，即组织文化。那么组织文化有哪些特征呢？一般而言，组织文化具有如下三个方面的特征。

1. 实践性

每个组织的文化，都不是凭空产生或依靠空洞的说教就能够建立起来的，它只能在组织长期生产经营管理实践的基础上，有意识有目的地培养起来的。组织文化不是口号，也不仅仅是一种文化理念。不能够与组织的实际有机结合的文化，要么流于空泛的口号、标语，要么昙花一现，很快夭折。

2. 整体性和独特性

组织文化是组织成员的共同价值观体系，它不仅是组织全体成员，包括领导者和被领导者共同遵循的行为准则和价值观念，而且也是一个组织区别于其他组织的关键特征。

即使是同一类型的组织，由于其民族文化、传统习惯不同，也可能形成不同的组织文化。它以观念的形式，从非计划，非理性的因素出发来调控成员的行为。

就像世界上没有两片完全相同的树叶一样，世界上也不存在完全相同的组织文化。这是因为每个组织在自身的成长和发展过程中，都会由于自己特定的历史、类型、性质、规模、心理背景、人员素质等内在因素的不同，而形成具有本组织特色的价值观、经营准则、经营作风、道德规范和发展目标等，这就是造成了组织文化具有鲜明的独特性特征。

3. 可塑性

组织文化的形成，虽然受到组织传统因素的影响，但也并非是不可改变的，它也受时代、组织结构、战略目标等组织内、外环境因素的影响。而且，只要充分发挥能动性、创造性，积极倡导新准则、精神、道德和作风，就能够对传统的精神因素择优汰劣，从而形成新的组织文化。

15.1.3 组织文化的结构

组织文化结构是组织文化系统内各要素之间的时空顺序、主次地位与结合方式，也就是组织文化的构成、形成、层次、内容、类型等比例关系和位置关系。它表明各个要素是如何链接、形成组织文化的整体模式的。一般而言，组织文化可以分为三个层次，即物质层、制度行为层和精神层。

1. 物质层

这是组织文化的表层部分，是由组织创造的产品和各种物质设施等构成的器物文化，是形成制度层和精神层的条件，它往往折射出组织的经营思想、经营管理哲学、工作作风和审美意识。物质层主要包含两部分内容：一是表现特定设计思想、生产理念的产品和服务，比如产品的特色、式样、品质、牌子、包装、维修服务、售后服务等；二是组织创造出来的组织环境、组织容貌、生产环境（硬件和软件设施）和组织外部特征，例如组织的标志、建筑风格，工作区和生活区的绿化、美化，以及在公共关系活动中送给客人的纪念画册、纪念品、礼品等。

2. 制度行为层

这是组织文化的中间层次，主要是指对组织员工和组织行为产生规范性、约束性影响的部分，它集中体现了组织文化的物质层及精神层对员工和组织行为的要求。这一要求包括两部分内容，一是书面约束，即书面规定的组织成员在共同的工作活动中所应当遵循的行动准则，主要包括各种工作制度、责任制度、特殊制度（如员工生日、结婚、死亡、生病、退休时干部要访问员工家庭等）和特殊风俗（组织特有的典礼、仪式、特色活动，如生日晚会、周末午餐会、厂庆活动、内部节日等）。二是对行为的非书面约束，俗称“游戏规则”，即组织虽然没有明文规定组织成员该做什么、说什么、相信什么，但是组织成员经过组织文化的熏陶并接受这一文化之后，会在生活和工作中自觉执行组织文化的要求。

3. 精神层

精神层是组织文化的核心层次，主要是指组织的领导和员工共同信守的基本信念、价值标准、职业道德及精神风貌，它是组织文化的核心和灵魂，是形成组织文化的物质层和制度层的基础和原因。组织文化中有没有精神层是衡量一个组织是否形成了自己的组织文化的主要标志和标准。组织文化的精神层主要包括组织哲学、组织价值观、组织精神和组织道德等内容，是组织意识形态的总和。

组织文化三个层次的内容相互依存、相互作用并且不断发展，形成了形形色色的组织文化：①组织精神层的内容决定了物质层和制度层的内容，精神层是组织文化的核心。②制度层是精神层和物质层的中介。③物质层和制度层是精神层的直观体现。可以看出，组织文化的精神层是最根本的，它决定着其他两个层次。因此，建设组织文化要以精神层文化的确立为核心。

15.1.4 组织文化的功能

组织文化的功能是指组织文化发挥作用，对组织的生产、经营、管理等活动产生影响。组织文化的功能具有双重性，可以分为正功能和负功能。组织文化的正功能可以提高组织承诺，增强组织成员行为的一致性，引导组织的成长、进步，进而提升组织的效能。但同时也不能忽视在特定背景下，组织文化会对组织发展产生束缚和限制等负面效应。然而，无论组织文化发挥哪类功能，它都是长期的、潜移默化地影响组织。

1. 组织文化的正功能

组织文化的正功能可以概括为内塑成员，外塑形象。具体来说，组织文化具有以下五个方面的正功能：

（1）导向功能。组织文化能对组织整体和组织的每个成员的价值取向与行为取向起引导作用。通过外显的层面（企业文化设施、技术教育和娱乐培训等），以及内隐的层面（组织的价值标准、道德规范、行为准则以及生活观念），组织文化可以使组织成员的思想、价值观、行为与组织的目标保持一致，从而确保组织目标的实现。由于组织价值取向是组织多数人的"共识"，因此这种导向功能对多数人来讲是建立在自觉的基础之上的，他们能把自己的行为对照组织的要求进行比较和调整，使自己的行为基本符合或体现组织价值观的要求。正因为如此，许多组织都在通过文化的导向功能来塑造新进成员。

（2）凝聚功能。组织文化是一种黏合剂，它把组织成员的个人目标同化于组织的目标，通过共享的价值观、行为准则和道德规范使成员固守在组织之内，并紧密地联系在一起。当组织成员对组织产生了强烈的"认同感"，组织就成为具有共同价值观念、精神状态和理想追求的统一体，从而改变原来那种从个人角度建立价值观念的一盘散沙状态，这样组织文化比组织外在的硬性管理办法天然地具有一种更强的凝聚力和感召力，使每个成员产生浓厚的归属感和荣誉感，从而对组织更加忠诚。

（3）约束功能。组织文化对组织成员的思想、心理和行为具有约束和规范作用。组织文化的约束不是一种制度化的硬约束，而是一种软约束，这种约束产生于组织的文化氛围、群体行为准则和道德规范。组织可以发挥文化的这一功能来减少那些起消极作用的"破坏分子"，从而维持组织的良好秩序。

（4）激励功能。优秀的组织文化能够满足成员的多种需要，有助于员工获得较高层次的心理满足，并对不合理的需要予以约束，使组织成员从内心产生高昂的情绪和奋发进取的精神。同时，积极向上的价值观念和行为准则会形成强烈的使命感、持久的驱动力，从而引导组织成员的自我激励。组织可以发挥文化的这一功能，促使适当的组织成员充当"活性因子"，从而增加组织的活力。

（5）树立组织形象。组织同个人一样，都有自己的形象和个性，而组织文化就是组织的个性，具有鲜明的特征，因此它起着划分界限的作用，使组织和其他组织区分开来，更容易为社会所接受，为企业更好地获得社会支持提供帮助。如迪斯尼公司的"微笑文化"，微软的"精英文化"等。一个在文化上具有鲜明个性特征的组织更容易在社会公众面前树立自己的形象，提高组织的知名度。

2. 组织文化的负功能

尽管组织文化存在上述正功能，但是我们也应该注意到，组织文化同时还可能成为组织变革和发展的潜在障碍。这些障碍主要表现在以下三个方面：

（1）变革创新的障碍。组织文化往往需要经过多年的建设和沉淀才能形成，而正是这种时间和资源的持久性投入，使得组织文化具有很强的"路径依赖性"。当组织面对的环境比较稳定时，组织文化便会成为一种资本；而当组织面对动态的环境时，组织共享的价值观就可能不愿背离原先的"路径"，从而与进一步提高组织效率的要求发生冲突，成为组织发展的束缚。

（2）多样化的障碍。组织在聘用新成员时会面临两难境地，一方面，管理层要求这些新成员能够与组织文化相匹配，希望他们接受组织的核心价值观，与组织其他成员的行为和组织的形象保持一致，否则这些新成员就难以融入组织或不被组织所接受；另一方面，在面对变化的环境时，管理层也希望通过新成员所带来的差异来激活整个组织，给组织注入新鲜血液，促进组织的创新和发展，因此，管理层又会公开认可和支持这些差异与变化。

组织文化对成员有着明显的遵从压力，它们限定了组织可以接受的价值观和行为准则。组织希望通过聘用各具特色、存在差异的不同员工来获得多元化优势。但是一旦新成员试图融入组织文化之中时，这些多元化的行为和优势就可能丧失。因此当组织文化大大削弱了来自不同背景的人带给组织的独特优势时，它就成了组织发展的障碍。

(3)兼并与收购的障碍。不同组织的个性分明的组织文化，可能使得本可以整合的利益关系变得不可能。以前，管理人员在进行兼并或收购决策时，所考虑的关键因素是融资优势或产品协同性，而近来文化的融合性成为他们主要的关注对象。虽然收购对象在财务和生产方面是否有利可图是必须加以考虑的因素，但收购对象与本公司的文化是否相容，更是一个不可忽视的重要方面。如戴姆勒—奔驰公司和克莱斯勒公司合并后，由于两家公司文化的兼容性差，导致了合并的结果是克莱斯勒公司的市值下降，市场份额减少，从盈利的汽车公司变成了输家。

15.2 组织文化建设

15.2.1 组织文化建设的一般原则

1. 以人为本

“观乎天文，以察时变，观乎人文，以化成天下。”文化，归根结底是以人为载体，人是文化生成与承载的第一要素。因此组织文化建设中的第一要义就是要强调关心人、尊重人、理解人和信任人。优秀的组织总是把普通组织成员看作提高质量和生产率的根本源泉，对组织成员必须把他们当作同伴、朋友、家人来看待，待之以礼，导之以德，尊重他们，关心他们，而不是把他们和资本、设备一起看作生产工具。

2. 杜绝形式主义

组织文化属意识形态的范畴，但它又要通过组织或员工的行为和外部形态表现出来，这就容易形成表里不一致的现象。同时，组织文化更像是一味中药，其建设对组织发展的作用往往没有人力资源管理那么立竿见影。人力资源管理做的是务实性工作，组织文化建设做的是“务虚性”工作。这就要求建设组织文化必须首先从组织成员的思想观念入手，树立正确的价值观念和哲学思想，在此基础上形成组织精神和组织形象，防止搞形式主义，言行不一。形式主义不仅不能建设好组织文化，而且是对组织文化概念的歪曲。因此，在组织建设文化时，应注意虚实结合、密切配合；既不要急功近利，又不能浮躁冒进。西药治标，中药的效用永远没有西药来得快，但中药治本，优秀的组织文化是组织发展过程中一种很好的“免疫力”，也强大且具有持久推动力。

3. 继承本土传统文化

组织文化建设应该是在传统文化的基础上进行增值开发，否则组织文化就会失去存在的基础，也就没有生命力。增值开发就是对传统文化进行借鉴，去其糟粕，取其精华。我国传统文化中的民本思想、平等思想、务实思想等都是值得增值开发的内容。大庆“三老四严”的“铁人精神”就是这种民族精神增值开发的结果。

15.2.2 组织文化建设的一般程序

建设组织文化是一项复杂的系统工程，一种优秀的组织文化需要组织有意识、有目的、有组织地进行长期的倡导、提炼、强化和总结。因此，在建设组织文化的过程巾，必须根据组织文化发展规律的要求，按照科学的程序和原则办事，克服主观盲目性，增强自觉性。建设组织文化的程序，一般包括调研阶段、策划阶段、实施阶段、巩固阶段和完善阶段五个阶段。

1. 调研阶段

除新建的组织文化“零起点”外，大多数组织建设自身的文化都是在原有“文化”的基础上进行的，因此，建设组织文化，应首先搞好调查研究，把握组织现有的文化状况及影响组织文化的各种因素，为组织文化的策划做好准备。组织文化调查研究的主要内容包括：

(1)组织文化现状的调查。主要了解当前组织文化属于哪种类型，组织发展面临的主要文化阻力等，明确组织占主导地位的基本价值观和伦理道德观，以及这些基本价值观、伦理道德观所体现出来的经营思想、行为准则等是否与组织发展目标相适应，是否与外部环境相适应等。

(2)组织领导人的个人修养和精神风范。组织领导人往往是组织文化的倡导者或培育者，他们的个人修养及思想、道德风范，更加能体现组织的文化特色，而且这些人的行为及个人风范对组织文化也有着至关重要的影响。对当前组织领导人的个人修养和精神风范深入了解，有利于后续建设步骤的准确、顺利进行。

(3)组织成员素质及需求。主要是组织成员的学历、年龄以及他们的基本价值取向、情感、期望和需要等等。

(4)组织所处的地区经济与人文环境对组织文化的影响。例如外国组织文化与本土组织文化建设，内地组织文化与沿海组织文化建设，长三角组织文化与珠三角组织文化建设就有区别，要注意到这些组织所处的地区经济、人文环境对组织文化的影响。

2. 策划阶段

通过调研阶段后，进入策划阶段，建立组织文化建设的组织机构，做到领导组织、专家帮助和员工参与相结合，适当时可以外聘专家作为组织文化建设的顾问，通过组织文化建设组织机构应把组织的价值用文字表述出来，成为组织价值理念体系。策划阶段的主要工作内容是开发具有识别意义的组织使命和战略目标；提出组织的基本价值观、伦理道德、职业道德；提出组织精神及组织口号、组织座右铭的初步方案；开发经营哲学；提出组织经营理念、管理理念、服务理念等。

3. 实施阶段

在组织文化实施过程中，应严格规范，形成制度，直接地、具体地实施，解决好实施过程中可能产生的冲突和矛盾。同时，及时了解信息，保证信息渠道畅通，对执行情况和实施效果进行衡量、检查、评价和估计，防止信息误差，调整目标偏差，避免文化的负效应，扩大文化的正效应，使组织文化建设朝着正确、健康、稳定的方向发展。

4. 巩固阶段

组织文化的建设并非一劳永逸，在经过实施阶段后，需要对组织文化的建设成果进行巩固。首先要建立必要的保障制度，创造适应新的组织文化运行机制的条件，同时加强对组织成员的精神灌输。其次是组织领导者要身体力行，以身作则。领导者在组织文化的建设和塑造中扮演着关键角色，其作用之大之重要，如何形容都不过分。因此组织领导者必须起到率先垂范的作用。最后是，为组织营造良好的文化氛围，这样就要求组织在重视物质氛围和制度氛围的基础上，关心员工的事业与成长，做好思想沟通和感情投资，创造良好学习环境，使组织成员产生对组织的归属感、信任感，员工在工作中默契配合，追求创新，心情舒畅。

5. 完善阶段

随着组织经营管理实践的发展和组织内外部环境的变化，组织文化需要不断进行充实、完善和发展。组织文化建设的组织者不断地吸收外部组织文化的精华，剔除本组织文化中不利于组织长远发展的成分，对现有组织文化进行提炼、升华，促进文化建设的不断发展。因此组织文化应从以下几个方面来完善：进一步完善组织精神设计；进一步对组织精神进行宣传、传播；使组织精神在组织内化的同时，进一步外化，使组织精神社会化，从而进一步推动组织的新发展。

15.2.3 中国组织文化建设过程中的三种倾向

1. 照搬西方的企业文化

从上世纪的80年代末以来，我国掀起了组织文化建设的热潮。但大多数组织只是模仿西欧、美国、日本等国家和地区成功企业的组织文化的表象和做法，比如热衷于搞文艺活动、喊口号、统一服装、统一标志，有些企业还直接请广告公司做CI形象设计，认为这样就是塑造企业文化。但那些西方国家组织的文化建设都是以其本国的传统文化和政治经济环境为背景的，而由于历史文化传统不同，以及我国组织面临的政治经济环境、管理人员的价值观念以及员工的性格特征等都存在巨大差异，因此前一段时期的实践结果并不理想。

2. 将组织文化等同于传统文化

这种观点认为建立中国特色的组织文化就应该用中国传统文化来管理企业。其中有的组织坚持用儒家学说来建设组织文化，有的用老子学说来建设组织文化，有的用儒、道、法家学说的综合来建设组织文化。

这种实践应该来说有其合理性的一面，比如中国传统文化中强调对家庭的归属、对权力的依赖，重感情，重面子，突出以人为本、知人善用等，将这些文化因素和传统思想营造一个充满情感、和谐共存的文化氛围。但问题的关键在于中国近现代以来经过维新运动、新文化运动、社会主义改造等，当代人的价值观念已经有了很大的变化，另外现代组织的特征与传统中国的小农经济社会也有着巨大的差异，因此，如何用传统文化来把握当代人的心理，来把握迅速变化的市场需求，来调整对员工的工作激励，完全依赖传统文化是远远不够的。比如中国传统文化中“知足常乐”、“枪打出头鸟”等，这些都是与现代组织文化的鼓励创新等基本特征相去甚远。

3. 忽视组织文化的个性

组织文化有其共性特征，比如对企业来说，它共性的一面就如强调员工的积极性、争取顾客的信任、创造好业绩等。但由于不同企业产权性质、所处的行业特征、面临的环境、历史传统及经营特点的不同，因此组织文化也应该强调其个性，就形成了各具特色的组织文化。然而在我国，许多企业的企业文化建设却如出一辙，只是完全照搬成功组织的文化，将其套用到自己的组织中，而忘了要跟自己的具体情况相结合。

15.2.4 组织文化建设的重点

组织文化是一定历史传统和现实条件相互影响的结果，形成和变革组织文化是一个长期的过程。对于我国的组织而言，如何变革组织文化，以适应全球化竞争的形势，这是一个重大的历史课题。但无论如何，我们所讲的组织尤其是企业组织，应该具备全球化的视野，在合理继承传统文化的基础上建立有特色的组织文化。在建设过程中，应该注重以下几个方面的建设。

1. 构建共同价值观

组织文化的最核心部分是价值观，价值观有其特殊的发展规律，它的形成及变革都是一个长期过程，在此过程中，应该注意以下几点。

(1)组织文化价值观是组织成员的共同价值观。组织文化并非只是高层管理人员的一己之见，而是整个企业的价值观和行为方式，只有得到大家认同的组织文化，才是有价值的企业文化。组织高层管理者应该创造各种机会让全体员工参与进来，共同探讨适合自身特征的组织文化。中国部分组织的管理人员在组织文化建设的过程中基本上不考虑员工的感受，先是确立一套理念，然后强行地对员工进行灌输、洗脑，这种组织文化的实践效果一般说来都不会很理想。

(2)组织文化根植于民族文化的土壤之中，如果核心价值观与民族文化相违背，那么它根本就无法生存。组织的核心价值观，如果不能与本土国家的文化相融，那它就会失去生存的土壤。因此中国企业不能好高骛远，盲目追求缩短与世界企业的差距而建立所谓的世界级的理念，应该塑造一种基于民族文化和商业伦理，又是企业家内心追求的真正核心价值观，唯有如此，中国企业才能建立适合中国国情的价值观体系。

(3)必须坚持"诚信"价值观。现代市场经济是一种信用经济，现代商业社会是一种契约社会，组织的交往是建立在共同遵守和相互信任的基础上，诚实和守信是商业伦理的基本要求，是建立、维系市场经济秩序的道德基石，也是世界优秀企业文化的共同特征。诚实守信是中华民族的传统美德，但在建立市场经济的过程中，诚实守信的道德标尺遭到了破坏，种种失信行为拉开了信用危机的红灯，对企业的发展造成了严重威胁。因此出现了用过期馅生产月饼的南京冠生园、用"敌敌畏"腌制的金华火腿，以及上市公司屡禁不止的欺诈等现象。

2. 建立制度行为规范

由于受到传统文化的影响，我国的组织过于重视或偏爱"人治"，钟情于"忠诚、仁爱、礼让、人际关系"，过于强调人与人之间的"中庸"、"面子"、"和谐"，强调人与人的关系超越于制度文化。事实上，企业制度文化是企业文化的重要组成部分，组织所倡导的一系列行为准则，必须依靠制度的保证去实现，通过制度建设规范企业成员的行为。制度对于企业的意义在于它建立了一个使管理者的意愿得以贯彻的有力支撑，并且在得到员工认可的前提下，使企业管理中不可避免的矛盾由人与人的对立弱化为人与制度的对立，从而可以更好地实现约束和规范员工行为，减少对立或降低对立的尖锐程度，逐渐形成有自己特色的企业文化。

制度规范的严格执行，组织管理人员起着重要作用。在组织文化的建设中，管理人员尤其是高层管理人员起着创造者、培育者、倡导者、组织者、指导者、示范者和激励者的作用。我国一些组织高层管理者错误地认为制度只是为了激励和约束员工，自己可以例外。事实上，更应该激励和约束的，恰恰是那些组织文化的塑造者，因为他们的一言一行都对组织文化的形成起着至关重要的作用。管理人员理应该靠自身的影响、崇高的风尚、优良的作风去身先力行制度规范，从而持久地影响和带动职工。

3. 保持文化的开放性

文化的开放性应该在两个方面有所体现。

(1)世界经济一体化逐步渗透到各个方面，中国已经成为世界贸易组织的成员，对中国的组织来说这是一个机遇，但这更是一个挑战，组织的行为规范必须与国际惯例接轨。因此，组织文化的建设应该具有开放性特征，而不能闭门造车。

(2)鼓励创新。环境因素在21世纪会呈现出更加复杂的联系和难以想象的变化，创新变成了组织尤其是企业组织的生命源泉，在剧烈变动的时代，成功者往往是那些突破传统游戏规则，敢于大胆创新，不畏风险的人，敢于改变游戏规则的人，也就是在思维模式上能迅速改变的人。企业组织要立于不败之地，就要在其发展战略、经营策略和管理模式方面及时作出相应的调整，因此组织文化的内涵也要反映出环境的复杂性和紧迫性所带来的挑战和压力，对企业内部要保持较高的整合度，对外要有较强的适应性，通过对企业主导价值观和经营理念的改革推动企业发展战略的转变，使企业文化成为孕育创新的源泉。

15.3 企业组织的跨文化管理

15.3.1 跨文化管理的兴起与发展

1. 跨文化管理的兴起

随着企业全球化浪潮的推进，跨文化管理逐步得到企业的日益重视。跨文化管理又称为“交叉文化管理(Cross Cultural Management)”，它是指通过克服不同异质文化之间的差异，在此基础之上重新塑造企业的独特文化，最终打造卓有绩效的管理行为。

跨文化管理又称为“交叉文化管理(Cross Cultural Management)”，即在全球化经营中，对子公司所在国的文化采取包容的管理方法，在跨文化条件下克服任何异质文化的冲突，并据以创造出企业独特的文化，从而形成卓有成效的管理过程。其目的在于在不同形态的文化氛围中设计出切实可行的组织结构和管理机制，在管理过程中寻找超越文化冲突的企业目标，以维系具有不同文化背景的员工共同的行为准则，从而最大限度地控制和利用企业的潜力与价值。全球化经营企业只有进行了成功的跨文化管理，才能使企业的经营得以顺利运转，竞争力得以增强，市场占有率得以扩大。

所谓跨文化管理包括跨越国界和跨越民族界限的文化管理。消除文化的差异是跨文化管理着力解决的核心问题。文化差异可能来自于沟通与语言的理解不同、宗教信仰与风俗习惯迥异、刚性的企业文化隔阂等诸多因素。

因此跨文化管理需要对以下问题进行有效管理：如何清晰本企业的文化价值倡导？如何避免文化的本位主义？如何确定本企业的跨文化管理策略(文化同化、文化折衷、文化融合)？如何进行人才的本土化培养？

2. 跨文化管理的发展

跨文化管理并不是一个新的事物，它起源于古老的国际间的商贸往来。

早在古代古埃及人、腓尼基人、古希腊人就开始了海外贸易，并懂得了如何与不同文化背景下的人们做生意。到了文艺复兴时期，丹麦人、英国人以及其他一些欧洲国家的商人更是建立起了世界范围的商业企业集团。当他们与自己文化环境以外的人们进行贸易时，他们就会对与他们不同文化背景下产生的语言、信仰以及习惯保持敏感以避免发生冲突并顺利实现交易。这些事实上就是在从事跨文化的经营与管理活动。不过这时候的跨文化管理活动完全取决于从事贸易活动的商人们的个人经验，有关文化及文化差异与相似的研究也仅仅是人类学家的事。公司与企业还很少注意对文化及其差异的研究跨文化管理，也还没有成为一门独立的科学。

跨文化管理真正作为一门科学，是在20世纪70年代后期的美国逐步形成和发展起来的。它研究的是在跨文化条件下如何克服异质文化的冲突，进行卓有成效的管理，其目的在于如何在不同形态的文化氛围中设计出切实可行的组织结构和管理机制，最合理地配置企业资源，特别是最大限度地挖掘和利用企业人力资源的潜力和价值，从而最大化地提高企业的综合效益。

兴起这一研究的直接原因是二战后美国跨国公司进行跨国经营时的屡屡受挫。美国管理学界一直认为，是他们将管理理论进行了系统化的整理和总结，是他们最先提出了科学管理的思想，也是他们最先将这一思想应用于管理实践并实现了劳动生产率的大幅提高，因此他们的管理理论和管理实践毫无疑问应该是普遍适用的。然而，二战后美国跨国公司跨国经营的实践却使这种看法受到了有力的挑战。实践证明，美国的跨国公司在跨国经营过程中照搬照抄美国本土的管理理论与方法到其他国家很难取得成功，而许多案例也证明对异国文化差异的迟钝以及缺乏文化背景知识是导致美国跨国公司在新文化环境中失败的主要原因，因此，美国人也不得不去研究别国的管理经验，从文化差异的角度来探讨失败的原因，从而产生了跨文化管理这个新的研究领域。

除此以外，日本在20世纪60年代末和70年代初企业管理的成功也是导致跨文化管理研究兴起的重要原因。在这一时期，日本的跨国公司和合资企业的管理日益明显显示出对美国和欧洲公司的优越性，在这种情况下美国也明显感觉到了日本的压力，产生了研究和学习日本的要求。

美国人对日本的研究大体上有两种方式：一种是专门介绍日本从中总结出好的东西；另一种是联系美国来研究日本，进行对比。经过研究，美国人发现，美日管理的根本差异并不在于表面的一些具体做法，而在于对管理因素的认识有所不同。如美国过分强调诸如技术、设备、方法、规章、组织机构、财务分析这些硬的因素，而日本则比较注重诸如目标、宗旨、信念、人和价值准则等这些软的因素；美国人偏重于从经济学的角度去考虑管理问题，而日本则更偏重于从社会学的角度去对待管理问题；美国人在管理中注重的是科学因素，而日本人在管理中更注意的是哲学因素等等。

研究结果清楚地表明，日本人并没有仿造美国的管理系统进行管理，而是建立了更适合于其民族文化和环境的管理系统。这个系统远比美国已有的管理系统成功。这一研究结果的发现使得人们对文化以及不同文化下管理行为的研究变得更加风行。

15.3.2 国际企业跨文化管理的重要性

1. 跨国公司进行跨文化管理有利于解决文化差异、文化冲突所带来的问题

由于跨国公司的母公司与子公司之间以及各个子公司之间存在着文化差异，他们的管理思想、经营理念、管理方法、管理制度等方面就会产生不同，从而在公司内部引起文化冲突。所谓文化冲突不仅指跨国企业在他国经营时与东道国的文化观念不同而产生的冲突，又包含了在一个企业内部由于员工分属不同文化背景而产生的冲突。在跨国公司中对文化差异、文化冲突管理不当势必会影响公司的经营管理，造成不良后果，甚至导致合作的失败。许多跨国公司后来的失败大都是因为没有解决好文化差异、文化冲突所带来的问题。

2. 跨国公司进行跨文化管理有利于解决跨国度、跨文化的管理移植问题

所谓管理移植是指将一个国家、一种文化环境中行之有效的企业的管理思想、管理制度、管理方法和管理技术转移到另一个国家、另一种文化环境中去，其目的是为了取得相应的效果、获得相应的利益。由于跨国公司的母公司与子公司分布在不同的国家、地区，这些国家、地区的经济、政治、社会、文化背景不同，因此，从发达国家移植过来的管理方法，发展中国家的企业要根据自身的具体情况，来进行修改和改进，使之与原有的管理方法融为一体，从而提高管理移植的效果，获取相应的收益，达到管理移植的目的。

3. 跨文化管理对跨国公司及其员工具有导向作用

跨国公司通过跨文化管理形成自己的母公司与各个子公司都要遵循的企业文化，形成员工共有的价值观念、信念、行为准则及具有相应特色的行为方式、物质表现等。跨国公司通过跨文化管理形成的企业的宗旨、最高目标、共同愿景、价值观念等对跨国公司的母公司及各个子公司以及所有的员工的价值取向和行为取向起引导作用，使之符合公司所确定的总目标。这种导向是通过跨国公司共同的企业文化的塑造来引导公司员工的行为心理，使人们在潜移默化中接受共同的价值观念，自觉地把企业的目标作为自己追求的目标。

4. 跨文化管理对跨国公司及其员工具有约束作用

跨国公司通过跨文化管理形成的企业文化对母公司及子公司的员工的思想、心理和行为具有约束和规范的作用。这种约束不是制度式的、外在的硬约束，而是一种内在的软约束，它是通过企业中弥漫的文化氛围、群体行为准则和道德规范来约束的。由于跨国公司的母公司与各个子公司地处不同的国家、地区，他们的经济、政治、文化背景不同，员工的生活方式、行为方式、思维方式也不同，只有通过跨文化管理形成共同的企业文化，才能对员工的思想、心理、行为进行有效的约束和控制。

5. 跨文化管理对跨国公司及其员工具有凝聚作用

跨国公司通过跨文化管理形成的企业文化是一种极强的凝聚力量。企业文化是一种黏合剂，把各个方面、各个层次的人都团结在本企业文化的周围，对企业产生一种凝聚力和向心力，使职工个人思想和命运与企业的安危紧密联系起来，使他们感到个人的工作、学习、生活等任何事情都离不开企业这个集体，与企业同甘苦、共命运。跨国公司只有通过跨文化管理才能把分布在不同国家和地区的各个子公司有力地凝聚在一起，共同为公司的长远发展而努力。

6. 跨文化管理对跨国公司及其员工具有激励作用

跨国公司通过跨文化管理可以使各个子公司及员工从内心产生一种高昂情绪和发奋进取精神的效应。通过跨文化管理形成的共同的宗旨、最高目标、共同愿景、价值观等对员工的这种激励不是一种外在的推动而是一种内在的引导，它不是被动消极地满足人们对实现自我价值的心理需求，而是通过企业文化的塑造使每个员工从内心深处产生为企业拼搏的献身精神。

15.3.3 树立正确的跨文化管理理念

1. 承认并理解各国之间文化差异的客观存在

首先开展全球化经营的企业必须承认并理解各国之间文化差异的客观存在，要重视对他国语言、文化等的学习和了解。这是增强跨文化管理能力的必要条件。

理解文化差异有两层含义：一是理解东道国文化如何影响当地员工的行为；二是理解母国文化如何影响企业派去当地的管理人员的行为。对于不同类型的文化差异需要采用不同的措施去克服。如:因管理风格、方法或技能的不同而产生的冲突可以通过互相传授和学习来克服;因生活习惯和方式不同而产生的冲突可以通过文化交流来解决……只有把握不同类型的文化差异才能有针对性地找出解决文化冲突的合宜办法。

2. 辩证全面地对待文化差异

要辩证地对待文化差异，在看到其不利一面的同时还应看到其有利的一面，并恰当、充分地利用不同文化所表现的差异，为企业的经营发展创造契机。如广州本田汽车公司总经理所说的:“我们企业内部的矛盾颇多，但这也有好的一面。我们在中国选择合作伙伴时，总是喜欢挑选一些与我们想法不同的合作者，这使我们经常发生意见的碰撞，这样不同思想的碰撞就会产生新的想法，从而创造出本田新的企业文化。”根据这位总经理的体会，只要能正确对待不同文化的矛盾和冲突，不仅不会使其成为企业经营的障碍，反而会使之成为企业发展的动力和创新的源泉。

3. 跨文化管理的关键是对人的管理

要充分认识到跨文化管理的关键是对人的管理，要实行全员的跨文化管理。一方面，跨文化管理的目的就是要使不同的文化进行融合，形成一种新型的文化，而这种新型的文化只有根植于企业所有成员之中，通过企业成员的思想、价值观、行为才能体现出来，才能真正实现跨文化管理的目的，否则跨文化管理将会流于形式。另一方面，在全球化经营企业中，母公司的企业文化可通过企业的产品、经营模式等转移到国外分公司，但更多的是通过熟悉企业文化的经营管理人员转移到国外分公司，因此全球化经营企业在跨文化管理中必须要强调对人的管理，既要让经营管理人员深刻理解母公司的企业文化，又要选择具有文化整合能力的经营管理人员到国外分公司担任重要职责，同时还要加强对企业所有成员的文化管理，让新型文化真正在管理中发挥其重要作用，从而使全球化经营企业在与国外企业的竞争中处于优势地位。

15.3.4 实现跨文化管理的有效手段

对子公司的员工尤其是管理人员进行跨文化培训是解决文化差异，搞好跨文化管理最基本、最有效的手段。跨文化培训的主要方法就是对全体员工，尤其是非本地员工，进行文化敏感性训练。将具有不同文化背景的员工集中在一起进行专门的培训，打破他们心中的文化障碍，增强他们对不同文化环境的反应和适应能力。文化敏感性训练可采用多种方式，主要有:

1. 文化教育

即请专家以授课方式介绍东道国文化的内涵与特征，指导员工阅读有关东道国文化的书籍和资料，为他们在新的文化环境中工作和生活提供思想准备。

2. 环境模拟

即通过各种手段从不同侧面模拟东道国的文化环境。将在不同文化环境中工作和生活可能遇到的情况和困难展现在员工面前，让员工学会处理这些情况和困难的方法，并有意识地按东道国文化的特点思考和行动，提高自己的适应能力。

3. 跨文化研究

即通过学术研究和文化交流的形式，组织员工探讨东道国文化的精髓及其对管理人员的思维过程、管理风格和决策方式的影响。这种培训方式可以促使员工积极探讨东道国文化，提高他们诊断和处理不同文化交融中疑难问题的能力。

4. 语言培训

语言是文化的一个非常重要的组成部分，语言交流与沟通是提高对不同文化适应能力的一条最有效的途径。语言培训不仅可使员工掌握语言知识，还能使他们熟悉东道国文化中特有的表达和交流方式，如手势、符号、礼节和习俗等，组织各种社交活动，让员工与来自东道国的人员有更多接触和交流的机会。

15.3.5 跨文化管理策略的选择

1. 本土化策略

即根据“思维全球化和行动当地化”的原则来进行跨文化的管理。全球化经营企业在国外需要雇用相当一部分当地员工，因为当地员工熟悉当地的风俗习惯、市场动态以及其政府的各项法规，并且与当地的消费者容易达成共识。雇用当地员工不仅可节省部分开支，更有利于其在当地拓展市场、站稳脚跟。

2. 文化相容策略

根据不同文化相容的程度可分为以下两种策略：

(1) 文化的平行相容策略。这是文化相容的最高形式，习惯上称之为“文化互补”。即在国外的子公司中不以母国的文化作为主体文化。这样母国文化和东道国文化之间虽然存在着巨大的文化差异，但却并不互相排斥，反而互为补充，同时运行于公司的操作中，可以充分发挥跨文化的优势。

(2) 隐去两者主体文化的和平相容策略。即管理者在经营活动中刻意模糊文化差异，隐去两者文化中最容易导致冲突的主体文化，保存两者文化中比较平淡和微不足道的部分。使得不同文化背景的人均可在同一企业中和睦共处，即使发生意见分歧，也容易通过双方的努力得到协调。

3. 文化创新策略

将母公司的企业文化与国外分公司当地的文化进行有效的整合，通过各种渠道促进不同的文化相互了解、适应、融合，从而在母公司文化和当地文化的基础之上构建一种新型的企业文化，以这种新型文化作为国外分公司的管理基础。这种新型文化既保留着母公司企业文化的特点，又与当地的文化环境相适应；既不同于母公司的企业文化，又不同于当地的文化，而是两种文化的有机结合。这样不仅使全球化经营企业能适应不同国家的文化环境，而且还能大大增强竞争优势。

4. 文化规避策略

当母国的文化与东道国的文化之间存在着巨大的不同，母国的文化虽然在整个公司的运作中占主体地位，可无法忽视或冷落东道国文化的存在的时候，由母公司派到子公司的管理人员，就应特别注意在双方文化的重大不同之处进行规避，不要在这些“敏感地带”造成彼此文化的冲突。特别在宗教势力强大的国家更要特别注意尊重当地的信仰。

5. 文化渗透策略

文化渗透是个需要长时间观察和培育的过程。跨国公司派往东道国工作的管理人员，基于其母国文化和东道国文化的巨大不同，并不试图在短时间内迫使当地员工服从母国的人力资源管理模式。而是凭借母国强大的经济实力所形成的文化优势，对于公司的当地员工进行逐步的文化渗透，使母国文化在不知不觉中深入人心，使东道国员工逐渐适应了这种母国文化并慢慢地成为该文化的执行者和维护者。

6. 借助第三方文化策略

跨国公司在其他的国家和地区进行全球化经营时，由于母国文化和东道国文化之间存在着巨大的不同，而跨国公司又无法在短时间内完全适应由这种巨大的"文化差异"而形成的完全不同于母国的东道国的经营环境。这时跨国公司所采用的管理策略通常是借助比较中性的，与母国的文化已达成一定程度共识的第三方文化对设在东道国的子公司进行控制管理。用这种策略可以避免母国文化与东道国文化发生直接的冲突。如欧洲的跨国公司想要在加拿大等美洲地区设立子公司，就可以先把子公司的海外总部设在思想和管理比较国际化的美国，然后通过在美国的总部对在美洲的所有子公司实行统一的管理。而美国的跨国公司想在南美洲设立子公司，就可以先把子公司的海外总部设在与国际思想和经济模式较为接近的巴西，然后通过巴西的子公司总部对南美洲其他的子公司实行统一的管理。这种借助第三国文化对母国管理人员所不了解的东道国子公司进行管理可以避免资金和时间的无谓浪费，使子公司在东道国的经营活动可以迅速有效地取得成果。

7. 占领式策略

这是一种比较偏激的跨文化管理策略，是全球营销企业在进行国外直接投资时，直接将母公司的企业文化强行注入国外的分公司，对国外分公司的当地文化进行消灭，国外分公司只保留母公司的企业文化。这种方式一般适用于强弱文化对比悬殊，并且当地消费者能对母公司的文化完全接受的情况下采用。但从实际情况来看，这种模式采用得非常少。

总之，全球化经营企业在进行跨文化管理时，应在充分了解本企业文化和国外文化的基础上，选择自己的跨文化管理模式，使不同的文化得以最佳结合，从而形成自己的核心竞争力。

【思考题】

1. 什么是组织文化？
2. 组织文化的构成是怎样的？
3. 组织文化有哪些性质？
4. 组织文化的功能有哪些？
5. 如何塑造组织文化？

【案例分析】

IBM：电脑帝国的企业文化

IBM（国际商用机器公司）是有明确原则和坚定信念的公司。这些原则和信念似乎很简单、很平常，但正是这些简单、平常的原则和信念构成IBM特有的企业文化。

老托马斯·沃森在1914年创办IBM公司时设立过"行为准则"，希望能借此反映出他个人的价值观。因此，他把这些价值观标准写出来，作为公司的基石，任何为他工作的人，都明白公司要求的是什么。

老沃森的信条在其儿子时代更加发扬光大，小托马斯·沃森在1956年任IBM公司的总裁，老沃森所规定的"行为准则"，由总裁至收发室，没有一个人不知晓，如：

1. 必须尊重个人。
2. 必须尽可能给予顾客最好的服务。

3. 必须追求优异的工作表现。

这些准则一直牢记在公司每位人员的心中，任何一个行动及政策都直接受到这三条准则的影响，“沃森哲学”对公司的成功所贡献的力量，比技术革新、市场销售技巧，或庞大财力所贡献的力量更大。IBM公司对公司的“规章”、“原则”或“哲学”并无专利权，“原则”可能很快地变成了空洞的口号。正像肌肉若无正规的运动将会萎缩一样。在企业运营中，任何处于主管职位的人必须彻底明白“公司原则”。他们必须向下属说明，而且要一再重复，使员工知道，“原则”是多么重要。IBM公司在会议中、内部刊物中、备忘录中、集会中所规定的事项，或在私人谈话中都可以发现“公司哲学”贯彻在其中。如果IBM公司的主管人员不能在其言行中身体力行，那么这一堆信念都成了空口说白话。主管人员需要勤于力行，才能有所成效。全体员工都知道，不仅是公司的成功，即使是个人的成功，也一样都是取决于员工对沃森原则的遵循。若要全体员工一致对你产生信任，是需要很长的时间才能做到的，但是一旦你能做到这一点，你所经营的企业在任何一方面都将受益无穷。

【拓展训练】

R. J. P. & B. 广告公司的决策

目的：

1. 讨论裁员对组织文化的影响。

2. 讨论物理环境对组织文化的影响。

群体规模：任意数量的小组，每个小组4人。

时间要求：50分钟。

练习进度：

1. 课前

阅读R. J. P. & B. 广告公司的案例，并思考案例之后四个问题的选项可能给组织文化带来的冲击。

2. 小组准备报告

分组讨论案例和选项。明确每个选项对组织文化产生的正面和负面的冲击。就这四个问题中的每个问题做出你的选择。

3. 全班讨论

讨论每项决策所暗含的组织文化背景。将各小组的决策集中起来并进行比较。

R. J. P. & B. 广告公司

这是一个不走运的年份，对R. J. P. &B. 这家具有100名员工的中等规模的广告公司来说。虽然它没有失去主要的业务，但目前几家比较大的客户正大规模地削减在广告方面的支出。此外，几项重要的新客户的开发努力也没有取得成功。结果是进账锐减而成本依然保持不变。几个老板—罗宾、简、保罗和贝斯意识到，他们必须尽快采取对策。执行经理罗宾邀请了亚当·布朗咨询师进行分析，后者建议裁员20%，变成一家规模缩小1/4的公司。亚当指出，所做出的每一项决策都包括几个备选项。由于公司长期以来引以为骄傲的是，它具有“积极向上的企业文化”，是“理想的工作选择”，亚当建议股东们应该特别考虑每一个备选方案对企业文化的影响。

决策:

1. 如何决定谁将进入被裁人员的名单?(依据 R. J. P. & B. 所在州的法律,企业可以按照一定的标准解雇任何人。)

亚当提出的备选方案如下:

a. 依照资历深浅解雇(20 名最近被聘用的员工离开)。

b. 以业绩为基础解雇(20 名业绩最差的员工离开)。

c. 以任务执行情况为基础解雇(遴选出最适合于空缺出来的 20 个岗位,要求现在占据这些岗位者离开)。

2. 当你决定了谁将被裁以后,如何通知他们,他们已经进入了被裁人员名单。亚当提出的备选方案如下:

a. 将通知装入发给他们工资的信封,告诉他们还可以工作两周,之后就可以离开了。

b. 邀请这 20 名员工召开会议。由罗宾告诉他们,他们已经被辞退,必须立即离开。给每个人多发两周的薪水,并告诉他们其相关物品将通过邮寄还给他们。

c. 让这 20 名员工逐个来到罗宾的办公室,通知他们已经被辞退。要求他们收拾东西并离开大楼,给每个人多发两周的工资。

3. 如何通知公司留下来的员工,你们已经裁减了 20% 的人员。

a. 没有必要告诉他们,因为他们将通过一些方式了解这件事情。

b. 给所有人发一个通知,说由于经济形势要求裁员,但是不会再进一步裁减人员。

c. 召开员工大会,说由于经济形势要求裁员,但是不会进一步裁减人员。

4. R. J. P. & B. 搬入一个比较小的办公室,将节省一些开支。员工数量减少了,使房租相对上涨,其他大楼租金比较低,搬家成为一个有吸引力的方案。目前的办公场所结构没有安排好,有的办公空间非常拥挤,而另外一些人的空间超过他们的需要。在新的大楼之中,R. J. P. & B. 可以将办公场所设计得更好。

亚当提出的备选方案如下:

a. 预留一个开放房间,放置一些办公桌。会议室将安排在这个房间的周围,可供员工需要一起工作时用。给每个人的桌子上配备必要的电脑、电话等等。

b. 给每个人一间办公室,使所有办公室面积基本相等。给每个人的桌子上配备必要的电脑、电话等等。

c. 依照人们在组织中的作用和地位安排独立的办公场所。作用大、地位高者获得面积比较大的设施、比较好的办公室,地位低一些的应该共用办公室,每个人都配有桌子和必要的电脑、电话等物品。

小组的任务:讨论 R. J. P. & B. 公司的每个备选方案对其企业文化的影响。

读者反馈意见

亲爱的读者：

感谢您对《组织行为学》的支持和热爱，为了今后为您提供更好的服务，请您抽出宝贵的时间来填写下面的意见反馈表，以便我们更好地对本教材做进一步改进，同时如果您在使用本教材的过程中遇到了什么问题，或者有什么好的建议，也请您来信、来电告诉我们。

地址：北京市丰台区科学城南极星大厦108室

电话：010－83794590/83794403

电子邮箱：caikai6223@263.net QQ：649319527 QQ：1694299827

网址：WWW.KFHWH.CN

教材名称：《组织行为学》

个人资料：

姓名：________ 年龄：________ 所在院校/专业________

文化程度：________ 通讯地址：________

联系电话：________ 电子信箱：________

您使用本书是作为：□指定教材□选用教材□辅导教材

您对封面设计的满意度：

□很满意□满意□一般□不满意□改进建议________

您对本书印刷质量的满意度：

□很满意□满意□一般□不满意□改进建议________

您对本书的总体满意度：

从语言质量角度看□很满意□满意□一般□不满意□

从科技含量角度看□很满意□满意□一般□不满意□

本书最令您满意的是：

□指导明确□内容充实□讲解详尽□实例丰富

您认为本书在哪些地方应进行修改？（可附页）

____

____

您希望本书在哪些方面可进行改进？（可附页）

____

____